U0745050

郑通涛 主编

（越南）阮文清（Nguyễn Văn Thanh） 著

复杂动态理论下

越南汉语本科生学习行为研究

"国际汉语教育研究"丛书

厦门大学出版社
XIAMEN UNIVERSITY PRESS
国家一级出版社
全国百佳图书出版单位

图书在版编目(CIP)数据

复杂动态理论下越南汉语本科生学习行为研究/(越)阮文清著.—厦门:厦门大学出版社,2019.11
("国际汉语教育研究"丛书)
ISBN 978-7-5615-7286-3

Ⅰ.①复…　Ⅱ.①阮…　Ⅲ.①汉语－学习方法－研究－越南　Ⅳ.①H195.3

中国版本图书馆 CIP 数据核字(2018)第 300740 号

出 版 人	郑文礼
责任编辑	刘　璐
封面设计	张雨秋
技术编辑	朱　楷

出版发行 厦门大学出版社

社　　址	厦门市软件园二期望海路 39 号
邮政编码	361008
总 编 办	0592-2182177　0592-2181406(传真)
营销中心	0592-2184458　0592-2181365
网　　址	http://www.xmupress.com
邮　　箱	xmup@xmupress.com
印　　刷	虎彩印艺股份有限公司

开本	720 mm×1 000 mm　1/16
印张	19.75
字数	336 千字
版次	2019 年 11 月第 1 版
印次	2019 年 11 月第 1 次印刷
定价	79.00 元

本书如有印装质量问题请直接寄承印厂调换

厦门大学出版社
微信二维码

厦门大学出版社
微博二维码

"国际汉语教育研究"丛书总序

郑通涛

国际汉语教育是面向国际汉语学习者的以汉语文化教学为载体的教育实践过程，是汉语和中华文化走向世界的重要平台。

作为一门多学科交叉融合的新兴学科，国际汉语教育虽起步较晚，但跨越国界的汉语教育实践活动却源远流长，历史上汉字文化圈的形成、中国语言文化典籍的外传、西方汉学的兴起发展以及海外华侨华人的华文教育等便是最好的明证，也为当今国际汉语教育和中华文化传播的实践与学术研究提供了丰富的历史借鉴。

作为文化载体的语言，是人类文明与民族文化的结晶。国外开展语言国际推广教育的历史悠久、影响深远。早在15世纪，"语言作为立国的工具"的重要性就得到了国际上的普遍认可。18世纪中叶，西方各国政府都把语言推广看作"教化属地内有色人种最重要的方式"，也是除政治、军事和经济以外的第四个层面的外交活动。

在当今强调文化影响力等"软实力"的时代，语言的国际教育不仅是国际政治、经济、文化交流的有效工具，也是获取民族和国家利益的重要手段。语言的国际化程度已日益成为国家综合实力的重要体现，向国外推广本国语言更是成为增强国家软实力、提升国际地位的重要战略手段。因而，语言的国际教育就不只是语言的教学和推广，更重要的是以本国语言为载体，传播自己的文化和价值观念，使本国文化在世界多元文化格局中占据重要地位，借以提高本国的国际地位。

综观国外的语言推广发展状况，可以发现这样两点共识：一是各国普遍将本民族语言教育的国际化纳入其强国战略的一个组成部分；二是将语言教育和文化推广相结合是发达国家向外传播自己的语言时所采取的一个基本政策。英国文化委员会、法语联盟、德国歌德学院、西班牙塞万提斯学院等借助语言国际教育在各国人文外交中逐步声名鹊起，在全球范围内建立了语言教学、教育文化交流、国际服务等分支机构，以促进文化、教育、国际关系的拓展和交流。

自新中国成立特别是改革开放以来，国际汉语教育承前启后，日渐由零散走向系统，展现出全新的局面。随着中国经济的高速发展和国际地位的大幅提升，国际汉语教育也被赋予新的历史内涵，成为中国语言文化传播和展现中国文化软实力的重要路径，得到国际社会越来越广泛的关注。

国际汉语教育作为一门学科，它以国际汉语学习者为中心，研究国际汉语学习者汉语学习的理论和实践，国际汉语教师的专业发展途径与特点，国别化汉语教育的课程、教材、教法，国际汉语教育所涉及的各种教育测评问题，不同国家的语言国际教育之对比，以及国际汉语教育发展的历史脉络，等等。较之传统的对外汉语教学，国际汉语教育所研究的对象和规律拓展到教学方法之外的教育学诸多分支领域，研究问题的转变带来了研究内容、研究方法的重大转变，学科内涵得到进一步丰富。

国际汉语教育学科既要分析与总结国际汉语教育的实践和现象，也要研究跨语言文化背景下的国际汉语教育的理论和规律，探索汉语国际传播的机制、路径、策略和手段，因此，语言学、教育学、心理学、管理学、经济学、历史学、文化学、政治学、社会学、国际关系学、计算机科学等都进入了国际汉语教育学科的研究视野。

第一，国际汉语教育以汉语教学为载体，因此必须在汉语语言学理论基础上研究作为外语或二语的汉语本体的特点、结构和功能，它一方面可直接为国际汉语教育服务，另一方面又可加深我们对汉语自身特点的认识，促进汉语本体研究的深入发展，因而汉语语言学和汉外语言对比成为学科重要的基础理论之一。

第二，国际汉语教育本质上是一种教育实践活动，因此就必须遵循教育教学的基本规律和原则，并针对国际汉语教育的实际需求，确立教育教学的具体原则和方法，使国际汉语教育既体现出教育的目的和教育的阶段性，又体现出本学科的性质和特点，这些都与教育学及其各分支学科密切相关。

第三，国际汉语教育是汉语作为第二语言的教育，涉及国际汉语学习者的生理、情感、认知因素及学习迁移、学习策略、交际策略等，也涉及国际汉语教师的心理素质、职业道德修养和职业发展规划等，这些都与心理学及其各分支学科有密切关系。

第四，国际汉语教育对象学习汉语的过程，实质上是跨越自己的母语文化学习另一种语言文化的过程。国际汉语教育要培养学习者的交际能力，实际上是培养其跨文化的交际能力。交际能力中所包括的社会语言能力、话语能力和策略能力，均与文化有关，因而国际汉语教育需要以文化学和跨文化交际学理论为指导。

第五，国际汉语教育本质上也是语言文化的国际推广和传播过程，传播学研究人类社会信息系统及其运行规律，研究传播行为和传播过程发生、发展的规律以及传播与人和社会的关系，因而国际汉语教育需要以传播学理论作为指导，以提高汉语文化教育传播的针对性和实效性。

第六，国际汉语教育作为中外人文交流的重要载体，需要以国际关系学及公共外交理论作为指导，研究如何通过汉语文化国际教育机制和体制及区域化、国别化策略，提升汉语与中华文化的国际影响力，不断丰富中外人文交流的内涵，在潜移默化中影响其他国家的民众并形成国际舆论，在国际上树立中国良好的形象，进而实现国家的战略利益。

国外在语言国际教育领域中的成果与经验，对我国国际汉语教育的学科建设发展具有诸多启发和借鉴意义。事实上，我国学界已经或正在把国外语言国际教育的理论和经验引入国际汉语教育的实践与科研之中，在借鉴国外语言国际教育相关理论和经验的同时，努力探索符合汉语与中国自身特点的国际汉语教育之路。

汉语教学是汉语国际教育的载体和支撑。汉语作为外语教学的主要难点是什么？如何降低汉语学习的门槛，帮助外国人更快更好地掌握汉语，这是我们在汉语国际教育过程中不得不面对的问题。作为汉语教学的母语国，我们不能仅仅依赖于对外来模式的借鉴，而必须具有国际领先和模式输出意识，必须首先建立自己的有说服力的品牌。在汉语教学国际化进程中，掌握制定规则、输出规则的主动权，这是决定我们能够引领国际汉语教育潮流的重要之举。

为此必须进一步促进汉语国际教育学科理论的深化和教学实践的创新，在借鉴、吸收世界第二语言教学经验和成果的同时，应着重从汉语内在的特征和自身规律出发，建构汉语作为第二语言教学基础理论。一是进行针对外国学习者的汉语本体研究，侧重点是教学中的难点以及汉语同学习者的母语或第一语言的差异，并结合学习者的认知心理和语言习得以及跨文化交际等对汉语进行多角度综合研究；二是进行汉语作为第二语言的学习理论与教学理论的研究，包括习得理论、教学模式、教学方法等的研究；三是进行针对教学实践和解决遇到的瓶颈问题的研究，包括教学案例、课堂教学设计、教学管理、测试评估、语料库建设、教材编写、师资培训、现代教育技术等的研究与推广。

"国际汉语教育研究"丛书收录了当今国际汉语教育领域最新的研究成果，并分门别类做了编排。我们衷心希望本套丛书的出版能为汉语国际教育事业添砖加瓦，也能为推动两岸国际汉语教育和中华文化传播协同创新及深化两岸关系和平发展做出一点应有的贡献。

目　录

第一章 引言

第一节 选题缘由

学习行为是指学生 24 小时内课内、外学习过程中的所有行为,我们可以通过研究学生的学习行为,全面解决学生汉语习得过程中的诸多问题,改善学习现状,如习得能力、习得方法、学习态度、学习习惯、学习难点、学习偏误、课堂学习表现、课外学习表现等。另外,我们也可以根据学生的学习行为来对教学、课程进行设计,对教材进行编写,对学生课内学习进行管理。

据我们所知,目前汉语学术界研究了学生的学习动机、学习方法、学习策略等,尚未有人全时、全面地研究学生学习行为,越南学术界也是如此。越南汉语学术界许多学者研究了学生的汉语习得偏误、汉语学习难点、汉语学习方法等,但忽略了学生学习行为的影响因素。另外,学生学习行为会受到学生知识领会程度的影响,而学生的知识领会程度会受到学生自身、学校、家庭和社会的影响。汉语学术界对学生知识领会程度的影响因素的研究也不多,而且尚未有人对学生知识领会程度的影响因素建立结构方程模型,测量各种因素的影响程度。目前越南汉语学术界也尚未有人对学生知识领会程度的影响因素进行研究,仅有几位学者对学生的学习动机和学生的就业问题进行了研究。

此外,目前越南汉语教育方面存在着诸多问题,例如:

第一,教师教学方法不当,导致学生难以掌握某些汉语知识;汉语教学经验不足,影响汉语教学效果。教师对学生的评价不够全面、忽略学生的进步,影响学生的汉语学习积极性,例如:在课堂上有时老师没有注意到学生的积极学习行为,因此评价学生比较片面。

第二,汉语课程安排不合理、容易使学生丧失学习兴趣。例如:听力课连上四节,时间过长,影响学生听课效率,降低学生注意力。

第三,汉语教材缺乏针对性,大部分教材使用中国大陆汉语教材,本土化教材数量极少,课文内容与现实生活情境不符,导致学生难以理解课文内容。

第四,学生课堂参与度不高、不主动回答老师的提问,课堂注意力不集中、学生兼职时间较长、个人学习目标不明确、不制订个人学习计划、考试作弊、课后未能及时复习、课后不积极参加学术活动等。

第五，学校仅重视对学生汉语学习技能的培养，忽略了汉语学习能力的培养。学校设施建设不够完善，未能满足学生的学习需求。

第六，父母受教育程度和家庭经济条件对学生有一定的影响，例如：父母受教育程度较低，无法指导孩子学习；经济条件较差的家庭，无法为孩子创造良好的学习条件。

为了弥补目前学术界的研究空白，并解决上述问题，我们从教育学、心理学、语言学、统计学的角度，使用综合研究方法（兼有定性研究和定量研究），以复杂动态理论为理论基础，全时、全面地研究越南汉语本科生的学习行为，包括课堂学习行为、课外学习行为和考试行为，然后根据学生的汉语学习行为，分别与课堂学习行为、课外学习行为和考试行为建立模型，找出学生学习行为中存在的问题，并提出了相关对策。

第二节 研究综述

为了较全面地了解学生学习行为和学生知识领会影响因素的研究现状，我们对国内外学者相关研究进行了综述，包括学生的课堂学习行为、课外学习行为、考试行为、汉语学习行为、知识领会程度影响因素的研究。对相关研究进行了综述后我们发现了一些局限，根据这些研究局限确定了本书的方向。

一、课堂学习行为的相关研究

课堂学习行为是学生学习过程中重要的一部分。重视课堂学习行为研究，不仅有助于了解学生在课堂上的行为表现，还有助于找出学生课堂表现的规律，从而提出建议，以提高学生的课堂学习效果。国内外关于学生课堂学习行为的研究主要包括课堂参与行为、课堂学习行为和课间休息行为三个方面，本书从这三个方面对学生课堂学习行为研究进行了综述。

（一）从课堂参与看学生行为

Daniel R. Montello（1998）研究了课堂座位对学生参与程度的影响，研究表明：座位位置影响学生上课的视觉和听觉，座位偏中间且靠前的学生更容易得到老师的关注，参与更方便；课堂地点影响课堂参与。郝一双（2007）

对大学生课堂参与行为进行了分析，研究表明，学生的课堂参与程度不高；课堂活动参与的主体多是学生群体，很少有学生个体参与课堂活动；学生参与行为多是被动服从，缺乏主动性。汪琴、李道柏（2009）研究了情感因素对大学生课堂参与行为的影响，作者对学生英语课堂参与模式与6种情感因素及英语学习成绩进行了相关性分析，并调查了112名非英语专业学生，研究表明：学生参与言语性课堂活动时受6种自身情感因素的影响，包括：冒险、社交、焦虑、动机、态度和自我效能。Abdull Sukor Shaari（2014）研究了教师的教学方式与学生学习参与的关系，作者调查了马来西亚的266名大学生，研究结果表明：教师的教学方式与学生的学习参与之间有着积极的关系，大多数教师都采用个人模式，其次是专家风格，而委托风格是最低的。冯勋（2015）对学生课堂参与与性格相关性进行了研究，作者调查了55名学生，研究表明：学生的课堂参与行为与其性格之间存在着密切的关系；性格外向型的学生，其课堂语言活动的参与度普遍高于内向型学生。Rebecca J. Collie（2016）研究了学生人际关系与学术参与，研究表明：学生与教师、父母、同学之间的关系对学生参与有影响；学生个人目标与学生参与之间有积极的关系。

总之，学生课堂参与行为的相关研究不多，研究的主要内容比较宏观，如情感、交际、性格、座位与学生课堂参与的关系，而没有研究学生课堂参与的具体行为表现。

（二）从课堂学习看学生表现行为

学生课堂学习行为，是指学生在课堂上表现出的学习行为。学生课堂学习行为的相关研究成果如下：John Wscott（1976）研究了同学对学生课堂行为的影响，研究表明：学生的社交行为因同学的社交关注而变化，学生的学习行为因同学的影响而增加。陈玲（2000）对教师教学行为与学生学习行为的关系进行了调查研究，作者调查了40名教师和210名学生，研究表明：由于教师的教学方法不当，无法调动学生的学习积极性，学生被动学习，大多是学生只是听课、记笔记，不会主动获取知识。研究还发现学生都希望能够参加课堂教学活动，如分组讨论、实验、调查、参观以及多媒体教学。娄云、朱绘丽（2002）对学生的注意特性与课堂学习行为进行了研究，研究表明：学生学习内容的信息量和复杂程度会影响学生的注意力。例如：如果授课内容的信息量过大，超过学生的接受范围，学生便不能完全接受；人和环境的因素会影响到学生掌握课堂内容。陈桂生（2004）对课堂学习行为设计进行了研究，研究表明：学习行为与教材内容直接相关；为了优化课堂学习行为，要变学生的被动学习行为为主动学习行为。肖辉、练海英、胡美珠（2006）研究了大学生课堂自主学习行为及三大策略运用，作者把学生的语言学习策略分为形式操练策略、依赖母语策略以及相关的认知策略三大策略，并调查了南京财经大学 89 名非英语专业本科生，研究表明：经常或偶尔使用三大策略的学生占大多数，从不使用策略的学生占少数。冀芳（2007）对学生在不同课程形态的课堂教学中的学习行为进行了个案研究。作者观察了学生在两种课程形态的课堂教学中的学习行为，研究结果表明：在分科课堂中，学生的被动学习行为数量明显增多；在综合课堂中，主动学习行为与非言语行为都占很大比例。王娟娟、李华（2010）对大学生课堂学习行为进行了研究，研究表明：学生课堂参与意识欠缺，学生的内向性格会影响其课堂学习行为。Chin-Pin Chen (2010) 探索了学生在课堂上的行为与学生学术成就之间的关系，作者研究了高职院校机械系学生的学习方式、学生行为和学术成就，调查了台湾职业高中三年级的 553 名学生，研究表明：高职高专学生的学习水平越高，学生的行为表现越好；学习方式融合度越高，越能在数学和科学科目上取得更高的学术成就；更积极的自我实现，使得学生在语言方面取得更高的学术成就。程宏宇、Heidi Ardrade（2011）研究了思维风格对中美大学生课堂学习行为的影响，研究表明：思维风格能够单独解释课堂学习行为约 4% 的变量；思维风格与课堂学习行为之间的关系受到了学习动机的调节，在高水平学习动机和中等水平学习动机的个体中，思维风格分差和课堂学习行为呈显著正相关，在低水平学习动机的个体中，思维风格分差和课堂学习行为之间相关不显著。王斌（2013）对大学生课堂英语学习行为进行了调查研究，作者调查首都体育学院 50 名大学生，研究表明：学生课堂英语学习动机良好，但策略运用相对匮乏；女生在学习动机、学习态度和策略运用方面比男生好，但双方在注意力上没有差异；学生学习成绩与英语课堂学习行为及课堂注意力、学习动机和策略运用方面存在显著的正相关关系；学习成绩与学习态度之间不存在相关关系。郝平（2014）对课堂学生合作学习行为表现进行了研究，把学生的合作学习行为表现分为低、中、高三个阶段，并分析了每个阶段的倾听行为、交流行为、分享行为和协作行为。研究发现：（1）课堂合作学习时倾听行为。表现如下：初级阶段学生不倾听同学的发言，主要关注自己的发言机会，以自我为中心，不懂得利用他人的发言来丰富自己的观点；中级阶段学生专心聆听别人的发言，眼睛能注视对方，能以微笑等友好的方式表示赞同，听清同伴表达的意见，能复述同学的表达，听人发言有疑问时能有礼貌地请对方解释说明，而不是立即否定，能够站在对方立场上考虑问题，聆听并体会别人的看法和感受；高级阶段学生，能专注地倾听，边听边想同伴发表的意见与自己的有哪些相同和不同之处，针对不同意见，耐心地听别人说完之后有礼貌地提出，常用委婉的话语；能对同伴的发言进行质疑，不仅请对方说清楚思维的结果，还要谈思维的方法和过程，这样把问题越辩越明。（2）交流行为。表现如下：初级阶段学生不主动积极参与，即使在老师引导下进行交流，也只是自言自语，不关心其他人是否在倾听，是否能够听清楚，不关注别人是否认同自己的观点和看法；中级阶段学生，在合作出现意见分歧时有争吵现象，不能共同进行商讨达成共识或者允许同伴保留自己的意见，而是想把自己的观点强加给别人；高级阶段学生，努力在与别人的交流过程中互相启发、帮助、检查、激励，从而完成学习任务，提高学习水平，寻求共同发展。（3）协作行为。表现如下：初级阶段学生不关注交流的知识目标是否达成，而是速战速决，只想以交流的速度为第一目标，以赢得老师的关注和称赞；中级阶段学生，面对有一定难度的共同任务时，因合作伙伴水平差异明显而不能有效地协同、合作，优秀的学生认为同伴水平太低而不想给予帮助；高级阶段学生，合作成员能为了共同任务互相配合、帮助、鼓励以完成学习任务，获得荣誉感，提高协作互动的质量；组与组之间的交往趋向于竞争多于协作，合作性的全班集体意识和荣誉感相对薄弱，缺少与别组交流互动，取长补短，共同进步的意识。（4）分享行为。表现如下：初级阶段学生群体意识淡薄，没有群体荣誉感，只为自己的成功而高兴；中级阶段学生有合作学习的群体意识和群体荣誉感，合作伙伴间能互相尊重、诚挚、谦让，能为合作伙伴的成功而欢呼，但经受不起合作学习的失败；高级阶段学生合作时能共同分享成功的喜悦，急人之急，乐人之乐，并一起反思失败与成功，总结经验，不断改进合作方式。李红（2015）研究了大学英语多模态课堂环境下学生的学习行为，作者把多模态课堂环境分为课堂活动参与次数及参与内容，课前准备行为，课后总结行为，过程性评估和成果性评估。研究结果表明：多模态课堂环境对学生学习行为有促进作用。具体表现在：经过一学期的训练，学生能够积极地参与课堂评论，并从中得到提升和进步。从一开始站在台上紧张，说话声音小甚至发生颤音，PPT内容简单、样式单调，成长到信心增强、陈述清晰、PPT制作精美生动。

王洪宇、李晓乐（2015）对民办高校课堂学习行为进行了研究，研究结果表明：约有一半的学生在课堂上通过有效的学习收获了知识，但在老师讲授知识时还有一部分学生不学习、玩手机、发呆、溜号。在学态度方面，大一、大二学生的听课状态明显好于高年级的学生。另外，每个学生在课堂上的听课认真程度不一样，有的学生会抄课堂笔记，有的学生会在书上画出知识重点，有的学生不看书只听老师讲课。造成这种现象的主要原因是学生学习态度不同。一部分学生缺少学习动力和目标，还有一部分学生把大部分精力放在学生会和社团等方面。王秀红（2015）对高职学生课堂学习行为进行了调查研究，作者调查了500名学生，研究结果表明：大多数学生学习主动性欠缺，不爱学习，不爱上课；大多数学生自卑感、失落感强烈，自信心明显不足；少数学生学习习惯缺失，经常出现听不懂、学不会、跟不上的情况，有严重的厌学情绪，对学习采取消极放弃的态度，迟到、早退、缺课成了常见的现象；部分学生课前从不预习，课后从不复习，上课不带学习材料也不做笔记，上课不认真听讲，经常说话影响他人，上课频繁玩手机，晚上沉迷于网络游戏，白天上课没精神；部分学生不能独立完成作业、经常抄袭作业，应付了事，考试作弊现象时有发生。代相龙（2016）对翻转课堂中大学生的学习行为进行了研究，研究表明：学生学习行为习惯不佳，交流互动意识不强，策略应用能力不强，学习主动性欠缺。翻转课堂中影响大学生学习行为的因素主要来自学生、老师和平台及课程资源三方面。龙吟、唐转英（2017）对留学生汉语课堂学习行为进行了调查研究，研究表明：初级班的学生和中高级班的学生在课堂学习行为和汉语语言技能方面存在明显差异。初级班学生的课堂学习行为表现更为积极，而中高级学生的课堂学习行为表现较消极。初级班的学生在课堂学习中比较主动，课堂活动参与度较高，积极通过语言、表情显示理解，不爱独立思考，依赖于师生关系。中高级班的学生在课堂上表现较安静，课堂活动参与度较低，在课堂上较少通过语言、表情显示理解，对师生关系依赖较少。初级班学生的听力、会话技能得分高于中高级班学生，而阅读和写作技能得分低于中高级班学生。

总之，学生课堂学习行为方面的研究比较多，但较少研究详细描述或统计学生课堂学习的具体行为。

（三）从课间休息看学生行为

关于课间休息行为，窦红（2011）对学生课间良好行为习惯的培养进行了研究，研究表明：以说理教育学生，培养学生良好的行为习惯；运用榜样人物的力量培养学生良好的行为习惯。郑晓燕（2010）研究了如何科学有效地组织学生课间活动，研究发现存在教师随意拖堂，提前上课，推迟下课时间，把学生的课间休息时间占满等现象。拖堂看似小事，实则暗藏种种弊端。从教学效果来看，尽管教师讲得慷慨激昂，但绝大多数学生难以集中注意力听课，心早已飞到窗外。就学生而言，连续上课，会使学生头晕眼花、身心疲倦，影响学生的生理健康。教师可以在课间播放经典音乐，让学生在音乐中得到休息和放松，既能调节精神、消除疲劳，又有助于提高学习效率。老师不仅是课间活动的组织者、实施者，更是课间活动的参与者。如果教师能参与进去，和学生打成一片，那么学生就会把老师当作朋友，有助于拉近师生间的距离。

总之，课间10分钟容易被老师忽略，不少老师认为课间只有10分钟，不组织活动也没关系。其实利用好课间10分钟十分重要，这有利于学生的教育，也有利于学生健康成长。通过文献搜索和阅读，我们发现对学生课间行为的研究比较少。

二、课外学习行为的相关研究

课外学习行为是学生学习过程的重要部分，大多数知识是学生从课外学来的。本文从课外学习、饮食方面、睡眠方面、消极方面、积极方面来观察学生的行为。

（一）从课外学习看学生行为

课外学习是指学生课堂外的学习行为，包括自习、复习、体育活动、预习、学生集体活动等。关于这方面的研究如下：Nguyễn Văn Toàn（2004）对越南住校学生的生活方式、教育管理进行了调查研究，调查了越南运输交通专科学校的300名学生。研究表明：住宿舍的学生缺乏自习主动性、很少锻炼身体、卫生意识较差、不注意集体工作等。Bùi Thị Bích（2007）对越南学生的生活价值取向进行了调查研究，将学生的生活价值分为人文价值、道德价值、政治法律价值、经济价值四个部分，并调查了越南胡志明市师范大学、技术师范大学和百科大学的599名学生。研究表明：学生对人文价值、道德价值、政治法律价值和经济价值的认识比较好，但还存在一些消极的行为表现，如：逃课、消费奢侈、不注意学习等。刘东青、申莉、王青（2011）对留学生课外学习行为进行了调查研究。作者调查了来自北京联合大学的217名留学生，调查问卷包括课余学习动机、学习规划、学习时间、学习内容、学习方式、学习效果六个方面。研究表明：大多数留学生课余学习的自主意识较强烈，但自主学习能力不足、课余时间利用率有待提高、学习动机处于基本需求层面、课外学习缺乏计划性、学习的内容和方式不够丰富、课外学习资源亟待开发等。赵佩玉（2013）对城区小学中高年级学生课外学习行为进行了调查研究，研究表明：关于课后作业行为，大多数学生家长会要求孩子自己检查作业，但是实际上能够主动做到的孩子很少。家长带领孩子检查作业，孩子才会检查。关于课前预习行为，在日常的学习生活中，很多家长会注重培养孩子的预习行为，但是孩子在预习过程中主动性不够。关于课后复习行为，学生坚持每天复习的情况比较少，大多数家长认为孩子还没有养成制订学习计划、合理安排学习时间的习惯。关于课外阅读行为，若家长肯花时间陪孩子阅读，孩子大多会喜欢阅读。王鑫芳（2015）对高职生课外拓展性学习行为进行了研究，研究表明：课外拓展性学习状况不理想，课外拓展性学习较好的学生，自我报告教育收获和在校满意度也较好。付冠峰（2016）研究了小学生课外学习行为对学业表现的影响，调查了上海市某小学564名学生，研究表明：学生完成家庭作业的水平随着年级的增长而显著提高。在完成家庭作业的过程中，学生完成作业的动机较强，但完成作业后检查作业并反思的行为较少。在社会交际行为水平方面，四年级学生明显高于三年级学生和五年级学生，属于社交活跃性群体；五年级学生略高于三年级学生。

　　总之，对课外学习行为的研究较多，但是研究仅概括了学生的学习，而没有详细描述学生所有的课外学习行为。

　　（二）从饮食看学生行为

　　老子曾说"我独异于人，而贵食母"，饮食是人类赖以生存的根本。饮食是否营养与健康状况和学习状态有着极为密切的关系。食物营养丰富，则大脑功能健全，记忆强。大脑储存的信息越多，人就会变得越聪明。因此，饮食营养成为学习的一个重要环节。对学生饮食的研究有李水量（1983），他研究了饮食营养与健康学习的关系，研究表明：蛋白质、脂肪、糖类、无机盐、维生素和水对人体有很重要的作用，蛋类中的蛋黄胆碱能提高学习水平和记忆力。一日三餐中早餐一定要吃好，因为早餐是所食营养素利用效率最高的一餐。蒋建华等（2002）研究了学习压力、睡眠及体育活动对小学生饮食行为的影响，作者调查了合肥市三所小学的1348名学生，研究表明：学习压力大的学生常挑食、吃零食，不喜欢吃蔬菜、水果、鱼虾，不喜欢喝牛奶的概率明显高于对照组；睡眠状况和课余体育活动时间与某些饮食行为也有一定关联；挑食和吃零食的学生体质瘦弱的检出率明显高于对照组；学生的饮食行为受到学习压力、睡眠状况及课余体育活动时间的影响；不良饮食行为会影响学生的生长发育。刘国宁等（2003）对小学生饮食行为进行了调查研究。作者调查了广州市市区1404名小学生，研究表明：6.43%的学生基本不吃早餐，31.93%的高年级学生不喝或者偶尔喝牛奶，80.09%的学生经常吃零食，43.94%的学生经常喝饮料；家长对学生的饮食行为有较大的影响。胡佩瑾、季成叶（2004）研究了学生早餐状况对学习行为的影响，研究发现：中小学生不吃早餐的原因是不想吃、没有时间吃以及不饿；不吃早餐对儿童应答的准确性有不利影响；吃高质量早餐的学生比不吃早餐或早餐质量不高的学生精力充沛，思考问题更积极，其文化课不及格的比例也明显更低；学生及家长的营养知识与中小学生吃不吃早餐以及早餐质量有关。邵磊（2006）发现科学饮食能提高学习效率，研究表明：日常生活中的某些饮食如果安排得当，则对孩子的学习效果很有帮助，如白菜能减少人的紧张情绪，使学生学习变得轻松；柠檬能使人精力充沛，提高接受能力。庄丽丽、谭晓东（2008）对大学生饮食行为进行了调查研究，作者调查了276名大学生，研究表明：三餐非常规律的大学生占33.9%，39.9%的学生早餐很不规律，29.2%的学生经常吃零食。林钟芳等（2008）对学生的饮食习惯与生活行为的特征进行了研究，作者调查了上海2519名学生，研究表明：学生不良行为的发生率并未随年级的上升而下降；男生爱吃肉，不爱吃蔬菜；男生的锻炼时间多于女生；女生爱吃冷饮、零食和糖果，不爱吃牛肉和鸡蛋。梁生瑜等（2015）研究了学生健康饮食行为与学习成绩之间关系，作者调查了25710名学生，研究表明：健康饮食行为与学习成绩之间存在关联。

总之，对学生的饮食方面的研究也比较多，研究主要分析了学生的饮食习惯和饮食行为，而较少研究饮食对学生学习的影响。

（三）从睡眠看学生行为

睡眠是人类生命的重要需求，会受到生活习惯、学习压力和工作压力的影响。学生不良睡眠习惯不仅影响身体健康，而且影响学习效果。对学生睡眠的研究有王长虹、朱玉萍（1991），他们研究了中学生睡眠质量与学生个性及学习的关系，调查了河南师范大学附属中学的211名学生，研究表明：大多数学生的睡眠质量比较好，睡眠好的学生学习成绩比睡眠差的高。刘贤臣等（1995）对学生睡眠质量及其相关因素进行了研究，作者调查了560名学生，研究表明：学生睡眠质量指数平均得分为5.26238；13.93%的学生睡眠质量有问题，影响学生睡眠质量的因素有抑郁、生活事件、焦虑、睡觉迟、健康状况差、体育活动少。金幸美、李小妹（2012）对高校学生睡眠质量进行了研究，作者使用了匹兹堡睡眠质量指数量表，调查了高校450名学生，研究表明：周一到周五，学生睡觉比较晚（晚上11～12点后才睡觉），平均每人一天仅睡6个小时。李江滨等（2015）对大学生睡眠情况进行了研究，作者调查了广东医学院的898名大学生，研究表明：睡眠质量好时大多数学生的学习效率较高，充足的睡眠可以为学生提供充沛的精力，提高听课效率和复习效率，睡眠质量好的学生不容易补考。刘志远、李继利、王亚鹏（2015）对睡眠与学习的关系进行了研究，研究表明：睡眠影响学生的学习和记忆，高质量的午休不仅有利于学生巩固上午所学的知识，而且有利于学生精力充沛地学习下午的新知识。黎小源、汪伟（2015）研究了高中生睡眠质量与学习成绩的关系，将学生的睡眠质量分为睡眠效率、睡眠障碍、日间功能障碍、睡眠质量、睡眠时间、入睡时间、睡眠质量指数总分七个维度，并调查了 272 名学生。研究表明：男生和女生睡眠质量差异显著，不同年级之间的睡眠质量也差异显著，睡眠质量与学习成绩的相关性较低。陈小梅（2016）对学生睡眠质量状况及其影响因素进行了研究，作者将学生有无睡眠障碍在学生性别、年级、担心睡眠、迟睡频率、睡前情绪、心情、睡觉迟、健康状况、生活满意度、住校、焦虑、抑郁几方面进行了比较，并调查了 547 名学生，研究表明：学生睡眠质量总体情况较好，年级和情绪等是影响学生睡眠的主要因素。陈霜（2017）对高中生睡眠质量进行了研究，作者调查了 360 名学生，研究表明：学生睡眠质量的异常率是 33.61%，女生的睡眠质量比男生差，高三学生的睡眠质量比高一、高二的差 。李艾霖（2018）研究了睡眠不足对大学生学习能力的影响，作者调查了 45 名学生，研究表明：大学生睡眠不足主要受到学习压力、生活压力、工作压力和情感压力等因素的影响；睡眠不足导致学生难以集中注意力，出现记忆力和判断力衰退的问题，甚至产生呼吸疾病、忧郁症、头疼等疾病；睡眠不足也会造成学生自控力下降，容易出现情绪波动、暴躁、发怒等问题，不利于学生身心全面发展。

总之，学生睡眠与学生学习的关系得到了许多学者的关注，因此对学生睡眠的研究相当多，学者主要研究了学生的睡眠质量、影响学生睡眠的因素、学生睡眠与学习成绩的关系。

（四）从消极方面看学生行为

在学习过程中不少学生学习时会出现消极行为，间接或直接影响了学生的学习效果。关于学生消极学习行为的研究有吉顺育（2013）。他对大学课堂学生消极行为成因进行了研究，调查了徐州工程学院 196 名学生，研究表明：59.5% 的学生曾上课迟到早退，69.6% 的学生曾在上课期间吃零食，65.9% 的学生曾在课堂上看其他书籍、报纸、期刊等，78% 的学生在课堂上玩过手机，63.9% 的学生曾在上课期间打瞌睡，43.6% 的学生不希望在课堂上被老师提问，71.3% 的学生不愿意主动与老师沟通、交流，70.2% 的学生对自己的未来没有规划或者目标模糊。影响大学课堂学生消极行为的因素包括学生自身因素（年龄、性格）、学校因素（教学场所、健康场所、生活服务等）、家庭因素（经济情况、父母的职业、工作条件等）、社会因素（生存压力、市场竞争力、择业、就业等）。邓敏（2014）对大学生学习效能感及消极学习行为的改进进行了研究,作者调查了 204 名学生,研究表明:大学生学习效能感尚可,并没有十分低迷;大学生过于强调自身的努力,忽略了学习中思考的重要性,这容易使学生盲目乐观,认为只要努力就可以解决一切问题。另外学生仅仅重视学习任务,而忽视了对学习本身的思考和对学习能力的培养,导致其学习过程比较沉重,不适合大学生的学习需求。谭舸(2014)研究了如何改变技校学生的消极学习行为,研究表明:教师应从教学策略、教学内容、教学态度等方面帮助学生树立学习自信、消除消极学习心态。许海燕(2014)研究了课堂中学生的积极学习行为与消极学习行为的关系,作者使用了个案研究方法。研究表明:小 G 同学在学习水平测试中得分最高,在 35 分钟内,积极学习行为的时间为 25 分 22 秒,所占比重为 72.48%,主要表现在听讲、操作、讨论、作业和游戏。另外小 G 同学的消极学习行为的时间为 9 分 38 秒,占了全部上课时间的 27.52%,主要表现为:和同学讲话、制造噪声、和同学打闹。王向宇(2016)对大学生课堂学习消极行为表现进行了研究,研究表明:学生的消极行为表现是不认真听课,甚至不听课(注意力不集中、玩手机、聊天、睡觉、看课外书),师生互动普遍不多,学生逃课的现象比较普遍,年级越高,逃课率越高。刘世铎、凌静、田谧(2017)研究了新媒体对大学生学习行为的消极影响,作者调查了 200 名学生,研究表明:学生在课堂上主要使用的新媒体是手机。新媒体为学生提供了丰富、即时、便捷的学习资源,同时也滋生了大学生的学习惰性,对学生的学习行为产生了诸多不良影响,如:学生上课时高度依赖手机,课堂上对手机的使用以娱乐为主、学习为辅,课后查阅、消化、吸收课程资料的能力偏弱,课余生活高度依赖网络等。

总之,如何发现学生的消极学习行为,并消除学生的消极学习行为是教学与学习过程中的重要任务,但目前对学生消极学习行为的研究比较少,还没有研究能够把学生所有的消极行为表现仔细地列出来,无法使学校、家庭、社会消除学生的消极学习行为。

(五)从积极方面看学生行为

学生进入大学后会开始独立生活、学习、交际和消费等,开始出现不良行为,如:抽烟、喝酒、着异服、爆粗口、迟到、早退、作弊、旷课等。因此培养学生的积极行为、消除学生的不良行为是学校的首要任务。对学生积极行为的研究有肖佰良(1992)。他研究了培养学生良好行为习惯的方法,研究表明:培养学生良好行为习惯的最佳方法是行为对比法、榜样感化法、演示模仿法三种方法。Trần Lan Anh (2009) 对大学生积极学习的影响因素进行了研究,将学生积极学习的影响因素分为学习行为、学习目的、学习方法,教师的水平、教学方法、教学态度、教室质量、学习设施、教材、环境 10 个变量,并调查了越南河内国家大学 480 名学生。研究表明:学生的主要学习目的是获取更广的知识、获得学位证书、未来能有更高的收入。学生坐后排对学习有消极的影响,学生做兼职对学习有积极的影响。教师的教学方法主要是教师念学生做笔记。Vũ Kim Ngọc(2010)对越南学生积极认识与学习成绩之间的关系进行了调查研究,作者调查了越南胡志明市中央师范专科学校的 315 名二、三年级学前教育专业的学生。研究表明:积极认识程度高的学生会获得较高的学习成绩,学生的积极认识程度也会影响学生的实习结果。胡建新(2012)对职业学校学生良好行为习惯的培养进行了研究,研究表明:培养学生良好行为习惯应做好以下几点:在思想上高度重视学生良好行为习惯的养成,在日常生活中严格要求自己,努力做到有理想、有抱负,自觉端正学习态度,积极参与班级活动,注重个人生活,坚持不懈,把握关键环节,从现在做起,从小事做起,遇事不动摇,不断总结自我,同时教师应加强正确引导、监督,并适时鼓励的力度。陈维忠(2012)对高职学生良好行为习惯的养成进行了研究,研究表明:大学生对良好行为习惯的重要性认识不足,社会环境会对大学生产生一定的负面影响,学校小环境也会产生一定的负面影响。因此,需要优化育人环境,消除学生不良行为习惯产生的可能性。李仕华(2015)研究了培养学生良好课堂学习行为习惯的教学模式,研究表明:培养学生良好课堂学习行为习惯主要从以下几个方面入手:培养学生自主学习,培养学生独力预习和主动学习的习惯,培养学生思辨的学习能力和习惯,培养学生表达、分析、归纳和概括的习惯,培养学生学以致用、联系生活的习惯,培养学生的反思能力及矫正不良学习习惯的能力和习惯。董兴斌(2017)对学生良好行为习惯的培养进行了研究,研究表明:要注重在不同环境中对学生良好行为习惯进行培养。加强教师言传身教的影响,充分发挥家庭与社会的育人作用,注重学生所处环境的影响。学生良好行为习惯的养成需要自己长期不间断的努力,也需要教师和家长适时地进行点拨、督促和引导。覃爱平(2017)对高校学生积极行为支持策略进行了研究,研究表明:对于刚出现的积极行为要及时强化,有意识地加以塑造;对于多个相关联的积极行为,要将其联合;明确公认的积极行为目标是开展强化工作的前提;建立行为规划并保持强化的一致性是对学生积极行为进行管理。总之,目前对学习积极行为的研究不多,大部分的研究主要探讨了培养学生积极行为的策略,没有具体详细地列出学生积极行为的表现。

三、考试行为的相关研究

考试是进行课程评价、学生评价、教学评价的重要方式和依据。考试是对人的知识、能力、技能和其他心理特征的测量。考试行为是指学生考试过程中所表现的行为,我们从考试前、考试中、考试后三个方面来做综述。

(一)学生考试前行为

学生考试前行为是指学生考试前一些行为表现,对学生考试前行为的研究有师凤彩、娄百玉、王清泉(2000)。他们对高三学生考试前情绪障碍进行了调查研究。调查了新乡市二中高三的226名学生,研究表明:有焦虑情绪的42名(占18.58%),有抑郁情绪的47名(占20.8%),他们的焦虑和抑郁程度绝大多数为轻中度,性别间经统计检验无显著性差异。阮红伟、刘瑞新(2003)对中等专业学校学生考试前焦虑状态进行了统计调查,作者将实验对象分为平时组和考前组,调查表明:考试前组总分比平时组高,考前组中19.39%的学生处于焦虑状态,而平时组处于焦虑状态的仅占6.32%。杨金友(2006)对高职学生考前心理状况进行了调查及分析,对学生考前一周存在的心理健康问题进行了考察,并调查了360名学生,研究表明:考前一周学生觉得比平时更易紧张和焦虑,常常无缘无故感到恐惧,容易心烦意乱,常常因为头疼、颈痛和背痛而苦恼,更易感到疲乏。由于学习不扎实,知识掌握不牢,因而在考前突击学习,甚至达到了废寝忘食的地步。复习时不够系统,想碰运气猜中题目,但又担心猜不中,担心考砸。对已学知识孤立、分散地学习,面对繁杂的记忆内容,常常手足无措,见到书本头就痛。

总之,虽然学生考前行为是学生学习行为中重要的一部分,但对学生考试前行为的研究不多。

(二)学生考试中行为

考试中行为是指学生考试时表现出的行为,对这方面的研究有陈文成(2011)。他对高中学生考试行为困扰的特点进行了调查分析,作者调查了浙江省一级重点高中的1490名学生,研究表明:考试困扰的均分为67.43分,等级为3以上的比例达到了61.3%;实验班学生、来自农村的学生、女生、尖子生的考试行为困扰情况较严重;成就动机强、考试失利、考试策略失当最容易引发考试心理困扰。作者提出了适当降低学生应试动机焦虑程度的六条建议,希望能够切实减少学生的考试困扰,提高学习效率。黄阳(2013)研究了诚信教育对学生考试行为的影响,作者调查了湖南中医药高等专科学校的989名学生,研究表明:一部分二年级学生不能做到诚信考试,而进行了考前诚信教育的一年级学生能够意识到考试舞弊一旦被发现，不仅得不到高分，还会失去正常的学习机会；处分记入档案，还会影响个人的前途；考前诚信教育大大减少了一年级学生违纪舞弊的情况，大部分学生在考试诚信方面有很大的可塑空间，考前诚信教育是很有效的。孙开霞（2016）研究了为什么学生会做的题目在考试中却做错，研究表明：考试的时候，时间紧，任务重，大脑快速运转，难免会出现思维的"黑洞"，一下子想不起来如何解答，但是考试之后，思维放松了，时间也充分了，再回忆那些题目的时候，具体的解法就出来了；考试时没有多余的资源供考生利用，而考试后时间、思维发生变化，资料可利用，甚至可以与他人进行交流，因而都会做。李雄鹰、王颖（2016）对日本大学入学考试中的综合评价进行了研究，作者探究了日本大学入学考试评价的发展与改革，总结其特点和经验，对中国高考改革实践过程有重要的实际意义。刘绍鹏、贺峰、宋凯（2017）对高职院校学生考试中的作弊行为进行了研究，研究表明：高职院校学生考试作弊成风的原因是学生有潜在的作弊倾向，监考老师有潜在的消极监考的倾向，监考老师因投鼠忌器而无法有力打击学生作弊行为。

总之，考试中学生有诸多行为表现，但对学生考试中行为的研究比较少。

（三）学生考试后行为

每次考试之后或一个阶段的学习结束后，学生之间的学习状况都会出现明显的差异。对学生考试后行为的研究有段家次（2004）。他研究了考试后教师应该怎么做，研究表明：考试结束后老师对学生说的第一句话不应该是询问分数和名次，而应该说一些祝贺、安慰、鼓励性的话语，教师应该指导学生调整好心态，总结过去，又忘掉过去；指导学生分析自己的答题情况，总结问题；评价试卷中的普遍性、典型性失误和错题。阮瑾怡（2009）对学生考试后总结的个性化辅导策略进行了研究，研究表明：学生所写的总结反思的内容笼统而空洞，对下一阶段的学习、进步帮助不大。具体表现是：学生把成绩不理想归因于考试粗心，但是为什么会粗心、如何避免粗心等都没有谈到。李霞（2010）对学生考试后的心理调整进行了研究，研究表明：每次考试之后如果成绩低于自己的预估，学生的内心会严重受挫，原本乐观的心态被失败、痛苦、内疚替代，这会使心理承受能力差的学生失去自信心，产生自卑感，心境处于消极的状态。因此学生要学会自我调整，学会客观地估计自己的成绩。王焕（2012）研究了模拟考试后学生的喜与悲，研究表明：模拟考试只是一种练习，与高考得分没有直接关系，学生需要做的就是总结经验，迎头赶上，而不是或喜或悲，陷入消极情绪。唐布儿（2013）对英语期末考试进行了研究,研究表明:考试难度偏高,考前没有针对学生设置英语听说课程,学生缺乏系统、有效的训练;大部分学生参加并通过了全国大学生英语四级考试,而后学生如释重负,紧张情绪得到舒缓,在英语学习方面也有所松懈;针对性的复习资料有限,学生面临考试时常有陌生感。曹晶(2015)对学生考试后进行了研究,作者根据学生的问题进行了分析。研究表明:考试前学生做了大量的练习,但成绩没有提高。学生要考虑做题的目的,是仅仅为了应付考试,还是确实希望在英语方面获得提高。如果仅仅为了在考试中取得好成绩,一味地做练习题,却缺乏对习题错误的分析和归类,必定收效甚微。沫沫(2015)研究了如何正确面对孩子的考后状态,研究表明:孩子在考试后会有不同的状态出现,家长要尽可能去鼓励孩子,一定要做到对孩子的成绩不打击、不鄙视。董慧(2016)对考试后学生出现的问题进行了研究,研究表明:学生对教材不熟悉,基础知识掌握不牢固,对教材深化的内容理解不到位,导致在答题过程中出现知识识记不准确、知识点和概念混淆的现象;知识运用不灵活,知识迁移能力差;审题不仔细、不全面、不透彻,有的学生选择题题干只读一半便急于作答;答题过于急躁、马虎,把本来会的题目做错了;时间分配不合理,在选择题上花费较多时间,前松后紧,影响后面材料题的发挥;答题缺乏层次性、条理性,语言不精练。朱西存(2017)对大学期末考试后的总结进行了探讨,研究表明:试题质量分析是一项细致且耗时的工作。期末考试后,老师对试卷质量进行了细致深入的分析,对有错误的试题要彻底改正,对容易引起歧义的试题要坚决淘汰。另外,试题内容应当是一门课程核心内容的浓缩,是教学内容和教育目标的真实体现。

总之,分析考后情况不仅有助于改进并完善今后的教学,还能对课程设计起到一定的作用。不过目前对这方面的研究还比较少,没有仔细地描述学生考试后的行为。

四、汉语学习行为的相关研究

汉语学习行为是指学生在汉语学习方面表现出的行为。这方面的研究有王崇、侯亚梅(2009)。他们基于语言学习策略,对汉语学习习惯的培养进行了研究,研究表明:充分的预习能提高学生在学习中的主体性、能动性和独立性;学生的预习内容主要是语法、课文、生词、对比新旧知识并找出新旧知识的不同、找出难点、发现问题;在课堂上学生不应该是被动的接受者,而应成为主动的参与者;课堂良好习惯包括:学会做好课堂笔记、学思结合、注意力集中、认真听讲、主动参与;课后复习,按时完成作业,做好整理归纳,在日常生活中应用新知识，学生要及时复习巩固，不断地练习并实践。任丽丽（2011）对培养留学生良好汉语学习习惯的重要性进行了研究，作者调查了77名来自韩国、日本、印尼、泰国、法国、英国、瑞典的留学生。研究表明：留学生在汉语学习过程中养成了一些学习习惯，学习习惯对学生汉语成绩起着很大的影响；学生年龄越高，相关性越高。齐新（2014）对美国学生汉语学习习惯进行了研究，研究表明：美国学生缺乏良好的学习习惯，特别是美国的初中生，他们没有把作业带回家的习惯，更没有课后复习或自学的习惯，所以总是忘记学习。景星慧（2015）从文化角度分析厄瓜多尔中学生的汉语学习行为，作者调查了57名学生，研究表明：大多数学生主动预习新课，会把学到的汉语知识运用到生活中，99%的学生课后会告诉父母已学的汉语知识。冯雨靓（2016）对外国留学生汉语学习习惯进行了调查研究，调查了东北师范大学国际汉语学院的95名留学生，研究表明：留学生汉语学习习惯受汉语学习时间和HSK成绩的影响，留学生学习汉语的时间越长，学习习惯越好、HSK成绩也越高；HSK成绩越高的留学生，学习习惯越好。中高级学生学习习惯得分的平均值高于初级学生；在中国学习汉语的留学生中，95%的留学生学习习惯较好，但同时也存在不良学习习惯，如：依赖老师的辅助性学习、独立学习的积极性不高、学业延迟情况普遍存在。研究还发现：初级留学生学习习惯的形变差异不显著，来自非汉字文化圈留学生的学习习惯都明显优于来自汉字文化圈的留学生。李亚（2016）对印尼小学生汉语学习习惯进行了调查研究，作者调查了印尼崇高基督教学校的60名小学生。研究表明：印尼小学生在把汉语作为第二语言来学习的过程中，汉语学习习惯不容乐观。只有坚持课前预习、课后复习、上课积极回答问题、专心听讲、按要求高质量地完成作业、经常阅读汉语读物、遇到问题独立思考适当求教、学会使用工具书或软件，绝不轻言放弃，才能提高汉语成绩。姚煜（2016）对智利中学生汉语学习行为进行了研究，调查了39名学生。研究表明：学生的消极汉语学习行为不少，很多课前带零食来吃的学生常扰乱课堂秩序，大多数学生是外向型的。尹飘（2016）对留学生汉语学习动机与课外自主学习行为的相关性进行了研究，研究发现：来华留学生的课外自主学习情况较为乐观；动机与课外自主学习意识、学习策略有不同程度的相关关系；动机与课外学习效果则没有直接相关。其中，内部动机和工具型动机与课外自主学习意识的相关程度比持外部动机和成就型动机的学生要高。在各类型动机与课外自主学习策略的相关性方面，内部动机的影响明显大于成就型动机。

总之，汉语学习行为是：在汉语学习过程中，学生经过训练和培养逐渐养成的一种持久而稳定的学习方式和学习倾向。对汉语学习行为的研究方面不多，而且已有的研究还没具体描述学生的汉语学习行为。

五、学生知识领会影响因素的相关研究

学生知识领会程度是指学生在学习过程中所学到的知识，即学生学习成果。本书从学生自身、学校、家庭、社会四个因素对学生知识领会的影响来进行综述。

（一）学生自身因素

学生自身对学生知识领会程度的影响因素有学习动机、学习坚定程度、学习竞争程度、学习方法因素。

关于学生学习动机对学习效果的影响研究有郑萍（2000）。作者对大学生学习行为的优势动机及其主要影响因素进行了研究。作者将大学生学习动机分为基础性动机、衍生性动机和优势动机，认为强度最高的动机是优势动机，而对个人动机的模式具有决定性影响的因素是嗜好与兴趣、价值观和抱负水准。作者调查了西安外国语学院的 600 名大学生，研究发现：嗜好与兴趣影响学生对目标的选择和学生学习的效率；价值观对学生的生活方式和生活目标有影响，并牵涉更广泛、长期的行为；抱负水准对学生个人优势动机的实现有影响。邢程（2005）对越南学生的学习动机和学习策略进行了研究，调查了广西师范大学的 44 名初级班越南留学生，研究表明：学生在学习者层面的动机最强，而在学习情境层面的动机最弱；性别对动机的影响没有显著性差异，女生在多个层面的动机高于男生，成绩好的学生在语言层面的动机程度较强，成绩较差的学生在学习者层面的动机较强。Nguyễn Trần Hương Giang（2008）对越南学生学习动机的影响因素进行了调查研究。作者把学生的学习动机分为个人动机、社会动机和知识领会动机三个变量，并将学生学习动机的影响因素分为课程、考试形式、社会需求、成人榜样、媒体、教师、同学、父母八个因素。作者调查了越南胡志明市 Marie Curie 高中学校的 300 名高一、高二和高三学生。研究表明：知识领会动机在学生学习过程中非常重要，家庭、学校和社会对学生学习动机影响最大。Dương Thị Kim Oanh（2009）对越南科技学校学生的学习动机进行了调查研究，作者把学生的学习动机分为科学认知动机、社会动机、就业动机、自我决定动机四种类型，并指出了影响学生学习动机的主观因素和客观因素。作者调查了越南河内百科大学技术师范专业的 555 名三年级学生。研究表明：学生的科学认知动机比较薄弱，专业兴趣、责任感、学习环境和社会宏观环境对学生学习动机均有很大

影响。马祥凯（2010）研究了中国学生和越南学生的学习动机，调查了红河学院的 423 名学生，研究表明：中国学生的学习动机主要是内生性动机，而越南学生的动机主要是外生性动机。曾细花、王耘（2011）对初中生英语学习动机、学习行为和成绩的关系进行了研究，研究发现：英语学习行为、学习成绩与内在动机呈显著正相关。英语学习行为、学习成绩与认同调节动机相关。英语学习行为、学习成绩与外部调节动机负相关，而与投射调节动机不相关。阮氏梅英 (2011) 研究了越南非汉语专业学生的学习动机，调查了越南商业大学和越南师范大学的 335 名非汉语专业学生。调查结果表明：不同年级、不同性别的学生在汉语学习动机上有显著性差异。武玉香篱 (2011) 对越南岘港市大学生汉语学习动机进行了研究，调查了 182 名学生，研究结果表明：非汉语专业生在教育动机方面比汉语专业生高，而非汉语专业生在融入型动机方面没有汉语专业生高。阮进勇 (2011) 对越南学生外语学习动机进行了研究，研究表明：大部分越南学生缺乏综合性动机、内在动机和深层次主动性动机，学生外语学习的主要动机是为了获得学位证书。阮氏锦绣 (2012) 也对越南大学生汉语学习动机进行了研究，作者把学生的学习动机分成 59 个观测变量，调查了越南顺位外语大学中文系的 149 名学生。研究表明：学生学习汉语的主要动机是融合性动机取向，学生的年级越高，他们的工具性动机越强。Trương Thị Thúy Hòa (2013) 对 300 名越南劳动与社会学校社会工作专业学生的学习动机进行了调查研究，把学生分为全日制生和在职生两种来进行研究。研究表明：大多数学生的学习动机是喜欢社会工作专业，男生和女生在学习动机上有显著性差异，在职学生比全日制学生更喜欢社会工作专业。王甦晨（2013）对越南留学生汉语学习动机进行了研究，作者调查了云南财经大学的 127 名越南留学生，研究表明：学生在语言学习阶段的主要动机是工具型动机，该段学生的学习动机主要受教师和学习内容的影响；学生在专业课学习阶段的主要动机是融入型动机，该阶段学生的动机主要受教材和学习内容的影响。Dinh Thi Hoang Lan(2014) 对越南胡志明市大学生汉语学习动机进行了调查研究，作者把学生分为华裔学生和非华裔学生，并调查了 251 名学生。研究表明：华裔学生的学习动机主要是融入型动机，而非华裔学生的学习动机主要是工具型动机。陈祺（2014）研究了越南学生的汉语学习动机，作者调查了云南师范大学的 20 名初级班越南留学生，研究表明：学生在学习者方面的动机是最高的，而学生在学习情境方面的动机是最低的；成绩好的学生在语言方面的动机比较强，成绩不好的学生在学习者方面的动机比较强，学生对自己的学习缺乏自信。孙小晴（2015）研究了越南学生汉语学习动机的影响因素,调查了辽宁技术大学的 39 名越南留学生,研究表明:影响学生学习动机的因素为个体差异和外部压力,其中个人差异主要体现在年龄因素,而外部压力主要体现在教师因素和教学方法。龙成志、刘志梅(2016)研究了学习动机对自主学习行为的影响,作者调查了广州 6 所高校的 1156 名大学生,研究表明:学习动机对自主学习行为的促进存在直接效应和间接效应,学习能力是其促进效应的中介变量;性别、年级与专业对促进效应有显著的调节作用。研究还表明:学习动机对稳定的自主学习行为有促进作用;学习动机、学习能力和自主学习行为之间的关系受性别、专业和年级的影响;学习动机的管理和学习能力的提升是促成学生产生自主学习行为的有效途径。张喜来(2017)研究了学习动机对学习行为的影响,研究发现:学习行为与学习动机有着密切的关系,学生的学习行为主要受外部调节的影响。邢晓楠(2017)研究了大学生学习动机的激发及学习行为的改善,作者调查了 720 名大学生,研究表明,高考的余温犹存,学生期待崭新的生活;零起点学习对学习动机有刺激作用;专业学习缺少新鲜感。刘汉武(2017)对二外为汉语和日语的越南学生的学习动机进行了对比分析,作者调查了越南 192 名学生,研究表明:二外为汉语的学生在学习情境层面的动机最强,二外为日语的学生在语言层面的动机最强,两者在学习情境层面差异较为显著。

关于学生的学习坚定程度对学生学习效果的影响研究有田桂清(2001)。作者对如何坚定学生外语学习的信心进行了研究,研究表明:年龄的特点、身体发育与心理发育的反差给学生带来心理障碍,容易让学生产生自卑的心理;外语和母语在发音和表达方式上的差异让学生缺乏自信心和意志力。

关于学生学习竞争程度对学习效果的影响的研究有丘仰霖(1990)。他对激励学生学习竞争的机智进行了研究,作者从水平和内容层面,把竞争分为一般形态、计划形态(竞赛、比赛)、畸形的激化形态(战争)、意识形态的竞争和物质形态的竞争。研究表明:激发学生学习竞争是多种多样的,但可以概括为思想性、技术性和心态性。思想性的激发,即结合学生实际进行思想教育;技术性的激发,即各学科根据激发学生竞争的需要来改进教材、教法等;心态性的激发,即结合德性和智性来进行评价。刘加宣(1992)研究了中学课堂上的学习竞争。研究表明:课堂竞争对学习动机有激发作用。它不仅可以调动学习的积极性和主动性,为完成当前的学习任务创造有利的条件,而且可以使已经形成了的学习需要不断得到巩固和发展,有利于今后的学习。课堂竞争分为出题、准备、竞争、记分和评奖五个步骤。柴联芝(1997)研究了如何强化学生竞争意识,调动学生学习兴趣,研究表明,需要利用课堂教学、班级会、家访、谈话、课外活动等让学生积极参与竞争,敢于与强手竞争。丘晓春(2003)研究了职高英语教学中学习竞争意识的培养,研究表明:学习竞争意识有助于发挥学生的主体性,也有助于端正学生学习态度。学生竞争意识是提高英语教学质量的有效动力,是学生开展自我教育活动、完成英语学习任务的前提。

关于学生学习方法对学习效果的影响的研究有尹世明(1987)。他研究了一年级大学生的学习方法,研究表明:学生不仅在课内学习,而且还在课外学习。学生除了专业课的学习,还要读其他书籍,使用工具书。姚利民(1995)对大学生学习方法进行了调查研究。作者调查了432名学生,研究表明:学生在学习中能够运用意义倾向的四种方法,即他们能够采取深层方法,进行综合性学习,善于关联知识,在学习中注重运用证据;学生在学习中也存在一定问题,例如:部分学生采取表层方法,专注于记忆,在学习中不会抓重点,仅注意细节,害怕失败,没有学习信心,过分依赖外部指导,不善于综合,缺乏学习的主动性、独立性,自主学习能力弱;学生在学习方法上没有显著的性别差异。王卫红、杨渝川(1997)对大学生学习方法的特点进行了研究,调查了1035名大学生,研究表明:学生的常规性学习方法是以课堂笔记为主,忽视预习与复习;在强化性和开放性的学习方法上,四年级学生强于其他三个年级学生;在学习的自我控制上,大多数学生表现不佳。邓凤茹(2000)研究了大学生不可缺少的学习方法——笔记法,研究表明:笔记法是最佳学习方法之一,是大学生在学习过程中不可缺少的。它可以提高听课效率,增强自学、理解能力。鲍丽娟、郭长久(2012)对留学生汉语学习方法进行了调查研究,调查了71名学生,研究表明:学生在课堂学习中,有一定的自觉意识,但是学生普遍存在惰性情绪,不喜欢做作业、考试、领读和提出问题。学生课外学习缺乏主动性、吃苦性和积极性。吴虹琏(2015)对泰国汉语初学者汉字学习方法需求进行了调查分析,作者调查了46名学生,研究表明:近70%的学生会选择机械记忆的方法;大多数学生最喜欢的汉字学习方式是课堂学习教师教授(占60%以上)。项雯彬(2015)对北爱尔兰汉语口语学习方法进行了调查研究,作者调查了80名学生,研究表明:学生在汉语口语学习过程中最常用的方法是用拼音和母语来做笔记,跟同学练习口语。通过朗读提高口语,重复练习新学的单词和语句,先用母语想好再表达,用汉语的思维,查词典,猜测意思,不会表达时向他人寻求帮助等。成愉(2015)对泰国留学生课余汉语学习方法进行了研究，研究表明：大多数学生认为汉语的语法、写作、阅读和词汇比较难掌握；初、中、高级的学生选择的课余汉语学习方法有明显差异，学生对自学、听音乐、看电影电视节目、做游戏和上网学习很感兴趣。

总之，对学生自身影响学习行为的研究较多，其中对学生学习动机、学习方法的研究最多，而对学生学习坚定程度和学习竞争程度的研究比较少。

（二）学校因素

学校对学生生活和学习有很大的影响。我们从学校的教师、同学、学习环境和考试频次四个因素来做综述。

首先，教师因素影响学生学习的研究有孙喜龙（1994）。他研究了师生关系对学生学习行为的影响，研究表明：教师只有德才兼备、学识渊博、处处起表率作用，才能巩固其权威性，才能使师生伦理关系的力量与师生间的情感因素以及教师表率的影响力和吸引力融为一体。只有师生关系融洽，才能提高师生交往的频率和深度，才能形成刨根究底、自由争论、相互切磋、教学相长的和谐画面。师生关系是影响学生学习行为的重要因素，师生之间良好关系的保持仅靠伦理关系是不够的。只有在教师的德才学识、人格、气质、情操、责任感和同情心等因素的共同作用下，才能保持、巩固新型师生关系。曹威麟、杨光旭（2008）研究了教师履行心理契约责任对学生学习行为的影响，研究表明：教师履行教学技能可以提高心理契约责任的维度，并对学生科学智能自我培养的学习行为有显著影响，但对学生社会智能自我培养的学习行为无显著影响；而教师履行敬业品格修养维度的心理契约责任对学生社会智能自我培养和科学智能自我培养的学习行为均有影响。Cynthia Denise Garcia（2008）研究了团队学习与教师学习的关系及其对教师行为的影响。研究表明：参加年级团队会议确实会影响教学实践，因为教师团队成员会讨论：反思和改进他们自己的课堂时间；团队成员通过参与他们的年级会议讨论如何为其学习做出贡献。Huỳnh Cát Dung（2010）对越南学生与教师之间的交际障碍进行了调查研究，作者调查了胡志明市体育师范大学、胡志明市师范大学和胡志明市经济大学的497名学生。研究表明：学生与教师之间的交际障碍对学生的学习效果有很大的影响，会降低培养的质量，学生心里害怕老师提问题、扣分，导致学生不敢与老师进行交际。Nguyễn Thị Mỹ Ngọc（2010）研究了越南学校征求学生对教师教学活动的意见的现状。作者调查了越南胡志明国家大学附属百科大学、自然科学大学、社会与人文大学、国际大学、电子科技大学和经济大学的 1503 名学生。研究表明：大部分学校没有根据学生对教师教学活动的反馈来提高教学质量。Đào Thị Quý（2010）对越南学生的认识和态度进行了研究。作者调查了越南胡志明对外经济专科学校的 400 名学生。研究表明：大多数学生都认识到就业对自己的重要性，学生对就业的态度比较积极。田倩倩（2016）研究了教师期望对学生课堂学习行为的影响，研究表明：教师期望影响最大的是第三方教师提供的学生学业成绩信息；在学生课堂学习的过程中，首先产生影响的是教师对学生的态度与关注度。通过课堂中教师与学生的交流行为，进行期望信息传递。学生察觉到教师态度与期望后，对教师以及学科的态度发生相应变化，继而逐渐在课堂学习行为方面表现出与教师期望相符的积极或消极的变化。而教师个人内在特征决定着教师期望对学生课堂学习行为的影响程度；父母教养态度影响着教师期望对学生课堂学习行为的作用；教师积极期望对小学低段学生的课堂学习行为影响更大。

其次，同学也对学生学习行为有较大的影响，学生的人际关系对他们健康成长和全面发展有重大的影响，同学关系是学生最基本、最主要的人际关系。这方面的研究有陈昆（1985）。他对大学四年中同学关系进行了研究，研究表明：四年级学生之间的同学关系很成熟。学生面临毕业，开始考虑自己的去向，同学关系处于松弛阶段，更多地表现出社会关系。学生之间互相关心、互相体贴，过去的恩怨不放在心头，很少计较个人得失问题，显得更加亲密。朱伟（1997）对大学生的群体意识与同学关系进行了研究，研究表明：班集体是大学生主要的、基本的群体，良好的群体意识是建立和谐同学关系的前提。和谐的同学关系有利于群体的建设与发展，有助于良好校风、班风、学风的形成，也有助于大学生思想修养的培养和身心健康成长。张晶、吕婷（2014）对大学生宿舍同学关系情况进行了调查研究，作者调查了 468 名学生，研究表明：舍友之间常有矛盾产生，大部分矛盾是由一些琐事引起的，如：生活习惯不同、性格不合、开玩笑的时机不对、卫生习惯不好等。不少学生因为考研或者玩游戏导致晚上睡得晚，影响舍友休息，也会造成矛盾。部分学生有问题或有心事时很少找舍友倾诉，难以做到互相理解、互相帮助。大学生宿舍内部经常举行集体活动，如游戏或者聚餐，这对舍友间和睦相处有很大的作用。

　　再次，学校学习环境也对学生学习有一定的影响，如：图书馆、宿舍、社区、饮食、专家评语、反馈信息等方面。这方面的研究有徐国凯、陈明华（2001）。他们研究了人才培养模式对学生学习行为的影响。研究表明：应试教育磨灭了学生的自主学习意识；实施素质教育应激发学生的自主学习意识，传授知识的目的不是让学生简单地记忆现成的东西，而是通过现有的知识进行启蒙；强化知识的物化过程是提高自主学习意识的有效途径，因为知识不能自然地转化为财富，它需要人为的努力和时间的积累，即知识的物化过程。马艳云（2008）研究了专家评语对学生学习行为的影响，研究表明：获得专家鼓励和批评的学生的测验成绩普遍很高，仅获得任课教师公开鼓励的学生的测验成绩较高，而未受到理睬的学生成绩最低；在专家施予评语的班级中，具有较高的短期目标、学习积极性、课堂注意力和良好情绪状态的学生人数多于教师施予评语的班级。杜慧慧（2013）研究了虚拟学习社区中学习行为的影响因素，研究发现：性别、性格和家庭生活背景不同的学生在影响因素和学习行为方面存在显著性差异，而网络和社区的技术条件与学习行为无显著差异。赵春鱼（2014）研究了教学服务质量对大学生学习行为的影响，作者调查了1474名学生，研究表明：教师教学质量直接影响学生的学习绩效；教辅支持质量未直接影响学生的学习绩效。张悦文、李才文（2014）研究了民族高校宿舍文化对大学生学习行为的影响，作者调查了西北民族大学54个宿舍的270名学生，研究表明：性别、专业类别在宿舍文化、学习行为上均存在显著性差异，在宿舍文化、学习行为的平均水平上，女生得分比男生高，文史类学生得分比理工类学生高；宿舍文化与学习行为之间呈正相关。代为强（2015）研究了图书馆室内空间对学习行为的影响，研究表明：需要创造一个理想的学习空间吸引学生来图书馆学习，这样能够提高学生学习的效率。董芳、周江涛（2016）研究了高一寄宿生学习行为的影响因素，作者调查了山东省3500名高一寄宿生，研究表明：寄宿对学生自主学习态度有较强的要求；高一寄宿生的自主学习行为明显受其学习态度的影响；高一寄宿生的自主学习行为更容易受学风等学习环境的影响。关于影响高一寄宿生学习行为的因素，高一寄宿生的学习态度、学习环境和学习行为之间互相影响，具体是：学习态度显著影响高一寄宿生的学习行为，学习环境显著影响高一寄宿生的学习态度，学习环境显著影响高一寄宿生的学习行为；学习态度与学习环境对高一寄宿生学习行为有影响。

最后，考试频次也对学生学习有较大的影响，这方面的研究有周玮、孟宪鹏（2006）。他们研究了高中生考试焦虑与学习成绩的关系，作者调查了538名学生，研究表明：高中生考试焦虑的检出率为65.2%；学习成绩优秀、一般、较差的学生的考试焦虑检出率差异具有统计学意义；高中生的考试焦虑问题普遍与学习成绩相关；男生与学习成绩的相关关系比女生与学习成绩的相关关系更密切，理科生考试焦虑与学习成绩的相关关系比文科生更密切。卢芳（2010）也研究了考试焦虑与学生学习成绩的关系，作者对考试焦虑的概念、成因、测量工具以及国内外对考试焦虑与学生学习成绩关系的现状进行了综述，研究表明：考试焦虑研究的方法论局限是，人们平常使用特质焦虑测量或焦虑倾向测量而不是状态焦虑测量来评价。不同科目、不同类型的考试焦虑程度和原因有很大的差别。臧文彬、宋书君（2014）研究了考试频次及试题质量对学生学业水平的影响，作者调查了340名学生，研究表明：25%的学生不认为高频次的考试能促进和提高学生的学业成绩，大多数学生认可通过闭卷考试考查学生的知识。

总之，学校是培养学生的场所，学校因素下的教师、同学、学习环境和考试频次均对学生学习有一定的影响。这方面的研究也比较丰富。

（三）家庭因素

家庭教育是校外教育最重要的一种方式，学生的教育及其成长都与家庭有关系。家庭对学习行为的影响表现在父母期待、母亲受教育程度、父母培养方式等方面，对这方面的研究有聂继雷等（2002）。他们研究了父母养育方式对初中生学习行为的影响，作者调查了济宁市某中学的410名学生，研究表明：两组学生在关心理解、惩罚严厉、拒绝否认三因子方面具有显著性差异；两组学生在关心理解、拒绝否认、惩罚严厉方面存在显著性差异；关心理解、过分干涉、贡献最大与父母的关心理解、情感温暖正相关，而与父母的过分干涉负相关。涂晓慧（2005）研究了影响城市未成年人学习行为的家庭环境因素，研究发现：父母关系及亲子关系是最重要的影响因素，其对未成年人各学习行为均有影响；父母的素质、教养方式也是重要的影响因素，也对未成年人的学习行为有影响；亲子的模式和家庭的经济状况对未成年人的某些学习行为有一定影响。郭钺（2006）研究了家庭因素对技工学校学生学习行为的影响，研究表明：家庭结构的组成、父母的文化程度和父母关系均对学生学习行为有较大的影响，家庭的经济条件也会影响亲子的关系。黄晓鑫

（2012）研究了母亲的受教育水平对学生学习行为的影响，研究发现：母亲的受教育程度对学生的学习行为有较大影响，母亲的受教育程度与学生的学习行为相关，母亲的受教育程度与学生的课堂学习行为和课外学习行为相关。韩巍（2016）研究了父母期待对幼儿英语学习行为的影响，研究表明：重视幼儿学习英语的父母占85%；期待幼儿具备简易听说能力的父母占85%，期待幼儿有阅读能力的父母占53%，期待幼儿有日常沟通能力的父母占48%。作者还发现：父母对幼儿的学习行为产生了负面的影响；父母对幼儿具备简单听说、日常沟通能力的期待与幼儿学习行为相关；父母对幼儿的兴趣培养、具备阅读能力和未来性的期待与幼儿的学习行为无相关。韩秀华、郑丽娜等（2011）研究了学生自我调节学习行为在父母教育介入及学习成绩间的中介作用，研究发现：小学生的自我调节学习及父母教育介入对学习成绩均有良好的预测作用，同时，自我效能感及考试焦虑在亲子沟通及学习成绩间起特定中介作用。丁瑜（1985）研究了家庭中诸多因素对学生学习和品德的影响，作者调查了450名学生，调查内容包括家长的职业、文化程度、家庭经济状况、排行和是否为独生子女、家庭气氛、家长对子女的期望水平等。研究表明：家庭中诸多因素对学生的学习成绩和品德面貌的影响是现实而巨大的。父母的文化水平、期望水平、职业、家庭气氛等，能够转化为对学生的自觉教育要求，是非常重要的因素。卢智泉等（2000）研究了家庭因素对学生学习成绩的影响，作者调查了2432名学生，研究发现：学生的学习成绩与学生的性别、生源、独生子女不相关；而学生的学习成绩与学生的单亲子女、父母的文化程度、职业及家庭的经济收入有密切关系，特别是单亲子女和父母的文化程度对子女的学习成绩影响极大。王丽娟（2015）也研究了家庭因素对高职高专学生学习的影响，作者论述了家庭的生活习惯、教育模式、气氛、教育背景和求学态度，研究表明：学生的家长需要肩负起教育子女的责任，才能开启智慧指引学生走出正确的人生之路。郭钺（2016）也研究了家庭因素对技工学校学生学习行为的影响，研究发现：对学生的学习产生影响的家庭因素有家庭环境、家庭结构、社会经济地位和父母的教育程度、管理教育方式。匡红燕（2000）研究了家庭环境因素对学生学习的影响，作者把学生分为实验组和对照组，调查了485名学生，研究表明：两组学生在父母文化程度、家庭经济状况、家庭关系、教育方式、教育观点、父母对子女的期望、家庭文化氛围、父母在课外对孩子学习辅导等均有显著性差异。张军威、冷帅（2017）研究了家庭环境对高职院校学生学习成绩的影响,作者调查了 600 名学生,研究表明:在家庭结构方面,双亲和三代家庭的学生成绩优异的比例较高,家庭结构为孤儿和单亲家庭的学生成绩优异的比例较低;父子关系良好的学生成绩优异的比例较高,父子关系一般或很差的学生成绩优异的比例较低。徐振勇(2007)研究了家庭教育对学生学习的影响,研究表明:父母的职业为知识分子类型的学生,成绩普遍高于父母职业为干部类型的学生;父母职业为干部类型的学生,成绩普遍高于父母职业为工人类型的学生;父母的文化程度越高,越能够主动关心并指导学生的学习;在家庭关系紧张甚至家庭离异环境下的孩子学习成绩普遍低下;大多数孩子喜欢民主和开放的教育方式。洪建林(2013)研究了家庭教育影响学生学习习惯的不利因素,研究表明:家庭教育对学生学习习惯的影响有四个因素,包括:家长的消极教育态度、家长培养方法的缺失、学校是否够用的影响、家庭不和谐因素的影响。姜江(2016)对高职学生学习行为与父母教育方式的相关性进行了研究,研究表明:73%的学生认为家庭教育方式是影响学生学习行为的重要因素,84%的家长会通过通信手段来了解学生在校的学习状况,并且对学生提出指导性的意见和建议;大部分家长的教育方式比较单一,缺乏灵活性、多样性;家长常忽视学生自身的特点和需要,使父母和孩子之间产生许多矛盾,导致家长的教育成效不佳;高职学生学习行为与父母教育方式呈正相关。张必强(2010)研究了家庭背景对学生学习兴趣的影响,研究发现:家庭成员的学习态度、亲和程度、兴趣趋向、品行修养、生活方式等都是学生构建学习兴趣的基础,并长期发挥着作用。刘妍(2012)对家庭经济困难学生的学习行为进行了调查研究,研究发现:家庭经济困难的学生和家庭经济富裕的学生在学习态度、学习压力、学习动机、学习效果上有显著性差异。由于经济困难的学生不容易获得学习机会,因此他们的学习目标比较明确,并且他们愿意为自己制定的学习目标而努力奋斗。

总之,家庭是学生的第一所学校,家庭对学生学习的影响非常大,这方面的研究也比较多。

(四)社会因素

社会因素包括很多方面,如:就业需求、就业市场、社会的重视等,对学生有一定的影响。这方面的研究有贺建新、龚跃华、伍洁(2010)。他们对高职学生学习倦怠的社会影响因素进行了研究。作者调查了 663 名学生,研究表明：在情绪低落和总体倦怠水平方面上，高职学生与本科学生之间存在显著性差异，两类大学生均有明显的不当学习行为；影响高职学生学习倦怠的社会因素是家庭环境和社会风气；和睦的家庭环境和社会环境是促使学生学习积极向上的动力之一。郑正（2013）研究了社会影响因素造成高校课堂学生反应度低的原因，研究表明：导致大学生课堂反应较低的原因是传统教学模式、教师授课方式和大学生应试思想的影响。阮国辉（2014）对越南大学生就业问题进行了研究，研究表明：家长对学生的就业问题干预过深，学校设置的专业和培养方法不符合市场的需求，严重脱离市场。陈氏金芝（2015）对越南大学毕业生就业绩效进行了研究，作者调查了405名大学生，研究表明：越南大学生职业价值、就业绩效不高，处于中等水平；大学生的职业声望、发展与大学生就业过程绩效和结果绩效显著正相关。徐明月（2016）对越南北部来华留学生回国就业状况进行了研究，作者调查了92名学生，研究表明：专业、工作经验对越南留学生的回国就业过程均有影响，越南留学生的专业、工作经验均影响到他们工作待遇；学生学位也影响到工作单位和工作待遇。

总之，社会就业问题会对学生学习有一定的影响，但这方面的研究比较少。

六、研究问题

学术界对学生学习行为的研究可归为：（1）课堂学习行为；（2）课外学习行为；（3）考试行为。这三方面的研究较多，但目前还没有研究涉及对学生全天24小时学习行为的描述。

学术界对学生知识领会程度的研究可归为以下四点：（1）学生自身因素；（2）家庭因素；（3）社会因素；（4）学校因素。这几方面的研究也较多，但没有研究对学生知识程度的影响因素建立模型，以探究哪些因素对学生知识领会程度有较大影响。

本书采用综合研究方法（兼有定性研究和定量研究）来研究越南汉语本科生的学习行为和知识领会程度，将复杂动态理论作为理论基础，全时描述了越南学生的学习行为，并对越南学生知识领会程度的影响因素建立了模型。

本书重点解决以下几个问题：

第一，基于复杂动态理论，如何建构越南汉语本科生学习行为和知识领会程度的模式？该模式有何应用价值？

第二，越南汉语本科生的学习行为有哪些？有哪些因素会影响越南汉语本科生知识领会程度？各因素之间的相关性、因果关系是怎样的？

第三，如何描述及测量越南汉语本科生的学习行为和知识领会程度？

第四，越南汉语本科生性别、户口类型、上大学前是否学过汉语、有无中国教师教学、汉语专业类型、年级、自习时间、兼职时间、兄弟姐妹人数、年龄、睡眠时间、家庭每月提供生活费的多少、总分数、汉语听力课分数、汉语口语课分数、汉语阅读课分数、汉语写作课分数在学生学习行为上是否有差异？

第五，越南汉语本科生的性别、户口类型、上大学前是否学过汉语、有无中国教师教学、汉语专业类型、年级、自习时间、兼职时间、兄弟姐妹人数、年龄、学习简体字或繁体字、家庭每月提供生活费的多少、总分数、汉语听力课分数、汉语口语课分数、汉语阅读课分数、汉语写作课分数在知识领会程度上是否有差异？

第六，越南汉语本科生在学习行为和知识领会程度方面存在哪些问题？如何解决这些存在的问题？

第三节　研究对象及研究范围

本书的研究对象是越南三所高校一年级到四年级的汉语专业本科生，他们分别来自河内国家大学附属外语大学（越南首都河内）、河静大学（河静省河静市）和雄王大学（富寿省越池市）。

本书设计了两份调查问卷，对上述调查对象进行了调查。一份问卷调查学生的学习行为，包括学习参与行为、课堂行为、课间休息行为、课外行为、考试前行为、考试中行为、考试后行为、汉语学习行为、睡觉行为、饮食行为、消极行为、积极行为；另一份调查影响学生学习行为的影响因素，包括学习动机、社会因素、家庭因素、学习竞争程度、学习坚定程度、学习方法、个人愿望、个人感受、教师因素、同学因素、学习环境、考试频次、知识领会程度。具体调查结果如下：

共有 272 名学生提交了关于学生学习行为的调查问卷，其中男生 25 名

（9.2%）、女生 247 名（90.8%）。272 名调查对象来自四个专业，分别是：汉语语言 236 名（86.8%）、汉语师范 4 名（1.5%）、汉语翻译 20 名（7.4%）、商务汉语 8 名（2.9%）、未填写 4 名（1.5%）。调查对象的年级分布如下：一年级 146 名（53.7%）、二年级 64 名（23.5%）、三年级 44 名（16.2%）、四年级 18 名（6.6%）。户口类型分布如下：农村户口 192 名（70.6%）、城市户口 80 名（29.4%）。汉语水平分布如下：进入大学前学过汉语的 44 名（16.2%）、没学过汉语的 228 名（83.8%）。年龄分布如下：18 岁 89 名（32.7%）、19 岁 71 名（26.1%）、20 岁 57 名（21.0%）、21 岁 32 名（11.8%）、22 岁 15 名（5.5%）、23 岁 5 名（1.8%）、未填写 3 名（1.1%）。

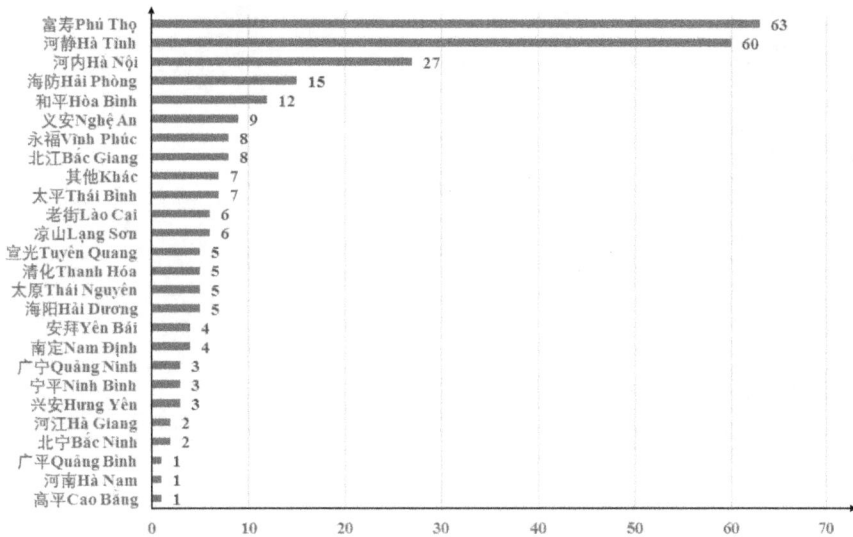

图 1-1　作答学习行为问卷的越南学生的省市分布情况

从图 1-1 来看，提交问卷的 272 名学生来自 25 个省市，其中富寿 63 名（23.2%）、河静 60 名（22.1%）、河内 27 名（9.9%）、海防 15 名（5.5%）、和平 12 名（4.4%）、义安 9 名（3.3%）、北江 8 名（2.9%）、永福 8 名（2.9%）、太平 7 名（2.6%）、凉山 6 名（2.2%）、老街 6 名（2.2%）、海阳 5 名（1.8%）、太原 5 名（1.8%）、清化 5 名（1.8%）、宣光 5 名（1.8%）、南定 4 名（1.5%）、安拜 4 名（1.5%）、兴安 3 名（1.1%）、宁平 3 名（1.1%）、广宁 3 名（1.1%）、北宁 2 名（0.7%）、河江 2 名（0.7%）、高平 1 名（0.4%）、河南 1 名（0.4%）、广平 1 名（0.4%）、未填写 7 名（2.7%）。

另外，共有 362 名学生提交了关于影响学生知识领会程度的因素调查问卷,其中男生 31 名(8.6%)、女生 331 名(91.4%)。362 名调查对象来自四个专业,分别是:汉语语言 214 名(59.1%)、汉语师范 71 名(19.6%)、汉语翻译 60 名(16.6%)、商务汉语 17 名(4.7%)。362 名调查对象的年级分布如下:一年级 87 名(24.0%)、二年级 178 名(49.2%)、三年级 85 名(23.5%)、四年级 12 名(3.3%)。户口类型分布如下:农村户口 224 名(61.9%)、城市户口 138 名(38.1%)。汉语水平分布如下:进入大学前学过汉语的 75 名(20.7%)、没学过汉语的 287 名(79.3%)。年龄分布如下:18 岁 57 名(15.7%)、19 岁 96 名(26.5%)、20 岁 128 名(35.4%)、21 岁 47 名(13.0%)、22 岁 15 名(4.1%)、23 岁 5 名(1.4%)、未填写 14 名(3.9%)。

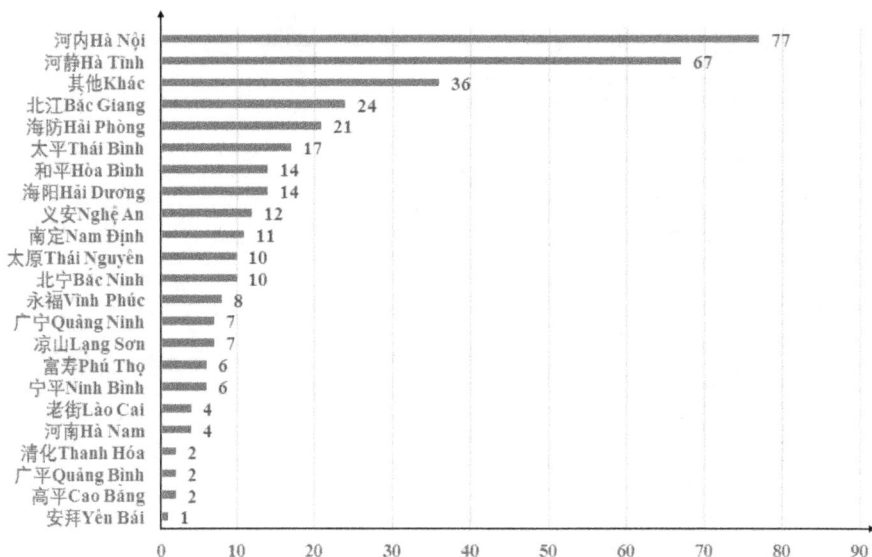

图 1-2　作答知识领会程度影响因素问卷的越南学生的省市分布情况

从图 1-2 来看,提交问卷的 362 名学生来自 23 个省市,其中河内 77 名(21.3%)、河静 67 名(18.5%)、北江 24 名(6.6%)、海防 21 名(5.8%)、太平 17 名(4.7%)、和平 14 名(3.9%)、海阳 14 名(3.9%)、义安 12 名(3.3%)、南定 11 名(3.0%)、太原 10 名(2.8%)、北宁 10 名(2.8%)、永福 8 名(2.2%)、广宁 7 名(1.9%)、凉山 7 名(1.9%)、富寿 6 名(1.7%)、宁平 6 名(1.7%)、老街 4 名(1.1%)、河南 4 名(1.1%)、广平 2 名(0.6%)、清化 2 名(0.6%)、高平 2 名(0.6%)、安拜 1 名(0.3%)、未填写 29 名(8.0%)。

第二章 核心概念及研究方法

第一节 概念界定

一、学习的定义

对许多人而言，学习的概念既熟悉又陌生。熟悉是指大家对学习这个过程、这种经历已经很清楚了，陌生是指没有多少人可以准确地说出学习到底是指什么，因为学习是一个古老而新颖的概念。由于历史条件和认识角度的不同，人们对学习形成了不同的观点。本书从学习学、语言学、学习心理学、认识论、信息论等角度，给出了几十种定义。我们从词典解释、历史、意义、跨学科、专家观点和功能等角度来描述和理解与学习相关的概念。

（一）词典的解释

《现代汉语词典》对学习有以下两种解释：（1）学习是从阅读、听讲、研究、实践中获得知识和技能；（2）学习不单单指在特定环境条件下（学校、课堂、书本）的学习过程，还包括从出生到生命终结的全部实际生活和劳动过程，即实践过程。《新华词典》对学习的解释是："学习是通过读书、听课、研究、进行教学实验、参加实际工作等以学得知识和技能。"《辞海》对学习的解释是："学习是心理上获得知识或技能的历程。"《说文解字》认为，学就是"觉悟也"。台湾出版的《中文大辞典》解释如下：习就是"训练也""娴熟也"。

（二）历史的角度

在中国古代，"学"与"习"是两个分开的词语，"学"是指获得知识、技能，"习"是指巩固知识、技能。中国古代早已有"学""习"这两个词，孔子说："学而时习之，不亦说乎""学而不规则罔，思而不学则殆"。古代儒家对学习的看法在一定程度上揭示了学习与练习、学习与情感、学习与思维的关系。后来《礼记·月令》中写道"鹰乃学习"。意思是雏鹰将在阴历六月开始练习飞翔、搏击。怎么练习呢？"学"在"习"前，老鹰先示范，雏鹰观察、模仿老鹰飞翔的方式；然后雏鹰在老鹰的带领下自己去"习"——练习、复习、熟悉，终于做到能飞、会飞，可以搏击长空。

现代认知心理学分析了人类的学习过程,人怎么学呢? 主要通过人体感官(眼、耳、鼻、舌、身)的感知、观察、体验,其核心是大脑的思考、分析、综合。人怎么习呢? 当然也离不开感官和大脑,但主要靠动手去做、去练、去行。简而言之,"学"主要靠感官、感知与思考;"习"主要靠练与行。"学"实际上就是接受、理解外界的知识信息;"习"实际上就是巩固、掌握、应用知识信息。因此,"学习"是由学、思、习、行四个环节有机组合而成的心理活动过程。从现代信息学的角度来说,这个过程是信息的接收、分析、掌握与运用的过程。"学、思、习、行"这个过程概括为图 2-1 所示。

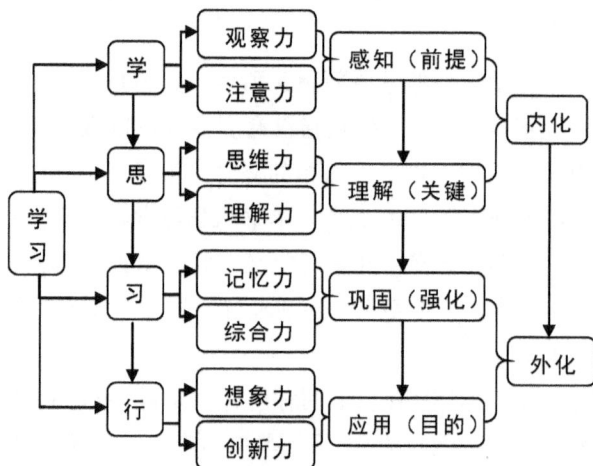

图 2-1 "学、思、习、行"简明图

从图 2-1 可知,"学"主要通过感官感知外界知识、信息,使之进入我们的大脑。可以说,感知的质量决定进入大脑的知识、信息的质量。而感知的质量的决定要素有:一是感知时的精神、态度,即关注度;二是感知的精度、广度、深度。前者即注意力,后者即观察力。注意力与观察力是感知的核心,也是"学"这个环节的关键。"思"主要是对进入大脑的知识、信息进行辨析、分析,弄清其概念、意义与真伪,从而达到正确、准确理解。显然"思"最需要的是思维力、理解力。"习"主要是对接收和理解的知识、信息通过复习和练习的手段予以巩固、提高,主要是记忆力、综合力。"行"的主要意义在于创新、创造,这需要想象力与创新力。这说明学、思、习、行的过程,不仅是一种外在的读、看、思、写、练的活动,还是一般的心理、情感活动,其本质上是一种涉及观察力、思维力、记忆力、想象力、创新力等能力的、高级的心理活动过程。其中,"学"是前提,"思"是关键,"习"与"行"是巩固、提高或升华、创新。"思"是关键,因为其他三个环节都离不开"思",且都取决于"思"的质量与水平。所以我们在学习过程中要勤于动脑,尤其是注意培养、提高自己的思维能力。因此我们可以说:学习贵在思维,学习的过程就是思维的过程。

（三）意义的角度

学习的概念有广义和狭义之分。广义的学习是指人类的学习和动物的学习。人类和动物均需要学习,学习是人类和动物生存和发展过程中的必要活动。动物越高级,其生存环境越复杂,生活方式就越多样,学习对其也就越重要。作为最高级的动物,人类的学习具有以下三个特征:(1)人类的学习具有意识性;(2)人类的学习可以通过直接经验或间接经验的方式来获得个体经验,而动物的学习仅限于直接经验;(3)人类的学习是以语言为中介进行的。虽然动物也有语言,比如蜜蜂以舞蹈作为语言告诉同伴花蜜的方位和距离,再比如最高级的灵长类动物黑猩猩,通过训练能够学会一些人类的手势和特殊的符号语言,但其使用语言的数量和水平是无法和人类相提并论的。

狭义的学习是指人类的学习。人类的学习具有以下特点:(1)在内容方面,人类的学习是丰富多彩的,人们除了需要获得个体的行为经验外,还要掌握人类社会积累起来的社会历史经验和科学文化知识;(2)在形式方面,人类的学习是通过语言的中介作用而实现的,人类不仅能借助语言掌握具体经验,还能够学习概括性经验;(3)在过程方面,人类学习的过程是自觉地、主动地、有目的地获得知识的过程,人们在学习的过程中会积极地认识世界和改造世界;(4)在功能方面,人类的学习是个体适应环境,并与环境保持动态平衡的手段,人类仅依靠本能是无法适应复杂的社会活动的。总而言之,学习在人类生活中起到了非常重要的作用。

学生的学习是人类学习中的一种特殊形式。学生的学习具有以下几个特点:(1)学生的学习是有目的、有计划、有组织的;(2)学生的学习是以掌握间接经验为重要任务的,这样可以在较短的时间内获得较多的人类社会经验,虽然学生也会从事一定的社会实践活动,取得直接经验,但毕竟比较有限;(3)学生在学习过程中会产生认知、情感、动作技能等方面的变化。

（四）跨学科的角度

在心理学领域上,学习是指经验的获得和行为变化的过程,具体可以理解为:"人在一定的环境中,获得了某些具体的经验、知识和技能,从而引起智力发展、能力提高、情感意志行为变化的过程。"[1]

---

① 罗福午.学习的概念和工科大学生的学习观[J].中国建设教育,2006(7):36-40.

据上述解释，学习包含了以下属性（见图2-2）：（1）学习是由学习主体和学习客体组成的；（2）学习的主体是在一定的环境中进行学习的，学习是主体、客体和环境之间的相互作用的结果；（3）学习的主体通过学习会产生某些变化，而这些变化在时间上是相对持久的。

图 2-2　学习属性

除了上述属性外，学生的学习还具有以下属性：（1）目的性，即为了满足社会和自身的发展需求；（2）间接性，即在学校通过书本接受已有的知识和技能，而不是通过实践活动直接获得知识和技能；（3）系统性和集中性，即通过学校的教学计划，系统地进行学习，学生的全部时间都用于在校集中参加与学习有关的活动；（4）指导性，即学生在老师的指导下进行学习。

（五）专家的观点

诸多哲学家、教育学家和心理学家从不同的视角对"学习"这一概念进行了定义。由于视角不同，研究者对学习的理解和界定也有所不同。较具代表性的学习定义有：桑代克(Thorndike, 1931)认为："人类的学习是人类的本性和行为的改变，本性的改变只有在行为的变化上表现出来。"素普（Thorpe, 1963）认为："学习是通过由经验产生的个体行为的适应性变化而表现出来的过程。"加涅（Gagne R.M., 1965）提出："学习是人类的倾向或才能的一种变化，这种变化需要持续一段时间，而不能把这种变化简单地归为成长过程。"潘菽（1980）认为："学习是人类和动物在生活的过程中获得个体的行为经验的过程。"鲍尔和希尔加德（Bower & Hilgard, 1981）认为："学习是指主体在某种情境下的重复经验引起的，并对情境的行为或者行为潜能的变化。"梅耶（Mayer R.E., 1982）认为："学习是由个体的经验引起个体的知识或者行为持久的变化。"Charniak & Erics-son（1985）认为："学习是形成有组织的知识并使之变得更有组织的过程。"山内光哉(1986)认为："学习是由过去的经验而获得，其不依赖于身心状态的暂时变化，如疾病、疲劳或药物等，而是依赖于持久行为和行为可能性的变化。"Stillings（1987）认为："学习是有机体或机器增加其知识和技能的所有过程。"Dudai（1989）认为："学习是依存于实际经验的、持久的内部表征的生成或矫正。"Huber（1991）认为："某人或某物通过信息处理，使它潜在行为发生改变，就说某人或某物进行学习了。"张春兴（1994）认为："学习是因经验而使个体的行为或行为的潜势产生改变且持久的过程。"Howard（1995）认为："学习是知识或技能获得。"Fosnot（1996）认为："学习是一个自我调节的过程，通过解决个体原有的世界模式和新顿悟之间的冲突，通过社会合作和交互作用来进一步确定意义。"皮连生（1997）认为："学习是集体通过环境的相互作用导致能力或倾向相对稳定变化的过程。"Hergenhahn & Olson（1997）认为："学习是因不断练习而导致的行为持久的变化，这种变化源于联系，而不是疲劳、药物、损伤等因素所致。"

（六）不同学说的观点

活动说：直接把学习视为"活动"，认为"学习"就是一种活动。当然，由于人们对"活动"的理解各不相同，可把活动细分为一般活动、社会活动及条件活动或目标活动三种类型。

过程说：把学习视为活动或变化发生和发展的"过程"，这种类型的定义大多与教育心理学，特别是学习心理学家密切相关。根据他们对"过程"的把握，又可以将其细分为一般性过程、认知性过程和行为性过程三种类型。

结果说：从"结果"或"实际发生的变化或结果"的角度来把握学习。当然，由于人们对"结果"的理解各不相同，可把结果细分为一般结果、持久结果、行为结果和认知结果四种类型。

层次说：把学习按照层次进行划分，提出不同的关于学习层次的见解，比较典型的有三层次、四层次和五层次三种类型。

手段说：把学习看作相应的手段或条件下自然而然发生的现象。因此，学习实际上也就是条件或手段的创设与满足。与其他类型学说相比，这一类型的学说相对较少，只有一种，即"学习是条件作用"[①]。

行为变化说认为"学习是一个行为变化的过程"。

信息加工说以信息论为依据，认为"学习是信息的输入与编码"。

学习认识说认为学习是一种特殊的认识过程。

总之，学习是人类的一种特殊行为，是学习的主体和客体之间的相互作用，是经过内化而获得经验的过程。

---

① 这里所说的"条件"实际上也就是手段。

二、行为的定义

《现代汉语词典》对"行为"一词的解释是："行为是受思想支配而表现出来的活动。此活动指的是为达到某种目的而采取的行动。"

MBA智库百科对"行为"一词的解释是："行为是指人们一切有目的的活动，它是由一系列简单动作构成的，在日常生活中所表现出来的一切动作的统称。"[①]

百度百科对"行为"这一社会学习名词的解释是："人类行为是人类在生活中表现出来的生活态度及具体的生活方式，它是在一定的物质条件下，不同的个人或群体，在社会文化制度、个人价值观念的影响下，在生活中表现出来的基本特征，或对内外环境因素刺激所做出的能动反应。"[②]

百度百科对"行为"这一心理学名词的解释是："行为是有机体在各种内外部刺激影响下产生的活动。"[③]

百度百科对"行为"这一汉字词语的解释是："行为是举止行动；指受思想支配而表现出来的外表活动。如：做出动作，发出声音，做出反应。"[④]

行为是各种学科领域关注的焦点，心理学关注具体行为与其相应的心理过程。在心理学范畴，行为不仅包括能用眼睛、仪器进行观察的外显行为，还包含如思考、记忆等无法直接观测的内隐行为。

有关行为概念发展进程的代表性观点列举如下：

Baer, D. M. & Wolf, M.M. & Risley, T. R.[⑤]（1968）认为："只有可观察到和可以量化的东西才能看成行为。"

Hamuse（1989）认为："行为是通过选择一定有效的手段，然后以适当的方式运用这些手段实现某种目的的活动。"

Raymond G. Miltenberger[⑥]（2011）认为："行为是可以被观察、描述和记

---

① http://wiki.mbalib.com/wiki/%E8%A1%8C%E4%B8%BA#.E4.BB.80.E4.B9.88.E6.98.AF.E8.A1.8C.E4.B8.BA.

② http://baike.baidu.com/link?url=pLEDpd1_yFcG_OJjVTW9inxAwj-QaQ3gr-GZF4KJD2we31YTSzo2gL97UECh54kruiAeXWeDOnNzi6KFwSng3KVjQZCwgoJIRGd2jp6XO2e.

③ http://baike.baidu.com/link?url=Dj-cVQCUHNSFN4JS8wYhPmbhhTsu-jVuzlXvQBYSfF_wq48roBWPEyg9XGs2a-MDjcO-6oS0kttz2a_q_fILya.

④ http://baike.baidu.com/link?url=TRJZQJwdKQGlcw9dJngzyrE4VME-KBeX4tlqqrNLWr3C05JlKzs_54lxWFESkENRYGviqHQfa2uYDHrDgk-tQV82tqD_6XM_2ThuJaOPYCO.

⑤ Baer, D. M. & Wolf, M. M. & Risley, T. R. Some current dimensions of applied behavior analysis[J]. Journal of Applied Behavior Analysis, 1968（1）：91-97.

⑥ Raymond G. Miltenberger. Behavior Modification: Principles and Procedures[M]. Wadsworth Publishing, 2011.

录的, 但是行为可以公开的, 也可以隐蔽的, 人们可以通过改变引发行为的环境事件来改变行为。"

Albert Bandura[①](1976)认为:"行为是为了达到某一预期的结果。"

蒋明卿[②](2014)在《中学生学习行为综合评定量表的编制》中提出: 行为是人类在生活和发展的过程中体现出来的生活态度和方式。

三、学习行为的定义

学习行为是教育心理学的一个概念, 原本是指: 学习者在学习过程中表现出来的动作或反应, 但随着人们对学习机制的不断探索, 行为与学习之间的关系也逐渐被厘清。实际上, 学习行为是一个复合性概念, 既包括可被观察或测量的外在表现, 可称之为外显行为; 也包括学习者进行思考或反省的内部思维学习活动, 可称之为内隐行为。[③]

有关学习行为的定义五花八门, 学者对学习行为的分类尚未达成一致。诸多定义中使用频率较高的是张世贤(1998)的观点, 他认为学习行为是学习过程与学习活动。张春兴(2000)认为学习行为的表现包括: 会读书、用功读书、热爱读书。乔华林(2001)认为学习行为是学习能力、学习方法和学习习惯等。胡卫星(2005)[④]认为学习行为不仅指学生学习的外显反应, 如听讲、学生提问、做实验、做笔记、回答问题、做练习、小组讨论等, 也指学生学习的思维、问题解决和态度。冀芳(2007)认为学习行为是学习者在学习活动过程中所表现出来的动作或反应。蒋明卿(2014)把学习行为归纳为五个特征:(1)学习行为是指学习者在学习的过程中表现出来的动作或反应;(2)学习行为是指学生的学习兴趣、学习策略和学习习惯等;(3)学习行为是指学生在学习活动过程中所采用的方法和行为方式;(4)学习行为是指学习者在获取知识或应用知识的过程中所表现出来的特征;(5)学习行为是指学习者为实现学习的目标而做出的一系列思想举止的结果。

本书认为学习行为是指学生在学习过程中表现出来的动作或习惯, 既包括外显反应, 也包括思维、态度等。为了便于讨论, 本书将学习行为分为: 课堂学习行为、课外学习行为和考试行为三部分, 对学生 24 小时内的全部学习行为进行研究。

---

① Albert Bandura. Social Learning Theory[M]. Prentice-Hall, 1976.
② 蒋明卿. 中学生学习行为综合评定量表的编制 [D]. 湖南师范大学 , 2014.
③ 刘三妤. 量化学习: 数据驱动下的学习行为分析 [M]. 北京: 科学出版社, 2016:9.
④ 胡卫星, 赵苗苗. 多媒体教学过程中学生学习行为的实验研究 [J]. 中小学电教, 2005(11):
50-51.

第二节　复杂动态理论

关于复杂动态理论，最早的研究者是郑通涛。他在《语言生态学初探》（1985）中提出了语言系统中语音、词汇、语法等诸要素之间错综复杂、相互依存、互为消长、相互制约的关系。[①] 在该研究中，他提出语言系统的发展应遵循以下六个原则：（1）整体性原则，说明语言系统是一个互相制约着的整体，其各部分之相加并不等于整体本身。（2）相互关系性原则，从共时角度分析语言系统中的对立关系、附带关系、反对关系、互补关系、离异关系、相关关系等种种相互关系。（3）有序性原则，论述语言是按一定规则排列起来的单位组合，其内容还具有严格的层次性。（4）适应性原则，说明语言为了满足交际的需要，必须不断与外环境进行物质交流，不停地产生新的单位也不停地使旧的单位"死亡"。并就其中一些音变例外现象做了解释，称之为"避让原则"。（5）平衡性原则，说明语言运动的相互补偿过程。（6）平衡性的区域，提出了语言运动的两极性——经济性原则与差别性原则对语言变化的制约。

Larsen-Freeman[②]（1997）在《应用语言学》（*Applied Linguistics*）学术期刊上发表的学术论文《混沌/复杂科学与二语习得》（*Chao/Complexity Science and Second Language Acquisition*）标志着已将复杂科学理论引入应用语言学学术界。她发现：复杂动态系统理论与语言之间存在着密切的联系，该联系可以用于解释语言和语言习得中的问题，并指出第二语言习得也是一个复杂的非线性系统，该系统所具备的特征有：动态性、复杂性、非线性、混沌性、不可预测性、初始条件敏感性、开放性、自组织性、反馈性、适应性、奇怪吸引子、分形。

Larsen-Freeman 与 Lynne Cameron[③]（2008）在《复杂系统与应用语言学》（*Complex Systems and Dynamic System*）中描述了复杂系统理论其对应用语言学领域的启示。Larsen-Freeman 把复杂系统理论引入应用语言学领域，特别是第二语言习得理论，打破了第二语言习得研究中存在的壁垒。不是一味

---

① 郑通涛. 语言生态学初探 [D]. 厦门大学，1985.

② Larsen-Freeman, D. Chao/Complexity Science and Second Language Acquisition[J]. Applied Linguistics,1997,18(2):141-165.

③ 冀小婷. 关于复杂系统与应用语言学——拉尔森·弗里曼访谈 [J]. 外语与外语教学研究，2008（5）：376-379.

地简化语言和语言习得的复杂性,而是采用非还原论的复杂系统理论的研究方法,尊重语言发展和语言习得的动态过程,将涌现现象、不断变化的现象作为研究对象。

冀小婷[①](2008)在《关于复杂系统与应用语言学——拉尔森·弗里曼访谈》中,记录了对拉尔森·弗里曼教授的访谈及对其新书的简要评述。在访谈中,拉尔森·弗里曼教授讲述了她将复杂理论与应用语言学相结合的过程,阐述了复杂理论、复杂系统的特征。她认为语言是一个动态的系统,阐述了复杂理论对应用语言学领域研究方法的启示。

赵昌芝、杨连瑞[②](2012)在《动态系统理论视角下的认知动机交互研究》中认为动态系统理论突破了传统语言习得研究的机械固化模式,更加关注二语学习这一复杂动态的过程,将二语学习者个体看作一个高度复杂的动态系统,该系统的各变量之间存在多重动态交互性。基于动态系统理论,针对个体学习者系统内部变量间交互作用的研究可以为研究语言的复杂性及二语的教与学提供可靠借鉴。在动态系统理论视角下,本书主要从心流、动机任务处理和理想二语自我三个方面,探析二语学习者个体内的认知和动机两个子系统是如何交互影响并作用于二语发展的。

郑通涛[③](2014)在《复杂动态系统与对外汉语教学》中从复杂动态系统视角来看对外汉语的教与学,着手探讨语言在特定语境中的作用、意义和功能,把文化语境、情景语境和语言本身纳入复杂动态系统的研究范围。从复杂动态系统理论的引入以及在复杂动态系统下对外汉语教学的研究发展入手,重点探讨复杂动态系统为对外汉语教学研究带来的十大启示,旨在揭示复杂动态系统视角下对外汉语教学研究中存在的问题,同时还提出了解决方案。

庄国良[④](2015)在《复杂系统与二语习得》中认为:"人类语言的表现,相当符合复杂系统特征,可参考一些现有以动力系统理论为基础的运动行为研究,作为全新的研究思维。"

戴运财[⑤](2015)在《复杂动态系统理论视角下的二语学习动机研究》中

① 冀小婷. 关于复杂系统与应用语言学——拉尔森·弗里曼访谈 [J]. 外语与外语教学研究, 2008(5): 376-379.

② 赵昌芝, 杨连瑞. 动态系统理论视角下的认知动机交互研究 [J]. 当代外语研究, 2012(10):48-51.

③ 郑通涛. 复杂动态系统与对外汉语教学 [M]// 国际汉语学报: 第5卷第2辑. 上海: 学林出版社, 2014: 1-16.

④ 庄国良, 黄姿榕, 刘有德. 复杂系统与二语习得 [J]. 华语文教学研究, 2015,12(4): 77-107.

⑤ 戴运财. 复杂动态系统理论视角下的二语学习动机研究 [J]. 外国语文研究, 2015, 1(06):

讨论和归纳了复杂动态系统理论视角下的二语动机研究的理据、主要内容和研究方法，并结合本领域研究的进展，尝试指出其发展趋势。综观本领域的研究可以发现，复杂动态系统理论视角下的二语动机研究，一方面要吸取新的内容，另一方面要探索新的研究方法，目的是找出特定语境下的二语动机系统内部与外部相关因素的互动关系以及系统变化的规律性。

胡兴莉、郑通涛（2016）[①]在《汉语作为二语的交际能力研究》中从复杂动态系统理论视角重新审视了汉语作为第二语言的交际能力，尝试构建汉语作为第二语言的交际能力发展模式。该研究的核心理念为：交际能力是在与交际主体发展、可供环境和话语网络的动态互动中发展的，同时认为交际能力是第二语言发展的复杂互动过程。为了进一步验证汉语作为第二语言交际能力发展理论模型和汉语作为第二语言交际能力培养体系的解释效力和指导作用，他们进行了实证研究。

徐虹、郑通涛（2016）[②]在《课外语言学习动态模式研究》中，以复杂动态系统理论和社会文化理论为理论基础，建构了目的语环境下的课外语言学习动态模式，阐明了课外语言学习和发展是通过学习者与目的语环境在不同维度的互动和学习者内部自我重组而实现的。

曾小燕（2016）在《复杂动态系统理论下的现代汉语外来词研究》中认为汉、英、日词汇相互间的借用现象是长期的、频繁的、复杂的。作者将大数据、复杂动态系统、可供性语言环境和交际主体的认知负荷作为理论基础，从不同视角对现代汉语外来词系统借用演变的复杂因素、方式、途径和模式等进行了动态分析，并构建了现代汉语外来词借用模式。

郑通涛[③]（2017）在《复杂动态系统理论与语言交际能力发展》中指出：语言交际是一个多要素相互作用的系统，交际能力产生于各个要素互动的过程中，语言交际存在于个体之间真实的交流活动中。在这真实的有意义的语境中，既有交际者与环境之间的互动因素，也有交际者本身各种能力综合体现。在研究汉语作为第二语言交际能力的发展时，既要重视语言交际环境要素，也要重视学习者主体多因素交融特征及个体差异。语言交际能力发展是

72-80.

　　① 胡兴莉，郑通涛，汉语作为二语的交际能力研究 [M]. 广州：世界图书出版社广东有限公司，2016.

　　② 徐虹，郑通涛. 课外语言学习动态模式研究 [M]. 广州：世界图书出版社广东有限公司，2016.

　　③ 郑通涛. 复杂动态系统理论与语言交际能力发展 [J]. 海外华文教育，2017（10）：1301-1310.

一个多因素相互作用的复杂动态过程。交际能力的外在表现是表演能力,语言交际能力的发展呈现非线性特点,这就是人体综合能力的体现。语言交际能力发展的途径可以归纳为以下几个方面:①从自然语言交际理解语言交际能力发展;②发展跨模块化认知模式;③发展学习者主体的兴趣;④培养学习者主体的主动探索能力;⑤加强课内与课外的互动关系;⑥培养学习者主体广义上的表演能力。

李代鹏[①](2017)在《复杂动态系统视域下的对外汉语教学》中指出:复杂动态系统理论的出现,打破了传统的关于第二语言习得的狭隘视角,为社会文化理论与认知语言学的融合提供了新的契机。其强调的复杂性、动态性和非线性等特征也将为理解第二语言教学中的诸多概念提供一个新的参考。

本书认为学习行为是复杂动态的,从多角度、全范围、全时地对越南汉语本科生学习行为进行研究,包括:课堂参与行为、课堂学习行为、课间休息行为、课外学习行为、考试前行为、考试中行为、考试后行为、睡觉行为、饮食行为、消极行为、积极行为等。另外,学生知识领会程度也是复杂动态的,多种因素会影响学生的知识领会程度,如:学习动机、学习坚定程度、学习竞争程度、学习方法、个人感受、个人愿望、教师因素、同学因素、学习环境、考试频次等。

第三节　研究方法

一、文献搜索及阅读

本书通过学术网站搜索了相关研究资料,如:百度学术、Google Scholarship、Sciencedirect、Proquest、中国知网。具体如表 2-1 所示。

表 2-1　学术网站相关研究搜索结果

搜索关键词	百度学术	Google Scholar	Sciencedirect	Proquest	中国知网
行为	9020000	794.000	3278871	255564	343601
学习行为	25800	10.800	5972	5251	1648
学生学习行为	786	933	239	73	386
学生汉语学习行为	4	2	0	0	2
越南学生汉语学习行为	0	0	0	0	0

---

① 李代鹏.复杂动态系统视域下的对外汉语教学 [M]// 国际汉语学报:第 8 卷第 2 辑.厦门:厦门大学出版社,2017:213-233.

从表 2-1 来看,目前关于"行为""学习行为""学生学习行为"的研究较多,但关于"学生汉语学习行为"的研究较少,特别是还没有"越南学生汉语学习行为"的相关研究。

二、观察法

本书用一个学期的时间来观察越南河静大学汉语专业本科生在课堂、课外和考试中的表现。具体是:

1. 课堂观察:我们在各年级随机抽取了一个班级进行观察,其中一年级 27 名学生,二年级 25 名学生,三年级 22 名学生,四年级 19 名学生,共 93 名学生。我们观察了学生在课堂参与、课堂学习、课间休息中的行为。

2. 课外观察:由于时间与条件的限制,我们仅在各年级随机抽取 3 名学生进行观察,各年级 3 名学生成绩分为优秀、良好和合格,共 12 名学生。我们观察了学生的课外行为,包括学生学习汉语行为、饮食行为、睡眠行为、消极行为和积极行为。

3. 考试观察:越南河静大学汉语专业本科生期末考试的时间一般在期末最后两周,并提前两周给学生放假来复习。为了更清楚地了解学生在考试中的行为,我们对学生放假复习时间、考试中、考试后的行为进行观察。

总之,我们对学生在课堂、课外和考试过程中的学习行为进行了 24 小时观察后,记录了学生的行为表现,结果参见附录 1。

三、访谈法

本书访谈了 12 位教师、16 名学生和该 16 名学生的同学。我们使用半结构化问题进行了访谈。

1. 教师访谈问题

(1)您认为学生的学习行为有哪些?

(2)您认为学生在课堂、课外和考试过程中有哪些行为?

(3)您认为学生的学习行为是否对学习效果有影响?请您举例说明。

(4)您认为哪些因素会影响学生知识领会程度?

(5)您认为这些因素对学生知识领会程度的影响具体体现在哪些方面?

(6)您认为学生的专业、年级、自习时间、兼职时间、有无兄弟姐妹、年龄、睡眠时间、学习简体字和繁体字、总分、听力分数、口语分数、阅读分数、写作分数在学生的学习行为和知识领会程度方面是否有差异?请您说一下有哪些差异。

2.学生自身的访谈问题

（1）请你提供个人相关信息，包括年龄、睡眠时间、家里有多少兄弟姐妹、自习时间、进入大学前是否学过汉语、会不会简体字和繁体字？

（2）你认为学习行为是什么？学习行为包括哪些方面？

（3）请你描述一下本人在课堂、课外和考试过程中的一些行为。

（4）你认为哪些因素会影响你的知识领会程度？

（5）你认为这些因素对你知识领会程度的影响具体表现在哪些方面？

3.学生对同学的访谈问题

（1）请你提供个人相关信息，包括年龄、睡眠时间、家里有多少兄弟姐妹、自习时间、进入大学前是否学过汉语、会不会简体字和繁体字？

（2）你认为学生在课堂、课外和考试过程中的行为有哪些？

（3）请你描述一下你的同学在课堂、课外和考试过程中的行为。

（4）你如何评价你的同学的学习行为？

（5）你认为有哪些因素会影响你的同学的知识领会程度？

（6）你认为这些因素对你同学的知识领会程度的影响体现在哪些方面？

总之，本书通过访谈教师、学生和该生的同学之后，我们得出的结果如附录1。

四、问卷调查法

本人以实际观察和访谈的结果为依据，并参考了前人关于学习行为的问卷设计，设计了本研究的调查问卷。问卷参考如下：Pintrich, R. R., & DeGroot, E. V. [1]（1990）的学习动机策略问卷；Paul A.McDermott [2]（1999) 的学生学习行为测量表；Gary L. Canivez, Erin Willenborg, Amanda Kearney [3] (2006) 的学习行为量表；卢敏 [4]（2008）的课堂外语学习动机量表；范晓玲 [5]（2016）的中小学生学习行为量表等。

---

[1]　Pintrich, R. R. & DeGroot, E. V. Motivational and self-regulated learning components of classroom academic performance[J]. Journal of Educational Psychology, 1990, 8（1）: 33-40.

[2]　Paul A.McDermott. National Scales of Differenttial Learning Behaviors Among American Children and Adolescents[J]. Shool Psychology Review, 1999, 28（2）: 280-291.

[3]　Gary L. Canivez & Erin Willenborg & Amanda Kearney . Replication of the Learning Behaviors Scale Factor Structure With an Independent Sample[J]. Journal of Psychodeducational Assessment, 2006, 24（2）: 97-111.

[4]　卢敏 . 课堂外语学习动机对学习行为的影响 [D]. 山东大学 , 2008.

[5]　范晓玲 . 中小学生学习行为测评研究：学习行为评估与研究量表 [M]. 广州：世界图书出版广东有限公司 , 2016.

本书使用了李克特五点量表，为了保证信度并获得相关研究信息，我们使用了两份调查问卷，分别是：影响学生学习行为的因素的调查问卷和学生学习行为的调查问卷。本书把所设计的问卷发给 50 名学生做试验，检查信度，信度合格后才大量进行发放。问卷的具体设计情况如下：

（一）学生学习行为调查变量

本问卷使用了李克特五点选项量表，包括：（1）从来不；（2）很少；（3）偶尔；（4）经常；（5）总是；五个选项。本调查问卷基于 12 个潜变量（无法观察），每个潜变量通过 4～10 个观测变量（测量变量）来测量，一共有 75 个观测变量，另外关于个人信息也制定了 22 个定性变量，具体参见附录 2。

1."课堂参与行为"变量

为了了解越南汉语本科生在学习过程中的参与行为，"课堂参与行为"是潜变量，无法直接测量，所以要通过下面 5 个观测变量来测量，如表 2-2。

表 2-2 "课堂参与行为"观测变量

编码	观测变量	参考依据
Can.yu1	你常迟到，但会提前向老师说明	Trương Thị Thúy Hòa (2013) Rebecca J. Collie （2016）
Can.yu2	迟到时你会向老师说明，老师允许后才进去	
Can.yu3	你常不来上课，但会提前请假	
Can.yu4	你常常会在上课期间无故离开且长时间未归	
Can.yu5	你常准时上课	

2."课堂学习行为"变量

为了了解越南汉语本科生在课堂学习上的行为，"课堂学习行为"是潜变量，无法直接测量，所以要通过下面 9 个观测变量来测量，如表 2-3。

表 2-3 "课堂学习行为"观测变量

编码	观测变量	参考依据
Ke.tang1	你常举手回答老师的问题	卢敏（2008） Trương Thị Thúy Hòa (2013)
Ke.tang2	对于没弄懂的问题，你常请教老师	
Ke.tang3	你常集中注意力听老师讲课	
Ke.tang4	上课时你常拿出另一门课的资料来看	
Ke.tang5	上课时你常与同学聊天	
Ke.tang6	上课时你常觉得很无聊，想睡觉	
Ke.tang7	上课时你常用手机给别人发短信、接听电话或打电话	
Ke.tang8	下课时老师还没走，你就常先走	
Ke.tang 9	上课时你常坐在前排，以便听讲	

3. "课间休息行为"变量

为了了解越南汉语本科生课间休息的行为，"课间休息行为"是潜变量，无法直接测量，所以要通过下面4个观测变量来测量，如表2-4。

表2-4 "课间休息行为"观测变量

编码	观测变量	参考依据
Zhong.jian1	课间休息时，你常与同学聊天	窦红（2011）郑晓燕（2010）
Zhong.jian2	课间休息时，你常做自己的事情	
Zhong.jian3	课间休息时，你常回顾刚学过的内容	
Zhong.jian4	课间休息时，你常与老师或同学讨论课堂教学内容	

4. "课外行为"变量

为了了解越南汉语本科生在课外的学习行为。"课外行为"是潜变量，无法直接测量，所以要通过下面7个观测变量来测量。

表2-5 "课外行为"观测变量

编码	观测变量	参考依据
Ke.wai1	你常按时完成老师布置的作业	Bùi Thị Bích（2007）刘东青（2011）Trương Thị Thúy Hòa（2013）付冠峰（2016）
Ke.wai2	上课前你常会预习好上课学习的内容	
Ke.wai3	你常去图书馆学习	
Ke.wai4	你常抽出时间来锻炼身体或参加体育活动	
Ke.wai5	你常参加学生会举办的活动	
Ke.wai6	你常参加各种娱乐活动	
Ke.wai 7	你常做兼职挣钱	

5. "考试前行为"变量

为了了解越南汉语本科生在考试前的准备行为。"考试前行为"是潜变量，无法直接测量，所以要通过下面4个观测变量来测量。

表2-6 "考试前行为"观测变量

编码	观测变量	参考依据
KS.qian1	快要考试时，你才集中精神复习	王清泉（2000）阮红伟（2003）杨金友（2006）
KS.qian2	每门课考试前你都能制订好复习计划	
KS.qian3	考试前你常不复习，不太在乎考试结果	
KS.qian4	考试的前一晚你常会紧张到睡不着	

6. "考试中行为"变量

为了了解越南汉语本科生在考试过程中的表现行为。"考试中行为"是潜变量，无法直接测量，所以要通过下面 5 个观测变量来测量。

表 2-7 "考试中行为"观测变量

编码	观测变量	参考依据
KS.zhong1	考试时你常独立完成试题	陈文成（2011） 黄阳（2013） 孙开霞（2016） 刘绍鹏（2017）
KS.zhong2	考试时你常抄同学的答案	
KS.zhong3	考试时你常偷看材料	
KS.zhong4	考试时你常与同学讨论	
KS.zhong5	考试时你常浏览过全部试题后才做题	

7."考试后行为"变量

为了了解越南汉语本科生在考完结束后的表现。"考试后行为"是潜变量，无法直接测量，所以要通过下面 4 个观测变量来测量。

表 2-8 "考试后行为"观测变量

编码	观测变量	参考依据
KS.hou1	考试结束后你常与同学比较答案	段家次（2004） 阮瑾怡（2009） 李霞（2010） 王焕（2012）
KS.hou2	考试结束后你常分析答错题的原因	
KS.hou3	考试结束后你很紧张，怕自己的成绩没有别的同学高	
KS.hou4	考试结束后如果成绩较低，你会报名重考	

8."学习汉语行为"变量

为了了解越南汉语本科生学习汉语的表现。"学习汉语行为"是潜变量，无法直接测量，所以要通过下面 6 个观测变量来测量。

表 2-9 "学习汉语行为"观测变量

编码	观测变量	参考依据
Xuexi.hyu1	你常参加汉语角、汉语学习俱乐部	王崇、侯亚梅（2009） 任丽丽（2011） 齐新（2014） 景星慧（2015）
Xuexi.hyu2	你常参加与汉语相关的比赛	
Xuexi.hyu3	你常听广播上中的汉语节目	
Xuexi.hyu4	你常看汉语书、汉语报纸、汉语杂志	
Xuexi.hyu5	你常看中国电影、听中文歌	
Xuexi.hyu6	你常看电视台上的汉语节目和汉语新闻	

9."睡觉行为"变量

为了了解越南汉语本科生睡觉行为。"睡觉行为"是潜变量，无法直接测量，所以要通过下面 6 个观测变量来测量。

表 2-10 "睡觉行为"观测变量

编码	观测变量	参考依据
Shui.jiao1	看书时你常觉得很困,想睡觉	王长虹(1991) 刘贤臣(1995) 金幸美(2012) 李江滨等(2015) 陈小梅(2016)
Shui.jiao2	你常早起学习	
Shui.jiao3	你常学习到很晚	
Shui.jiao4	睡觉前你常复习好已学内容才安心去睡觉	
Shui.jiao5	你常有固定的睡眠时间	
Shui.jiao6	你常睡午觉	

10."饮食行为"变量

为了了解越南汉语本科生在饮食方面上的表现。"饮食行为"是潜变量,无法直接测量,所以要通过下面 5 个观测变量来测量。

表 2-11 "饮食行为"观测变量

编码	观测变量	参考依据
Yin.shi1	你常不吃饭就去上课	蒋建华(2002) 刘国宁(2003) 胡佩谨(2004)
Yin.shi2	你常在学校食堂吃饭	
Yin.shi3	你常在家、宿舍、出租屋内煮饭	
Yin.shi4	你常带食品去教室吃	
Yin.shi5	你常为了省钱而不吃饭,把钱用到其他事情上	

11."消极行为"变量

为了了解越南汉语本科生的一些消极表现。"消极行为"是潜变量,无法直接测量,所以要通过下面 10 个观测变量来测量。

表 2-12 "消极行为"观测变量

编码	观测变量	参考依据
Xiao.ji1	你常挑战、嘲笑别人	卢敏(2008) 吉顺育(2013) 邓敏(2014) 谭舸(2014) 许海燕(2014)
Xiao.ji2	你常质疑老师的水平、挑战老师的权威	
Xiao.ji3	你常对别人说脏话	
Xiao.ji4	你常与他人发生肢体冲突	
Xiao.ji5	与别人聊天时你常打断别人讲话	
Xiao.ji6	你常在学习过程中有应付的态度	
Xiao.ji7	你常借同学的作业本,然后抄同学的作业	
Xiao.ji8	紧张或生气时你常乱扔东西	
Xiao.ji9	你常乱放书本和学习工具,需要时常常找不到	
Xiao.ji 10	你常与别人吵架	

12."积极行为"变量

为了了解越南汉语本科生在学习汉语过程中的积极表现。"积极行为"是潜变量，无法直接测量，所以要通过下面10个观测变量来测量。

表2-13 "积极行为"观测变量

编码	观测变量	参考依据
Ji.ji1	你常专心学习，不受其他因素影响	
Ji.ji2	为了按时完成任务，你常忘记吃饭和睡觉	
Ji.ji3	除了完成老师布置的作业外，你还常做其他作业	
Ji.ji4	听老师讲课时，你常对主要内容做笔记	卢敏（2008）
Ji.ji5	学习时，有人叫你去玩，你会拒绝	Trần Lan Anh (2009)
Ji.ji6	复习时，你常把内容列成大纲，方便记住	Vũ Kim Ngọc（2010）
Ji.ji7	看书时，你常对重要的内容做标注	胡建新（2012）
Ji.ji8	你常与同学争论	陈维忠（2012）
Ji.ji9	你常与老师争论	
Ji.ji10	看书时，你常先阅读重要的内容	

（二）对学生知识领会程度的影响因素调查变量

本问卷使用了李克特五点选项量表，包括：（1）完全不同意；（2）不同意；（3）犹豫；（4）同意；（5）完全同意；五个选项。本调查问卷构建于13个潜变量（无法观察），每个潜变量通过4～10个观测变量（测量变量）来进行测量，一共有74个观测变量，另外关于个人信息也制定了19个定性变量，具体参见附录4。

1."学习动机"变量

为了了解越南学生汉语学习的目的。"学习动机"是潜变量，无法直接测量，所以要通过下面8个观测变量来测量。

表2-14 "对学生知识领会程度的影响因素"观测变量

编码	观测变量	参考依据
Dong.ji1	你学汉语是为了毕业后找到工作	
Dong.ji2	你学汉语是为了毕业后继续读研	Pintrich,& DeGroot（1990）
Dong.ji3	你学汉语是为了毕业后找机会去中国留学	龚莺（2004）
Dong.ji4	你学汉语是为了升职	卢敏（2008）
Dong.ji5	你学汉语是为了了解中国	Dương Thị Kim Oanh（2009）
Dong.ji6	你学汉语只是喜欢汉语	Võ Thị Tâm (2010)
Dong.ji7	你学汉语是为了多学一种语言	阮进勇（2011）
Dong.ji8	你学汉语是想跟中国人交流	阮氏锦绣（2012）

2."学习坚定程度"变量

为了了解越南学生在学习汉语过程中的坚定程度。"学习坚定程度"是潜变量,无法直接测量,所以要通过下面 6 个观测变量来测量。

表 2-15　"学习坚定程度"观测变量

编码	观测变量	参考依据
Jian.ding1	你能保证按时毕业	
Jian.ding2	为了达到学习的目标,你一直尽力学习	Pintrich,& DeGroot(1990)
Jian.ding3	你有能力去解决学习过程中的困难	Dương Thị Kim Oanh(2009)
Jian.ding4	你可以解决学习过程中发生的困难	Võ Thị Tâm (2010)
Jian.ding5	你认为学习过程中的挑战是有趣的	范晓玲(2016)
Jian.ding6	你有能力承受学习过程中的压力	

3."学习竞争程度"变量

为了了解越南学生在学习汉语过程中的竞争情况。"学习竞争程度"是潜变量,无法直接测量,所以要通过下面 4 个观测变量来测量。

表 2-16　"学习竞争程度"观测变量

编码	观测变量	参考依据
Jing.zheng1	学习竞争给你机会探索自身的能力	
Jing.zheng2	学习竞争是帮你发展自身能力的工具	Võ Thị Tâm (2010)
Jing.zheng3	学习竞争能提高你的能力,激发你的潜能	范晓玲(2016)
Jing.zheng4	学习竞争让你和同学越来越亲切	

4."学习方法"变量

为了了解越南学生学习汉语的方法。"学习方法"是潜变量,无法直接测量,所以要通过下面 7 个观测变量来测量。

表 2-17　"学习方法"观测变量

编码	观测变量	参考依据
Fang.fa1	你常给每门课制订学习计划	
Fang.fa2	课程开始前你常会了解每门课的学习目标	卢敏(2008)
Fang.fa3	你对每门课都能找出合适的学习方法	Trần Lan Anh (2009)
Fang.fa4	你常按自己的特殊方法来做笔记	Võ Thị Tâm (2010)
Fang.fa5	读书时你常总结,并找出主要的内容	Trương Thị Thúy Hòa (2013)
Fang.fa6	你常参加分组学习和讨论	范晓玲(2016)
Fang.fa7	你常参加科学研究	

5. "个人愿望"变量

为了了解越南学生在学习汉语过程中的个人愿望。"个人愿望"是潜变量,无法直接测量,所以要通过下面 7 个观测变量来测量。

表 2-18 "个人愿望"观测变量

编码	观测变量	参考依据
Yuan.wang1	你喜欢老师用幻灯片来教学	卢敏(2008)
Yuan.wang2	你喜欢有挑战性的教材	
Yuan.wang3	你喜欢老师采用分组讨论的学习模式	
Yuan.wang4	你喜欢回答问题后得到教师的评价	
Yuan.wang5	你喜欢取得高成绩时得到别人的夸奖	
Yuan.wang6	你喜欢老师问你问题和让你到黑板上做题	
Yuan.wang 7	你喜欢学习许多新知识	

6. "个人感受"变量

为了了解越南学生在学习汉语过程中的个人感受。"个人感受"是潜变量,无法直接测量,所以要通过下面 6 个观测变量来测量。

表 2-19 "个人感受"观测变量

编码	观测变量	参考依据
Gan.shou1	你觉得与别人一起学习,会进步很快	卢敏(2008)
Gan.shou2	得到教师的注意时你觉得对学习更感兴趣了	
Gan.shou3	当老师在班上指出你的错误时你觉得害羞	
Gan.shou4	当做错什么事时你怕被别人嘲笑	
Gan.shou5	当你解决了学习过程中遇到的困难时你觉得有成就感	
Gan.shou6	当仅有你一人答对老师的问题时你觉得很高兴	

7. "教师因素"变量

为了了解越南高校教师对学生学习汉语的影响。"教师因素"是潜变量,无法直接测量,所以要通过下面 6 个观测变量来测量。

表 2-20 "教师因素"观测变量

编码	观测变量	参考依据
Jiao.shi1	教师热情耐心、帮助学生解决学习过程中遇到的困难	卢敏(2008) Trần Lan Anh (2009) Trương Thị Thúy Hòa (2013) Đặng Thị Lan (2016) Rebecca J. Collie(2016)
Jiao.shi2	教师严格执行上课时间和教学计划	
Jiao.shi3	教师公平地对学生能力进行评价	
Jiao.shi4	教师常更新专业知识	
Jiao.shi5	教师有扎实的专业知识	
Jiao.shi 6	教师有教学方法能让学生觉得课程易懂且有趣	

8."同学因素"变量

为了了解同学因素对越南学生学习汉语过程中的影响。"同学因素"是潜变量,无法直接测量,所以要通过下面 5 个观测变量来测量。

表 2-21 "同学因素"观测变量

编码	观测变量	参考依据
Tong.xue1	同学常给你分享他所学到的知识	
Tong.xue2	同学常在学习过程中帮助你	Dương Thị Kim Oanh(2009)
Tong.xue3	同学常在日常生活过程中帮助你	Rebecca J. Collie(2016)
Tong.xue4	同学常和你参加分组学习活动	
Tong.xue5	同学常给分享他所知的新消息	

9."学习环境"变量

为了了解越南高校的学习环境对学生学习汉语的影响。"学习环境"是潜变量,无法直接测量,所以要通过下面 6 个观测变量来测量。

表 2-22 "学习环境"观测变量

编码	观测变量	参考依据
Huan.jing1	学校的设备满足你的学习需求	
Huan.jing2	学习课程灵活且合理	Dương Thị Kim Oanh(2009)
Huan.jing3	学校常举办与学习有关的活动	Võ Thị Tâm (2010)
Huan.jing4	学校干部、人员的服务态度很热情且周到	Trương Thị Thúy Hòa (2013)
Huan.jing5	你有很多机会用汉语与中国人交流	
Huan.jing6	学校聆听,并及时处理学生所反映的问题	

10."考试频次"变量

为了了解考试频次对越南学生学习汉语效果的影响。"考试频次"是潜变量,无法直接测量,所以要通过下面 5 个观测变量来测量。

表 2-23 "考试频次"观测变量

编码	观测变量	参考依据
Kao.shi1	每次上课教师都检查旧课知识	
Kao.shi2	每次上课教师都检查新课知识	周玮(2006)
Kao.shi3	教师常举行小型考试	卢芳(2010)
Kao.shi4	每次上课教师都检查学生的作业本	臧文彬(2014)
Kao.shi5	每次上课教师都检查学生的笔记本	

11.“家庭因素”变量

为了了解家庭因素对越南学生学习汉语的影响。“家庭因素”是潜变量，无法直接测量，所以要通过下面 5 个观测变量来测量。

表 2-24 “家庭因素”观测变量

编码	观测变量	参考依据
Jia.ting1	家庭常鼓励你学习	
Jia.ting2	家庭常给你支付你学习所需要的费用	Dương Thị Kim Oanh（2009）
Jia.ting3	家庭经济条件常影响到你的学习	Trương Thị Thúy Hòa (2013)
Jia.ting4	父母的教育程度常影响到你的学习	Rebecca J. Collie（2016）
Jia.ting5	父母的行业对你的学习有影响	

12.“社会因素”变量

为了了解社会因素对越南学生学习汉语的影响。“社会因素”是潜变量，无法直接测量，所以要通过下面 5 个观测变量来测量。

表 2-25 “社会因素”观测变量

编码	观测变量	参考依据
She.hui1	社会给汉语专业学生提供很多工作机会	
She.hui2	社会重视学生的汉语能力	Dương Thị Kim Oanh（2009）
She.hui3	汉语专业毕业生可以在社会上找到一份工作	龚跃华（2010）
She.hui4	社会对会汉语的人才有很大的需求	徐明月（2016）
She.hui5	会汉语的学生能找到工作的机会很大	

13.“知识领会程度”变量

为了了解越南学生在学习汉语过程中的知识接受能力。“知识领会”是潜变量，无法直接测量，所以要通过下面 4 个观测变量来测量。

表 2-26 “知识领会程度”观测变量

编码	观测变量	参考依据
Zhi.shi1	你从每门课中都能学到很多知识	
Zhi.shi2	每门课都可以帮助你培养很多技能	Võ Thị Tâm (2010)
Zhi.shi3	你可以运用到自己从每门课中学到的知识	
Zhi.shi4	在学习过程中你掌握了许多知识和技能	

五、统计分析法

（一）描述统计

我们对学习行为调查问卷的 74 个观测变量、知识领会知识程度的影响因素调查问卷的 75 个观测变量以及两份调查中的定性变量进行描述均值、标准差、频率、百分比等相关方面。另外，我们也对其他与论文相关的数据进行描述。

（二）度量可靠性分析（克朗巴哈系数分析）

我们对学习行为影响因素调查问卷的 13 个潜变量进行分析信度，每个潜变量的信度值（Cronbach's Alpha 系数值）通常在 0 和 1 之间，据 Nunnally（1978）认为系数不超过 0.6 时内部一致信度不足，达到 0.6 ～ 0.7 时量表信度可以接受，常用于探索性研究，达到 0.7 ～ 0.8 时表示量表的信度相当高，达到 0.8 ～ 0.9 时说明量表的信度很好，故本研究中需要信度值达到 0.6 以上即可。另外，潜变量中的观测变量，每个项目和总体的相关系数（校正的项总计相关性，Corrected item-total correlation，简称 CITC）小于 0.3，会把该项目删除（Yoo&Donthu，2001）。

（三）探索性因子分析

信度分析后我们继续对调查问卷中的变量进行探索性因子分析（Exploratory Factor Analysis，简称 EFA）。探索性因子分析用来找出多元观测变量的本质结构，并进行处理降维的技术。首先我们辨认、收集观测变量，获得协方差矩阵，然后验证将用于 EFA 的协方差矩阵（显著性水平、反协方差矩阵、Bartlett 球型测验、反图像协方差矩阵、KMO 测度），并选择提取因子法，发现因素和因素载荷、因素载荷是相关系数在可变物和因素，最后确定提取因子的个数和解释提取的因子。Kaiser-Mayer-Olkin 检验的结果：KMO>0.9：非常适合；0.8<KMO<0.9：很适合；0.7<KMO<0.8：很适合；0.6<KMO<0.7：适合；0.5<KMO<0.6：不太适合；KMO<0.5：不适合。Bartlett 检验的 P 值<0.01：适合。

（四）相关分析

探索性因子分析后我们对问卷调查中的潜变量进行相关分析。相关分析是分析两个或两个以上具备相关性的变量，从而衡量两个变量因素的相关密切程度。相关性的元素之间需要存在一定的联系或概率才能进行相关分析。两个变量之间的相关程度通过相关系数 r（皮尔孙相关系数 - Pearson Correlation）来展示，相关系数 r 的值在 -1 和 1 之间，但可以是此范围内的任何值。正相关时，r 值在 0 和 1 之间，散点图是斜向上的，这时一个变量增加，另一个变量也增加；r 值在 -1 和 0 之间，散点图是斜向下的，此时一个变量增加，另一个变量将减少。r 的绝对值越接近 1，两个变量的关联程度越强，r 的绝对值越接近 0，两变量的关联程度越弱。具体是 0.8（高度相关），<0.8（中度相关），<0.5（低度相关），<0.3（相关程度弱或基本不相关）。

（五）回归分析

相关分析后我们继续进行回归分析（Regression analysis），旨在找出因果关系，然后写出回归方程。回归分析研究的主要问题是确定 Y（因变量）与 X（自变量）之间的定量关系，这种关系表达为回归方程；对求得的回归方程的可信度进行检验；判断 X 对 Y 有没有影响；然后利用所求的回归方程进行预测和控制。

在模型总汇表的 Durbin–Watson 检验用来检验残差的自相关，DW 值的意义是 DW = 2（无自相关）；DW = 4（完全负自相关）；DW = 0（完全正自相关）；0<DW<2（存在正自相关）；2<DW<4（存在负自相关）；1.5<DW<2.5（无自相关现象）。

（六）验证性因子分析

探索性因子分析后我们继续对调查问卷中的变量进行验证性因子分析（Confirmative Fator Analysis，简称 CFA），CFA 分析是测试一个因子与相对应的测度项之间关系是否符合研究者所设计的理论关系。CFA 分析需要达到常用的统计参数有卡方拟合指数 (x)、较拟合指数（CFI）、拟合优度指数（GFI）和估计误差均方根（RMSEA）。Bentler（1990）建议模型的相关指标为：x/DF3.0,CFI,GFI,RMSE，说明模型的拟合程度可接受。然后，我们继续计算平均提取方差值（Average Variance Extracted，简称 AVE）和组合信度（Composite Reliability, 简称 CR）。Fornell and Larcker（1981）认为 AVE 值要大于 0.5，CR 值要大于 0.6。

（七）结构方程模型分析

验证性因子分析后我们继续进行分析结构方程模型（Structural Equation Modeling, 简称 SEM）。结构方程模型是一种建立、估计和检验因果关系模型的方法。模型中既包含可观测的显在变量，也可能包含无法直接观测的潜变量。结构方程模型可代替多种回归、通径分析、因子分析、协方差分析等方法，清晰分析单项指标对总体的作用和单项指标间的相互关系。

（八）独立样本 T 检验分析

为了进行独立样本 T 检验（Independence sample T-test），需要一自变量

（分两个组，如：男女）与一个因变量。本研究有四个分两组的自变量需要用独立样本 T 检验分析，包括：性别、户口、有无学过汉语、中国教师。

（九）单因素方差分析

本书使用单因素方差分析（one-way analysis of variance，简称 One-way ANOVA）来分析自变量中分成三组以上的，本研究有 13 个变量（三组以上）需要使用单因素方差分析，包括：专业、年级、自习时间、兼职时间、兄弟姐妹、年龄、睡眠时间、学习简体和繁体、总分、听力分数、口语分数、阅读分数、写作分数。如果各组之间显出差别后，再继续分析各组之间的具体差别。

（十）统计软件使用

本文主要使用四个软件来输入、整理、分析数据，包括：Excel 2016、SPSS 20.0、AMOS 20.0、R 语言 3.4.3。

六、研究假设、统计假设、假设检验

（一）研究假设

在形成研究问题的基础上，可以进一步提出研究假设（Hypothesis）。假设是研究者对实验结果的一种尝试性的猜测，它的正确与否还是未知的，大部分情形是在讨论两个或多变量之间的一种特殊关系。本书根据研究问题提出以下研究假设，见表 2-27。

表 2-27　研究假设

研究假设编号	内容
研究假设 1	学生自身与学生知识领会程度之间有相关
研究假设 2	学校与学生知识领会程度之间有相关
研究假设 3	社会与学生知识领会程度之间有相关
研究假设 4	家庭与学生知识领会程度之间有相关
研究假设 5	社会与学校之间有相关
研究假设 6	社会与学生自身之间有相关
研究假设 7	家庭与学校之间有相关
研究假设 8	家庭与学生自身之间有关
研究假设 9	家庭与社会之间有相关
研究假设 10	学生的课堂学习行为与学习汉语之间有相关
研究假设 11	学生的课外行为与学生学习汉语之间有相关
研究假设 12	学生课外行为与学生课堂学习行为之间有相关

（二）统计假设

统计假设（Statistical hypothesis）是关于一个或多个随机变量的未知分布

的假设。本研究根据研究假设提出以下统计假设,详见表2-28。

表2-28 研究统计假设

统计假设编号	内容
统计假设1	知识领会程度与学习动机之间有相关
统计假设2	知识领会程度与学习坚定程度之间有相关
统计假设3	知识领会程度与学习竞争程度之间有相关
统计假设4	知识领会程度与学习方法之间有相关
统计假设5	知识领会程度与个人愿望之间有相关
统计假设6	知识领会程度与个人感受之间有相关
统计假设7	知识领会程度与教师之间有相关
统计假设8	知识领会程度与同学之间有相关
统计假设9	知识领会程度与学习环境之间有相关
统计假设10	知识领会程度与考试频次之间有相关
统计假设11	知识领会程度与社会之间有相关
统计假设12	知识领会程度与家庭之间有相关
统计假设13	学习汉语与课堂参与行为之间有相关
统计假设14	学习汉语与课堂学习行为之间有相关
统计假设15	学习汉语与课间休息行为之间有相关
统计假设16	学习汉语与课外学习行为之间有相关
统计假设17	学习汉语与考试前行为之间有相关
统计假设18	学习汉语与考试中行为之间有相关
统计假设19	学习汉语与考试后行为之间有相关
统计假设20	学习汉语与睡觉行为之间有相关
统计假设21	学习汉语与饮食行为之间有相关
统计假设22	学习汉语与消极行为之间有相关
统计假设23	学习汉语与积极行为之间有相关

（三）假设检验

检验统计假设的过程称为假设检验（Hyphothesis Testing），一般提出统计假设后,为了证明其合理性需要进行统计假设检验。假设检验是数理统计学中根据一定假设条件由样本推断总体的一种方法。具体的做法是：根据问题的需要对所研究的总体做某种假设,记作H0,选取合适的统计量,这个统计量的选取要使得在假设H0成立时,其分布为已知；由实测的样本,计算出统计量的值,并根据预先给定的显著性水平进行检验,做出拒绝或接受假设H0的判断。本书主要使用独立样本T检验和单因素方差检验,具体的假设如下。

1. 独立样本 T 检验

独立样本 T 检验是比较两组之间的差异,本书有分两组的 4 个自变量,包括:性别、户口、有无学过汉语、中国教师。与 4 个自变量相应有 25 个因变量。

表 2-29 独立样本 T 检验假设

自变量	因变量
假设检验 1	性别与学习动机、社会、家庭、学习竞争程度、学习坚定程度、学习方法、个人愿望、个人感受、教师、同学、学习环境、考试频次、知识领会程度、学习汉语、学习参与、课堂上、课间休息、课外、考试前、考试中、考试后、睡觉、饮食、消极、积极之间显著差异
假设检验 2	户口与学习动机、社会、家庭、学习竞争程度、学习坚定程度、学习方法、个人愿望、个人感受、教师、同学、学习环境、考试频次、知识领会程度、学习汉语、学习参与、课堂上、课间休息、课外、考试前、考试中、考试后、睡觉、饮食、消极、积极之间显著差异
假设检验 3	有无学过汉语学习动机、社会、家庭、学习竞争程度、学习坚定程度、学习方法、个人愿望、个人感受、教师、同学、学习环境、考试频次、知识领会程度、学习汉语、学习参与、课堂上、课间休息、课外、考试前、考试中、考试后、睡觉、饮食、消极、积极之间显著差异
假设检验 4	中国教师学习动机、社会、家庭、学习竞争程度、学习坚定程度、学习方法、个人愿望、个人感受、教师、同学、学习环境、考试频次、知识领会程度、学习汉语、学习参与、课堂上、课间休息、课外、考试前、考试中、考试后、睡觉、饮食、消极、积极之间显著差异

2. 单因素方差检验

单因素方差检验(One way ANOVA Test)检验有两组以上的变量,本书有三组以上的 13 个自变量,包括专业、年级、自习时间、兼职时间、兄弟姐妹、年龄、睡眠时间、学习简体和繁体、总分、听力分数、口语分数、阅读分数、写作分数。与 13 个自变量相应有 25 个因变量。

表 2-30 单因素方差检验假设

自变量	因变量
假设检验 5	专业与学习动机、社会、家庭、学习竞争程度、学习坚定程度、学习方法、个人愿望、个人感受、教师、同学、学习环境、考试频次、知识领会程度、学习汉语、学习参与、课堂上、课间休息、课外、考试前、考试中、考试后、睡觉、饮食、消极、积极之间显著差异
假设检验 6	年级与学习动机、社会、家庭、学习竞争程度、学习坚定程度、学习方法、个人愿望、个人感受、教师、同学、学习环境、考试频次、知识领会程度、学习汉语、学习参与、课堂上、课间休息、课外、考试前、考试中、考试后、睡觉、饮食、消极、积极之间显著差异

续表

自变量	因变量
假设检验 7	自习时间与学习动机、社会、家庭、学习竞争程度、学习坚定程度、学习方法、个人愿望、个人感受、教师、同学、学习环境、考试频次、知识领会程度、学习汉语、学习参与、课堂上、课间休息、课外、考试前、考试中、考试后、睡觉、饮食、消极、积极之间显著差异
假设检验 8	兼职时间与学习动机、社会、家庭、学习竞争程度、学习坚定程度、学习方法、个人愿望、个人感受、教师、同学、学习环境、考试频次、知识领会程度、学习汉语、学习参与、课堂上、课间休息、课外、考试前、考试中、考试后、睡觉、饮食、消极、积极之间显著差异
假设检验 9	兄弟姐妹与学习动机、社会、家庭、学习竞争程度、学习坚定程度、学习方法、个人愿望、个人感受、教师、同学、学习环境、考试频次、知识领会程度、学习汉语、学习参与、课堂上、课间休息、课外、考试前、考试中、考试后、睡觉、饮食、消极、积极之间显著差异
假设检验 10	年龄与学习动机、社会、家庭、学习竞争程度、学习坚定程度、学习方法、个人愿望、个人感受、教师、同学、学习环境、考试频次、知识领会程度、学习汉语、学习参与、课堂上、课间休息、课外、考试前、考试中、考试后、睡觉、饮食、消极、积极之间显著差异
假设检验 11	睡眠时间与学习动机、社会、家庭、学习竞争程度、学习坚定程度、学习方法、个人愿望、个人感受、教师、同学、学习环境、考试频次、知识领会程度、学习汉语、学习参与、课堂上、课间休息、课外、考试前、考试中、考试后、睡觉、饮食、消极、积极之间显著差异
假设检验 12	学习简体和繁体与学习动机、社会、家庭、学习竞争程度、学习坚定程度、学习方法、个人愿望、个人感受、教师、同学、学习环境、考试频次、知识领会程度之间显著差异
假设检验 13	总分与学习动机、社会、家庭、学习竞争程度、学习坚定程度、学习方法、个人愿望、个人感受、教师、同学、学习环境、考试频次、知识领会程度、学习汉语、学习参与、课堂上、课间休息、课外、考试前、考试中、考试后、睡觉、饮食、消极、积极之间显著差异
假设检验 14	听力分数与学习动机、社会、家庭、学习竞争程度、学习坚定程度、学习方法、个人愿望、个人感受、教师、同学、学习环境、考试频次、知识领会程度、学习汉语、学习参与、课堂上、课间休息、课外、考试前、考试中、考试后、睡觉、饮食、消极、积极之间显著差异
假设检验 15	口语分数与学习动机、社会、家庭、学习竞争程度、学习坚定程度、学习方法、个人愿望、个人感受、教师、同学、学习环境、考试频次、知识领会程度、学习汉语、学习参与、课堂上、课间休息、课外、考试前、考试中、考试后、睡觉、饮食、消极、积极之间显著差异
假设检验 16	阅读分数与学习动机、社会、家庭、学习竞争程度、学习坚定程度、学习方法、个人愿望、个人感受、教师、同学、学习环境、考试频次、知识领会程度、学习汉语、学习参与、课堂上、课间休息、课外、考试前、考试中、考试后、睡觉、饮食、消极、积极之间显著差异
假设检验 17	写作分数与学习动机、社会、家庭、学习竞争程度、学习坚定程度、学习方法、个人愿望、个人感受、教师、同学、学习环境、考试频次、知识领会程度、学习汉语、学习参与、课堂上、课间休息、课外、考试前、考试中、考试后、睡觉、饮食、消极、积极之间显著差异

第三章　复杂动态理论下越南汉语本科生学习行为分析

第一节　学生学习行为的描述分析

一、学生的课堂参与行为

课堂参与行为是指学生对课堂学习的参与。我们用 5 个观测变量来测量"课堂参与行为"潜变量，具体观测变量如下：你常迟到，但会提前向老师说明（Can.yu1）；迟到时你会向教师说明，教师允许后才进去（Can.yu2）；你常不来上课，但会提前请假（Can.yu3）；你常常会在上课期间无故离开且长时间未归（Can.yu4）；你常准时上课（Can.yu5），观测后的结果如表 3-1 所示。

表 3-1　课堂参与行为观测结果分析

观测变量	样本	均值 ± 标准差	从来不	很少	偶尔	经常	总是
Can.yu1	272	2.34 ± 1.07	65(23.9)	101(37.1)	62(22.8)	35(12.9)	9(3.3)
Can.yu2	272	4.02 ± 1.17	15(5.5)	23(8.5)	25(9.2)	87(32.0)	122(44.8)
Can.yu3	272	2.91 ± 1.23	32(11.8)	84(30.9)	70(25.7)	46(16.9)	40(14.7)
Can.yu4	272	1.39 ± 0.69	189(69.5)	67(24.6)	12(4.4)	1(0.4)	3(1.1)
Can.yu5	272	4.18 ± 0.87	6(2.2)	8(3.0)	22(8.1)	129(47.4)	107(39.3)

注：选答人数（%）

我们从调查结果中发现：经常迟到，但会提前向老师说明的学生有 44 名（16.2%）。迟到时会向老师说明，老师允许后才进去的学生有 209 名（76.9%）。常不来上课，但会提前请假的学生有 86 名（31.6%）。上课期间无故离开且长时间未归的学生有 4 名（1.5%）。常准时上课的学生有 236 名（86.7%）。具体参见图 3-1。

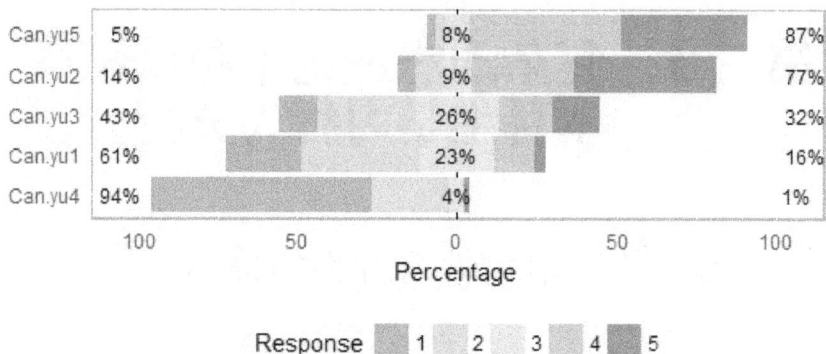

图 3-1 课堂参与行为量表调查结果分析

调查结果表明：越南汉语本科生的大部分能够准时去上课，并且上课迟到会提前说明，学生上课的参与程度比较高。学生不来上课时很少提前请假，学生偶尔上课时无故离开且长时间不归。

二、学生的课堂学习行为

课堂学习行为是指学生在课堂上的表现。我们用 9 个观测变量来测量"课堂学习行为"潜变量，具体观测变量如下：你常举手回答老师的问题（Ke.tang1）；对于没弄懂的问题，你常请教老师（Ke.tang2）；你常集中注意力听老师讲课（Ke.tang3）；上课时你常拿出另一门课的资料来看（Ke.tang4）；上课时你常与同学聊天（Ke.tang5）；上课时你常觉得很无聊，想睡觉（Ke.tang6）；上课时你常用手机给别人发短信、接听电话或打电话（Ke.tang7）；下课时老师还没走，你就常先走（Ke.tang8）；上课时你常坐在前排靠，以便听讲（Ke.tang9），观测后的结果如表 3-2 所示。

表 3-2 课堂学习行为观测结果分析

观测变量	样本	均值 ± 标准差	从来不	很少	偶尔	经常	总是
Ke.tang1	272	3.05 ± 0.91	12(4.4)	58(21.3)	116(42.7)	74(27.2)	12(4.4)
Ke.tang2	272	3.23 ± 0.95	11(4.0)	47(17.3)	100(36.8)	95(34.9)	19(7.0)
Ke.tang3	272	4.04 ± 0.80	4(1.4)	10(3.7)	29(10.7)	156(57.4)	73(26.8)
Ke.tang4	272	1.83 ± 0.88	118(43.3)	91(33.5)	54(19.9)	7(2.6)	2(0.7)
Ke.tang5	272	2.39 ± 0.88	45(16.5)	100(36.8)	104(38.2)	20(7.4)	3(1.1)
Ke.tang6	272	2.19 ± 0.84	53(19.5)	131(48.2)	71(26.1)	15(5.5)	2(0.7)
Ke.tang7	272	1.83 ± 0.78	103(37.9)	115(42.3)	50(18.4)	3(1.1)	1(0.3)
Ke.tang8	272	2.00 ± 1.08	122(44.8)	60(22.1)	62(22.8)	23(8.5)	5(1.8)
Ke.tang9	272	3.44 ± 1.20	21(7.7)	36(13.3)	79(29.0)	73(26.8)	63(23.2)

注：选答人数（%）

　　我们从调查结果中发现：常举手回答问题的 86 名（31.6%）；对还没弄懂的问题，常请教老师的 114 名（41.9%）；常集中听老师讲课的 229 名（84.2%）；上课时常拿出另一门课的资料来看的 9 名（3.3%）；上课时常与同学聊天的 23 名（8.5%）；上课时常觉得很无聊，想睡觉的 17 名（6.2%）；上课时常用手机给别人发短信、接听电话或打电话的 4 名（1.5%）；下课时老师还没走，就常先走的 28 名（10.3%）；上课时坐在前排，以便听讲的 136 名（50.0%），具体参见图 3-2。

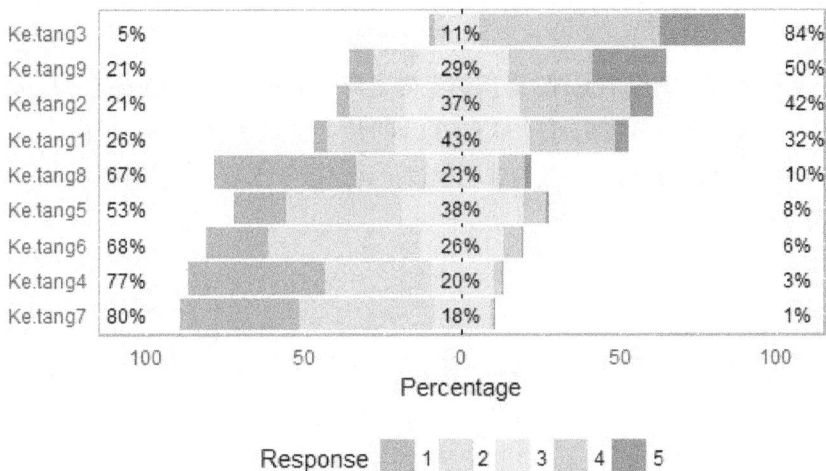

Ke.tang3	5%		11%		84%
Ke.tang9	21%		29%		50%
Ke.tang2	21%		37%		42%
Ke.tang1	26%		43%		32%
Ke.tang8	67%		23%		10%
Ke.tang5	53%		38%		8%
Ke.tang6	68%		26%		6%
Ke.tang4	77%		20%		3%
Ke.tang7	80%		18%		1%

100　　　　50　　　　0　　　　50　　　　100
Percentage

Response　1　2　3　4　5

图 3-2　课堂学习行为量表调查结果分析

　　调查结果表明：越南汉语专业的学生不喜欢主动举手回答老师的问题，但是学生大多能集中注意力听老师讲课，在课堂上很少做其他事情。下课时有部分学生不等老师走就提前走，学生大多数选择坐靠在前排来方便听讲。

三、学生的课间休息行为

　　课间休息是指学生每节课课间休息的时间，越南高校每节课一般上 50 分钟，然后课间休息 10 分钟，这段时间内，学生也会有一定的表现。我们用 4 个观测变量来测量"课间休息行为"潜变量，具体观测变量如下：课间休息时，你常与同学聊天（Zhong.jian1）；课间休息时，你常做自己的事情（Zhong.jian2）；课间休息时，你常回顾刚学过的内容（Zhong.jian3）；课间休息时，你常与老师或同学讨论课堂教学内容（Zhong.jian4），观测后的结果如表 3-3 所示。

表 3-3　课间休息行为观测结果分析

观测变量	样本	均值 ± 标准差	从来不	很少	偶尔	经常	总是
Zhong.jian1	272	3.87 ± 0.98	6(2.2)	15(5.5)	69(25.4)	99(36.4)	83(30.5)
Zhong.jian2	272	3.23 ± 0.91	5(1.9)	46(16.9)	129(47.4)	64(23.5)	28(10.3)
Zhong.jian3	272	2.80 ± 0.87	21(7.7)	68(25.0)	133(48.9)	44(16.2)	6(2.2)
Zhong.jian4	272	2.76 ± 0.88	19(7.0)	82(30.1)	122(44.9)	42(15.4)	7(2.6)

注：选答人数（%）

我们从调查结果中发现：课间休息时常与同学聊天 182 名（66.9%）；课间休息时常做自己的事情 92 名（33.8%）；课间休息时常回顾刚学过的内容 50 名（18.4%）；课间休息时常与教师或同学讨论课堂教学内容 49 名（18.0%）；具体参见图 3-3。

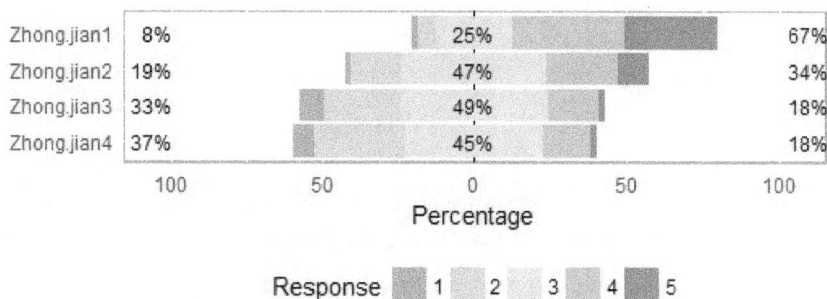

图 3-3　课间休息行为量表调查结果分析

调查结果表明：课间时越南汉语本科生大部分都跟同学聊天，很少看刚学过的内容，也很少跟老师或同学讨论课堂教学内容。

四、学生的课外学习行为

课外学习行为是指学生在课堂外的学习行为。我们用 7 个观测变量来测量"课外行为"潜变量，具体观测变量如下：你常按时完成老师布置的作业（Ke.wai1）；上课前你常会预习好上课学习的内容（Ke.wai2）；你常去图书馆学习（Ke.wai3）；你常抽出时间来锻炼身体或参加体育活动（Ke.wai4）；你常参加学生会举办的活动（Ke.wai5）；你常参加各种娱乐活动（Ke.wai6）；你常做兼职挣钱（Ke.wai7）；观测后的结果如表 3-4 所示。

表 3-4　课外行为观测结果分析

观测变量	样本	均值 ± 标准差	从来不	很少	偶尔	经常	总是
Ke.wai1	272	3.87 ± 0.74	3(1.1)	8(2.9)	52(19.1)	165(60.7)	44(16.2)
Ke.wai2	272	3.63 ± 0.79	2(0.8)	18(6.6)	87(32.0)	135(49.6)	30(11.0)
Ke.wai3	272	2.33 ± 0.88	44(16.2)	120(44.1)	87(32.0)	16(5.9)	5(1.8)
Ke.wai4	272	2.69 ± 1.09	38(14.0)	87(32.0)	82(30.1)	49(18.0)	16(5.9)
Ke.wai5	272	3.09 ± 1.03	17(6.3)	61(22.4)	96(35.3)	76(27.9)	22(8.1)
Ke.wai6	272	3.46 ± 0.89	5(1.9)	27(9.9)	109(40.1)	98(36.0)	33(12.1)
Ke.wai7	272	2.54 ± 1.09	52(19.1)	83(30.5)	88(32.4)	35(12.9)	14(5.1)

注：选答人数（%）。

另外，我们对这七个观测变量进行了可靠性分析，分析后得出潜变量的 Cronbach's Alpha 信度指数是 0.632，其中 Ke.wai7 观测变量的校正总机相关性值小于 0.3（表 3-5），所以要删除 Ke.wai7 观测变量，删除后信度值是 0.678，另外潜变量中没有任何观测变量的校正总相关性值小于 0.3，所以这些观测变量都可以用于下一步的分析。

表 3-5　课外行为变量信度分析

观测变量	项已删除的刻度均值	项已删除的刻度方差铉	校正的项总计相关性	项已删除的 Cronbach's Alpha 值
Ke.wai1	17.768	11.374	.341	.600
Ke.wai2	18.011	11.044	.373	.590
Ke.wai3	19.316	10.889	.341	.597
Ke.wai4	18.949	9.245	.478	.546
Ke.wai5	18.555	9.628	.458	.555
Ke.wai6	18.180	10.694	.367	.589
Ke.wai7	19.103	11.606	.112	.678

注：7 个观测变量的 Cronbach's Alpha 值为 0.632。

表 3-6　课外行为变量信度分析（删除后）

观测变量	项已删除的刻度均值	项已删除的刻度方差铉	校正的项总计相关性	项已删除的 Cronbach's Alpha 值
Ke.wai1	15.224	9.230	.401	.642
Ke.wai2	15.467	9.039	.405	.639
Ke.wai3	16.772	9.173	.311	.668
Ke.wai4	16.404	7.356	.510	.598
Ke.wai5	16.011	7.856	.461	.618
Ke.wai6	15.636	8.815	.373	.648

注：6 个观测变量的 Cronbach's Alpha 值为 0.678。

我们从调查结果中发现：常按时完成老师布置的作业的学生 209 名（76.9%）；上课前常会预习好上课学习内容的学生 165 名（60.6%）；常去图书馆学习的学生 21 名（7.7%）；常抽出时间来锻炼身体或参加体育活动的学生 65 名（23.9%）；常参加学生会举办的活动的学生 98 名（36.0%）；常参加各种娱乐活动的学生 131 名（48.1%）；常做兼职挣钱的学生 49 名（18.0%）；具体参见图 3-4。

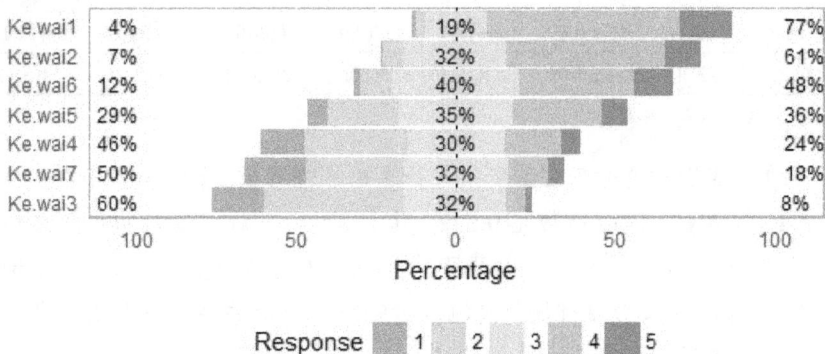

图 3-4　课外行为量表调查结果分析

调查结果表明：越南汉语本科生积极完成老师布置的作业，也积极预习上课的内容，但是很少有学生去图书馆学习或看书，很少参加体育活动和学生会活动。部分学生参加娱乐活动，并抽出时间做兼职挣钱。

五、学生的学习汉语行为

汉语学习行为是指学生在学习汉语过程中的表现，我们想了解学生常用哪些方式来学习汉语。本书用 6 个观测变量来测量"学习汉语行为"潜变量，具体观测变量如下：你常参加汉语角、汉语学习俱乐部（Xuexi.hyu1）；你常参加与汉语相关的比赛（Xuexi.hyu2）；你常听广播中的汉语节目（Xuexi.hyu3）；你常看汉语书、汉语报纸、汉语杂志（Xuexi.hyu4）；你常看中国电影、听中文歌（Xuexi.hyu5）；你常看电视台上的汉语节目和汉语新闻（Xuexi.hyu6），观测后的结果如表 3-7 所示。

表 3-7　学习汉语行为观测结果分析

观测变量	样本	均值 ± 标准差	从来不	很少	偶尔	经常	总是
Xuexi.hyu1	272	2.75 ± 1.17	43(15.8)	77(28.3)	77(28.3)	53(19.5)	22(8.1)
Xuexi.hyu2	272	2.49 ± 1.12	59(21.7)	85(31.2)	75(27.6)	41(15.1)	12(4.4)
Xuexi.hyu3	272	3.20 ± 1.15	22(8.1)	52(19.1)	89(32.7)	67(24.6)	42(15.5)

续表

观测变量	样本	均值 ± 标准差	从来不	很少	偶尔	经常	总是
Xuexi.hyu4	272	2.94 ± 1.03	20(7.4)	71(26.1)	110(40.4)	47(17.3)	24(8.8)
Xuexi.hyu5	272	4.22 ± 0.87	2(0.7)	9(3.3)	41(15.1)	95(34.9)	125(46.0)
Xuexi.hyu6	272	2.69 ± 0.95	28(10.3)	84(30.9)	113(41.5)	37(13.6)	10(3.7)

注：选答人数（%）。

另外，我们对这 6 个观测变量进行了可靠性分析，分析后得出潜变量的 Cronbach's Alpha 信度指数为 0.791，而且全部观测变量的校正总计相关性都大于 0.3（见表 3-8），所以不用删除任何观测变量，说明这个变量的可靠性比较高。

表 3-8　学习汉语行为的信度分析结果

观测变量	项已删除的刻度均值	项已删除的刻度方差铉	校正的项总计相关性	项已删除的 Cronbach's Alpha 值
Xuexi.hyu1	15.551	13.798	.525	.765
Xuexi.hyu2	15.816	13.767	.570	.752
Xuexi.hyu3	15.107	13.011	.646	.732
Xuexi.hyu4	15.368	13.901	.616	.742
Xuexi.hyu5	14.088	16.073	.417	.786
Xuexi.hyu6	15.614	15.212	.487	.772

注：6 个观测变量的 Cronbach's Alpha 值为 0.791。

我们从调查结果中发现：常参加汉语角、汉语学习俱乐部的学生 75 名（27.6%），常参加与汉语相关比赛的学生 53 名（19.5%），常听广播中的汉语节目的学生 109 名（40.0%），常看汉语书、汉语报纸、汉语杂志的学生 71 名（26.1%），常看中国电影、听中文歌的学生 220 名（80.0%），常看电视台上的汉语节目和汉语新闻的学生 47 名（17.3%）。具体参见图 3-5。

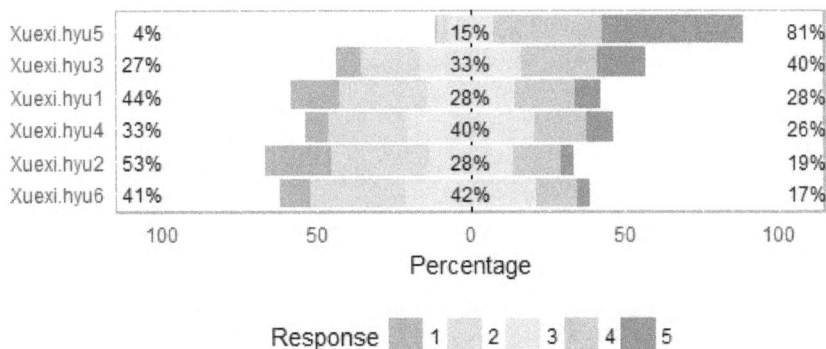

图 3-5　学习汉语行为量表调查结果分析

调查结果表明：大部分越南汉语本科生常看中国电影和听中文歌，但是他们很少看电视上的中文节目和中文新闻，也很少参加汉语角或者汉语比赛。

六、学生的睡觉行为

睡觉行为是指学生每天的睡觉行为。我们用 6 个观测变量来测量"睡觉行为"潜变量，具体观测变量如下：看书时你常觉得很困，想睡觉（Shui.jiao1）；你常早起学习（Shui.jiao2）；你常学习到很晚（Shui.jiao3）；睡觉前你常复习好已学内容才安心去睡觉（Shui.jiao4）；你常有固定的睡眠时间（Shui.jiao5）；你常睡午觉（Shui.jiao6）；观测后的结果如表 3-9 所示。

表 3-9　睡觉行为观测结果分析

观测变量	样本	均值 ± 标准差	从来不	很少	偶尔	经常	总是
Shui.jiao1	272	2.97 ± 0.98	18(6.6)	62(22.8)	121(44.5)	52(19.1)	19(7.0)
Shui.jiao2	272	2.51 ± 0.92	40(14.7)	88(32.4)	114(41.9)	24(8.8)	6(2.2)
Shui.jiao3	272	3.64 ± 1.02	11(4.0)	21(7.7)	80(29.4)	103(37.9)	57(21.0)
Shui.jiao4	272	3.61 ± 0.83	3(1.1)	18(6.6)	95(34.9)	120(44.1)	36(13.3)
Shui.jiao5	272	2.83 ± 1.18	36(13.3)	81(29.8)	73(26.8)	55(20.2)	27(9.9)
Shui.jiao6	272	3.28 ± 1.20	24(8.8)	45(16.6)	86(31.6)	64(23.5)	53(19.5)

注：选答人数（%）

我们从调查结果中发现：看书时常觉得很困，想睡觉的学生 71 名（26.1%），常早起学习的学生 30 名（11.0%）；常学习到很晚的学生 160 名（58.0%）；睡觉前常复习好已学内容才安心去睡觉的学生 156 名（57.3%）；常有固定睡觉时间的学生 82 名（30.1%）；常睡午觉的学生 117 名（43.0%）；具体参见图 3-6。

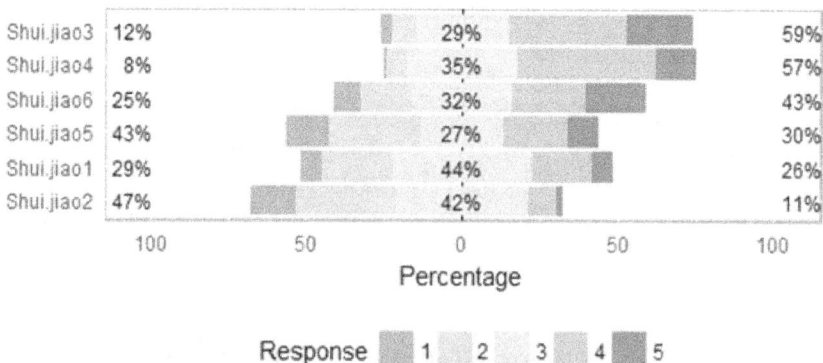

图 3-6　睡觉行为量表调查结果分析

调查结果表明：越南汉语本科生大部分学习到很晚，而且晚上复习好所学内容后才去睡觉，也有睡午觉的习惯，但是只有少数人会早起学习，也只有少数人有固定的睡眠时间。

七、学生的饮食行为

饮食行为是指学生每天的饮食行为。我们用 5 个观测变量来测量"饮食行为"潜变量，具体观测变量如下：你常不吃饭就去上课（Yin.shi1）；你常在学校食堂吃饭（Yin.shi2）；你常在家、宿舍、出租屋内煮饭（Yin.shi3）；你常带食品去教室吃（Yin.shi4）；你常为了省钱而不吃饭，把钱用到其他事情上（Yin.shi5）；观测后的结果如表 3-10 所示。

表 3-10 饮食行为观测结果分析

观测变量	样本	均值 ± 标准差	从来不	很少	偶尔	经常	总是
Yin.shi1	272	2.86 ± 1.12	36(13.2)	61(22.4)	101(37.1)	51(18.8)	23(8.5)
Yin.shi2	272	2.24 ± 1.13	84(30.9)	89(32.7)	59(21.7)	28(10.3)	12(4.4)
Yin.shi3	272	3.57 ± 1.38	36(13.2)	29(10.7)	38(14.0)	80(29.4)	89(32.7)
Yin.shi4	272	2.30 ± 1.07	68(25.0)	100(36.8)	70(25.7)	21(7.7)	13(4.8)
Yin.shi5	272	2.98 ± 1.12	32(11.8)	52(19.1)	101(37.1)	62(22.8)	25(9.2)

注：选答人数（%）

我们从调查结果中发现：常不吃饭就去上课的学生 74 名（27.3%）；常在学校食堂吃饭的学生 40 名（14.7%）；常在家、宿舍、出租屋内煮饭的学生 169 名（62.1%）；常带食品去教室吃的学生 34 名（12.5%）；常为了省钱而不吃饭，把钱用到其他事情上的学生 87 名（32.0%）。具体参见图 3-7。

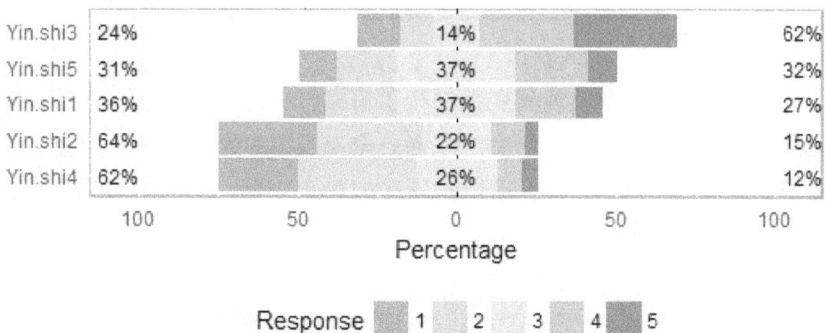

图 3-7 饮食行为量表调查结果分析

调查结果表明：在饮食方面，大部分越南汉语本科生都自己做饭，很少有人去食堂吃饭,少部分学生习惯不吃饭就去上课,习惯带食物去教室吃。

八、学生的消极行为

消极行为是指学生的不良表现。我们用 10 个观测变量来测量"学生消极行为"潜变量,具体观测变量如下:你常挑战、嘲笑别人(Xiao.ji1);你常质疑老师的水平、挑战老师的权威(Xiao.ji2);你常对别人说脏话(Xiao.ji3);你常与他人发生肢体冲突(Xiao.ji4);与别人聊天时你常打断别人讲话(Xiao.ji5);你常在学习过程中有应付的态度(Xiao.ji6);你常借同学的作业本,然后抄同学的作业(Xiao.ji7);紧张或生气时你常乱扔东西(Xiao.ji8);你常乱放书本和学习工具,需要时常常找不到(Xiao.ji9);你常与别人吵架(Xiao.ji10),观测后的结果如表 3-11 所示。

表 3-11 消极行为观测结果分析

观测变量	样本	均值 ± 标准差	从来不	很少	偶尔	经常	总是
Xiao.ji1	272	1.35 ± 0.67	199(73.1)	54(19.9)	15(5.5)	3(1.1)	1(0.4)
Xiao.ji2	272	1.26 ± 0.59	217(79.8)	43(15.8)	10(3.7)	0(0.0)	2(0.7)
Xiao.ji3	272	1.75 ± 0.97	143(52.6)	74(27.2)	39(14.3)	10(3.7)	6(2.2)
Xiao.ji4	272	1.17 ± 0.51	238(87.5)	23(8.4)	10(3.7)	0(0.0)	1(0.4)
Xiao.ji5	272	1.58 ± 0.69	143(52.6)	101(37.1)	26(9.6)	2(0.7)	0(0.0)
Xiao.ji6	272	1.68 ± 0.79	138(50.7)	86(31.6)	44(16.2)	4(1.5)	0(0.0)
Xiao.ji7	272	1.98 ± 0.84	89(32.7)	108(39.7)	67(24.6)	7(2.6)	1(0.4)
Xiao.ji8	272	1.61 ± 0.91	167(61.4)	60(22.0)	32(11.8)	10(3.7)	3(1.1)
Xiao.ji9	272	2.22 ± 1.14	94(34.5)	71(26.1)	72(26.5)	23(8.5)	12(4.4)
Xiao.ji10	272	1.80 ± 0.83	115(42.3)	104(38.3)	46(16.9)	5(1.8)	2(0.7)

注:选答人数(%)。

另外,我们对这十个观测变量进行了可靠性分析,分析后得出潜变量的 Cronbach's Alpha 信度指数为 0.831,而且全部观测变量的校正总计相关性值都大于 0.3(见表 3-12),所以不用删除任何观测变量,说明这个变量的信度比较高。

表 3-12 学生消极行为信度分析结果

观测变量	项已删除的刻度均值	项已删除的刻度方差锭	校正的项总计相关性	项已删除的 Cronbach's Alpha 值
Xiao.ji1	15.077	22.684	.529	.816
Xiao.ji2	15.173	24.062	.359	.829

续表

观测变量	项已删除的刻度均值	项已删除的刻度方差铉	校正的项总计相关性	项已删除的Cronbach's Alpha 值
Xiao.ji3	14.676	20.094	.622	.805
Xiao.ji4	15.261	23.773	.498	.821
Xiao.ji5	14.849	21.900	.639	.807
Xiao.ji6	14.750	21.613	.579	.810
Xiao.ji7	14.452	21.053	.614	.806
Xiao.ji8	14.824	21.865	.449	.824
Xiao.ji9	14.213	20.294	.479	.827
Xiao.ji10	14.629	21.496	.559	.812

注：10 个观测变量的 Cronbach's Alpha 值为 0.831。

我们从调查结果中发现：常挑战、嘲笑别人的学生 4 名（1.5%），常质疑老师的水平、挑战老师的权威的学生 2 名（0.7%），常对别人说脏话的学生 16 名（5.9%），常与他人发生肢体冲突的学生 1 名（0.4%），与别人聊天时常打断别人讲话的学生 2 名（0.7%），常在学习过程中有应付的态度的学生 4 名（1.5%），常借同学的作业本，然后抄同学的作业的学生 8 名（3.0%），紧张或生气时常乱扔东西的学生 13 名（4.8%），常乱放书本和学习工具，需要时常常找不到的学生 35 名（12.9%），常与别人吵架的学生 7 名（2.5%）。具体参见图 3-8。

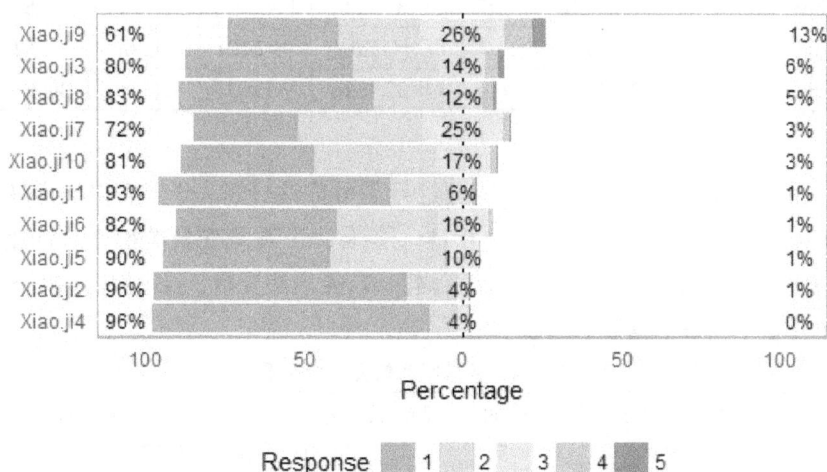

图 3-8 消极行为量表调查结果分析

调查结果表明：越南汉语专业极少数学生有消极行为，如：嘲笑别人、讲脏话、吵架等。

九、学生的积极行为

积极行为是指学生的良好习惯。我们用 10 个观测变量来测量"积极行为"潜变量，具体观测变量如下：你常专心学习，不受其他因素影响（Ji.ji1）；为了按时完成任务，你常忘记吃饭和睡觉（Ji.ji2）；除了完成老师布置的作业外，你还常做其他作业（Ji.ji3）；听老师讲课时，你常对主要内容做笔记（Ji.ji4）；学习时，有人叫你去玩，你会拒绝（Ji.ji5）；复习时，你常把内容列成大纲，以便记忆（Ji.ji6）；看书时，你常对重要的内容做标注（Ji.ji7）；你常与同学争论（Ji.ji8）；你常与老师争论（Ji.ji9）；看书时，你常先阅读重要的内容（Ji.ji10）；观测后的结果如表 3-13 所示。

表 3-13　积极行为观测结果分析

观测变量	样本	均值 ± 标准差	从来不	很少	偶尔	经常	总是
Ji.ji1	272	3.02 ± 0.82	10(3.6)	52(19.1)	137(50.4)	66(24.3)	7(2.6)
Ji.ji2	272	2.66 ± 0.91	31(11.4)	76(27.9)	123(45.2)	37(13.6)	5(1.9)
Ji.ji3	272	2.74 ± 0.90	27(9.9)	67(24.7)	132(48.5)	40(14.7)	6(2.2)
Ji.ji4	272	3.32 ± 0.94	14(5.1)	30(11.0)	100(36.8)	109(40.1)	19(7.0)
Ji.ji5	272	3.34 ± 0.92	8(2.9)	35(12.9)	111(40.8)	92(33.8)	26(9.6)
Ji.ji6	272	3.54 ± 0.98	10(3.7)	26(9.6)	86(31.6)	107(39.3)	43(15.8)
Ji.ji7	272	3.61 ± 1.03	12(4.4)	28(10.3)	61(22.4)	122(44.9)	49(18.0)
Ji.ji8	272	3.27 ± 0.86	6(2.2)	34(12.5)	134(49.2)	75(27.6)	23(8.5)
Ji.ji9	272	2.27 ± 0.88	53(19.5)	111(40.8)	95(34.9)	7(2.6)	6(2.2)
Ji.ji10	272	3.33 ± 1.01	14(5.1)	37(13.6)	96(35.3)	95(34.9)	30(11.0)

注：选答人数（%）

另外，我们对这 10 个观测变量进行了可靠性分析，分析后得出潜变量的 Cronbach's Alpha 信度指数为 0.755，但有一个观测变量的校正总计相关性值小于 0.3（见表 3-14），所以需要删除 Ji.ji4 观测变量，删除后的信度值是 0.760，这个变量的信度可以接受。

表 3-14　积极行为信度分析结果

观测变量	项已删除的刻度均值	项已删除的刻度方差铱	校正的项总计相关性	项已删除的 Cronbach's Alpha 值
Ji.ji1	28.118	22.724	.466	.729
Ji.ji2	28.482	22.745	.402	.737

续表

观测变量	项已删除的刻度均值	项已删除的刻度方差铱	校正的项总计相关性	项已删除的Cronbach's Alpha 值
Ji.ji3	28.401	22.426	.449	.730
Ji.ji4	27.820	24.060	.230	.760
Ji.ji5	27.805	21.803	.513	.721
Ji.ji6	27.607	21.642	.485	.724
Ji.ji7	27.529	20.855	.546	.714
Ji.ji8	27.871	23.434	.345	.744
Ji.ji9	28.875	23.364	.346	.744
Ji.ji10	27.816	22.320	.390	.739

注：10 个观测变量的 Cronbach's Alpha 值为 0.755。

表 3-15　学生积极行为信度分析结果（删除后）

观测变量	项已删除的刻度均值	项已删除的刻度方差铱	校正的项总计相关性	项已删除的Cronbach's Alpha 值
Ji.ji1	24.790	19.797	.485	.732
Ji.ji2	25.154	19.961	.399	.744
Ji.ji3	25.074	19.589	.457	.736
Ji.ji5	24.478	19.047	.516	.726
Ji.ji6	24.279	18.881	.488	.730
Ji.ji7	24.202	18.110	.554	.718
Ji.ji8	24.544	20.707	.329	.754
Ji.ji9	25.548	20.581	.339	.753
Ji.ji10	24.489	19.542	.390	.747

注：9 个观测变量的 Cronbach's Alpha 值为 0.760。

我们从调查结果中发现：常专心学习，不受其他因素影响的学生 73 名（26.9%）；为了按时完成任务，常忘记吃饭和睡觉的学生 42 名（15.4%）；除了完成老师布置的作业外，还常做其他作业的学生 46 名（16.9%）；听老师讲课时，常对主要内容做笔记的学生 128 名（47.1%）；学习时，会拒绝同伴玩耍的邀请的学生 118 名（43.4%）；复习时，常把内容列成大纲，方便记忆的学生 150 名（55.1%）；看书时，常对重要的内容做标注的学生 171 名（62.9%）；常与同学讨论的学生 98 名（36.1%）；常与老师讨论的学生 13 名（4.8%）；看书时，常常先阅读重要内容的学生 125 名（45.9%）；具体参见图 3-9。

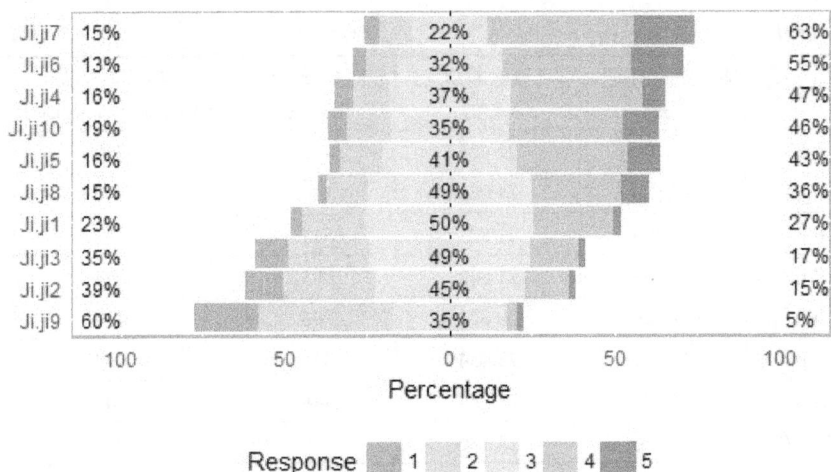

图 3-9　积极行为量表调查结果分析

调查结果表明：大多数的越南汉语本科生有良好表现，如：专心学习，不被其他因素影响；学习时，会拒绝同伴玩耍的邀请；看书时常先阅读重要的内容等。

十、学生的考试前行为

考试前行为是指学生在考试之前的一些表现。我们用 4 个观测变量来测量"考试前行为"潜变量，具体观测变量如下：快要考试时，你才集中精神复习（KS.qian1）；每门课考试前你都能制订好复习计划（KS.qian2）；考试前你常不复习，不太在乎考试结果（KS.qian3）；考试的前一晚你常会紧张到睡不着（KS.qian4）；观测后的结果如表 3-16 所示。

表 3-16　考试前行为变量观测结果分析

观测变量	样本	均值 ± 标准差	从来不	很少	偶尔	经常	总是
KS.qian1	272	3.07 ± 1.10	32(11.7)	43(15.8)	90(33.1)	88(32.4)	19(7.0)
KS.qian2	272	2.79 ± 1.07	34(12.5)	75(27.5)	90(33.1)	60(22.1)	13(4.8)
KS.qian3	272	1.53 ± 0.79	171(62.9)	64(23.5)	31(11.4)	5(1.8)	1(0.4)
KS.qian4	272	3.11 ± 1.21	31(11.4)	56(20.6)	73(26.8)	74(27.2)	38(14.0)

注：选答人数（%）

我们从调查结果中发现：快到考试时，才集中精神复习的学生有 107 名（39.4%）；每门课考试前都能制订好复习计划的学生 73 名（26.9%）；考试前常不复习，不太在乎考试结果的学生 6 名（2.2%）；考试的前一晚常常紧张到睡不着的学生 112 名（41.2%）；具体参见图 3-10。

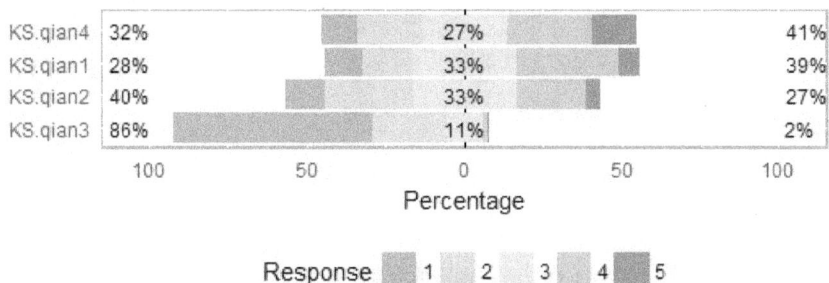

图 3-10　考试前行为量表调查结果分析

调查结果表明：越南汉语专业大部分学生快要考试时才集中精神复习，而且考试前一晚常会紧张到睡不着。

十一、学生的考试中行为

考试中行为是指学生在考试过程中的一些表现。我们用 4 个观测变量来测量"考试中行为"潜变量，具体观测变量如下：考试时你常独立完成试题（KS.zhong1）；考试时你常抄同学的答案（KS.zhong2）；考试时你常偷看材料（KS.zhong3）；考试时你常与同学讨论（KS.zhong4）；考试时你常浏览过全部试题后才做题（KS.zhong5），观测后的结果如表 3-17 所示。

表 3-17　考试中行为观测结果分析

观测变量	样本	均值 ± 标准差	从来不	很少	偶尔	经常	总是
KS.zhong1	272	4.07 ± 0.80	3(1.1)	9(3.3)	34(12.5)	146(53.7)	80(29.4)
KS.zhong2	272	1.73 ± 0.81	124(45.6)	104(38.3)	39(14.3)	2(0.7)	3(1.1)
KS.zhong3	272	1.52 ± 0.80	165(60.6)	81(29.8)	20(7.4)	1(0.4)	5(1.8)
KS.zhong4	272	2.10 ± 0.89	73(26.8)	116(42.7)	67(24.6)	13(4.8)	3(1.1)
KS.zhong5	272	4.16 ± 0.87	4(1.5)	8(2.9)	38(14.0)	111(40.8)	111(40.8)

注：选答人数（%）

我们从调查结果中发现：考试时常独立完成试题的学生 226 名（83.1%），考试时常抄同学答案的学生 5 名（1.8%），考试时常偷看材料的学生 6 名（2.2%），考试时常与同学讨论的学生 16 名（5.9%），考试时常浏览过全部试题后才做题的学生 222 名（81.6%）；具体参见图 3-11。

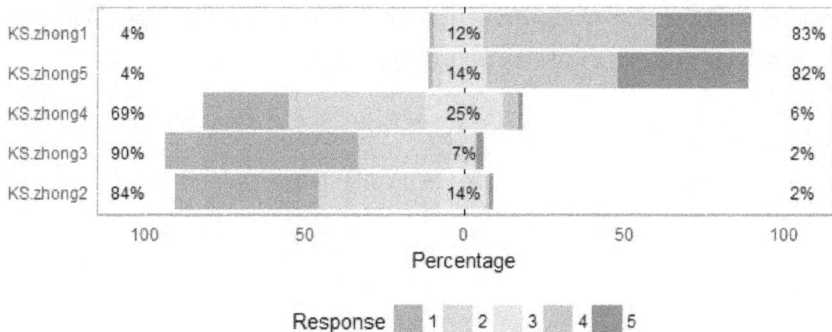

图 3-11　考试中行为量表调查结果分析

调查结果表明：在考试过程中，大部分越南汉语本科生能够独立完成试题，做题时会先浏览一遍试题，很少有学生在考试中作弊。

十二、学生的考试后行为

考试后行为是指学生在考试后的表现。我们用 4 个观测变量来测量"考试后行为"潜变量，具体观测变量如下：考试结束后你常与同学比较答案（KS.hou1）；考试结束后你常分析答错题的原因（KS.hou2）；考试结束后你很紧张，怕自己的成绩没有别的同学高（KS.hou3）；考试结束后如果成绩较低，你会报名重考（KS.hou4），调查结果如表 3-18 所示。

表 3-18　考试后行为观测结果分析

观测变量	样本	均值 ± 标准差	从来不	很少	偶尔	经常	总是
KS.hou1	272	3.61 ± 1.18	21(7.7)	27(9.9)	56(20.6)	4(36.4)	69(25.4)
KS.hou2	272	3.26 ± 1.12	21(7.7)	46(16.9)	81(29.8)	87(32.0)	37(13.6)
KS.hou3	272	3.53 ± 1.16	16(5.9)	37(13.6)	70(25.7)	83(30.5)	66(24.3)
KS.hou4	272	2.72 ± 1.15	50(18.4)	63(23.1)	85(31.3)	59(21.7)	15(5.5)

注：选答人数（%）

另外，我们对这 4 个观测变量进行了可靠性分析，分析后得出潜变量的 Cronbach's Alpha 信度指数为 0.679，而且全部观测变量的校正总计相关性值均大于 0.3（见表 3-19），所以不用删除任何观测变量，说明这个变量的信度可以接受。

表 3-19　考试后行为变量信度分析结果

观测变量	项已删除的刻度均值	项已删除的刻度方差铉	校正的项总计相关性	项已删除的 Cronbach's Alpha 值
KS.hou1	9.533	6.744	.458	.616

续表

观测变量	项已删除的刻度均值	项已删除的刻度方差铵	校正的项总计相关性	项已删除的Cronbach's Alpha 值
KS.hou2	9.882	6.481	.561	.549
KS.hou3	9.614	6.983	.426	.636
KS.hou4	10.423	7.131	.407	.648

注：4 个观测变量的 Cronbach's Alpha 值为 0.679。

我们从调查结果中发现：考试后常与同学比较答案的学生 73 名（61.8%）；考试后常分析答错题的原因的学生有 124 名（45.6%）；考试结束后很紧张，怕自己的成绩没有别同学的高的学生 149 名（54.8%）；考试结束后如果成绩较低，会报名重考的学生 74 名（27.2%）。具体参见图 3-12。

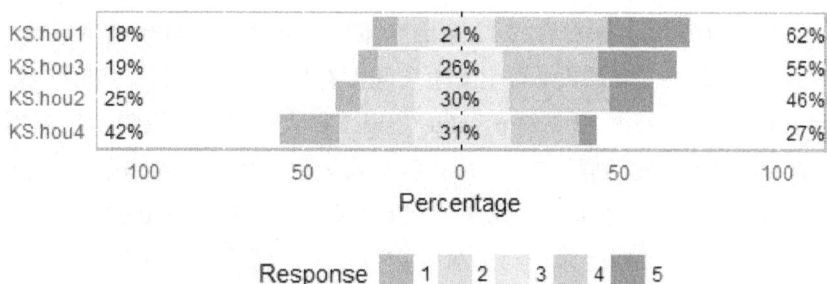

图 3-12　考试后行为量表调查结果

调查结果表明：考试结束后，大部分越南汉语本科生都会互相核对答案，分析答错题的原因，并且会很紧张，怕自己的考试成绩没有别人高，少部分学生会因为成绩低就报名重考，在越南本科生如果考试成绩低可以报名重考，叫作"改善考试"，可以给学生一个获得高分的机会。

第二节　学生学习行为的比较分析

一、独立样本 T 检验分析

学生性别、学生户口、学生有无学过汉语、学生有无中国教师教学。

（一）学生性别

本研究的样本一共有 272 名学生，其中男生 25 名（9.2%）、女生 247 名（90.8%），假设男生和女生在 12 个因变量中没有显著性差异，假设检验分析后的结果如表 3-20 所示。

表 3-20　学生学习行为的性别独立样本检验

| 变量 | 假设方差 | 方差方程的 Levene 检验 | | 均值方程的 t 检验 | | | | | 差分的 95% 置信区间 | |
		F	Sig.	t	df	Sig.（双侧）	均值差值	标准误差值	下限	上限
课外行为	假设方差相等	.344	.558	2.455	270	.015	.26947	.10974	.05341	.48554
	假设方差不相等	—	—	2.859	31.506	.007	.26947	.09426	.07735	.46160
考试后行为	假设方差相等	.101	.751	-2.024	270	.044	-.34984	.17286	-.69016	-.00952
	假设方差不相等	—	—	-1.874	28.176	.071	-.34984	.18667	-.73211	.03244

　　从表 3-20 来看，分析后的 12 个因变量中仅有 2 个变量拒绝零假设，其他 10 个因变量接受零假设（男生女生之间没有显著差异的）。由于因变量在方差方程的 Levene 检验中的 p-value（Sig.）都大于 0.15，说明两组数据方差齐性，即方差齐性的假设成立，所以我们需要看 t 检验结果中的第一行（假设方差相等）。具体是课外行为变量在 t 检验中 t=2.455，p=0.015（<0.05），说明男生女生的课外行为是有显著性差异的；考试后行为变量在 t 检验中 t=-2.024，p=0.044(<0.05)，说明男生女生的考试后行为是有显著性差异的。

　　（二）学生户口类型

　　本研究的样本一共有 272 名学生，其中农村户口 192 个（70.6%）、城市户口 80 个（29.4%），假设农村户口和城市户口在 12 个因变量中没有显著性差异，假设检验分析后结果如表 3-21 所示。

表 3-21　学生学习行为的学生户口独立样本检验

| 变量 | 假设方差 | 方差方程的 Levene 检验 | | 均值方程的 t 检验 | | | | | 差分的 95% 置信区间 | |
		F	Sig.	t	df	Sig.（双侧）	均值差值	标准误差值	下限	上限
课外行为	假设方差相等	.344	.558	2.455	270	.015	.26947	.10974	.05341	.48554
	假设方差不相等	—	—	2.859	31.506	.007	.26947	.09426	.07735	.46160
考试后行为	假设方差相等	.101	.751	-2.024	270	.044	-.34984	.17286	-.69016	-.00952
	假设方差不相等	—	—	-1.874	28.176	.071	-.34984	.18667	-.73211	.03244

续表

变量	假设方差	方差方程的 Levene 检验		均值方程的 t 检验						
		F	Sig.	t	df	Sig.（双侧）	均值差值	标准误差值	差分的95%置信区间	
									下限	上限
学习汉语行为	假设方差相等	.10	.749	3.25	270	.001	.314	.096	.124	.505
	假设方差不相等	—	—	3.24	147.02	.001	.314	.097	.122	.506
消极行为	假设方差相等	.12	.727	-3.98	270	.000	-.266	.066	-.397	-.134
	假设方差不相等	—	—	-3.90	141.13	.000	-.266	.068	-.400	-.131
积极行为	假设方差相等	1.42	.234	2.87	270	.004	.196	.068	.061	.330
	假设方差不相等	—	—	2.79	139.43	.006	.196	.070	.057	.335

从表 3-21 来看，分析后的 12 个因变量仅有 5 个变量拒绝零假设，其他 7 个因变量接受零假设（农村户口和城市户口之间没有显著差异的）。由于 4 个因变量在方差方程的 Levene 检验中的 p 值都大于 0.05，说明两组数据方差齐性，即方差齐性的假设成立，所以我们需要看 t 检验结果中的第一行（假设方差相等），只有 1 个因变量（考试后行为）在 Levene 检验中 p 值小于 0.05，所以需要看 t 检验结果中的第二行（假设方差不相等）。具体是课外行为变量在 t 检验中 t=2.455，p=0.015（<0.05），说明农村户口学生和城市户口学生的课外行为是有显著性差异的；考试后行为变量在 t 检验中 t=-1.874，p=0.071（<0.05），说明农村户口学生和城市户口学生的考试后行为是有显著性差异的；学习汉语行为变量在 t 检验中 t=3.25，p=0.001(<0.05)，说明农村户口学生和城市户口学生的学习汉语行为是有显著性差异的；消极行为变量在 t 检验中 t=-3.98，p=0.000(<0.05)，说明农村户口学生和城市户口学生的消极行为是有显著性差异的；积极行为变量在 t 检验中 t=2.87，p=0.004(<0.05)，说明农村户口学生和城市户口学生的积极行为是有显著性差异的。

（三）学生有无学过汉语

本研究的样本一共有 272 名学生，其中学过汉语的 44 个（16.2%）、没有学过汉语的学生 228 个（83.8%），假设学生学过汉语和学生没学过汉语在 12 个因变量中没有显著性差异，假设检验分析后结果如表 3-22 所示。

表 3-22　学生有无学过汉语的独立样本检验

变量	假设方差	方差方程的 Levene 检验		均值方程的 t 检验						
		F	Sig.	t	df	Sig.（双侧）	均值差值	标准误差值	差分的95%置信区间	
									下限	上限
学习参与行为	假设方差相等	.074	.786	-2.188	270	.030	-.200	.09173	-.38132	-.02012
	假设方差不相等	—		-2.206	61.22	.031	-.200	.09099	-.38265	-.01879
课间休息行为	假设方差相等	.019	.892	-2.270	270	.024	-.181	.07994	-.33880	-.02404
	假设方差不相等	—	—	-2.312	61.83	.024	-.181	.07846	-.33827	-.02457
饮食行为	假设方差相等	.007	.933	2.555	270	.011	.221	.08662	.05076	.39182
	假设方差不相等			2.469	58.96	.016	.221	.08964	.04192	.40067
消极行为	假设方差相等	4.866	.028	5.111	270	.000	.414	.08112	.25489	.57430
	假设方差不相等	—	—	4.397	54.11	.000	.4145	.09430	.22554	.60364

从表 3-22 来看，分析后的 12 个因变量仅有 4 个变量拒绝零假设，其他 8 个因变量接受零假设（学过汉语的学生和没学过汉语的学生之间没有显著差异的）。由于 3 个因变量在方差方程的 Levene 检验中的 p 值都大于 0.05，说明两组数据方差齐性，即方差齐性的假设成立，所以我们需要看 t 检验结果中的第一行（假设方差相等）；另 1 个变量（消极行为）p 值小于 0.05，即方差不相等，所以在 t 检验结果中要看第二行。具体是学习参与行为变量在 t 检验中 t=-2.188，p=0.030(<0.05)，说明学过汉语的学生和没学过汉语的学生的学习参与是有显著性差异的；课间休息行为变量在 t 检验中 t=-2.270，p=0.024(<0.05)，说明学过汉语的学生和没学过汉语的学生的课间休息是有显著性差异的；饮食行为变量在 t 检验中 t=2.555，p=0.011（<0.05），说明学过汉语的学生和没学过汉语的学生的饮食行为是有显著性差异的；消极行为变量在 t 检验中 t=4.397，p=0.011(<0.05)，说明学过汉语的学生和没学过汉语的学生的消极行为是有显著性差异的。

（四）学生有无中国教师教学

本研究的样本一共有 272 名学生，未答此题的学生（缺值）有 20 个（7.4%），接受过中国教师汉语教学的学生有 233 名（85.7%）、没有接受过中国教师汉语教学的学生有 19 名（6.9%）。假设有无中国教师教学在 12 个因变量中没有显著性差异，假设检验分析后结果如表 3-23 所示。

表 3-23　学生有无中国教师教学的独立样本检验

变量	假设方差	方差方程的Levene 检验		均值方程的 t 检验					差分的 95%置信区间	
		F	Sig.	t	df	Sig.（双侧）	均值差值	标准误差值	下限	上限
学习汉语行为	假设方差相等	3.47	.064	2.75	250	.006	.477	.173	.135	.819
	假设方差不相等	—	—	3.715	24.42	.001	.477	.128	.212	.742

从表 3-23 来看，分析后的 12 个因变量中仅有 1 个变量拒绝零假设，其他 11 个因变量接受零假设（接受过中国教师汉语教学的学生和没有接受过中国教师汉语教学的学生之间没有显著差异的）。由于学习汉语行为变量（同学）在方差方程的 Levene 检验中的 p 值大于 0.05，说明两组数据方差齐性，即方差齐性的假设成立，所以我们需要看 t 检验结果中的第一行（假设方差相等）。具体是学习汉语行为变量在 t 检验中 $t=2.75$，$p=0.006(<0.05)$，说明有无中国教师教学的学习汉语行为是有显著性差异的。

二、单因素方差分析

学生的专业、年级、自习时间、兼职时间、兄弟姐妹、年龄、睡眠时间、简体繁体、总分、听力分数、口语分数、阅读分数、写作分数。

（一）学生专业

本研究的样本一共有 272 名学生，其中缺失值 4 个（1.5%），具体的专业分布如下：汉语语言 236 个（86.8%）、汉语师范 4 个（1.5%），汉语翻译 20 个（7.2%）、商务汉语 8 个（3.0%）等四个专业。假设汉语语言、汉语师范、汉语翻译、商务汉语在 12 个因变量中没有显著性差异，假设检验分析后结果都接受零假设。

（二）学生年级

本研究的样本一共有 272 名学生，分为一年级 146 个（53.7%）、二年级 64 个（23.5%），三年级 44 个（16.2%）、四年级 18 个（6.6%）。假设一年级、二年级、三年级、四年级在 12 个因变量中没有显著性差异，假设检验分析后结果如表 3-24 所示。

表 3-24 学生年级的单因素方差分析

潜变量	组类型	平方和	df	均方	F	显著性
课外行为	组间	3.79	3	1.26	4.72	.00
学习汉语行为	组间	9.27	3	3.09	5.94	.00
饮食行为	组间	2.64	3	.88	3.20	.02

从表 3-24 来看，分析后的 12 个因变量中有 3 个变量拒绝零假设，其他 9 个因变量接受零假设。另外这 3 个因变量的 p 值均小于 0.05，说明每个变量中至少有两个组之间是存在显著性差异的，但每个组之间的具体差异要看表 3-25。

表 3-25 学生年级的多重比较 LSD（事后测试）

因变量	(I) 年级	(J) 年级	均值差(I-J)	标准误	显著性	95% 置信区间 下限	上限
课外行为	一年级	三年级	-.27135*	.08894	.003	-.4465	-.0962
		四年级	-.33159*	.12920	.011	-.5860	-.0772
	二年级	三年级	-.23316*	.10128	.022	-.4326	-.0337
		四年级	-.29340*	.13798	.034	-.5651	-.0217
学习汉语行为	一年级	二年级	-.24272*	.10814	.026	-.4556	-.0298
		三年级	-.43306*	.12406	.001	-.6773	-.1888
		四年级	-.47768*	.18020	.009	-.8325	-.1229
饮食行为	四年级	一年级	.31096*	.13116	.018	.0527	.5692
		二年级	.41562*	.14007	.003	.1398	.6914

* 均值差的显著性水平为 0.05。

从表 3-25 来看，在课外行为变量中，一年级与三年级、四年级之间，二年级与三年级、四年级之间均有显著性差异（p<0.05）；学习汉语行为变量中一年级与二年级、三年级、四年级之间有显著性差异；饮食行为变量中四年级与一年级、二年级之间有显著性差异。

（三）学生自习时间

本研究的样本一共有 272 名学生，自习时间分为 2 小时以内 86 个（31.6%）、2～4 小时 152 个（55.9%），4～6 小时 34 个（12.5%）、6 小时以上 0 个（0.0%）。假设 2 小时以内、2～4 小时、4～6 小时、6 小时以上的自习时间在 12 个因变量中没有显著性差异,假设检验分析后结果如表 3-26 所示。

表 3-26 学生自习时间的单因素方差分析

潜变量	组类型	平方和	df	均方	F	显著性
学习汉语行为	组间	5.123	2	2.561	4.798	.009
睡觉行为	组间	4.589	2	2.295	9.112	.000
消极行为	组间	2.849	2	1.424	5.552	.004
积极行为	组间	5.112	2	2.556	10.068	.000

从表 3-26 来看,分析后的 12 个因变量中有 4 个变量拒绝零假设,其他 8 个因变量接受零假设。拒绝零假设的这 4 个因变量中的 p 值均小于 0.05,说明每个变量中至少有两个组之间是存在显著性差异的,但每个组之间的具体差异要看表 3-27。

表 3-27 学生自习时间的多重比较 LSD(事后测试)

因变量	(I) Zixi.shj	(J) Zixi.shj	均值差 (I-J)	标准误	显著性	95% 置信区间	
						下限	上限
学习汉语行为	<2 小时	2～4 小时	-.35794*	.10161	.001	-.5580	-.1579
		4～6 小时	-.35465*	.15256	.021	-.6550	-.0543
睡觉行为	<2 小时	2～4 小时	-.26387*	.06771	.000	-.3972	-.1306
		4～6 小时	-.32889*	.10166	.001	-.5290	-.1287
消极行为	<2 小时	2～4 小时	.18124*	.06835	.008	.0467	.3158
		4～6 小时	.30315*	.10261	.003	.1011	.5052
积极行为	<2 小时	2～4 小时	-.20035*	.06799	.003	-.3342	-.0665
		4～6 小时	-.44056*	.10207	.000	-.6415	-.2396
	2～4 小时	4～6 小时	-.24021*	.09559	.013	-.4284	-.0520

* 均值差的显著性水平为 0.05。

从表 3-27 来看,在学习汉语行为、睡觉行为、消极行为变量中,2 小时内与 2～4 小时、4～6 小时上之间均有显著性差异(p<0.05);在积极行为变量中,2 小时内与 2～4 小时、4～6 小时之间,2～4 小时与 4～6 小时之间均有显著性差异。

(四)学生兼职时间

本研究的样本一共有 272 名学生,其中缺值 3 个(1.1%),兼职时间分为不做 179 个（66.5%）、5 小时内 39 个（14.5%）、5 ～ 10 小时 26 个（9.7%）、10 ～ 15 小时 5 个（1.9%）、15 小时以上 20 个（7.4%）。假设不做、5 小时内、5 ～ 10 小时、10 ～ 15 小时、15 小时以上在 12 个因变量中没有显著性差异，假设检验分析后结果如表 3-28 所示。

表 3-28　学生兼职时间的单因素方差分析

潜变量	组类型	平方和	df	均方	F	显著性
课外行为	组间	6.222	4	1.556	5.966	.000
饮食行为	组间	3.750	4	.937	3.452	.009

从表 3-28 来看，分析后的 12 个因变量中有 2 个变量拒绝零假设，其他 10 个因变量接受零假设；拒绝零假设的 2 个变量中的 p 值均小于 0.05，说明这个变量中至少有两个组之间是存在显著性差异的，但每个组之间的具体差异要看表 3-29。

表 3-29　学生兼职时间的多重比较 LSD（事后测试）

因变量	(I) 兼职时间	(J) 兼职时间	均值差 (I-J)	标准误	显著性	95% 置信区间	
						下限	上限
课外行为	不做	< 5 小时	-.34498*	.09023	.000	-.5226	-.1673
		5 ～ 10 小时	-.27721*	.10716	.010	-.4882	-.0662
		> 15 小时	-.35084*	.12038	.004	-.5879	-.1138
饮食行为	不做	10 ～ 15 小时	-.53475*	.23628	.024	-1.0000	-.0695
		> 15 小时	-.37475*	.12286	.003	-.6167	-.1328
	< 5 小时	> 15 小时	-.32000*	.14332	.026	-.6022	-.0378

* 均值差的显著性水平为 0.05。

从表 3-29 来看，在课外行为变量中，不做与 5 小时内、5 ～ 10 小时、>15 小时之间均有显著性差异（p<0.05）；在饮食行为变量中，不做与 10 ～ 15 小时、>15 小时之间，<5 小时与 >15 小时之间均有显著性差异。

（五）学生兄弟姐妹

本研究的样本一共有 272 名学生，其中缺值 2 个（0.7%），兄弟姐妹分为无兄弟姐妹的 12 名（4.4%）、有两个兄弟姐妹的 142 名（52.2%）、有三个兄弟姐妹的 65 名（23.9%）、有 4 个以上兄弟姐妹的 51 名（18.8%）。假设无兄弟姐妹、有两个、三个、四个以上兄弟姐妹在 12 个因变量中没有显著性差异，假设检验分析后结果如表 3-30 所示。

表 3-30 学生兄弟姐妹的单因素方差分析

潜变量	组类型	平方和	df	均方	F	显著性
学习参与行为	组间	2.669	3	.890	2.919	.035
考试前行为	组间	2.070	3	.690	2.791	.041
考试后行为	组间	9.747	3	3.249	4.983	.002
学习汉语行为	组间	4.772	3	1.591	2.974	.032
消极行为	组间	3.680	3	1.227	4.808	.003
积极行为	组间	3.681	3	1.227	4.702	.003

从表 3-30 来看，分析后的 12 个因变量中有 6 个变量拒绝零假设，其他 6 个因变量接受零假设；拒绝零假设的 6 个变量的 p 值均小于 0.05，说明这个变量中至少有两个组之间是存在显著性差异的，但每个组之间的具体差异要看表 3-31。

表 3-31 学生兄弟姐妹的多重比较 LSD（事后测试）

因变量	(I) 兄弟姐妹	(J) 兄弟姐妹	均值差 (I-J)	标准误	显著性	95% 置信区间 下限	上限
学习参与行为	两个	三个	-.20165*	.08268	.015	-.3644	-.0389
		四个	-.18608*	.09013	.040	-.3635	-.0086
考试前行为	两个	三个	-.16947*	.07445	.024	-.3161	-.0229
		四个	-.17015*	.08116	.037	-.3300	-.0104
考试后行为	两个	三个	-.31059*	.12092	.011	-.5487	-.0725
		四个	-.45267*	.13181	.001	-.7122	-.1931
学习汉语行为	两个	四个	-.31200*	.11939	.009	-.5471	-.0769
消极行为	两个	三个	.21021*	.07564	.006	.0613	.3591
		四个	.24924*	.08246	.003	.0869	.4116
积极行为	无	三个	-.23642*	.07650	.002	-.3871	-.0858
		四个	-.24167*	.08340	.004	-.4059	-.0775

* 均值差的显著性水平为 0.05。

从表 3-31 来看，在学习参与行为、考试前行为、考试后行为、消极行为变量中，两个与三个、四个之间均有显著性差异（p<0.05）；在学习汉语行为变量中，两个与四个之间有显著性差异；在积极行为变量中，无与三个、四个之间均有显著性差异。

（六）学生年龄

本研究的样本一共有 272 名学生，其中缺值 3 个（1.1%），年龄分为 18

岁的 89 名（32.7%）、19 岁的 71 名（26.1%）、20 岁的 57 名（21%）、21 岁的 32 名（11.6%）、22 岁的 15 名（5.6%）、23 岁的 5 名（1.9%），假设不同年龄在 12 个因变量中没有显著性差异，假设检验分析后结果如表 3-32 所示。

表 3-32　学生年龄的单因素方差分析

潜变量	组类型	平方和	df	均方	F	显著性
课外行为	组间	4.514	5	.903	3.393	.005
考试前行为	组间	3.573	5	.715	2.914	.014
学习汉语行为	组间	9.850	5	1.970	3.777	.003
饮食行为	组间	3.322	5	.664	2.406	.037

从表 3-32 来看，分析后的 12 个因变量中有 2 个变量拒绝零假设，其他 10 个因变量接受零假设；拒绝零假设的 2 个变量的 p 值均小于 0.05，说明这个变量中至少有两个组之间是存在显著性差异的，但每个组之间的具体差异需要看表 3-33。

表 3-33　学生年龄的多重比较 LSD（事后测试）

因变量	(I) 年龄	(J) 年龄	均值差 (I-J)	标准误	显著性	95% 置信区间 下限	95% 置信区间 上限
课外行为	18.0	21.0	-.32855*	.10633	.002	-.5379	-.1192
	18.0	22.0	-.44462*	.14399	.002	-.7281	-.1611
	19.0	21.0	-.23604*	.10984	.033	-.4523	-.0198
	19.0	22.0	-.35211*	.14660	.017	-.6408	-.0635
	20.0	21.0	-.23982*	.11395	.036	-.4642	-.0154
	20.0	22.0	-.35589*	.14970	.018	-.6507	-.0611
考试前行为	18.0	21.0	-.22972*	.10207	.025	-.4307	-.0287
	18.0	22.0	-.43858*	.13821	.002	-.7107	-.1664
	19.0	22.0	-.29061*	.14072	.040	-.5677	-.0135
	20.0	22.0	-.39649*	.14370	.006	-.6794	-.1135
学习汉语行为	18.0	21.0	-.47823*	.14887	.001	-.7713	-.1851
	18.0	22.0	-.61573*	.20158	.002	-1.0126	-.2188
	19.0	21.0	-.45217*	.15377	.004	-.7550	-.1494
	19.0	22.0	-.58967*	.20523	.004	-.9938	-.1856
	20.0	22.0	-.43392*	.20958	.039	-.8466	-.0212
饮食行为	22.0	18.0	.32180*	.14668	.029	.0330	.6106
	22.0	19.0	.47549*	.14934	.002	.1814	.7695
	22.0	20.0	.40211*	.15250	.009	.1018	.7024
	22.0	21.0	.35375*	.16445	.032	.0299	.6776

* 均值差的显著性水平为 0.05。

从表 3-33 来看，在课外行为变量中，18 岁与 21 岁、22 岁之间，19 岁与

21 岁、22 岁之间，20 岁与 21 岁、22 岁之间均有显著性差异（p<0.05）；在考试前行为变量中，18 岁与 21 岁、22 岁之间，19 岁与 22 岁之间，20 岁与 22 岁之间均有显著性差异；在学习汉语行为变量中，18 岁与 21 岁、22 岁之间，19 岁与 21 岁、22 岁之间，20 岁与 22 岁之间均有显著性差异；在饮食行为变量中，22 岁与 18 岁、19 岁、20 岁、21 岁之间均有显著性差异。

（七）学生睡眠时间

本研究的样本一共有 272 名学生，其中缺值 6 名（2.2%），睡觉时间在 7 个小时以下的 62 名（23.3%）、7～9 个小时的 173 名（65.0%）、9 个小时以上的 31 名（11.7%），假设以上三组睡觉时长在 12 个因变量中没有显著性差异，假设检验分析后结果如表 3-34 所示。

表 3-34　学生睡眠时间的单因素方差分析

潜变量	组类型	平方和	df	均方	F	显著性
课间休息行为	组间	2.518	2	1.259	5.366	.005
课外行为	组间	4.940	2	2.470	9.584	.000
考试后行为	组间	7.351	2	3.676	5.521	.004
学习汉语行为	组间	4.736	2	2.368	4.471	.012
消极行为	组间	1.660	2	.830	3.152	.044
积极行为	组间	4.982	2	2.491	9.683	.000

从表 3-34 来看，分析后的 12 个因变量中有 6 个变量拒绝零假设，其他 6 个因变量接受零假设；拒绝零假设的 6 个变量的 p 值均小于 0.05，说明这 6 个变量中至少有两个组之间是存在显著性差异的，但每个组之间的具体差异要看表 3-35。

表 3-35　学生睡眠时间的多重比较 LSD（事后测试）

因变量	(I) 睡眠时间	(J) 睡眠时间	均值差 (I-J)	标准误	显著性	95% 置信区间	
						下限	上限
课间休息行为	9 个小时以上	7 个小时以下	-.30645*	.10654	.004	-.5162	-.0967
		7～9 个小时	-.30198*	.09447	.002	-.4880	-.1160
课外行为	7 个小时以下	7～9 个小时	.27317*	.07514	.000	.1252	.4211
		9 个小时以上	.43779*	.11167	.000	.2179	.6577
考试后行为	9 个小时以上	7 个小时以下	-.56048*	.17949	.002	-.9139	-.2071
		7～9 个小时	-.49282*	.15914	.002	-.8062	-.1795
学习汉语行为	7 个小时以下	9 个小时以上	.47043*	.16009	.004	.1552	.7856
消极行为	9 个小时以上	7 个小时以下	.28065*	.11288	.014	.0584	.5029
		7～9 个小时	.21024*	.10009	.037	.0132	.4073
积极行为	7 个小时以下	7～9 个小时	.14842*	.07508	.049	.0006	.2962
		9 个小时以上	.49032*	.11157	.000	.2706	.7100
	7～9 个小时	9 个小时以上	.34190*	.09892	.001	.1471	.5367

* 均值差的显著性水平为 0.05。

从表 3-35 来看，在课间休息行为、考试后行为、消极行为变量中，9 个小时以上与 7 个小时以下、7～9 个小时之间均有显著性差异（p<0.05）；在课外行为变量中，7 个小时以下与 7～9 个小时、9 个小时以上之间的均有显著性差异；在学习汉语行为变量中，7 个小时以下与 9 个小时以上之间有显著性差异；在积极行为变量中，7 个小时以下与 7～9 个小时、9 个小时以上之间，7～9 个小时与 9 个小时以上的均有显著性差异。

（八）学生总分

本研究的样本一共有 272 名学生，其中分数分布如下：及格的 54 名（19.8%）、良好的 205 名（75.4%）、优秀的 13 名（4.8%）。假设及格、良好、优秀三个组在 12 个因变量中没有显著性差异，假设检验分析后结果如表 3-36 所示。

表 3-36 学生总分的单因素方差分析

潜变量	组类型	平方和	df	均方	F	显著性
考试前行为	组间	1.818	2	.909	3.579	0.029

从表 3-36 来看，分析后的 12 个因变量中有 1 个变量拒绝零假设（考试前行为），其他 11 个因变量接受零假设；拒绝零假设的考试前行为变量中的 p 值小于 0.05，说明这个变量中至少有两组之间是存在显著性差异的，但每个组之间的具体差异要看表 3-37。

表 3-37 学生总分的多重比较 LSD（事后测试）

因变量	(I) 总分	(J) 总分	均值差 (I-J)	标准误	显著性	95% 置信区间	
						下限	上限
考试前行为	及格	良好	.17071*	.07708	.028	.0190	.3225
		优秀	.35007*	.15568	.025	.0436	.6566

* 均值差的显著性水平为 0.05。

从表 3-37 来看，在考试前行为变量中，分数及格的学生与分数良好和优秀的学生之间均有显著性差异（p<0.05）。

（九）学生听力分数

本研究的样本一共有 272 名学生，其中听力分数分布如下：及格的 55 名（20.2%）、良好的 198 名（72.8%）、优秀的 19 名（7.0%）。假设及格、良好、优秀三个组在 12 个因变量中没有显著性差异，假设检验分析后结果如表 3-38 所示。

表 3-38 学生听力分数的单因素方差分析

潜变量	组类别	平方和	df	均方	F	显著性
考试前行为	组间	2.135	2	1.067	4.223	.016

从表 3-38 来看，分析后的 12 个因变量中有 1 个变量拒绝零假设，其他 11

个因变量接受零假设；拒绝零假设的 1 变量中的 p 值小于 0.05，说明这个变量中至少有两组之间是存在显著性差异的，但每个组之间的具体差异要看表 3-39。

表 3-39　学生听力分数的多重比较 LSD（事后测试）

因变量	(I) 听力分数	(J) 听力分数	均值差 (I-J)	标准误	显著性	95% 置信区间	
						下限	上限
考试前行为	及格	良好	.17121*	.07663	.026	.0203	.3221
		优秀	.35622*	.13378	.008	.0928	.6196

* 均值差的显著性水平为 0.05。

从表 3-39 来看，在考试前行为变量中，分数及格的学生与分数良好和优秀的学生之间均有显著性差异（p<0.05）。

（十）学生口语分数

本研究的样本一共有 272 名学生，其中口语分数分布如下：及格的 22 名（8.1%）、良好的 216 名（79.4%）、优秀 34 个（12.5%）。假设口语分数的及格、良好、优秀三个组在 12 个因变量中没有显著性差异，假设检验分析后结果如表 3-40 所示。

表 3-40　学生口语分数的单因素方差分析

潜变量	组类别	平方和	df	均方	F	显著性
课堂学习行为	组间	.845	2	.423	3.375	.036
课间休息行为	组间	2.240	2	1.120	4.811	.009
汉语学习行为	组间	4.687	2	2.343	4.377	.013
消极行为	组间	2.219	2	1.109	4.285	.015

从表 3-40 来看，分析后的 12 个因变量中有 4 个变量拒绝零假设，其他 8 个因变量接受零假设；拒绝零假设的 4 个变量中的 p 值均小于 0.05，说明这 4 个变量中至少有两组之间是存在显著性差异的，但每个组之间的具体差异要看表 3-41。

表 3-41　学生口语分数的多重比较 LSD（事后测试）

因变量	(I) 口语分数	(J) 口语分数	均值差 (I-J)	标准误	显著性	95% 置信区间	
						下限	上限
课堂学习行为	及格	良好	.18663*	.07920	.019	.0307	.3426
		优秀	.24034*	.09683	.014	.0497	.4310
课间休息行为	及格	良好	-.33428*	.10796	.002	-.5468	-.1217
		优秀	-.32019*	.13200	.016	-.5801	-.0603
汉语学习行为	及格	良好	.35318*	.16376	.032	.0308	.6756
		优秀	.59225*	.20022	.003	.1981	.9864
消极行为	良好	及格	-.23026*	.11388	.044	-.4545	-.0061
		优秀	-.21876*	.09388	.021	-.4036	-.0339

* 均值差的显著性水平为 0.05。

从表 3-41 来看，在课堂学习行为、课间休息行为、学习汉语行为变量中，及格与良好、优秀之间均有存在显著性差异（p<0.05）；在消极行为变量中，良好与及格、优秀之间均有显著性差异。

（十一）学生阅读分数

本研究的样本一共有 272 名学生，其中阅读分数分布如下：及格的 48 名（17.6%）、良好的 201 名（73.9%）、优秀的 23 名（8.5%）。假设阅读分数的及格、良好、优秀三个组在 12 个因变量中没有显著性差异，假设检验分析后结果如表 3-42 所示。

表 3-42　学生阅读分数的单因素方差分析

潜变量	组类别	平方和	df	均方	F	显著性
考试前行为	组间	1.771	2	0.885	3.485	0.032

从表 3-42 来看，分析后的 12 个因变量中有 1 个变量拒绝零假设，其他 11 个因变量接受零假设；拒绝零假设的考试前行为变量中的 p 值小于 0.05，说明这个变量中至少有两组之间是存在显著性差异的，但每个组之间的具体差异要看表 3-43。

表 3-43　学生阅读分数的多重比较 LSD（事后测试）

因变量	(I) 阅读分数	(J) 阅读分数	均值差 (I-J)	标准误	显著性	95% 置信区间	
						下限	上限
考试前行为	优秀	及格	-.33741*	.12783	.009	-.5891	-.0857
		良好	-.22469*	.11096	.044	-.4431	-.0062

* 均值差的显著性水平为 0.05。

从表 3-43 来看，在考试前行为变量中，优秀与及格、良好之间均有存在显著性差异（p<0.05）。

（十二）学生写作分数

本研究的样本一共有 272 名学生，其中写作分数分布如下：及格的 59 名（21.7%）、良好的 189 名（69.5%）、优秀的 24 名（8.8%）。假设写作分数的及格、良好、优秀四个组在 12 个因变量中没有显著性差异，假设检验分析后结果如表 3-44 所示。

表 3-44　学生写作分数的单因素方差分析

潜变量	组类型	平方和	df	均方	F	显著性
课堂学习行为	组间	.823	2	.412	3.285	.039
汉语学习行为	组间	3.570	2	1.785	3.308	.038
消极行为	组间	1.738	2	.869	3.333	.037

从表 3-44 来看，分析后的 12 个因变量中有 3 个变量拒绝零假设，其他 9 个因变量接受零假设；拒绝零假设的三个变量中的 p 值均小于 0.05，说明这三个变量中至少有两组之间是存在显著性差异的，但每个组之间的具体差异需要看表 3-45。

表 3-45　学生写作分数的多重比较 LSD（事后测试）

因变量	(I) 写作分数	(J) 写作分数	均值差 (I-J)	标准误	显著性	95% 置信区间	
						下限	上限
课堂学习行为	及格	良好	-.13261*	.05279	.013	-.2366	-.0287
汉语学习行为	优秀	良好	.40542*	.15918	.011	.0920	.7188
消极行为	及格	良好	-.16918*	.07615	.027	-.3191	-.0193

*均值差的显著性水平为 0.05。

从表 3-45 来看，在课堂学习行为和消极行为变量中，及格与良好之间均存在显著性差异（p<0.05）；在汉语学习行为变量中，优秀与良好之间也存在显著性差异（p<0.05）。

（十三）每个月家庭供给的生活费金额

本研究的样本一共有 272 名学生，其中缺失值 16 个（5.9%），每个月家庭供给的生活费金额分为 ≤200 万越盾的有 124 名（48.4%）、200 万～400 万越盾的有 115 名（44.9%）、≥400 万越盾的有 17 名（6.6%）。假设每个月家庭供给的生活费金额 ≤200 万、200 万～400 万、≥400 万三个组在 12 个因变量中没有显著性差异，假设检验分析后结果如表 3-46。

表 3-46　每个月家庭供给的生活费金额单因素方差分析

潜变量	组类型	平方和	df	均方	F	显著性
课外学习行为	组间	2.115	2	1.057	3.923	.021
考试后行为	组间	7.906	2	3.953	5.845	.003
消极行为	组间	4.238	2	2.119	8.167	.000
积极行为	组间	2.441	2	1.221	4.644	.010

从表 3-46 来看，分析后的 12 个因变量中有 4 个变量拒绝零假设，其他 8 个因变量接受零假设；拒绝零假设的 4 个变量中的 p 值均小于 0.05，说明这 4 个变量中至少有两组之间是存在显著性差异的，但每个组之间的具体差异要看表 3-47。

表 3-47　每个月家庭供给的生活费金额的多重比较 LSD（事后测试）

因变量	(I) 家庭支付	(J) 家庭支付	均值差 (I-J)	标准误	显著性	95% 置信区间	
						下限	上限
课外学习行为	≤200 万	200 万～400 万	.14013*	.06722	.038	.0078	.2725
		≥400 万	.31120*	.13428	.021	.0468	.5756
考试后行为	≤200 万	200 万～400 万	.22398*	.10647	.036	.0143	.4337
		≥400 万	.66414*	.21269	.002	.2453	1.0830
	200 万～400 万	≥400 万	.44015*	.21369	.040	.0193	.8610
消极行为	≤200 万	200 万～400 万	-.20090*	.06594	.003	-.3308	-.0710
		≥400 万	-.43624*	.13174	.001	-.6957	-.1768
积极行为	≥400 万	≤200 万	-.39943*	.13259	.003	-.6606	-.1383
		200 万～400 万	-.32153*	.13321	.017	-.5839	-.0592

* 均值差的显著性水平为 0.05。
注：金额单位为越盾。

从表 3-47 来看，在课外学习行为和消极行为变量中，≤200 万与 200 万～400 万、≥400 万之间均有存在显著性差异（p<0.05）；在考试后行为变量中，≤200 万与 200 万～400 万、≥400 万之间，200 万～400 万与≥400 万之间有显著性差异；在积极行为变量中，≥400 万与≤200 万、200 万～400 万之间有显著性差异。

第三节　学生学习行为的相关分析

一、汉语学习行为与课堂行为的相关分析

我们对这些变量进行了相关分析，得出了变量之间的相关程度。分析后得出的结果如表 3-48 所示。

表 3-48　学习汉语行为与课堂行为相关性

变量	检验类型	学习汉语行为	课堂参与	课堂学习行为
课堂参与行为	Pearson 相关性	.188**	—	—
	显著性（双侧）	.002	—	—
课堂学习行为	Pearson 相关性	.157**	.220**	—
	显著性（双侧）	.010	.000	—
课间休息行为	Pearson 相关性	.350**	.269**	.372**
	显著性（双侧）	.000	.000	.000

** 在 .01 水平（双侧）上显著相关。

从表3-48来看，课堂行为的3个变量都与学习汉语行为有较强的相关性，p值均小于<0.05，表明具有统计学意义。

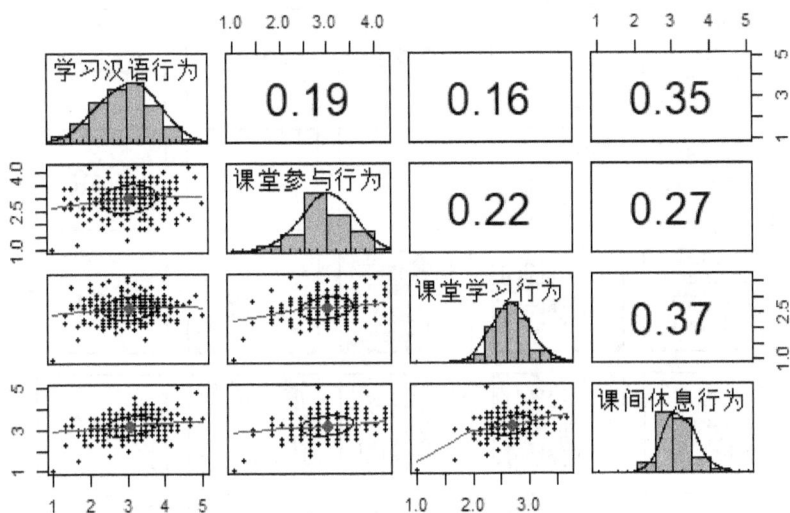

图 3-13　学习汉语行为与课堂行为的回归相关图

从图 3-13 来看，我们能更直观地看到汉语学习行为变量与课堂行为 3 个变量之间的相关性。

二、汉语学习行为与课外、睡觉、饮食、消极和积极行为的相关分析

我们对这些变量进行了相关分析，得出了变量之间的相关程度。相关分析后得出的结果如表 3-49 所示。

表 3-49　学习汉语行为与课外行为的相关性

变量	检验类型	学习汉语行为	课外行为	睡觉行为	饮食行为	消极行为
课外行为	Pearson 相关性	.553**	—	—	—	—
	显著性（双侧）	.000	—	—	—	—
睡觉行为	Pearson 相关性	.360**	.368**	—	—	—
	显著性（双侧）	.000	.000	—	—	—
饮食行为	Pearson 相关性	.241**	.192**	.163**	—	—
	显著性（双侧）	.000	.001	.007	—	—
消极行为	Pearson 相关性	-.178**	-.179**	-.157**	.183**	—
	显著性（双侧）	.003	.003	.009	.002	—
积极行为	Pearson 相关性	.523**	.541**	.486**	.206**	-.156**
	显著性（双侧）	.000	.000	.000	.001	.010

** 在 .01 水平（双侧）上显著相关。

从表 3-49 来看，汉语学习行为与课外、睡觉、饮食、消极和积极行为 5 个

变量之间的相关性很强，而且显著性 p 值均小于 0.05，表明具有统计学意义。

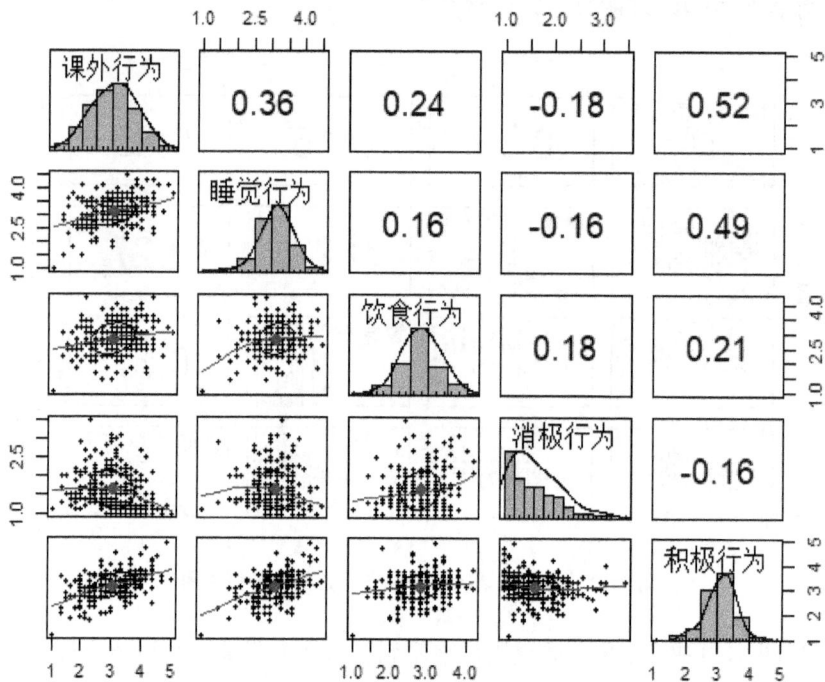

图 3-14   学习汉语行为与课外、睡觉、饮食、消极和积极行为的回归相关图

从图 3-14 来看，我们能更直观地看到汉语学习行为变量与课外、睡觉、饮食、消极和积极行为 5 个变量之间的相关性。

三、汉语学习行为与考试行为的相关分析

我们对这些变量进行了相关分析，得出了变量之间的相关程度。相关分析后得出的结果如表 3-50 所示。

表 3-50   学习汉语行为与考试行为的相关性

变量	检验类型	学习汉语行为	考试前行为	考试中行为
考试前行为	Pearson 相关性	.135*	—	—
	显著性（双侧）	.026	—	—
考试中行为	Pearson 相关性	-.021	.068	—
	显著性（双侧）	.731	.265	—
考试后行为	Pearson 相关性	.436**	.285**	.130*
	显著性（双侧）	.000	.000	.032

* 在 0.05 水平（双侧）上显著相关。

** 在 .01 水平（双侧）上显著相关。

从表 3-50 来看,学习汉语行为与考试行为 1 个变量之间的相关性很弱,而且显著性 p=0.731(>0.05),表明不具有统计学意义,其他 2 个变量与汉语学习行为之间的相关性比较强,p=0.000(<0.05),表明具有统计学意义。

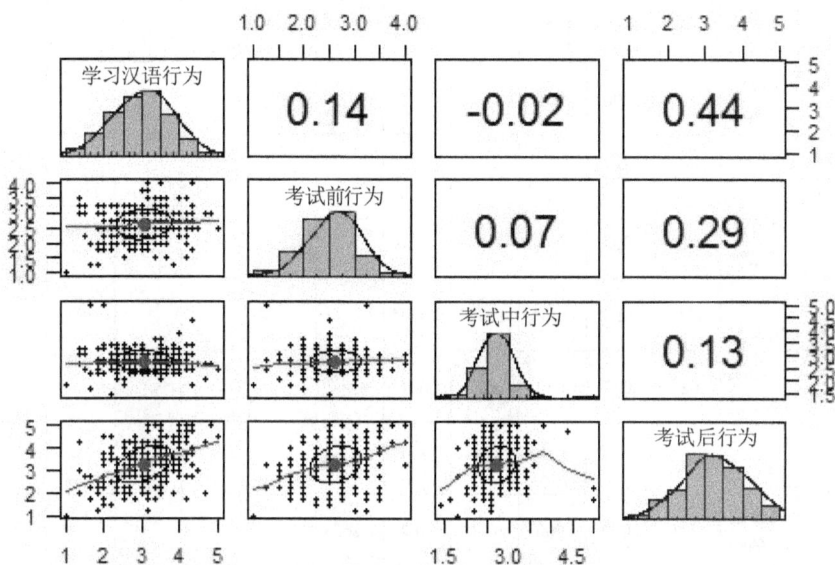

图 3-15 学习汉语行为与考试行为的回归相关图

从图 3-15 来看,我们能更直观地看到学习汉语行为变量与考试行为 3 个变量之间的相关性。

四、汉语学习行为与课堂行为、课外行为、考试行为、睡眠行为、饮食行为、消极行为、积极行为的相关分析

我们对这些变量进行了相关分析,得出了变量之间的相关程度。相关分析后得出的结果如表 3-51 所示。

表 3-51 学习汉语行为与课堂行为、课外行为、考试行为的相关性

变量	检验类型	学习汉语行为	课堂参与行为	课堂学习行为	课间休息行为	课外行为	考试前行为	考试中行为	考试后行为	睡觉行为	饮食行为	消极行为
学习参与行为	Pearson 相关性	.188**	—	—	—	—	—	—	—	—	—	—
	显著性（双侧）	.002	—	—	—	—	—	—	—	—	—	—
课堂学习行为	Pearson 相关性	.157**	.220**	—	—	—	—	—	—	—	—	—
	显著性（双侧）	.010	.000	—	—	—	—	—	—	—	—	—

续表

变量	检验类型	学习汉语行为	课堂参与行为	课堂学习行为	课间休息行为	课外行为	考试前行为	考试中行为	考试后行为	睡觉行为	饮食行为	消极行为
课间休息	Pearson相关性	.350**	.269**	.372**								
	显著性（双侧）	.000	.000	.000								
课外行为	Pearson相关性	.553**	.218**	.154*	.383**							
	显著性（双侧）	.000	.000	.011	.000							
考试前	Pearson相关性	.135*	.127*	.123*	.170**	.207**						
	显著性（双侧）	.026	.037	.043	.005	.001						
考试中	Pearson相关性	-.021	.121*	.345**	.145*	-.045	.068					
	显著性（双侧）	.731	.045	.000	.016	.462	.265					
考试后	Pearson相关性	.436**	.153*	.211**	.343**	.371**	.285**	.130*				
	显著性（双侧）	.000	.012	.000	.000	.000	.000	.032				
睡觉行为	Pearson相关性	.360**	.199**	.144*	.319**	.368**	.213**	-.067	.242**			
	显著性（双侧）	.000	.001	.017	.000	.000	.000	.272	.000			
饮食行为	Pearson相关性	.241**	.224**	.234**	.301**	.192**	.174**	.256**	.266**	.163**		
	显著性（双侧）	.000	.000	.000	.000	.001	.004	.000	.000	.007		
消极行为	Pearson相关性	-.178**	-.030	.302**	-.066	-.179**	.023	.373**	-.112	-.157**	.183**	
	显著性（双侧）	.003	.621	.000	.276	.003	.704	.000	.064	.009	.002	
积极行为	Pearson相关性	.523**	.072	.218**	.374**	.541**	.240**	.038	.425**	.486**	.206**	-.156**
	显著性（双侧）	.000	.236	.000	.000	.000	.000	.533	.000	.000	.001	.010

* 在 0.05 水平（双侧）上显著相关。

** 在 .01 水平（双侧）上显著相关。

从表3-51来看，学习汉语行为与考试中行为之间的相关性很弱，而且显著性 p=0.731（>0.05），表明不具有统计学意义，其他 10 个变量与学习汉语行为之间的相关性比较强，p=0.000(<0.05)，表明具有统计学意义。

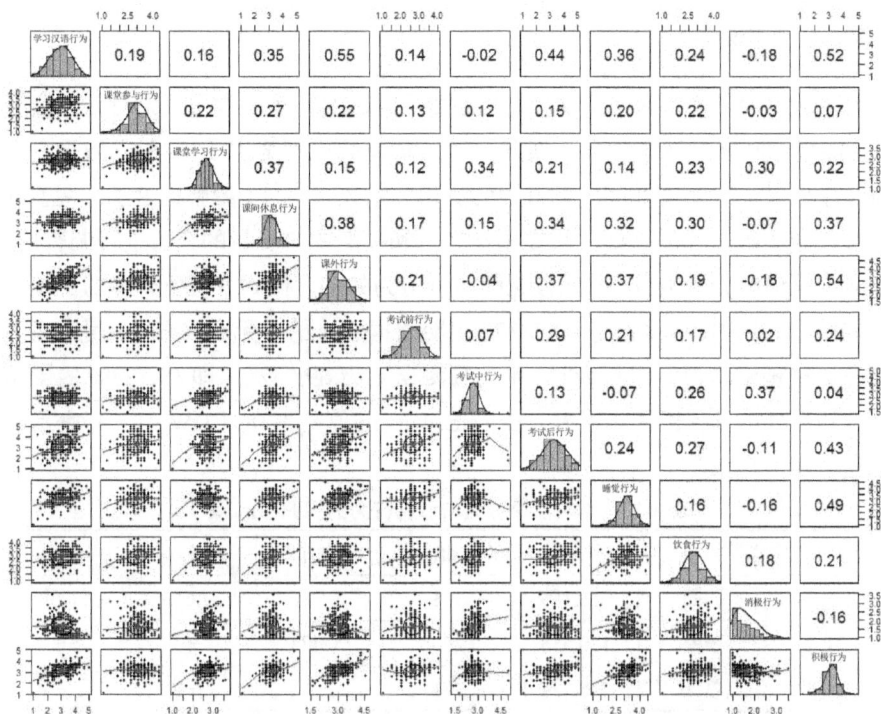

图3-16　学习汉语行为与课堂行为、课外行为、考试行为的回归相关图

从图3-16来看，我们能更直观地看到学习汉语行为变量与 12 个变量之间的相关性。

第四节　学习汉语行为与学生学习行为的回归分析

一、学习汉语行为与学生课堂行为的回归分析

相关分析后我们继续进行回归分析，分析后我们发现只有 1 个变量满足回归分析的条件，这个变量是课间休息行为。

表 3-52　学习汉语行为与课堂行为的回归模型汇总 [b]

模型	R	R 方	调整 R 方	标准 估计的误差	Durbin-Watson
1	.350[a]	.122	.119	.69532	1.389

a 预测变量：（常量）课间休息行为。

b 因变量：学习汉语行为。

从表 3-52 来看，R 方（多重判定系数）是 0.122，表明学习汉语行为的变异中，能被课间休息行为的多元回归方程所解释的比例为 12.2%，R 方的平方根就是学习汉语行为与课间休息行为的负相关系数。另外，调整的 R 方（调整的多重判定系数）是 0.119，说明在用样本量和模型中自变量的个数进行调整后，在学习汉语行为的变异中，能被课间休息行为的多元回归方程所解释的比例为 11.9%。估计的标准误差是 0.69532，表明根据成立的多元回归方程，用课间休息行为来预测学习汉语行为时，平均预测误差为 69.532%；即 69.532% 的影响来自模型外的其他因素和误差。Durbin-Watson 值是 1.389（DW <1.5），表示存在正自相关现象。

表 3-53　学习汉语行为与课堂行为的回归 Anova[a]

模型		平方和	df	均方	F	Sig.
1	回归	18.186	1	18.186	37.615	.000[b]
	残差	130.538	270	.483	—	—
	总计	148.724	271	—	—	—

a. 因变量：学习汉语行为。

b. 预测变量：（常量）课间休息行为。

从表 3-53 来看，回归平方和表示知识领会程度变量的变异中的回归模式中所包含的自变量所能解释的 18.186；残差平方和代表知识领会程度变量的变异中没有被回归模型所包含的变量解释的 130.538。另外，Sig. 值是 0.000（< 0.05），说明所建立的回归方程具有统计学意义，即自变量和因变量之间存在线性关系。

表 3-54　学习汉语行为与课堂行为的回归系数 [a]

模型 B	非标准化系数		标准系数	t	Sig. 容差	共线性统计量	
	标准误差	试用版				VIF	—
1　（常量）	1.373	.277	—	4.960	.000	—	—
课间休息行为	.530	.086	.350	6.133	.000	1.000	1.000

a. 因变量：学习汉语行为。

从表 3-54 来看，Sig. 值都小于 0.05，说明这些自变量对因变量有显著预测作用。VIF 值小于 2，说明没有多重共线现象。

非标准化回归方程：

学习汉语行为 = 1.373+0.530* 课间休息行为

回归非标准化系数意义表明，当学习汉语行为变量增加一个单位时，课间休息行为增加 0.530 单位。

标准回归方程：

学习汉语行为 = 0.350* 课间休息行为

回归标准系数意义表明，如果汉语学习行为变量增加一个单位标准差，课间休息行为变量增加 0.350 单位标准差。

直方图

因变量: Meanall.Xuexihyu

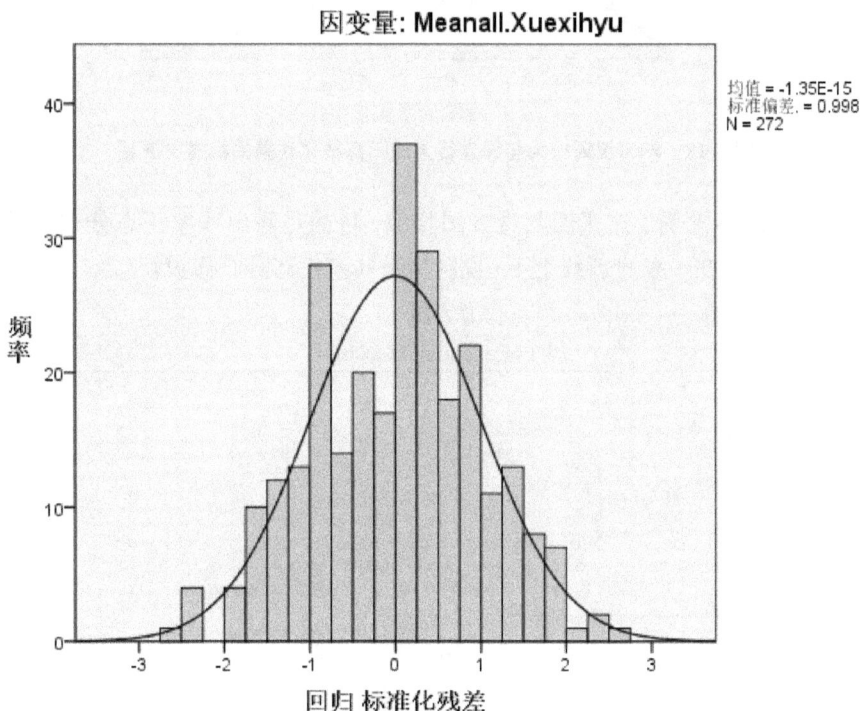

均值 = -1.35E-15
标准偏差. = 0.998
N = 272

图 3-17 学习汉语行为与课堂行为的直方图

从图 3-17 来看，均值 =-1.35E-15，接近 0；标准偏差 =0.998，接近 1，表明残差的分布是正态分布。因此，可以得出结论：残差的正态分布假设是接受，即残差服从正态分布。

因变量: Meanall.Xuexihyu

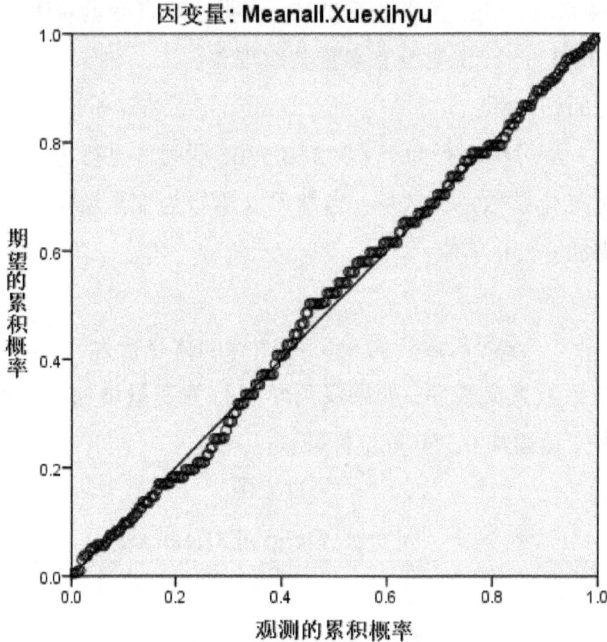

图 3-18　学习汉语行为与课堂行为回归标准化残差的标准 P-P 图

从图 3-18 来看，这张图与直方图相似，目的是看出残差正态分布假设，许多圆点集中在一条直斜线上下，说明接受残差正态分布假设。

散点图

因变量: Meanall.Xuexihyu

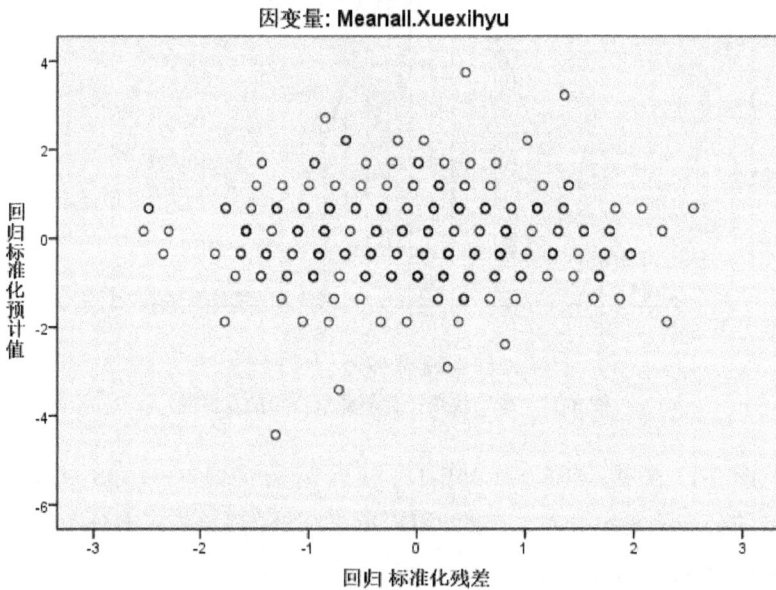

图 3-19　学习汉语行为与课堂行为的回归散点图

从图 3-19 来看，散点图是为了检查是否接受线性相关假设，表示出因变量随自变量变化而变化的大致趋势，散点图中包含的数据越多，比较的效果就越好。随着横坐标逐渐增大，纵坐标也逐渐增大，可以表明是正相关的。从图中我们可以看到：许多散点大致排列在一条直线上下，说明接受线性相关假设。

二、学习汉语行为与课外、睡觉、饮食、消极和积极行为的回归分析

相关分析后我们继续进行了回归分析。回归分析后我们发现只有三个变量满足回归分析的条件，它们分别是：个人愿望、学习坚定程度和学习方法。

表 3-55　学习汉语行为与课外、睡觉、饮食、消极和积极行为的回归模型汇总 [b]

模型	R	R 方	调整 R 方	标准 估计的误差	Durbin-Watson
1	.623[a]	.388	.381	.58294	1.704

a. 预测变量：（常量）积极行为、饮食行为、课外行为。

b. 因变量：学习汉语行为。

从表 3-55 来看，R 方（多重判定系数）是 0.388，表明学习汉语行为的变异中，能被积极行为、饮食行为和课外行为的多元回归方程所解释的比例为 38.8%，R 方的平方根就是学习汉语行为与课外行为变量（积极行为、饮食行为、课外行为）的负相关系数。另外，调整的 R 方（调整的多重判定系数）是 0.381，说明在用样本量和模型中自变量的个数进行调整后，在学习汉语行为的变异中，能被积极行为、饮食行为、课外行为的多元回归方程所解释的比例为 38.1%。估计的标准误差是 0.58294，表明根据成立的多元回归方程，用积极行为、饮食行为、课外行为来预测学习汉语行为时，平均预测误差为 58.294%；即 58.294% 的影响来自模型外的其他因素和误差。Durbin-Watson 值是 1.704（1.5<DW<2.5），表示无自相关现象。

表 3-56　学习汉语行为与课外、睡觉、饮食、消极和积极行为的回归 Anova[a]

模型		平方和	df	均方	F	Sig.
1	回归	57.652	3	19.217	56.552	.000[b]
	残差	91.072	268	.340	—	—
	总计	148.724	271	—	—	—

a. 因变量：学习汉语行为。

b. 预测变量：（常量）积极行为、饮食行为、课外行为。

从表 3-56 来看，回归平方和表示知识领会程度变量的变异中的回归模式中所包含的自变量所能解释的 57.652；残差平方和代表知识领会程度变量的变异中没有被回归模型所包含的变量解释的 91.072。另外，Sig. 值是 0.000（＜0.05），说明所建立的回归方程具有统计学意义，即自变量和因变量之间存在线性关系。

表 3-57　学习汉语行为与课外、睡觉、饮食、消极和积极行为的回归系数 [a]

模型 B		非标准化系数		标准系数	t	Sig. 容差	共线性统计量	
		标准误差	试用版				VIF	—
1	（常量）	-.308	.277	—	-1.111	.268	—	—
	课外行为	.520	.080	.370	6.482	.000	.701	1.427
	饮食行为	.151	.068	.108	2.206	.028	.948	1.054
	积极行为	.427	.082	.300	5.238	.000	.697	1.436

a. 因变量：学习汉语行为。

从表 3-57 来看，Sig. 值都小于 0.05，说明这些自变量对因变量有显著预测作用。VIF 值都小于 2，说明没有多重共线现象。

非标准化回归方程：

学习汉语行为 =-0.308+0.520* 课外行为 +0.151* 饮食行为 +0.427* 积极行为

回归非标准化系数意义表明，当学习汉语行为变量增加一个单位时，课外行为增加 0.520 单位、饮食行为变量增加 0.151 单位、积极行为变量增加 0.427 单位。

标准回归方程：

学习汉语行为 = 0.370* 课外行为 + 0.108* 饮食行为 + 0.300* 积极行为

回归标准系数意义表明，如果学习汉语行为变量增加一个单位标准差，课外行为变量增加 0.370 单位标准差、饮食行为变量增加 0.108 单位标准差、积极行为变量增加 0.300 单位标准差。

直方图

因变量: Meanall.Xuexihyu

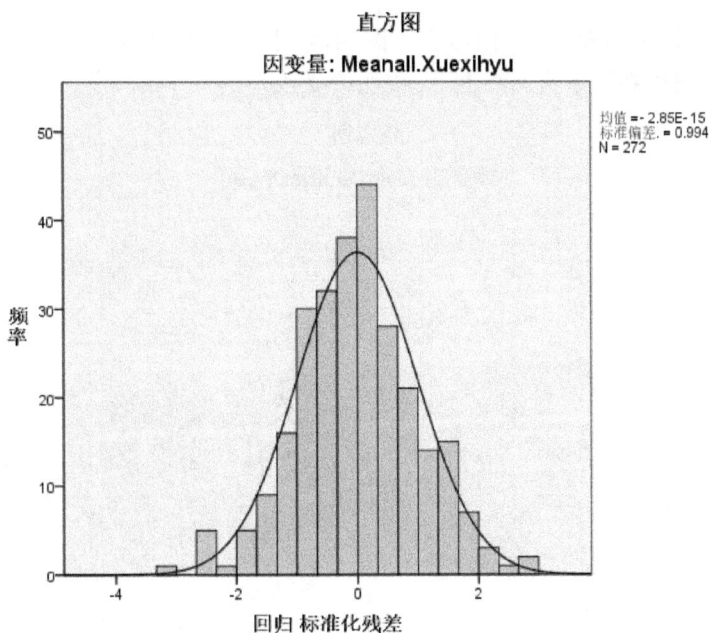

图 3-20　学习汉语行为与课外、睡觉、饮食、消极和积极行为的回归直方图

从图 3-20 来看，均值 =-2.85E-15，接近 0；标准偏差 =0.994，接近 1，表明残差的分布是正态分布。因此，可以得出结论，残差的正态分布假设是被接受的，即残差服从正态分布。

因变量: Meanall.Xuexihyu

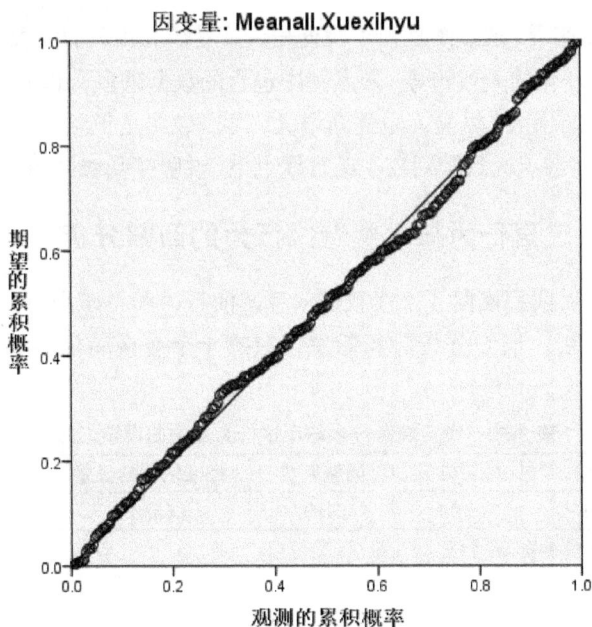

图 3-21　学习汉语行为与课外、睡觉、饮食、消极和积极行为回归标准化残差的标准 P-P 图

从图 3-21 来看，这张图与直方图相似，目的是看出残差正态分布假设，许多圆点集中在一条直斜线上下，说明接受残差正态分布假设。

散点图

因变量: Meanall.Xuexihyu

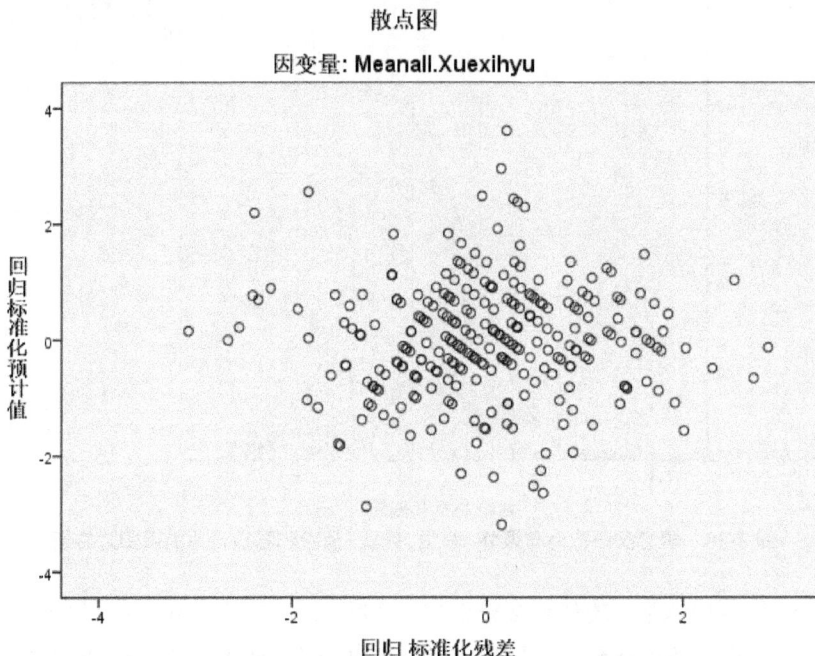

图 3-22　学习汉语行为与课外行为的回归散点图

从图 3-22 来看，散点图是为了检查是否接受线性相关假设表示出因变量随自变量变化而变化的大致趋势，散点图中包含的数据越多，比较的效果就越好。随着横坐标逐渐增大，纵坐标也逐渐增大，可以表明是正相关的。从图中我们可以看到：许多散点大致排列在一条直线上下，说明接受线性相关假设。

三、学习汉语行为与学生考试行为的回归分析

相关分析后我们删除了 2 个变量（考试前行为和考试中行为），然后继续进行了回归分析。回归分析后我们发现只有 1 个变量满足回归分析的条件，它是考试后行为。

表 3-58　学习汉语行为与考试行为的回归模型汇总 [b]

模型	R	R 方	调整 R 方	标准估计的误差	Durbin-Watson
1	.436[a]	.190	.187	.66807	1.677

a. 预测变量:（常量）考试后行为。

b. 因变量: 学习汉语行为。

从表 3-58 来看，R 方（多重判定系数）是 0.190，表明学习汉语行为的变

异中，能被考试后行为的多元回归方程所解释的比例为 19.0%，R 方的平方根就是学习汉语行为与考试后行为变量的负相关系数。另外，调整的 R 方（调整的多重判定系数）是 0.187，说明在用样本量和模型中自变量的个数进行调整后，在学习汉语行为的变异中，能被考试后行为的多元回归方程所解释的比例为 18.7%。估计的标准误差是 0.66807，表明根据成立的多元回归方程，用考试后行为来预测汉语学习行为时，平均预测误差为 66.807%；即66.807% 的影响来自模型外的其他因素和误差。Durbin-Watson 值是 1.677（1.5<DW<2.5），表示无自相关现象。

表 3-59　学习汉语行为与考试行为的回归 Anova[a]

模型		平方和	df	均方	F	Sig.
1	回归	28.217	1	28.217	63.220	.000[b]
	残差	120.507	270	.446	—	—
	总计	148.724	271	—	—	—

a. 因变量：学习汉语行为。

b. 预测变量：（常量）考试后行为。

从表 3-59 来看，回归平方和表示知识领会程度变量的变异中的回归模式中所包含的自变量所能解释的 28.217；残差平方和代表知识领会程度变量的变异中没有被回归模型所包含的变量解释的 120.507。另外，Sig. 值是 0.000（＜0.05），说明所建立的回归方程具有统计学意义，即自变量和因变量之间存在线性关系。

表 3-60　学习汉语行为与考试行为的回归系数[a]

模型		非标准化系数		标准系数	t	Sig. 容差	共线性统计量	
	B	标准误差	试用版				VIF	—
1	（常量）	1.771	.166	—	10.661	.000		
	考试后行为	.390	.049	.436	7.951	.000	1.000	1.000

a. 因变量：学习汉语行为。

从表 3-60 来看，Sig. 值都小于 0.05，说明这些自变量对因变量有显著预测作用。VIF 值都小于 2，说明没有多重共线现象。

非标准化回归方程：学习汉语行为 = 1.771+0.390* 考试后行为。回归非标准化系数意义表明，当学习汉语行为变量增加一个单位时，考试后行为增加 0.390 单位。

标准回归方程：学习汉语行为 = 0.436* 考试后行为。回归标准系数意义表明，如果学习汉语行为变量增加一个单位标准差，考试后行为变量增加 0.436 单位标准差。

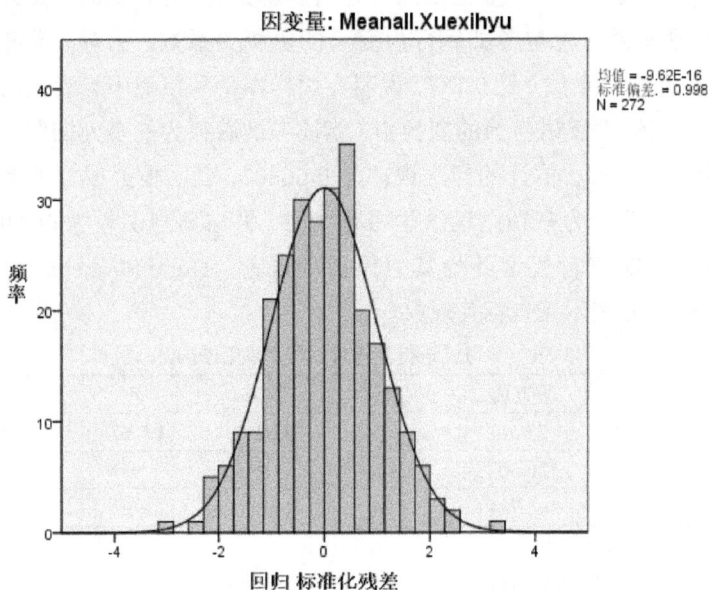

图 3-23　学习汉语行为与考试行为的回归直方图

从图 3-23 来看，均值 =-9.62E-16，接近 0；标准偏差 =0.998，接近 1，表明残差的分布是正态分布。因此，可以得出结论，残差的正态分布假设是被接受的，即残差服从正态分布。

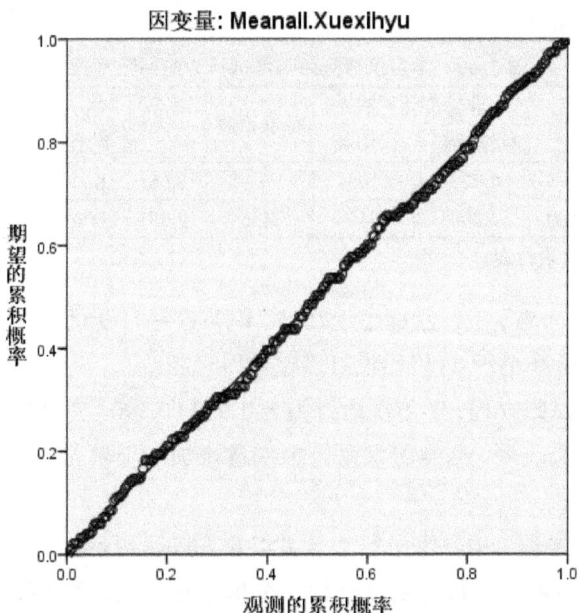

图 3-24　学习汉语行为与考试行为回归标准化残差的标准 P-P 图

从图 3-24 来看，这张图与直方图相似，目的是看出残差正态分布假设，许多圆点集中在一条直斜线上下，说明接受残差正态分布假设。

散点图

因变量: Meanall.Xuexihyu

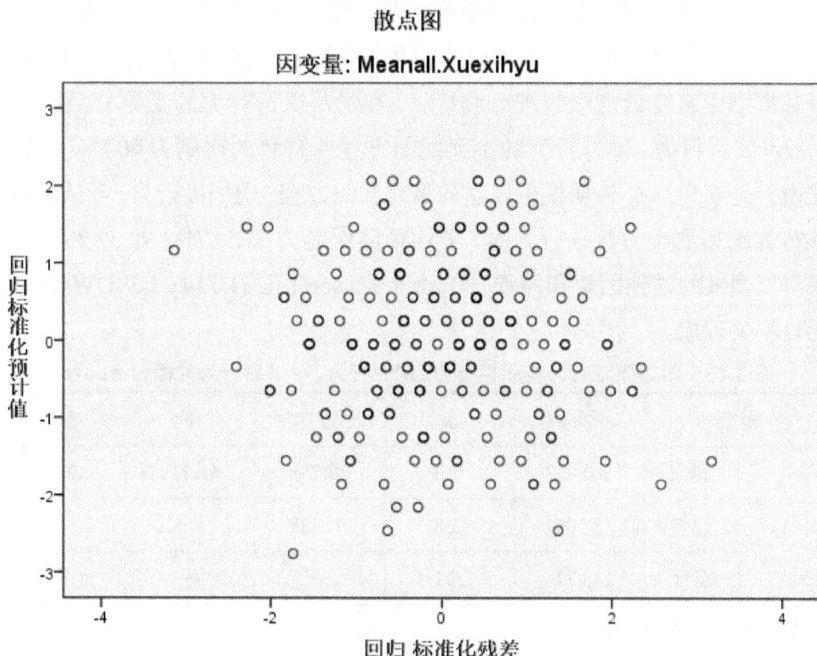

图 3-25　学习汉语行为与考试行为的回归散点图

从图 3-25 来看，散点图是为了检查是否接受线性相关假设表示出因变量随自变量变化而变化的大致趋势，散点图中包含的数据越多，比较的效果就越好。随着横坐标逐渐增大，纵坐标也逐渐增大，可以表明是正相关的。从图中我们可以看到：许多散点大致排列在一条直线上下，说明接受线性相关假设。

四、学习汉语行为与学生学习行为的回归分析

相关分析后我们删除了 1 个变量（考试中行为），然后继续进行了回归分析。回归分析后我们发现只有 3 个变量满足回归分析的条件，它们分别是积极行为、考试后行为、课外行为。

表 3-61　学习汉语行为与积极行为、课外行为、考试后行为的回归模型汇总 [b]

模型	R	R 方	调整 R 方	标准估计的误差	Durbin-Watson
1	.639[a]	.409	.402	.57287	1.754

a. 预测变量：（常量）积极行为、考试后行为、课外行为。

b. 因变量：学习汉语行为。

从表 3-61 来看，R 方（多重判定系数）是 0.409，表明学习汉语行为的变异中，能被积极行为、考试后行为、课外行为的多元回归方程所解释的比例为 40.9%，R 方的平方根就是学习汉语行为与积极行为、考试后行为、课外行为的负相关系数。另外，调整的 R 方（调整的多重判定系数）是 0.402，说明在用样本量和模型中自变量的个数进行调整后，在学习汉语行为的变异中，能被积极行为、考试后行为、课外行为的多元回归方程所解释的比例为 40.2%。估计的标准误差是 0.57287，表明根据成立的多元回归方程，用积极行为、考试后行为、课外行为来预测学习汉语行为时，平均预测误差为 57.287%；即 57.287% 的影响来自模型外的其他因素和误差。Durbin-Watson 值是 1.754（1.5<DW<2.5），表示无自相关现象。

表 3-62　学习汉语行为与积极行为、课外行为、考试后行为的回归 Anova[a]

模型		平方和	df	均方	F	Sig.
1	回归	60.773	3	20.258	61.727	.000[b]
	残差	87.951	268	.328	—	—
	总计	148.724	271	—	—	—

a. 因变量：学习汉语行为。

b. 预测变量：（常量）积极行为、考试后行为、课外行为。

从表 3-62 来看，回归平方和表示学习汉语行为变量的变异中的回归模式中所包含的自变量所能解释的 60.773；残差平方和代表学习汉语行为变量的变异中没有被回归模型所包含的变量解释的 87.951。另外，Sig. 值是 0.000（＜0.05），说明所建立的回归方程具有统计学意义，即自变量和因变量之间存在线性关系。

表 3- 63　学习汉语行为与积极行为、课外行为、考试后行为的回归系数 [a]

模型 B		非标准化系数		标准系数	t	Sig. 容差	共线性统计量	
		标准误差	试用版				VIF	—
1	（常量）	-.143	.240	—	-.595	.552	—	—
	课外行为	.480	.080	.342	6.022	.000	.683	1.464
	考试后行为	.180	.047	.201	3.814	.000	.791	1.264
	积极行为	.358	.083	.252	4.317	.000	.649	1.541

a. 因变量：学习汉语行为。

从表 3-63 来看，Sig. 值都小于 0.05，说明这些自变量对因变量有显著预测作用。VIF 值都小于 2，说明没有多重共线现象。

非标准化回归方程：

学习汉语行为 = -0.143+0.480* 课外行为 +0.180* 考试后行为 +0.358* 积极行为。回归非标准化系数意义表明，当学习汉语行为变量增加一个单位时，课外行为变量增加 0.480 单位、考试后行为变量增加 0.180 单位、积极行为变量增加 0.358 单位。

标准回归方程：

学习汉语行为 = 0.342* 课外行为 +0.201* 考试后行为 +0.252* 积极行为。

回归标准系数意义表明，如果学习汉语行为变量增加一个单位标准差，课外行为变量增加 0.342 单位标准差、考试后行为变量增加 0.201 单位标准差、积极行为变量增加 0.252 单位标准差。

直方图

因变量: Meanall.Xuexihyu

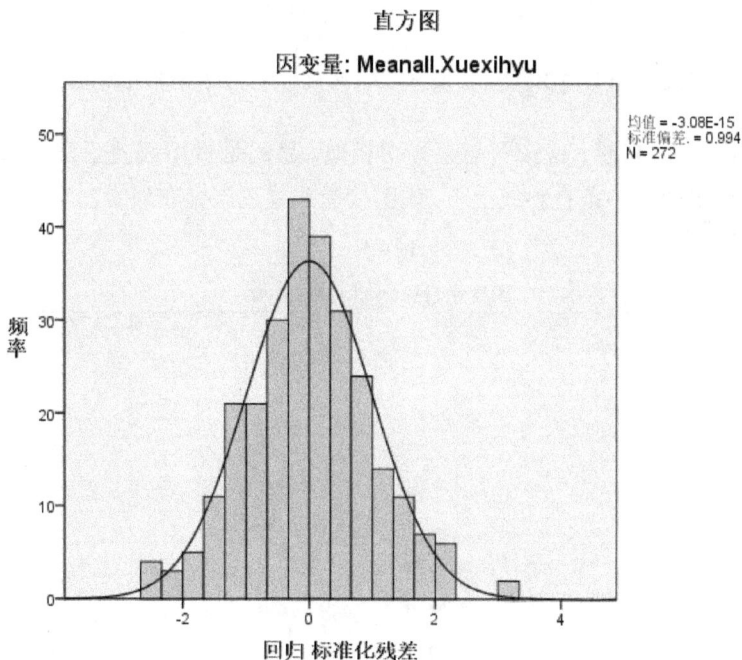

图 3-26　学习汉语行为与积极行为、课外行为、考试后行为的回归直方图

从图 3-26 来看，均值 =-3.08E-15，接近 0；标准偏差 =0.994，接近 1，表明残差的分布是正态分布。因此，可以得出结论，残差的正态分布假设是被接受的，即残差服从正态分布。

因变量: Meanall.Xuexihyu

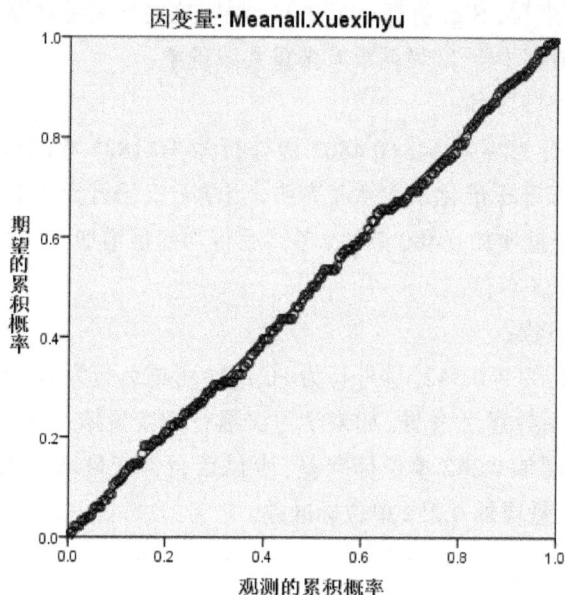

图 3-27　学习汉语行为与积极行为、课外行为、考试后行为回归标准化残差的标准 P-P 图

从图 3-27 来看，这张图与直方图相似，目的是看出残差正态分布假设，许多圆点集中在一条直斜线上下，说明接受残差正态分布假设。

散点图

因变量: Meanall.Xuexihyu

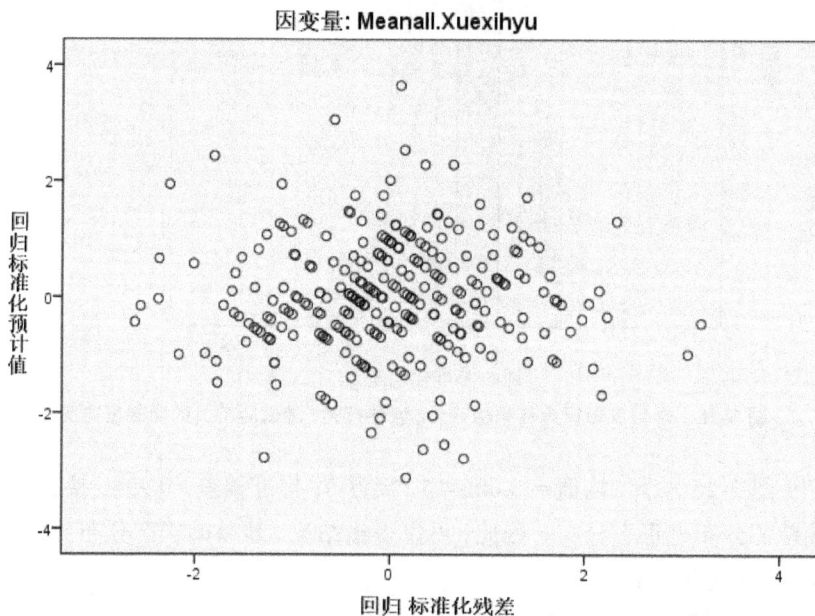

图 3-28　学习汉语行为与积极行为、课外行为、考试后行为的回归散点图

从图 3-28 来看,散点图是为了检查是否接受线性相关假设表示出因变量随自变量变化而变化的大致趋势,散点图中包含的数据越多,比较的效果就越好。随着横坐标逐渐增大,纵坐标也逐渐增大,可以表明是正相关的。从图中我们可以看到:许多散点大致排列在一条直线上下,说明接受线性相关假设。

第五节　学生学习汉语行为的贝叶斯模型分析

为了更有效地将学生行为与学习汉语行为相结合,我们应看出每个学习行为对学习汉语的影响,然后选出哪些因素对学习汉语有较大的影响。为了选出最优的模型,我们使用了贝叶斯(Bayes)模型法来计算。首先,我们通过课堂参与行为对学习汉语的影响,选出了几个最优的模型,具体如表 3-64 所示。

表 3-64　课堂参与行为与学习汉语的贝叶斯模型

指标名称	p!=0	EV	SD	第一模型	第二模型	第三模型
Intercept	100.0	1.314319	0.30892	1.37318	1.10696	1.25777
课堂参与行为	19.9	0.026520	0.06357	—	0.13343	—
课堂学习行为	5.2	0.003282	0.03222	—	—	0.06368
课间休息行为	100.0	0.520505	0.08884	0.52958	0.48842	0.51228
nVar	—	—	—	1	2	3
r2	—	—	—	0.122	0.132	0.123
BIC	—	—	—	-29.87052	-27.21536	-24.51584
post prob	—	—	—	0.750	0.199	0.052

Call: bicreg(x = canyuketangxingwei, y = xuexihanyu, strict = FALSE, OR = 20)
3 models were selected
Best 3 models (cumulative posterior probability = 1)

从表 3-64 来看,贝叶斯模型法给我们选出了三个最优的模型,累积的后验概率是 1;其中第一个模型只有一个因素(课间休息),r2 值 =0.122(说明这个因素对模型的解释力度是 12.2%),BIC 值(贝叶斯信息准则,Bayesian Information Criterion)为 -29.87052,post prob 值 (Posterior probabilities,后定概率) 为 0.750;第二个模型有两个因素(课堂参与行为和课间休息行为),r2 值 =0.132(说明这两个因素对模型的解释力度是 13.2%),BIC 值 =-27.21536,post prob 值 =0.199;第三个模型也有两个因素(课堂学习行为和课间休息行为),r2 值 =0.123(说明这两个因素对模型的解释力度是 12.3%),BIC 值 =-24.51584,

post prob 值 = 0.052。在三个模型中,最简单而最有效的是第一模型,因为第一模型因素最少,而模型的解释力度跟其他模型差不多。这说明在课堂行为中,我们只要调整课间休息行为,就可以提高学生学习汉语效果。

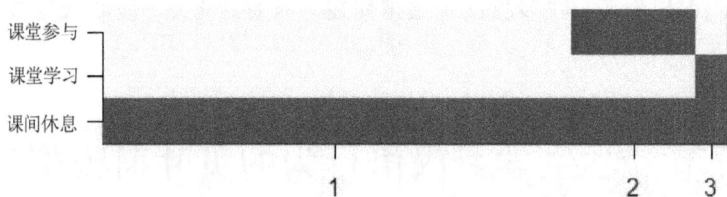

图 3-29　课堂行为对学习汉语的影响因素在模型中的出现频率

从图 3-29 中,我们可以看到每个因素在模型中出现的频率。在三个模型中,课堂学习行为和课堂参与行为仅出现一次,而课间休息在三个模型中都出现了,这说明课间休息行为是重要的因素。

其次,我们把课外行为对学习汉语的影响,选出几个最优的模型,具体如表 3-65 所示。

表 3-65　课外行为与学习汉语的贝叶斯模型

指标名称	p!=0	EV	SD	第一模型	第二模型	第三模型	第四模型	第五模型
Intercept	100.0	-0.12790	0.31614	-8.337e-03	-3.077e-01	-5.930e-02	-1.902e-01	1.999e-01
课外行为	100.0	0.52393	0.08145	5.369e-01	5.196e-01	4.985e-01	5.185e-01	5.251e-01
睡觉行为	14.1	0.01733	0.05217	—	—	—	1.264e-01	—
饮食行为	44.3	0.06981	0.09111	—	1.510e-01	1.820e-01	—	—
消极行为	16.0	-0.01899	0.05272	—	—	-1.344e-01	—	-9.031e-02
积极行为	100.0	0.43043	0.08482	4.493e-01	4.270e-01	4.113e-01	3.983e-01	4.418e-01
nVar	—	—	—	2	3	4	3	3
r2	—	—	—	0.377	0.388	0.396	0.382	0.380
BIC	—	—	—	-1.173e+02	-1.166e+02	-1.142e+02	-1.142e+02	-1.133e+02
post prob	—	—	—	0.410	0.288	0.103	0.089	0.057

Call: bicreg(x = kewaixingwei, y = xuexihnayu, strict = FALSE, OR = 20)

6 models were selected

Best 5 models (cumulative posterior probability = 0.9479)

从表 3-65 来看,贝叶斯模型法给我们选出了六个模型,但最优的模型有 5 个,累积的后验概率是 0.9479。在五个最优的模型中,第一个模型有两个因素(课外行为和积极行为),r2 值 =0.377(说明这两个因素对模型的解释力度是 37.7%),BIC 值 =-1.173e+02, post prob 值 =0.410;第二个模型有三个因素(课外行为、饮食行为和积极行为),r2 值 =0.388(说明这三个因素对模型的解释力度是 38.8%),BIC 值 =-1.166e+02, post prob 值 =0.288;第三个模型有四个因素（课外行为、睡觉行为、饮食行为和积极行为），r2 值 =0.396（说明这四个因素对模型的解释力度是 39.6%），BIC 值 =-1.142e+02, post prob 值 = 0.103；第四个模型有三个因素（课外行为、睡觉行为和积极行为），r2 值 =0.382（说明这三个因素对模型的解释力度是 38.2%），BIC 值 =-1.142e+02, post prob 值 = 0.089；第五个模型有三个因素（课外行为、饮食行为和积极行为），r2 值 =0.380（说明这 3 个因素对模型的解释力度是 38.0%），BIC 值 =-1.133e+02, post prob 值 = 0.057。在五个模型中，最简单而最有效的是第一模型，因为第一模型因素最少，而模型的解释力度跟其他模型差不多。这说明在课外行为中，我们只要投入在课外学习行为和积极行为，就可以提高学生学习汉语效果。

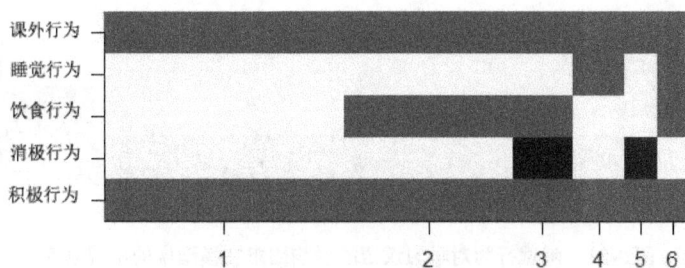

图 3-30　课外行为对学习汉语的影响因素在模型中的出现频率

从图 3-30 中，我们可以看到每个因素在模型中出现的频率，在 6 个模型中，睡觉行为和消极行为仅出现 2 次，饮食行为出现 3 次，而课外学习行为和积极行为在 6 个模型中都出现了，说明课外学习行为和积极行为是两个重要的因素。

再次，我们把考试行为对学习汉语的影响，选出几个最优的模型，具体如表 3-66 所示。

表 3-66　考试行为与学习汉语的贝叶斯模型

指标名称	p!=0	EV	SD	第一模型	第二模型	第三模型
Intercept	100.0	1.815078	0.22384	1.7707	2.1051	1.7354
考试前行为	5.0	0.000864	0.01906	—	—	0.0172
考试中行为	13.8	-0.018493	0.05783	—	-0.1340	—
考试后行为	100.0	0.390685	0.04926	0.3896	0.3988	0.3866
nVar	—	—	—	1	2	2
r2	—	—	—	0.190	0.196	0.190
BIC	—	—	—	-51.6197	-48.0761	-46.0542
post prob	—	—	—	0.812	0.138	0.050

　　Call: bicreg(x = kaoshixingwei, y = xuexihanyu, strict = FALSE, OR = 20)
　 3　models were selected
　Best　3　models (cumulative posterior probability =　1)

从表 3-66 来看，贝叶斯模型法给我们选出了 3 个最优的模型，累积的后验概率是 1。在 3 个最优的模型中，第一个模型有 1 个因素（考试后行为），r2 值 =0.190（说明这个因素对模型的解释力度是 19.0%），BIC 值 =-51.6197，post prob 值 =0.812；第二个模型有 2 个因素（考试中行为和考试后行为），r2 值 =0.196（说明这 2 个因素对模型的解释力度是 19.0%），BIC 值 =-48.0761，post prob 值 =0.138；第三个模型有 2 个因素（考试前行为和考试后行为），r2 值 =0.190（说明这两个因素对模型的解释力度是 19.0%），BIC 值 =-46.0542，post prob 值 = 0.050。在 3 个模型中，最简单而最有效的是第一模型，因为第一模型因素最少，而模型的解释力度跟其他模型差不多，说明在考试行为中，我们只要投入考试后行为，就可以提高学生学习汉语效果。

图 3-31　考试行为对学习汉语的影响因素在模型中的出现频率

从图 3-31，我们可以看到每个因素在模型中出现的频率，在 3 个模型中，考试前行为和考试中行为仅出现 1 次，而考试后行为在 3 个模型中都出现，说明考试后行为是重要的因素。

最后，我们通过学生全部行为对学习汉语的影响，选出了几个最优的模型，具体如表 3-67 所示。

表 3-67　全部学习行为与学习汉语的贝叶斯模型

指标名称	p!=0	EV	SD	第一模型	第二模型	第三模型	第四模型	第五模型
Intercept	100.0	-0.1807528	0.29126	-0.14274	-0.34367	-0.31580	-0.35108	-0.31954
课堂参与行为	7.9	0.0071045	0.03020	—	—	—	0.09042	—
课堂学习行为	2.9	0.0004139	0.01726	—	—	—	—	—
课间休息行为	6.9	0.0073692	0.03426	—	—	—	—	0.10629
课外行为	100.0	0.4741922	0.08058	0.48045	0.47265	0.46325	0.45829	0.45891
考试前行为	5.9	-0.0051604	0.02703	—	—	—	—	—
考试中行为	4.3	-0.0030748	0.02216					

续表

指标名称	p!=0	EV	SD	第一模型	第二模型	第三模型	第四模型	第五模型
考试后行为	100.0	0.1781428	0.04785	0.18018	0.16614	0.17883	0.17350	0.16842
睡觉行为	9.7	0.0117402	0.04323	—	—	0.12100	—	—
饮食行为	9.8	0.0104167	0.03818	—	0.10661	—	—	—
消极行为	5.9	-0.0048169	0.02551	—	—	—	—	—
积极行为	100.0	0.3526369	0.08505	0.35832	0.34969	0.31025	0.36797	0.34074
nVar	—	—	—	3	4	4	4	4
r2	—	—	—	0.409	0.414	0.414	0.413	0.412
BIC	—	—	—	-126.06784	-122.93396	-122.92004	-122.49801	-122.24789
post prob	—	—	—	0.468	0.098	0.097	0.079	0.069

Call: bicreg(x = Xingwei, y = Xuexihyu, strict = FALSE, OR = 20)

9 models were selected

Best 5 models (cumulative posterior probability = 0.8108)

从表 3-67 来看，贝叶斯模型法给我们选出了 9 个模型，但最优的模型有 5 个，累积的后验概率是 0.8108。在五个最优的模型中，第一个模型有 3 个因素（课外行为、考试后行为和积极行为），r2 值 =0.409（说明这 3 个因素对模型的解释力度是 40.9%），BIC 值 =-126.06784, post prob 值 =0.468；第二个模型有 4 个因素（课外行为、考试后行为、饮食行为和积极行为），r2 值 =0.414（说明这 4 个因素对模型的解释力度是 41.4%），BIC 值 =-122.93396, post prob 值 =0.098；第三个模型有 4 个因素（课外行为、考试后行为、饮食行为和积极行为），r2 值 =0.414（说明这 4 个因素对模型的解释力度是 41.4%），BIC 值 =-122.92004, post prob 值 = 0.097；第四个模型有 4 个因素（课堂参与行为、课外行为、考试后行为和积极行为），r2 值 =0.413（说明这 4 个因素对模型的解释力度是 41.3%），BIC 值 =-122.49801, post prob 值 = 0.079；第五个模型有 4 个因素（课间休息、课外行为、考试后行为和积极行为），r2 值 = 0.412（说明这 4 个因素对模型的解释力度是 41.2%），BIC 值 =-122.24789, post prob 值 = 0.069。在五个模型中，最简单而最有效的是第一模型，因为第一模型因素最少，而模型的解释力度跟其他模型差不多，说明在学生全部行为中，我们应注意课外行为、考试后行为和积极行为，这样能更有效地提高学生汉语学习水平。

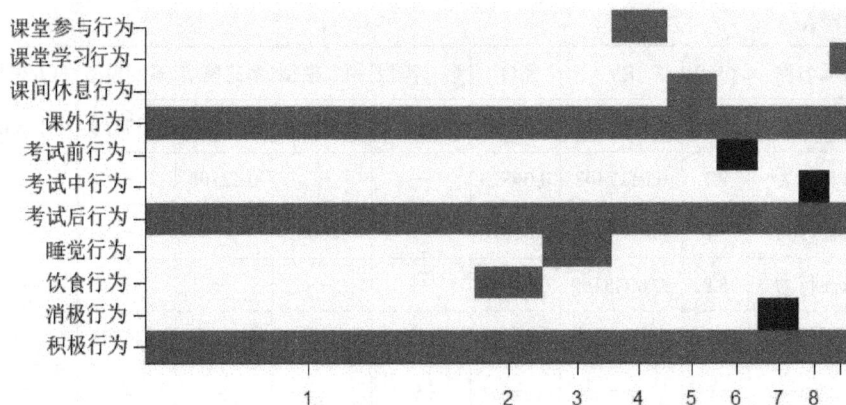

图 3-32　学生全部行为对学习汉语的影响因素在模型中的出现频率

从图 3-32 中，我们可以看到每个因素在模型中出现的频率，在 5 个模型中，睡觉行为和饮食行为仅出现 1 次，而课外行为和积极行为、考试后行为在 5 个模型中都出现了，这说明课外行为、考试后行为和积极行为是三个重要因素。

第四章　复杂动态理论下越南汉语本科生知识领会的影响因素分析

第一节　学生知识领会影响因素的描述分析

一、学生学习动机

学习动机是指学生学习汉语专业的目的。我们用 8 个观测变量来测量"学习动机"潜变量，具体观测变量如下：学汉语专业是为了找工作（Dong.ji1）；继续读研（Dong.ji2）；去中国留学（Dong.ji3）；升职（Dong.ji4）；了解中国（Dong.ji5）；喜欢汉语（Dong.ji6）；多学一种语言（Dong.ji7）；想跟中国人交流等（Dong.ji8），观测后的结果如表 4-1 所示。

表 4-1　学习动机观测结果分析

观测变量	样本	均值 ± 标准差	完全不同意	不同意	一般	同意	完全同意
Dong.ji1	362	4.21 ± 0.85	3(0.8)	15(4.1)	38(10.5)	154(42.5)	152(42.0)
Dong.ji2	362	3.11 ± 0.94	18(5.0)	62(17.1)	173(47.8)	82(22.7)	27(7.5)
Dong.ji3	362	3.58 ± 0.96	8(2.2)	37(10.2)	118(32.6)	137(37.8)	62(17.1)
Dong.ji4	362	3.91 ± 0.95	7(1.9)	25(6.9)	66(18.2)	161(44.5)	103(28.5)
Dong.ji5	362	3.97 ± 0.83	3(0.8)	18(5.0)	59(16.3)	190(52.5)	92(25.4)
Dong.ji6	362	3.83 ± 0.99	6(1.7)	34(9.4)	77(21.3)	145(40.1)	100(27.6)
Dong.ji7	362	4.25 ± 0.73	1(0.3)	10(2.8)	27(7.5)	183(50.6)	141(39.0)
Dong.ji8	362	4.07 ± 0.84	4(1.1)	15(4.1)	47(13.0)	181(50.0)	115(31.8)

注：选答人数（%）

另外，我们对这 8 个观测变量进行了可靠性分析，分析后得出潜变量的 Cronbach's Alpha 信度指数为 0.769，其中全部观测变量的校正总计相关性值均大于 0.3（见表 4-2），所以不用删除任何观测变量，说明这个变量的信度比较高。

表 4-2　学习动机信度分析结果

观测变量	项已删除的刻度均值	项已删除的刻度方差铉	校正的项总计相关性	项已删除的 Cronbach's Alpha 值
Dong.ji1	26.702	15.689	.453	.747
Dong.ji2	27.804	15.848	.365	.763
Dong.ji3	27.334	15.098	.460	.746
Dong.ji4	27.003	15.017	.479	.742
Dong.ji5	26.942	15.567	.489	.741
Dong.ji6	27.083	14.193	.573	.724
Dong.ji7	26.657	16.569	.395	.756
Dong.ji8	26.837	15.201	.542	.732

注：8 个观测变量的 Cronbach's Alpha 值为 0.769。

　　我们从调查结果中也发现，学习汉语为了毕业后找到工作的学生 306 名
（84.0%）、升职 109 名（30.2%）、了解中国 199 名（54.9%）、喜欢汉语 264 名
（73.0%）、多学一种语言 282 名（77.9%）、想跟中国人交流 245 名（67.7%）；继续
读研 324 名（89.6%）、去中国留学 296 名（81.8%）；具体参见图 4-1。

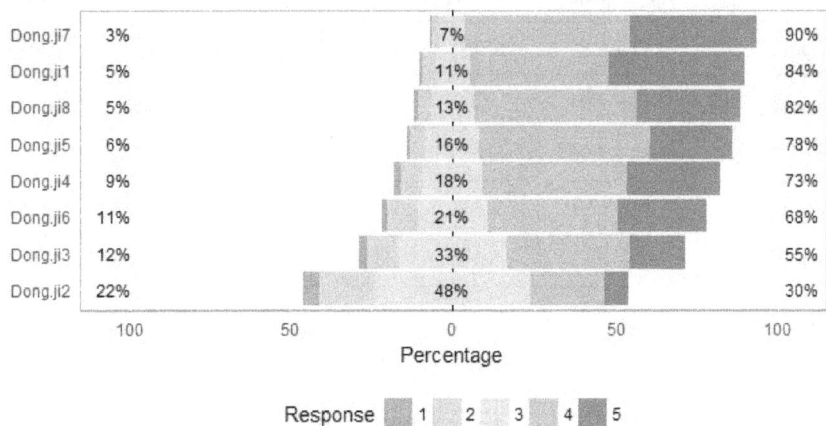

图 4-1　学习动机量表调查结果分析

　　调查结果表明：越南汉语本科生学习汉语的动机比较多样，其中大部分
学生学汉语是为了毕业后找工作、继续读研、去中国留学。

二、学生学习坚定程度

　　学习坚定程度是指学生对学习的坚持程度，学习坚定程度对学生成绩也

有一定的影响，我们用 6 个观测变量来测量"学习坚定程度"潜变量，具体观测变量如下：保证按时毕业（Jian.ding1）；为了达到学习目标，你一直努力学习（Jian.ding2）；有能力解决学习过程中的困难（Jian.ding3）；可以掌控学习过程中发生的困难（Jian.ding4）；认为学习过程中的挑战是有趣的（Jian.ding5）；有能力承受学习过程中的压力（Jian.ding6），观测后的结果如表 4-3 所示。

表4-3　学习坚定程度观测结果分析

观测变量	样本	均值 ± 标准差	完全不同意	不同意	一般	同意	完全同意
Jian.ding1	362	4.22 ± 0.74	2(0.6)	3(0.8)	46(12.7)	175(48.3)	136(37.6)
Jian.ding2	362	3.91 ± 0.76	2(0.6)	6(1.7)	92(25.4)	185(51.1)	77(21.3)
Jian.ding3	362	3.46 ± 0.72	2(0.6)	20(5.5)	170(47.0)	148(40.9)	22(6.1)
Jian.ding4	362	3.27 ± 0.80	6(1.7)	44(12.2)	177(48.9)	116(32.0)	19(5.2)
Jian.ding5	362	3.23 ± 0.98	13(3.6)	69(19.1)	134(37.0)	114(31.5)	32(8.8)
Jian.ding6	362	3.23 ± 0.96	16(4.4)	57(15.7)	146(40.3)	114(31.5)	29(8.0)

注：选答人数（%）。

另外，我们对这 6 个观测变量进行了可靠性分析，分析后得出潜变量的 Cronbach's Alpha 信度指数为 0.808，其中全部观测变量的校正总计相关性均大于 0.3（见表 4-4），所以不用删除任何观测变量，这说明观察的可靠性较强。

表4-4　学习坚定程度信度分析结果

观测变量	项已删除的刻度均值	项已删除的刻度方差铱	校正的项总计相关性	项已删除的Cronbach's Alpha 值
Jian.ding1	17.102	10.303	.393	.812
Jian.ding2	17.409	9.566	.545	.783
Jian.ding3	17.854	9.494	.608	.771
Jian.ding4	18.047	8.876	.663	.756
Jian.ding5	18.088	8.297	.613	.768
Jian.ding6	18.088	8.413	.605	.770

注：6 个观测变量的 Cronbach's Alpha 值为 0.808

我们从调查结果中也发现，能够保证按时毕业的学生 311 名（85.9%），为了达到学习目标而一直努力学习 262 名（72.4%），学生有能力解决学习过程中的困难 170 名（47.0%），学生可以掌控学习过程发生的困难 135 名（37.2%），认为学习过程中的挑战是有趣的 146 名（40.3%），有能力承受学习过程中的压力 143 名（39.5%）；具体参见图 4-2。

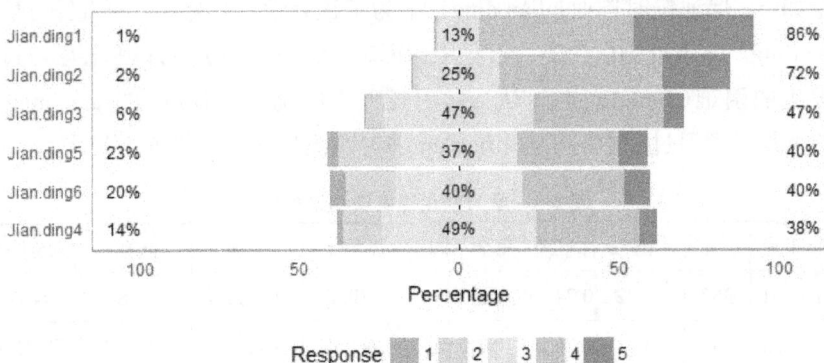

图 4-2　学习坚定程度量表调查结果分析

调查结果表明：越南汉语本科生学习坚定程度比较高，大部分学生都能够保证按时毕业，而且愿意为了达到学习目标而努力学习。

三、学生学习竞争程度

学习竞争程度是指学生在学习过程中不断努力奋斗，希望能够超过其他同学的渴望度。我们用 4 个观测变量来测量"学习竞争程度"潜变量、学习竞争程度给你机会探索自我的能力（Jing.zheng1）；学习竞争程度是帮你发展自我能力的工具（Jing.zheng2）；学习竞争程度激励你向其他同学学习（Jing.zheng3）；学习竞争程度让你和同学越来越亲近（Jing.zheng4），观测后的结果如表 4-5 所示。

表 4-5　学习竞争程度观测结果分析

观测变量	样本	均值 ± 标准差	完全不同意	不同意	一般	同意	完全同意
Jing.zheng1	362	3.76 ± 0.85	7(1.9)	23(6.4)	75(20.7)	203(56.1)	54(14.9)
Jing.zheng2	362	3.84 ± 0.78	5(1.4)	14(3.9)	72(19.9)	214(59.1)	57(15.7)
Jing.zheng3	362	3.96 ± 0.78	4(1.1)	12(3.3)	57(15.7)	211(58.3)	78(21.5)
Jing.zheng4	362	3.36 ± 1.01	17(4.7)	49(13.5)	127(35.1)	126(34.8)	43(11.9)

注：选答人数（%）。

另外，我们对这 4 个观测变量进行了可靠性分析，分析后得出潜变量的 Cronbach's Alpha 信度指数为 0.811，而且全部观测变量的校正总计相关性值均大于 0.3（见表 4-6），所以不用删除任何观测变量，说明这个变量的信度比较高。

表 4-6　学习竞争程度信度分析结果

观测变量	项已删除的刻度均值	项已删除的刻度方差铱	校正的项总计相关性	项已删除的Cronbach's Alpha 值
Jing.zheng1	11.155	4.585	.620	.768
Jing.zheng2	11.072	4.560	.720	.725
Jing.zheng3	10.953	4.627	.701	.735
Jing.zheng4	11.555	4.347	.523	.829

注：4 个观测变量的 Cronbach's Alpha 值为 0.811

我们从调查结果中发现：认为学习竞争程度带来了探索自我能力的机会的学生 257 名（71.0%），学习竞争程度是帮助发展自我能力的工具的有 271 名（74.8%），学习竞争程度激励你向其他同学学习的有 289 名（79.8%），学习竞争程度让你和同学越来越亲近的有 169 名（46.7%）；具体参见图 4-3。

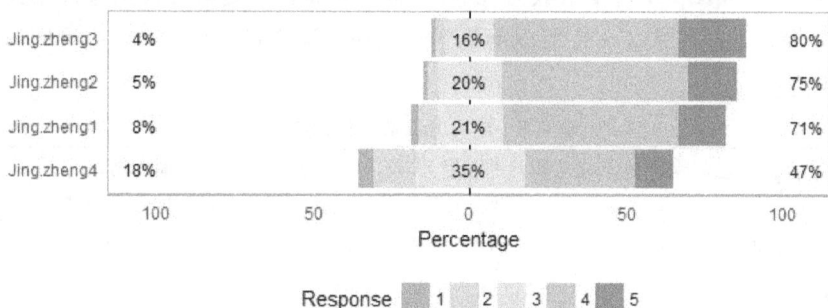

图 4-3　学习竞争程度量表调查结果分析

调查结果表明：越南汉语本科生学习竞争程度很强，大部分认为竞争能够帮助学生发展自己的能力，在竞争过程中可以向同学学到很多东西。

四、学生学习方法

学习方法是指学生用某种方式来学习，我们用 7 个观测变量来测量"学习方法"潜变量，具体观测变量如下：学生常给每门课制订学习计划（Fang.fa1）；课程开始前学生常了解每门课的学习目标（Fang.fa2）；学生对每门课找出合适学习方法（Fang.fa3）；学生常按自己的特殊方法来做笔记（Fang.fa4）；读书时学生常总结，并找出主要的内容（Fang.fa5）；学生常参加分组学习和讨论（Fang.fa6）；学生常参加科学研究（Fang.fa7），观测后的结果如表 4-7 所示。

表 4-7　学习方法观测结果分析

观测变量	样本	均值 ± 标准差	完全不同意	不同意	一般	同意	完全同意
Fang.fa1	362	3.03 ± 0.92	14(3.9)	92(25.4)	140(38.7)	102(28.2)	14(3.9)
Fang.fa2	362	3.09 ± 0.99	22(6.1)	78(21.5)	123(34.0)	122(33.7)	17(4.7)
Fang.fa3	362	3.36 ± 0.85	7(1.9)	46(12.7)	140(38.7)	148(40.9)	21(5.8)
Fang.fa4	362	3.77 ± 0.85	6(1.7)	21(5.8)	82(22.7)	195(53.9)	58(16.0)
Fang.fa5	362	3.54 ± 0.84	5(1.4)	29(8.0)	130(35.9)	160(44.2)	38(10.5)
Fang.fa6	362	3.22 ± 0.91	11(3.0)	61(16.9)	150(41.4)	117(32.3)	23(6.4)
Fang.fa7	362	2.47 ± 0.99	60(16.6)	136(37.6)	110(30.4)	47(13.0)	9(2.5)

注：选答人数（%）。

另外，我们对这 7 个观测变量进行了可靠性分析，分析后得出潜变量的 Cronbach's Alpha 信度指数为 0.815，而且全部观测变量的校正总计相关性值均大于 0.3（见表 4-8），所以不用删除任何观测变量，说明这个变量的信度比较高。

表 4-8　学习方法信度分析结果

观测变量	项已删除的刻度均值	项已删除的刻度方差铱	校正的项总计相关性	项已删除的 Cronbach's Alpha 值
Fang.fa1	19.459	14.011	.620	.778
Fang.fa2	19.392	13.596	.625	.777
Fang.fa3	19.127	14.211	.658	.773
Fang.fa4	18.718	15.239	.481	.802
Fang.fa5	18.942	15.279	.480	.802
Fang.fa6	19.265	14.727	.515	.796
Fang.fa7	20.014	14.368	.499	.801

注：7 个观测变量的 Cronbach's Alpha 值为 0.815

我们从调查结果中发现：常给每门课制订学习计划的学生 116 名（32.1%），课程开始前常了解每门课的学习目标的学生 139 名（38.4%），对每门课找出合适学习方法的学生 169 名（46.7%），常按自己的特殊方法来做笔记的学生 253 名（69.9%），读书时常总结，并找出主要的内容的学生 198 名（54.7%），常参加分组学习和讨论的学生 140 名（38.7%），常参加科学研究的学生 56 名（15.5%）；具体参见图 4-4。

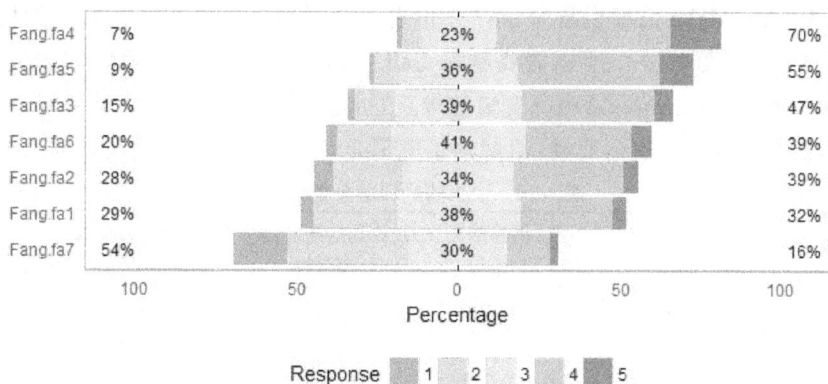

图 4-4　学习方法量表调查分析结果

调查结果表明：大部分越南汉语本科生在学习过程中都按自己的特殊方法来做笔记，读书时常找出主要的内容，但较少参与讨论和分组学习，也很少参加科学研究。

五、学生个人感受

学生个人感受是指学生对某种事物的感觉，了解学生个人感受，可以帮助我们探究如何鼓励学生学习。我们用 6 个观测变量来测量"个人感受"潜变量，具体观测变量如下：你觉得与别人一起学习，能很快进步（Gan.shou1）；得到老师的注意时你对学习更感兴趣（Gan.shou2）；当老师在班上指出你的错误时你觉得害羞（Gan.shou3）；当做错事时你怕被别人嘲笑（Gan.shou4）；在学习过程中解决困难时你觉得很有成就感（Gan.shou5）；当只有你正确回答了老师的问题时你觉得很高兴（Gan.shou6），观测后的结果如表 4-9 所示。

表 4-9　个人感受观测结果分析

观测变量	样本	均值 ± 标准差	完全不同意	不同意	一般	同意	完全同意
Gan.shou1	362	3.93 ± 0.79	5(1.4)	8(2.2)	72(19.9)	199(55.0)	78(21.5)
Gan.shou2	362	3.67 ± 0.98	12(3.3)	28(7.7)	96(26.5)	155(42.8)	71(19.6)
Gan.shou3	362	2.76 ± 1.14	54(14.9)	105(29.0)	101(27.9)	78(21.5)	24(6.6)
Gan.shou4	362	2.90 ± 1.12	39(10.8)	100(27.6)	109(30.1)	85(23.5)	29(8.0)
Gan.shou5	362	3.96 ± 0.86	7(1.9)	12(3.3)	63(17.4)	185(51.1)	95(26.2)
Gan.shou6	362	3.82 ± 1.01	12(3.3)	26(7.2)	75(20.7)	151(41.7)	98(27.1)

注：选答人数（%）。

另外，我们对这 6 个观测变量进行了可靠性分析，分析后得出潜变量的

Cronbach's Alpha 信度指数为 0.672，但有一个观测变量的校正总计相关性值小于 0.3（见表 4-10），所以需要删除 Gan.shou1 观测变量，删除后信度值是 0.679，但发现 Gan.shou2 观测变量的校正总计相关性值小于 0.3（见表 4-11），所以我们继续删除这个变量，删除后信度值是 0.704，可以接受（见表 4-12）。

表 4-10　个人感受信度分析结果

观测变量	项已删除的刻度均值	项已删除的刻度方差铋	校正的项总计相关性	项已删除的 Cronbach's Alpha 值
Gan.shou1	17.124	11.627	.229	.679
Gan.shou2	17.378	10.369	.340	.651
Gan.shou3	18.296	9.577	.366	.646
Gan.shou4	18.152	8.905	.497	.593
Gan.shou5	17.091	10.155	.471	.611
Gan.shou6	17.235	9.255	.517	.588

注：6 个观测变量的 Cronbach's Alpha 值为 0.672。

表 4-11　个人感受信度分析结果（删除后）

观测变量	项已删除的刻度均值	项已删除的刻度方差铋	校正的项总计相关性	项已删除的 Cronbach's Alpha 值
Gan.shou2	13.448	9.217	.242	.704
Gan.shou3	14.365	7.562	.437	.628
Gan.shou4	14.221	7.087	.550	.570
Gan.shou5	13.160	8.667	.436	.630
Gan.shou6	13.304	7.664	.520	.589

注：5 个观测变量的 Cronbach's Alpha 值为 0.679。

表 4-12　个人感受信度分析结果

观测变量	项已删除的刻度均值	项已删除的刻度方差铋	校正的项总计相关性	项已删除的 Cronbach's Alpha 值
Gan.shou3	10.688	5.207	.516	.626
Gan.shou4	10.544	4.986	.594	.570
Gan.shou5	9.483	6.732	.389	.697
Gan.shou6	9.627	5.858	.472	.651

注：4 个观测变量的 Cronbach's Alpha 值为 0.704。

　　我们从调查结果中发现：觉得与别人一起学习，能很快进步的学生 277 名（76.5%），得到老师的注意时会对学习更感兴趣的学生 226 名（62.2%），当老师在班上指出你的错误时觉得害羞的学生 102 名（28.1%），做错事时怕被别人嘲笑的学生 114 名（31.5%），在学习过程中解决困难时觉得很有成就感的学生 280 名（77.3%），当只有你正确回答了老师的问题时会觉得很高兴的学生 249 名（68.8%）；具体参见图 4-5。

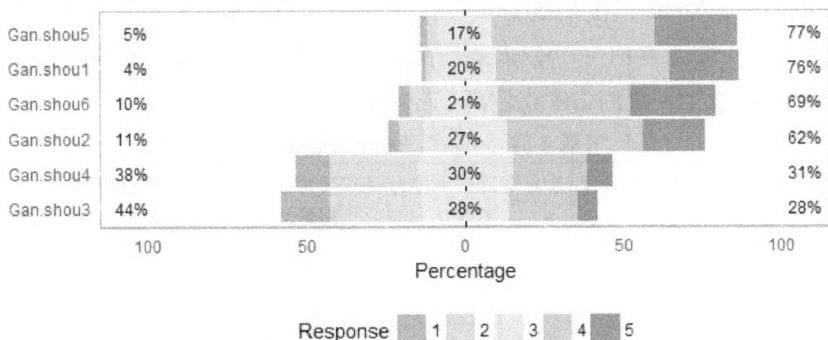

图 4-5　个人感受量表调查分析结果

调查结果表明：大部分越南汉语本科生觉得与别人一起学习时能很快进步，在学习过程中解决困难问题时很有成就感，答对老师的问题时也觉得很高兴。

六、学生个人愿望

学生个人愿望是指学生在学习过程中希望得到的东西，如果能够满足学生的愿望，可以激发学生的学习热情，提高学习效果。我们用 7 个观测变量来测量"个人愿望"潜变量，具体观测变量如下：你喜欢老师用幻灯片来教学（Yuan.wang1）；你喜欢有挑战性的教材（Yuan.wang2）；你喜欢老师采用分组讨论的学习模式（Yuan.wang3）；你喜欢在回答问题后得到老师的评价（Yuan.wang4）；你喜欢在获得优异成绩时得到别人的夸奖（Yuan.wang5）；你喜欢老师提问并让你到黑板上做题（Yuan.wang6）；你喜欢学习许多新知识（Yuan.wang7）；观测后的结果如表 4-13 所示。

表 4-13　个人愿望观测结果分析

观测变量	样本	均值 ± 标准差	完全不同意	不同意	一般	同意	完全同意
Yuan.wang1	362	3.88 ± 0.84	4(1.1)	14(3.9)	85(23.5)	175(48.3)	84(23.2)
Yuan.wang2	362	3.46 ± 0.95	11(3.0)	43(11.9)	116(32.0)	150(41.4)	42(11.6)
Yuan.wang3	362	3.65 ± 0.92	10(2.8)	23(6.4)	107(29.6)	163(45.0)	59(16.3)
Yuan.wang4	362	4.05 ± 0.74	3(0.8)	7(1.9)	51(14.1)	206(56.9)	95(26.2)
Yuan.wang5	362	3.89 ± 0.88	5(1.4)	17(4.7)	82(22.7)	166(45.9)	92(25.4)
Yuan.wang6	362	3.24 ± 1.01	24(6.6)	48(13.3)	137(37.8)	120(33.1)	33(9.1)
Yuan.wang7	362	4.15 ± 0.75	4(1.1)	5(1.4)	41(11.3)	193(53.3)	119(32.9)

注：选答人数（%）。

另外，我们对这 7 个观测变量进行了可靠性分析，分析后得出潜变量的 Cronbach's Alpha 信度指数为 0.770，但有一个观测变量的校正总计相关性值小于 0.3（见表 4-14），所以需要删除这个观测变量，删除后信度指数变为 0.789，说明这个变量的信度比较高（见表 4-15）。

表 4-14　个人愿望信度分析结果

观测变量	项已删除的刻度均值	项已删除的刻度方差镱	校正的项总计相关性	项已删除的 Cronbach's Alpha 值
Yuan.wang1	22.478	12.400	.468	.746
Yuan.wang2	22.898	11.278	.581	.721
Yuan.wang3	22.707	11.687	.533	.732
Yuan.wang4	22.307	12.379	.565	.730
Yuan.wang5	22.472	13.508	.246	.789
Yuan.wang6	23.116	11.349	.511	.738
Yuan.wang7	22.210	12.249	.578	.727

注：7 个观测变量的 Cronbach's Alpha 值为 0.770。

表 4-15　个人愿望信度分析结果（删除后）

观测变量	项已删除的刻度均值	项已删除的刻度方差镱	校正的项总计相关性	项已删除的 Cronbach's Alpha 值
Yuan.wang1	18.586	10.260	.470	.773
Yuan.wang2	19.006	9.036	.624	.736
Yuan.wang3	18.815	9.642	.529	.760
Yuan.wang4	18.414	10.360	.542	.759
Yuan.wang6	19.224	9.249	.521	.765
Yuan.wang7	18.318	10.107	.587	.749

注：6 个观测变量的 Cronbach's Alpha 值为 0.789。

我们从调查结果中发现：喜欢老师用幻灯片来进行教学的学生 259 名（71.5%），喜欢有挑战性的教材的学生 192 名（53.0%），喜欢老师采用分组讨论学习模式的学生 222 名（61.3%），喜欢在回答问题后得到老师评价的学生 301 名（83.1%），喜欢在获得优异成绩时得到别人夸奖的学生 258 名（71.3%），喜欢老师提问并让你到黑板上做题的学生 153 名（42.2%），喜欢学习许多新知识的学生 312 名（86.2%）；具体参见图 4-6。

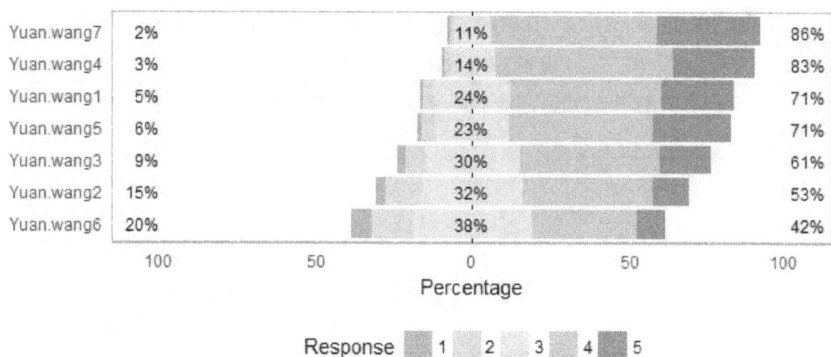

图 4-6　个人愿望量表调查分析结果

　　调查结果表明：大部分越南汉语本科生的愿望是：希望老师用幻灯片来教学，希望回答问题后得到老师的评价，希望学到更多的新知识，希望在获得优异成绩时得到别人的夸奖。

七、教师因素

　　教师在教学过程中占据着重要的位置，会直接影响学生的学习成绩。我们用 6 个观测变量来测量"教师"潜变量，具体观测变量如下：教师热情帮助学生解决学习过程中遇到的困难（Jiao.shi1）；教师严格执行上课时间和教学计划（Jiao.shi2）；教师公平地对学生能力进行评价（Jiao.shi3）；教师常更新专业知识（Jiao.shi4）；教师专业知识渊博（Jiao.shi5）；教师的教学方法能让教学内容变得有趣且易懂（Jiao.shi6），观测后的结果如表 4-16 所示。

表 4-16　教师观测结果分析

观测变量	样本	均值 ± 标准差	完全不同意	不同意	一般	同意	完全同意
Jiao.shi1	362	4.13 ± 0.78	4(1.1)	8(2.2)	42(11.6)	190(52.5)	118(32.6)
Jiao.shi2	362	4.22 ± 0.72	4(1.1)	3(0.8)	30(8.3)	198(54.7)	127(35.1)
Jiao.shi3	362	4.13 ± 0.78	6(1.7)	5(1.4)	40(11.0)	197(54.4)	114(31.5)
Jiao.shi4	362	4.20 ± 0.69	2(0.6)	3(0.8)	36(9.9)	200(55.2)	121(33.4)
Jiao.shi5	362	4.33 ± 0.63	1(0.3)	2(0.6)	21(5.8)	192(53.0)	146(40.3)
Jiao.shi6	362	3.93 ± 0.79	6(1.7)	5(1.4)	77(21.3)	193(53.3)	81(22.4)

　　注：选答人数（%）。

　　另外，我们对这 6 个观测变量进行了可靠性分析，分析后得出潜变量的 Cronbach's Alpha 信度指数为 0.881，而且全部观测变量的校正总计相关性值均大于0.3（见表4-17），所以不用删除任何观测变量，说明这个变量的信度比较高。

表4-17　教师信度分析结果

观测变量	项已删除的刻度均值	项已删除的刻度方差铉	校正的项总计相关性	项已删除的 Cronbach's Alpha 值
Jiao.shi1	20.807	8.589	.670	.864
Jiao.shi2	20.721	8.595	.748	.850
Jiao.shi3	20.812	8.280	.749	.850
Jiao.shi4	20.738	8.997	.677	.862
Jiao.shi5	20.613	9.385	.640	.868
Jiao.shi6	21.006	8.537	.665	.865

注：6个观测变量的 Cronbach's Alpha 值为 0.881。

我们从调查结果中发现：热情帮助学生解决学习过程中遇到的困难的老师有 308 名（85.1%），严格执行上课时间和教学计划的老师 325 名（89.8%），公平地对学生能力进行评价的老师 311 名（85.9%），常更新专业知识的老师 21 名（88.6%），专业知识渊博的老师 338 名（93.3%），其教学方法能让教学内容变得有趣且易懂的老师 274 名（75.7%）；具体参见图4-7。

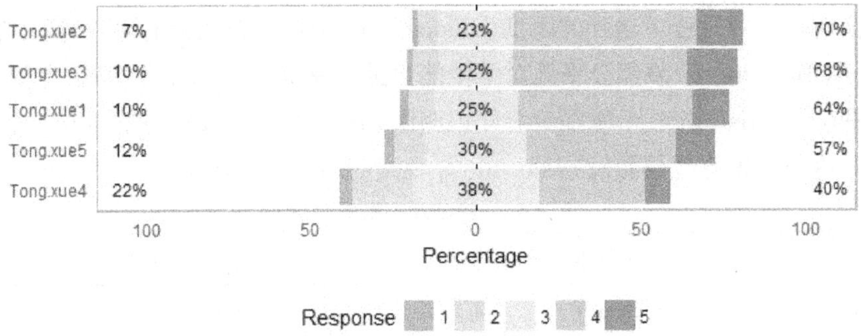

图4-7　教师量表调查分析结果

调查结果表明：大部分越南汉语本科生觉得老师很重要，希望老师能热情帮助学生，公平评价学生，常更新专业知识且专业知识渊博。

八、同学因素

同学无论在学习过程中，还是在生活过程中都对学生有很大的影响。我们用5个观测变量来测量"同学"潜变量，具体观测变量如下：同学常和你分享他学到的知识（Tong.xue1）；同学常在学习过程中帮助你（Tong.xue2）；同学常在日常生活中帮助你（Tong.xue3）；同学常和你参加分组学习活动（Tong.xue4）；同学常和你分享他知道的新消息（Tong.xue5）；观测后的结果如表 4-18 所示。

表 4-18　同学观测结果分析

观测变量	样本	均值 ± 标准差	完全不同意	不同意	一般	同意	完全同意
Tong.xue1	362	3.63 ± 0.88	10(2.8)	27(7.5)	92(25.4)	192(53.0)	41(11.3)
Tong.xue2	362	3.74 ± 0.83	6(1.7)	21(5.8)	83(22.9)	202(55.8)	50(13.8)
Tong.xue3	362	3.72 ± 0.87	6(1.7)	29(8.0)	80(22.1)	193(53.3)	54(14.9)
Tong.xue4	362	3.21 ± 0.95	14(3.9)	66(18.2)	137(37.8)	118(32.6)	27(7.5)
Tong.xue5	362	3.54 ± 0.92	11(3.0)	33(9.1)	110(30.4)	165(45.6)	43(11.9)

注：选答人数（%）。

另外，我们对这五个观测变量进行了可靠性分析，分析后得出潜变量的 Cronbach's Alpha 信度指数为 0.836，而且全部观测变量的校正总计相关性值均大于 0.3（见表 4-19），所以不用删除任何观测变量，说明这个变量的信度比较高。

表 4-19　同学信度分析结果

观测变量	项已删除的刻度均值	项已删除的刻度方差铙	校正的项总计相关性	项已删除的 Cronbach's Alpha 值
Tong.xue1	14.218	7.889	.685	.790
Tong.xue2	14.102	8.136	.686	.791
Tong.xue3	14.127	8.128	.636	.803
Tong.xue4	14.630	8.201	.536	.833
Tong.xue5	14.304	7.819	.656	.798

注：5 个观测变量的 Cronbach's Alpha 值为 0.836。

我们从调查结果中发现：常和你分享他学到的知识的同学 233 名（64.3%）；常在学习过程中帮助你的同学 252 名（69.6%）；常在日常生活中帮助你的同学 247 名（68.2%）；常和你参加分组学习活动的同学 145 名（40.1%）；常和你分享他知道的新消息的同学 208 名（57.5%）；具体参见图 4-8。

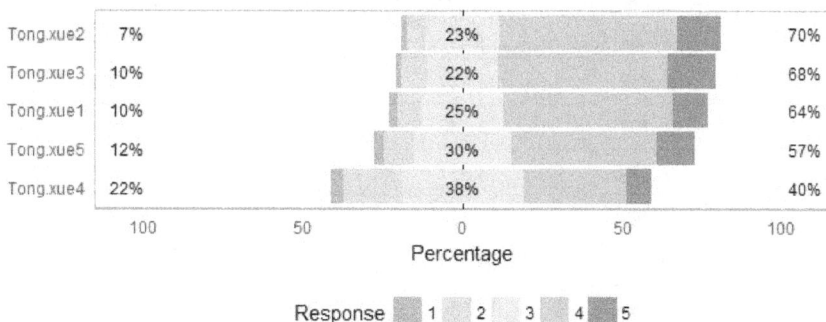

图 4-8　同学量表调查结果分析

调查结果表明：大部分越南汉语本科生都觉得同学常和自己分享他学到的知识，而且常常在学习和生活中帮助自己。

九、学习环境

学校的学习环境包括设施、课程、服务态度等方面。我们用6个观测变量来测量"学习环境"潜变量，具体观测变量如下：学校的设施能满足你的学习需求（Huan.jing1）；学习课程灵活且合理（Huan.jing2）；学校常举办与学习有关的活动（Huan.jing3）；学校干部、服务人员的态度热情且周到（Huan.jing4）；你有很多机会可以用汉语与中国人交流（Huan.jing5）；学校能够聆听并及时处理学生所反映的问题（Huan.jing6）；观测后的结果如表4-20所示。

表 4-20　学习环境观测结果分析

观测变量	样本	均值 ± 标准差	完全不同意	不同意	一般	同意	完全同意
Huan.jing1	362	3.35 ± 0.95	16(4.4)	44(12.2)	132(36.5)	137(37.8)	33(9.1)
Huan.jing2	362	3.28 ± 0.96	15(4.1)	58(16.0)	128(35.4)	132(36.5)	29(8.0)
Huan.jing3	362	3.45 ± 0.90	9(2.5)	42(11.6)	121(33.4)	157(43.4)	33(9.1)
Huan.jing4	362	3.56 ± 0.92	12(3.3)	28(7.7)	113(31.2)	163(45.0)	46(12.7)
Huan.jing5	362	3.21 ± 1.06	15(4.1)	84(23.2)	115(31.8)	104(28.7)	44(12.2)
Huan.jing6	362	3.13 ± 1.00	28(7.7)	49(13.5)	161(44.5)	96(26.5)	28(7.7)

注：选答人数（%）。

另外，我们对这6个观测变量进行了可靠性分析，分析后得出潜变量的Cronbach's Alpha 信度指数为 0.848，而且全部观测变量的校正总计相关性值均大于 0.3（见表4-21），所以不用删除任何观测变量，说明这个变量的信度比较高。

表 4-21　学习环境信度分析结果

观测变量	项已删除的刻度均值	项已删除的刻度方差铳	校正的项总计相关性	项已删除的Cronbach's Alpha 值
Huan.jing1	16.638	13.727	.650	.819
Huan.jing2	16.707	13.548	.673	.814
Huan.jing3	16.539	14.321	.606	.827
Huan.jing4	16.428	14.024	.633	.822
Huan.jing5	16.773	14.082	.509	.848
Huan.jing6	16.859	13.030	.723	.804

注：6个观测变量的 Cronbach's Alpha 值为 0.848。

我们从调查结果中发现：认为学校设施能满足学习需求的学生 170 名（46.9%），认为学习课程灵活且合理的学生 161 名（44.5%），认为学校常举办与学习有关的活动的学生 190 名（52.5%），认为学校干部、服务人员的态度热情且周到的学生 209 名（57.7%），认为有很多机会可以用汉语与中国人交流的学生 148 名（40.9%），认为学校能够聆听并及时处理学生所反映的问题的学生 124 名（34.2%）；具体参见图 4-9。

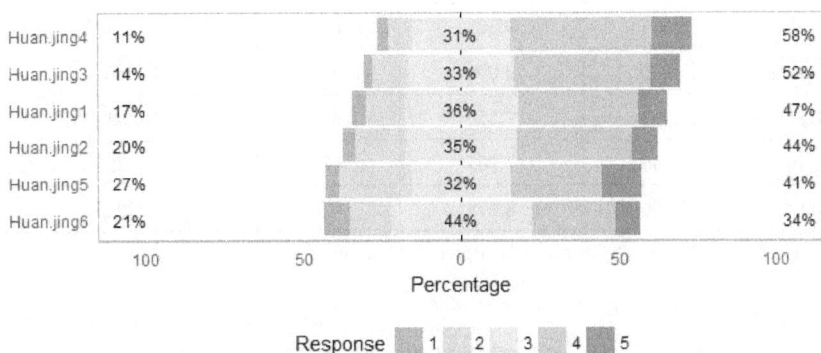

图 4-9　学习环境量表调查结果分析

调查结果表明：大部分越南汉语本科生认为：在学习环境中，自己学校的干部、服务人员的态度热情且周到，学校常举办与学习有关的活动，少部分学生认为学校没能及时处理学生反映的问题，课程安排不够灵活。

十、考试频次

高频率的考试可以不断巩固学生的知识和技能，培养学生的应试技巧。我们用 5 个观测变量来测量"考试频次"潜变量，具体观测变量如下：每次上课老师都检查已学知识（Kao.shi1）；每次上课老师都检查新课预习情况（Kao.shi2）；老师常举行小型考试（Kao.shi3）；每次上课老师都检查学生的作业本（Kao.shi4）；每次上课老师都检查学生的笔记本（Kao.shi5）；观测后的结果如表 4-22 所示。

表 4-22　考试频次观测结果分析

观测变量	样本	均值 ± 标准差	完全不同意	不同意	一般	同意	完全同意
Kao.shi1	362	3.17 ± 0.80	3(0.8)	26(7.2)	86(23.8)	202(55.8)	45(12.4)
Kao.shi2	362	3.55 ± 0.87	6(1.7)	36(9.9)	110(30.4)	171(47.2)	39(10.8)
Kao.shi3	362	3.78 ± 0.80	3(0.8)	23(6.4)	78(21.5)	203(56.1)	55(15.2)
Kao.shi4	362	3.33 ± 1.06	21(5.8)	61(16.9)	97(26.8)	143(39.5)	40(11.0)
Kao.shi5	362	2.98 ± 1.07	31(8.6)	92(25.4)	118(32.6)	93(25.7)	28(7.7)

注：选答人数（%）。

另外，我们对这五个观测变量进行了可靠性分析，分析后得出潜变量的 Cronbach's Alpha 信度指数为 0.838，而且全部观测变量的校正总计相关性值都大于 0.3（见表 4-23），所以不用删除任何观测变量，说明这个变量的信度比较高。

表 4-23　考试频次信度分析结果

观测变量	项已删除的刻度均值	项已删除的刻度方差铉	校正的项总计相关性	项已删除的 Cronbach's Alpha 值
Kao.shi1	13.657	9.323	.663	.803
Kao.shi2	13.820	9.006	.658	.801
Kao.shi3	13.591	9.550	.605	.816
Kao.shi4	14.044	7.965	.687	.793
Kao.shi5	14.390	8.178	.628	.813

注：5 个观测变量的 Cronbach's Alpha 值为 0.838。

我们从调查结果中发现：每次上课都检查已学知识的老师 247 名（68.2%），每次上课都检查新课预习情况的老师 210 名（58.0%），常举行小型考试的老师 258 名（71.3%），每次上课都检查学生作业本的老师 183 名（50.5%），每次上课都检查学生笔记本的老师 121 名（33.4%）；具体参见图 4-10。

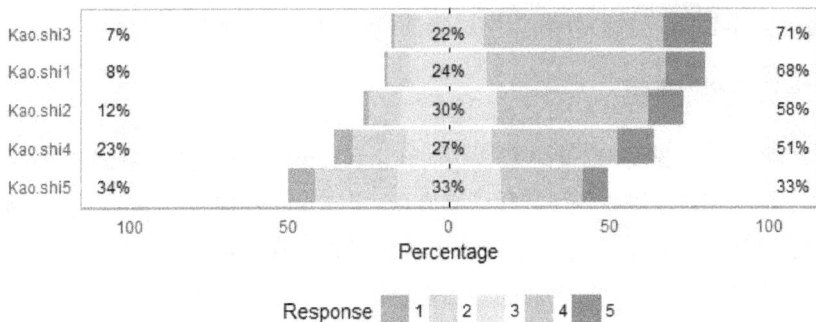

图 4-10　考试频次量表调查结果分析

调查结果表明：每次上课都检查已学知识的老师，同样也常举行小型考试，常检查学生的作业本。

十一、家庭因素

家庭因素也是一个重要方面，包括家庭成员的鼓励、支持，家庭经济条件等因素。我用 5 个观测变量来测量"家庭因素"潜变量，具体观测变量如下：家庭成员常鼓励你学习（Jia.ting1）；家长常支付你学习所需的费用（Jia.ting2）；家庭经济条件常影响你的学习（Jia.ting3）；父母的受教育程度常影响你的学习（Jia.ting4）；父母的行业对你的学习有影响（Jia.ting5），观测后的结果如表 4-24 所示。

表 4-24　家庭因素观测结果分析

观测变量	样本	均值 ± 标准差	完全不同意	不同意	一般	同意	完全同意
Jia.ting1	362	4.16 ± 0.82	4(1.1)	10(2.8)	43(11.9)	172(47.5)	133(36.7)
Jia.ting2	362	4.23 ± 0.82	5(1.4)	11(3.0)	28(7.7)	167(46.1)	151(41.7)
Jia.ting3	362	3.50 ± 1.19	27(7.5)	51(14.1)	78(21.5)	126(34.8)	80(22.1)
Jia.ting4	362	2.88 ± 1.27	59(16.3)	98(27.1)	74(20.4)	89(24.6)	42(11.6)
Jia.ting5	362	2.50 ± 1.21	86(23.8)	118(32.6)	74(20.4)	59(16.3)	25(6.9)

注：选答人数（%）。

另外，我们对这五个观测变量进行了可靠性分析，分析后得出潜变量的 Cronbach's Alpha 信度指数为 0.559，但有两个观测变量的校正总计相关性值均小于 0.3（见表 4-25），分别是 Jia.ting1 和 Jia.ting2，所以需要删除这两个观测变量，说明这个变量的信度比较低。我们删除这两个观测变量后，可靠性指数为 0.708，表明删除后这两个变量的信度可以接受（见表 4-26）。

表 4-25　家庭因素信度分析结果

观测变量	项已删除的刻度均值	项已删除的刻度方差铱	校正的项总计相关性	项已删除的 Cronbach's Alpha 值
Jia.ting1	13.119	9.473	.097	.601
Jia.ting2	13.041	9.087	.172	.572
Jia.ting3	13.779	6.876	.373	.470
Jia.ting4	14.398	5.875	.508	.368
Jia.ting5	14.779	6.466	.438	.425

注：5 个观测变量的 Cronbach's Alpha 值为 0.559。

表 4-26　家庭因素信度分析结果（删除后）

观测变量	项已删除的刻度均值	项已删除的刻度方差铱	校正的项总计相关性	项已删除的 Cronbach's Alpha 值
Jia.ting3	13.779	6.876	.373	.470
Jia.ting4	14.398	5.875	.508	.368
Jia.ting5	14.779	6.466	.438	.425

注：3 个观测变量的 Cronbach's Alpha 值为 0.708。

我们从调查结果中发现：在学习方面，常受到家庭成员鼓励的学生 305 名（84.2%），家长常支付学习所需费用的学生 318 名（87.8%），学习情况常受到家庭经济条件影响的学生 206 名（56.9%），学习情况常受到父母受教育程度影响的学生 131 名（36.2%），学习情况常受到父母行业影响的学生 84 名（23.2%）；具体参考图 4-11。

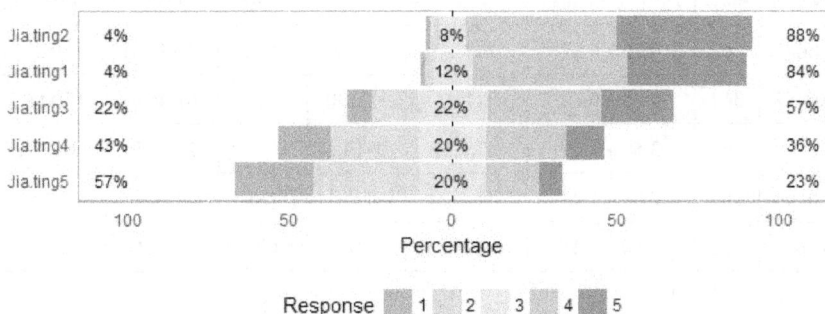

图 4-11　家庭因素调查结果分析

调查结果表明：大部分越南汉语本科生都觉得家庭成员常鼓励自己学习，并给自己支付学习所需费用，但觉得父母的教育背景和行业对自己没有很大的影响。

十二、社会因素

社会因素包括就业机会、社会对学生的知识技能的要求等。我们用 5 个观测变量来测量"社会因素"潜变量，具体观测变量如下：社会给汉语专业学生提供了很多工作（She.hui1）；社会看中学生会汉语（She.hui2）；汉语专业毕业生可以在社会中找到工作（She.hui3）；社会对汉语人才有很大的需求（She.hui4）；觉得会汉语的学生找到工作的概率比较大（She.hui5）；观测后的结果如表 4-27 所示。

表 4-27　社会因素观测结果分析

观测变量	样本	均值 ± 标准差	完全不同意	不同意	一般	同意	完全同意
She.hui1	362	3.87 ± 0.78	4(1.1)	9(2.5)	87(24.0)	191(52.8)	71(19.6)
She.hui2	362	3.39 ± 0.84	10(2.8)	21(5.8)	180(49.7)	117(32.3)	34(9.4)
She.hui3	362	3.22 ± 0.77	8(2.2)	34(9.4)	210(58.0)	90(24.9)	20(5.5)
She.hui4	362	3.74 ± 0.71	1(0.3)	7(1.9)	123(34.0)	184(50.8)	47(13.0)
She.hui5	362	3.68 ± 0.71	3(0.8)	10(2.8)	119(32.9)	197(54.4)	33(9.1)

注：选答人数（%）。

另外，我们对这五个观测变量进行了可靠性分析，分析后得出潜变量的Cronbach's Alpha 信度指数为 0.838，而且全部观测变量的校正总计相关性值都大于 0.3（见表 4-28），所以不用删除任何观测变量，说明这个变量的信度比较高。

表 4-28　社会因素信度分析

观测变量	项已删除的刻度均值	项已删除的刻度方差铉	校正的项总计相关性	项已删除的Cronbach's Alpha 值
She.hui1	14.044	5.926	.625	.809
She.hui2	14.519	5.574	.668	.798
She.hui3	14.696	5.930	.637	.806
She.hui4	14.174	6.050	.682	.795
She.hui5	14.235	6.308	.597	.817

注：5 个观测变量的 Cronbach's Alpha 值为 0.838。

我们从调查结果中发现：262 名（72.4%）的学生认为社会给汉语专业学生提供了很多工作机会；151 名（41.7%）的学生认为社会看重会汉语的学生；110 名（30.4%）的学生认为汉语专业毕业生可以在社会中找到工作；231 名（63.8%）的学生认为社会对汉语人才有很大的需求；230 名（63.5%）的学生认为会汉语的学生找到工作的概率比较大；具体参考图 4-12。

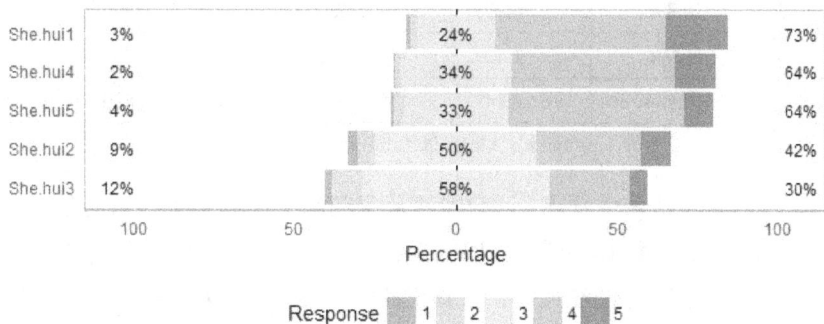

图 4-12　社会因素量表调查结果分析

调查结果表明：越南社会比较重视汉语人才，他们找到工作的概率比较大，所以汉语专业毕业生不用担心就业问题。

十三、学生的知识领会程度

学生的知识领会程度是本书的主要研究内容，使学生通过学习领会知识，是教育培养的重要目标。我们用 4 个观测变量来测量"知识领会程度"潜变量，具体观测变量如下：你能从每门课中学到很多知识（Zhi.shi1）；每门课都可以帮助你培养许多技能（Zhi.shi2）；你可以应用从每门课学到的知识（Zhi.shi3）；在学习过程中你学到许多知识和技能（Zhi.shi4），观测后的结果如表 4-29 所示。

表 4-29　知识领会程度观测结果分析

观测变量	样本	均值 ± 标准差	完全不同意	不同意	一般	同意	完全同意
Zhi.shi1	362	3.69 ± 0.78	2(0.6)	23(6.4)	100(27.6)	194(53.6)	43(11.9)
Zhi.shi2	362	3.57 ± 0.76	2(0.6)	20(5.5)	143(39.5)	162(44.8)	35(9.7)
Zhi.shi3	362	3.53 ± 0.81	4(1.1)	27(7.5)	139(38.4)	157(43.4)	35(9.7)
Zhi.shi4	362	3.66 ± 0.84	5(1.4)	22(6.1)	114(31.5)	170(47)	51(14.1)

注：选答人数（%）。

另外，我们对这 4 个观测变量进行了可靠性分析，分析后得出潜变量的 Cronbach's Alpha 信度指数为 0.858，而且全部观测变量的校正总计相关性值均大于 0.3（见表 4-30），所以不用删除任何观测变量，说明这个变量的信度值比较高。

表 4-30　知识领会程度信度分析结果

观测变量	项已删除的刻度均值	项已删除的刻度方差铵	校正的项总计相关性	项已删除的 Cronbach's Alpha 值
Zhi.shi1	10.768	4.389	.670	.832
Zhi.shi2	10.892	4.279	.737	.806
Zhi.shi3	10.936	4.137	.725	.809
Zhi.shi4	10.804	4.141	.681	.829

注：4 个观测变量的 Cronbach's Alpha 值为 0.858。

我们从调查结果中发现：认为能够从每门课中学到很多知识的学生 237 名（65.5%）；认为每门课可以帮助自己培养许多技能的学生 197 名（54.5%）；可以应用每门课学到的知识的学生 192 名（53.1%）；认为在学习过程中学到了许多知识和技能的学生 221 名（61.1%）；具体参见图 4-13。

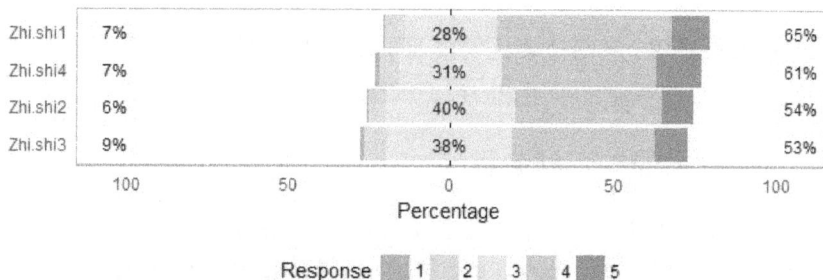

图 4-13　知识领会程度量表调查结果分析

　　调查结果表明：大部分越南汉语本科生能够从每门课中学到很多知识，认为每门课都能培养学生的技能，还能够把每门课学到的知识应用到实际生活中。

第二节　学生知识领会与其影响因素的比较分析

一、独立样本 T 检验分析

(一)学生性别

　　本研究的样本一共包括 362 名学生，其中男生 31 名（8.6%）、女生 331 名（91.4%），假设男生和女生在 13 个因变量中没有显著性差异，假设检验分析后的结果如表 4-31 所示。

表 4-31　学生性别的独立样本检验

变量	假设方差	方差方程的Levene 检验		均值方程的 t 检验						差分的 95%置信区间	
		F	Sig.	t	df	Sig.（双侧）	均值差值	标准误差值		下限	上限
社会因素	假设方差相等	.023	.881	-2.817	360	.005	-.31350	.11129		-.53237	-.09463
	假设方差不相等	—	—	-3.019	36.966	.005	-.31350	.10385		-.52391	-.10308
个人愿望	假设方差相等	.233	.629	-2.504	360	.013	-.28602	.11422		-.51064	-.06139
	假设方差不相等	—	—	-2.229	34.381	.032	-.28602	.12830		-.54665	-.02538
教师因素	假设方差相等	1.102	.294	-2.270	360	.024	-.24764	.10907		-.46213	-.03314
	假设方差不相等	—	—	-1.778	33.176	.085	-.24764	.13928		-.53095	.03568
同学因素	假设方差相等	.264	.608	-3.244	360	.001	-.41774	.12876		-.67096	-.16451
	假设方差不相等	—	—	-3.106	35.250	.004	-.41774	.13450		-.69071	-.14476

　　从表 4-31 来看，分析后的 13 个因变量中仅有 4 个变量拒绝零假设，其他 9 个因变量接受零假设（男生女生之间没有显著差异的）。由于因变量在方差方程的 Levene 检验中的 p-value(Sig.) 都大于 0.05，说明两组数据具有方差齐性，即方差齐性的假设成立，所以我们需要看 t 检验结果中的第一行（假

设方差相等）。具体是：社会因素变量在 t 检验中 t=-2.817，p=0.005(<0.05)，说明男生女生的社会因素是具有显著性差异的；个人愿望变量在 t 检验中 t=-2.504，p=0.013(<0.05)，说明男生女生的个人愿望是具有显著性差异的；教师因素变量在 t 检验中 t=-2.270，p=0.024(<0.05)，说明男生女生的教师是具有显著性差异的；同学因素变量在 t 检验中 t=-3.244，p=0.001(<0.05)，说明男生女生的同学是具有显著性差异的。

（二）学生户口

本研究的样本一共包括 362 名学生，其中农村户口学生 224 名（61.9%)、城市户口学生 138 名（38.1%)，假设农村户口学生和城市户口学生在 13 个因变量中没有显著性差异，假设检验分析后结果如表 4-32 所示。

表 4-32　学生户口的独立样本检验

变量	假设方差	方差方程的 Levene 检验		均值方程的 t 检验					差分的 95% 置信区间	
		F	Sig.	t	df	Sig.（双侧）	均值差值	标准误差值	下限	上限
家庭因素	假设方差相等	.074	.786	-2.188	270	.030	-.200	.09173	-.38132	-.02012
	假设方差不相等	—	—	-2.206	61.22	.031	-.200	.09099	-.38265	-.01879
学习坚定程度	假设方差相等	.019	.892	-2.270	270	.024	-.181	.07994	-.33880	-.02404
	假设方差不相等	—	—	-2.312	61.83	.024	-.181	.07846	-.33827	-.02457
学习方法	假设方差相等	.007	.933	2.555	270	.011	.221	.08662	.05076	.39182
	假设方差不相等	—	—	2.469	58.96	.016	.221	.08964	.04192	.40067
个人愿望	假设方差相等	4.866	.028	5.111	270	.000	.414	.08112	.25489	.57430
	假设方差不相等	—	—	4.397	54.11	.000	.4145	.09430	.22554	.60364
同学因素	假设方差相等	.177	.675	2.277	360	.023	.17016	.07473	.02320	.31712
	假设方差不相等	—	—	2.304	300.964	.022	.17016	.07387	.02480	.31552
学习环境	假设方差相等	3.742	.054	3.882	360	.000	.30150	.07767	.14875	.45425
	假设方差不相等	—	—	4.035	325.386	.000	.30150	.07472	.15451	.44849
考试频次	假设方差相等	.008	.930	2.666	360	.008	.20809	.07804	.05462	.36156
	假设方差不相等	—	—	2.672	291.979	.008	.20809	.07789	.05480	.36138

从表 4-32 来看，分析后的 13 个因变量中仅有 7 个变量拒绝零假设，其他 6 个因变量接受零假设（农村户口和城市户口之间没有显著差异）。由于 6 个因变量在方差方程的 Levene 检验中的 Sig. 值都大于 0.05，说明两组数据具有方差齐性，即方差齐性的假设成立，所以我们需要看 t 检验结果中的第一行（假设方差相等），只有一个因变量（学习方法）在 Levene 检验中 Sig. 值小于 0.05，所以需要看 t 检验结果中的第二行（假设方差不相等）。具体是：家庭因素变量在 t 检验中 $t=-2.474$，$Sig.=0.014(<0.05)$，说明农村户口学生和城市户口学生的家庭因素是具有显著性差异的；学习坚定程度变量在 t 检验中 $t=-2.008$，$p=0.045(<0.05)$，说明农村户口学生和城市户口学生的学习坚定程度是具有显著性差异的；学习方法变量在 t 检验中 $t=3.138$，$Sig=0.002(<0.05)$，说明农村户口学生和城市户口学生的学习方法是具有显著性差异的；个人愿望变量在 t 检验中 $t=3.877$，$Sig.=0.000(<0.05)$，说明农村户口学生和城市户口学生的个人愿望是具有显著性差异的；同学变量在 t 检验中 $t=2.277$，$Sig.=0.023(<0.05)$，说明农村户口学生和城市户口学生的同学因素是具有显著性差异的；学习环境变量在 t 检验中 $t=3.882$，$Sig.=0.000(<0.05)$，说明农村户口学生和城市户口学生的学习环境是具有显著性差异的；考试频次变量在 t 检验中 $t=2.666$，$Sig.=0.008(<0.05)$，说明农村户口学生和城市户口学生的考试频次是具有显著性差异的。

（三）学生有无学过汉语

本研究的样本一共包括 362 名学生，其中学过汉语的学生 75 名（20.7%）、没有学过汉语的学生 287 名（79.3%），假设学过汉语的学生和没学过汉语的学生在 13 个因变量中没有显著性差异，假设检验分析后结果如表 4-33 所示。

表 4-33　学生有无学过汉语的独立样本检验

变量	假设方差	方差方程的 Levene 检验		均值方程的 t 检验					差分的 95% 置信区间	
		F	Sig.	t	df	Sig.（双侧）	均值差值	标准误差值	下限	上限
学习动机	假设方差相等	.448	.504	-2.012	360	.045	-.14329	.07122	-.28336	-.00322
	假设方差不相等	—	—	-2.115	123.933	.036	-.14329	.06774	-.27737	-.00922
学习坚定程度	假设方差相等	.812	.368	-2.040	360	.042	-.15648	.07669	-.30729	-.00566
	假设方差不相等	—	—	-2.106	120.701	.037	-.15648	.07430	-.30358	-.00938

续表

变量	假设方差	方差方程的 Levene 检验		均值方程的 t 检验						
		F	Sig.	t	df	Sig. (双侧)	均值 差值	标准误 差值	差分的 95% 置信区间	
									下限	上限
学习方法	假设方差 相等	.232	.631	-3.819	360	.000	-.30383	.07955	-.46027	-.14739
	假设方差 不相等	—	—	-3.875	117.895	.000	-.30383	.07841	-.45911	-.14855
个人愿望	假设方差 相等	.221	.638	-2.215	360	.027	-.17498	.07901	-.33036	-.01960
	假设方差 不相等	—	—	-2.300	121.763	.023	-.17498	.07607	-.32558	-.02438
教师因素	假设方差 相等	.898	.344	-3.590	360	.000	-.26752	.07452	-.41407	-.12097
	假设方差 不相等	—	—	-3.074	97.755	.003	-.26752	.08703	-.44023	-.09481

从表 4-33 来看，分析后的 13 个因变量中仅有 5 个变量拒绝零假设，其他 8 个因变量接受零假设（学过汉语的学生和没学过汉语的学生之间没有显著差异的）。由于 5 个因变量在方差方程的 Levene 检验中的 p 值都大于 0.05，说明两组数据具有方差齐性，即方差齐性的假设成立，所以我们需要看 t 检验结果中的第一行（假设方差相等）。具体是：学习动机变量在 t 检验中 t=-2.012，p=0.045（<0.05），说明学过汉语的学生和没学过汉语的学生的学习动机是具有显著性差异的；学习坚定程度变量在 t 检验中 t=-2.040，p=0.042（<0.05），说明学过汉语的学生和没学过汉语的学生的学习坚定程度是具有显著性差异的；学习方法变量在 t 检验中 t=-3.819，p=0.000（<0.05），说明学过汉语的学生和没学过汉语的学生的学习方法是具有显著性差异的；个人愿望变量在 t 检验中 t=-2.215，p=0.027（<0.05），说明学过汉语的学生和没学过汉语的学生的个人愿望是具有显著性差异的；教师因素变量在 t 检验中 t=-3.590，p=0.000（<0.05），说明学过汉语的学生和没学过汉语的学生的教师因素是具有显著性差异的。

（四）学生有无中国教师教学

本研究的样本一共包括 362 名学生，其中答案为"有中国教师"的学生 304 名（84.0%）、答案为"没有中国教师"的学生 14 名（3.9%），没选择任何答案的学生 44 名（12.1%）。假设有无中国教师教学在 13 个因变量中没有显著性差异，假设检验分析后结果如表 4-34 所示。

表 4-34　学生有无中国教师教学的独立样本检验

变量	假设方差	方差方程的 Levene 检验		均值方程的 t 检验						
		F	Sig.	t	df	Sig.（双侧）	均值差值	标准误差值	差分的 95% 置信区间	
									下限	上限
个人愿望	假设方差相等	4.473	.035	1.273	316	.204	.21092	.16569	-.11508	.53692
	假设方差不相等	—	—	2.474	18.920	.023	.21092	.08524	.03245	.38939
同学因素	假设方差相等	1.404	.237	2.400	316	.017	.45451	.18940	.08187	.82716
	假设方差不相等	—	—	3.341	15.596	.004	.45451	.13603	.16552	.74350

从表 4-34 来看，分析后的 13 个因变量中仅有 2 个变量拒绝零假设，其他 11 个因变量接受零假设（有无中国教师教学之间没有显著差异的）。由于 1 个因变量（同学因素）在方差方程的 Levene 检验中的 p 值大于 0.05，说明两组数据具有方差齐性，即方差齐性的假设成立，所以我们需要看 t 检验结果中的第一行（假设方差相等），另一个因变量（个人愿望）在 Levene 检验中 p 值小于 0.05，所以需要看 t 检验结果中的第二行（假设方差不相等）。具体是：个人愿望变量在 t 检验中 t=2.474，p=0.023（<0.05），说明有无中国教师教学的个人愿望是具有显著性差异的；同学因素变量在 t 检验中 t=2.400，p=0.017（<0.05），说明有无中国教师教学的同学因素是具有显著性差异的。

二、单因素方差分析

（一）学生专业

本研究的样本一共包括 362 名学生，其分布如下：汉语语言专业的 214 名（59.1%）、汉语师范专业的 71 名（19.6%），汉语翻译专业的 60 名（16.6%）、商务汉语专业的 17 名（4.7%）。假设不同专业的学生在 13 个因变量中没有显著性差异，假设检验分析后结果如表 4-35 所示。

表 4-35　学生专业的单因素方差分析

变量	组类型	平方和	df	均方	F	显著性
知识领会程度	组间	5.024	3	1.675	3.813	.010
社会因素	组间	7.661	3	2.554	7.523	.000
学习动机	组间	7.471	3	2.490	8.711	.000
学习坚定程度	组间	5.964	3	1.988	5.863	.001
学习竞争程度	组间	6.287	3	2.096	4.556	.004

续表

变量	组类型	平方和	df	均方	F	显著性
个人愿望	组间	6.686	3	2.229	6.196	.000
教师因素	组间	3.112	3	1.037	3.094	.027
学习环境	组间	12.574	3	4.191	8.306	.000
考试频次	组间	18.600	3	6.200	12.881	.000

从表 4-35 来看，分析后的 13 个因变量中有 9 个变量拒绝零假设，其他 4 个因变量接受零假设。另外这 9 个因变量的 p 值均小于 0.05，说明每个变量中至少有两专业组之间是存在显著性差异的，但各专业之间的具体差异要看表 4-36。

表 4-36　学生专业的多重比较 LSD（事后测试）

因变量	(I) 专业	(J) 专业	均值差 (I-J)	标准误	显著性	95% 置信区间 下限	上限
知识领会程度	汉语师范	汉语语言	-.28441*	.09076	.002	-.4629	-.1059
		汉语翻译	-.32518*	.11621	.005	-.5537	-.0966
社会因素	汉语师范	汉语语言	-.36767*	.07979	.000	-.5246	-.2107
		商务汉语	-.34051*	.15731	.031	-.6499	-.0311
	汉语翻译	汉语语言	-.17598*	.08511	.039	-.3434	-.0086
学习动机	汉语语言	汉语师范	.34416*	.07323	.000	.2001	.4882
		商务汉语	.29010*	.13473	.032	.0251	.5551
	汉语师范	汉语翻译	-.34548*	.09376	.000	-.5299	-.1611
	汉语翻译	商务汉语	.29142*	.14690	.048	.0025	.5803
学习坚定程度	汉语师范	汉语语言	-.32796*	.07975	.000	-.4848	-.1711
		汉语翻译	-.21643*	.10211	.035	-.4172	-.0156
学习竞争程度	汉语语言	汉语师范	.31182*	.09288	.001	.1292	.4945
个人愿望	汉语师范	汉语语言	-.34272*	.08214	.000	-.5043	-.1812
		汉语翻译	-.28439*	.10517	.007	-.4912	-.0776
教师因素	汉语师范	汉语语言	-.24079*	.07930	.003	-.3967	-.0848
		汉语翻译	-.20039*	.10153	.049	-.4001	-.0007
学习环境	汉语师范	汉语语言	-.47982*	.09729	.000	-.6711	-.2885
		汉语翻译	-.29742*	.12457	.017	-.5424	-.0524
考试频次	汉语语言	汉语师范	.44947*	.09502	.000	.2626	.6363
		汉语翻译	.47022*	.10135	.000	.2709	.6695
		商务汉语	.47532*	.17482	.007	.1315	.8191

* 均值差的显著性水平为 0.05。

从表 4-36 来看，在知识领会程度、学习坚定程度、个人愿望、教师因素、学习环境 5 个变量中，汉语师范、汉语语言、汉语翻译三个专业之间具有显著性差异（p<0.05），但商务汉语与汉语师范、汉语语言、汉语翻译专业之间无显著性差异（p≥0.05）。在社会因素变量中，汉语师范与汉语语言、商务汉语专业之间，以及汉语翻译与汉语语言专业之间均有显著性差异；在学习动机变量中，汉语语言与汉语师范、商务汉语专业之间，汉语师范与汉语翻译专业之间，汉语翻译与商务汉语专业之间均有显著性差异；在学习竞争程度变量中，汉语语言与汉语师范专业之间有显著性差异；在考试频次变量中，汉语语言与汉语师范、汉语翻译、商务汉语专业之间有显著性差异。

（二）学生年级

本研究的样本一共包括362名学生，学生年级分布如下：一年级的87名（24.0%）、二年级的178名（49.2%），三年级的85名（23.5%）、四年级的12名（3.3%）。假设不同年级的学生在13个因变量中没有显著性差异，假设检验分析后结果如表4-37所示。

表4-37 学生年级的单因素方差分析

变量	组类型	平方和	df	均方	F	显著性
学习方法	组间	6.246	3	2.082	5.533	.001
个人愿望	组间	4.289	3	1.430	3.902	.009
学习环境	组间	9.608	3	3.203	6.244	.000
考试频次	组间	4.909	3	1.636	3.149	.025

从表4-37来看，分析后的13个因变量中有4个变量拒绝零假设，其他9个因变量接受零假设。另外这4个因变量的p值均小于0.05，说明每个变量中至少有两个年级组之间是存在显著性差异的，但各年级之间的具体差异要看表4-38。

表4-38 学生年级的多重比较 LSD（事后测试）

因变量	(I) 年级	(J) 年级	均值差 (I-J)	标准误	显著性	95% 置信区间	
						下限	上限
学习方法	二年级	一年级	-.20393*	.08024	.011	-.3617	-.0461
		三年级	-.30989*	.08087	.000	-.4689	-.1508
个人愿望	二年级	一年级	-.22341*	.07918	.005	-.3791	-.0677
		三年级	-.21419*	.07980	.008	-.3711	-.0572
学习环境	一年级	二年级	.37967*	.09368	.000	.1954	.5639
		三年级	.35443*	.10922	.001	.1396	.5692
考试频次	一年级	二年级	.27035*	.09429	.004	.0849	.4558
		三年级	.25928*	.10993	.019	.0431	.4755

* 均值差的显著性水平为 0.05。

从表 4-38 来看,在学习方法、个人愿望、学习环境和考试频次 4 个变量中,一年级、二年级、三年级这三个年级之间有显著性差异(p<0.05),但四年级与一年级、二年级、三年级之间无显著性差异(p≥0.05)。

(三)学生自习时间

本研究的样本一共包括 362 名学生,学生的自习时间分布如下: 2 小时以内的 142 名(39.2%)、2 ~ 4 小时的 177 名(48.9%),4-6 小时的 38 名(10.5%)、6 小时以上的 5 名(1.4%)。假设自习时间不同的学生在 13 个因变量中没有显著性差异,假设检验分析后结果如表 4-39 所示。

表 4-39　学生自习时间的单因素方差分析

变量	组类型	平方和	df	均方	F	显著性
知识领会程度	组间	8.948	3	2.983	6.965	.000
学习动机	组间	3.280	3	1.093	3.674	.012
学习坚定程度	组间	5.786	3	1.929	5.680	.001
学习方法	组间	13.624	3	4.541	12.769	.000
个人愿望	组间	9.903	3	3.301	9.412	.000
教师因素	组间	3.404	3	1.135	3.393	.018
学习环境	组间	7.367	3	2.456	4.730	.003
考试频次	组间	10.627	3	3.542	7.034	.000

从表 4-39 来看,分析后的 13 个因变量中有 8 个变量拒绝零假设,其他 5 个因变量接受零假设。另外这 8 个因变量的 p 值均小于 0.05,说明每个变量中至少有两个自习时间组之间是存在显著性差异的,但各自习时间组之间的具体差异要看表 4-40。

表 4-40　学生自习时间的多重比较 LSD(事后测试)

因变量	(I) 自习时间	(J) 自习时间	均值差 (I-J)	标准误	显著性	95% 置信区间	
						下限	上限
知识领会程度	<2 小时	2 ~ 4 小时	-.15647*	.07372	.034	-.3015	-.0115
		4 ~ 6 小时	-.34600*	.11952	.004	-.5810	-.1109
		>6 小时	.86585*	.29776	.004	.2803	1.4514
	2 ~ 4 小时	>6 小时	1.02232*	.29676	.001	.4387	1.6059
	4 ~ 6 小时	>6 小时	1.21184*	.31131	.000	.5996	1.8241
学习动机	<2 小时	2 ~ 4 小时	-.13369*	.06146	.030	-.2545	-.0128
		4 ~ 6 小时	-.28614*	.09963	.004	-.4821	-.0902
学习坚定程度	<2 小时	2 ~ 4 小时	-.14788*	.06565	.025	-.2770	-.0188
		4 ~ 6 小时	-.42655*	.10643	.000	-.6359	-.2172
	2 ~ 4 小时	4 ~ 6 小时	-.27867*	.10418	.008	-.4836	-.0738

续表

因变量	(I) 自习时间	(J) 自习时间	均值差 (I-J)	标准误	显著性	95% 置信区间	
						下限	上限
学习方法	<2 小时	2～4 小时	-.32523*	.06719	.000	-.4574	-.1931
		4～6 小时	-.56846*	.10892	.000	-.7827	-.3543
	2～4 小时	4～6 小时	-.24324*	.10662	.023	-.4529	-.0335
个人愿望	<2 小时	2～4 小时	-.17175*	.06672	.010	-.3030	-.0405
		4～6 小时	-.39486*	.10816	.000	-.6076	-.1822
		>6 小时	.83146*	.26946	.002	.3015	1.3614
	2～4 小时	4～6 小时	-.22311*	.10588	.036	-.4313	-.0149
		>6 小时	1.00320*	.26855	.000	.4751	1.5313
	4～6 小时	>6 小时	1.22632*	.28172	.000	.6723	1.7804
教师	<2 小时	2～4 小时	-.16706*	.06515	.011	-.2952	-.0389
		4～6 小时	-.22115*	.10562	.037	-.4289	-.0134
学习环境	<2 小时	2～4 小时	-.26435*	.08117	.001	-.4240	-.1047
		4～6 小时	-.37194*	.13160	.005	-.6307	-.1131
	2～4 小时	<2 小时	.26435*	.08117	.001	.1047	.4240
	4～6 小时	<2 小时	.37194*	.13160	.005	.1131	.6307
考试频次	<2 小时	2～4 小时	-.25118*	.07995	.002	-.4084	-.0940
		4～6 小时	-.40801*	.12961	.002	-.6629	-.1531
		>6 小时	.63831*	.32290	.049	.0033	1.2733
	2～4 小时	>6 小时	.88949*	.32182	.006	.2566	1.5224
	4～6 小时	>6 小时	1.04632*	.33760	.002	.3824	1.7102

* 均值差的显著性水平为 0.05。

从表 4-40 来看，在知识领会程度和考试频次变量中，2 小时内与 2～4 小时、4～6 小时、6 小时以上之间，2～4 小时与 6 小时以上之间，4～6 小时与 6 小时以上均具有显著性差异（p<0.05）；在学习动机和教师因素变量中，2 小时内与 2～4 小时、4～6 小时之间具有显著性差异；在学习坚定程度和学习方法变量中，2 小时内与 2～4 小时、4～6 小时之间，2～4 小时与 4～6 小时之间均具有显著性差异；在个人愿望变量中，2 小时与 2～4 小时、4～6 小时、6 小时以上之间，2～4 小时与 4～6 小时、6 小时以上之间，4～6 小时与 6 小时以上之间均具有显著性差异。

（四）学生兼职时间

本研究的样本一共包括 362 名学生，其中缺值 7 名（1.9%），学生的兼职时间分布如下：不做兼职的 191 名（52.8%）、5 小时内的 59 名（16.3%）、5～10 小时的 48 名（13.3%）、10～15 小时的 25 名（6.9%）、15 小时以上的

32 名（8.8%）。假设不做兼职和兼职时间不同的学生在 13 个因变量中没有显著性差异，假设检验分析后结果如表 4-41 所示。

表 4-41　学生兼职时间的单因素方差分析

变量	组类型	平方和	df	均方	F	显著性
考试频次	组间	6.907	4	1.727	3.331	.011

从表 4-41 来看，分析后的 13 个因变量中只有 1 个变量拒绝零假设，其他 12 个因变量接受零假设；考试频次变量的 p 值均小于 0.05，说明这个变量中至少有两个兼职时间组之间是存在显著性差异的，但为了看出各兼职时间组之间的具体差异，需要看表 4-42。

表 4-42　学生兼职时间的多重比较 LSD（事后测试）

(I) 兼职时间	(J) 兼职时间	均值差 (I-J)	标准误	显著性	95% 置信区间	
					下限	上限
不做	5 ～ 10 小时	.37790*	.11625	.001	.1493	.6065
< 5 小时	5 ～ 10 小时	.36321*	.13995	.010	.0880	.6384

* 均值差的显著性水平为 0.05。

从表 4-42 来看，在考试频次变量中，不做兼职与兼职 5 ～ 10 小时之间，兼职 5 小时内与 5 ～ 10 小时之间均具有显著性差异（p<0.05）。

（五）学生有无兄弟姐妹

本研究的样本一共包括 362 名学生，其中缺值 9 名（2.5%），学生的兄弟姐妹分布如下：无兄弟姐妹的 25 名（6.9%）、有两个兄弟姐妹的 188 名（51.9%）、有三个兄弟姐妹的 84 名（23.2%）、有 4 个以上兄弟姐妹的 56 名（15.5%）。假设有无兄弟姐妹在 13 个因变量中没有显著性差异，假设检验分析后结果如表 4-43 所示。

表 4-43　学生兄弟姐妹的单因素方差分析

变量	组类型	平方和	df	均方	F	显著性
社会因素	组间	6.748	3	2.249	6.438	.000
学习坚定程度	组间	4.841	3	1.614	4.811	.003
学习竞争程度	组间	3.814	3	1.271	2.673	.047
学习方法	组间	7.943	3	2.648	7.072	.000
个人愿望	组间	9.094	3	3.031	8.511	.000
教师因素	组间	3.256	3	1.085	3.210	.023
学习环境	组间	7.428	3	2.476	4.705	.003
考试频次	组间	9.592	3	3.197	6.180	.000

从表 4-43 来看，分析后的 13 个因变量中有 8 个变量拒绝零假设，其他 4

个因变量接受零假设；拒绝零假设的 8 个变量的 p 值均小于 0.05，说明这个变量中至少有两个兄弟姐妹组之间是存在显著性差异的，但每个兄弟姐妹组之间的具体差异要看表 4-44。

表 4-44　学生兄弟姐妹的多重比较 LSD（事后测试）

因变量	(I) 兄弟姐妹	(J) 兄弟姐妹	均值差 (I-J)	标准误	显著性	95% 置信区间	
						下限	上限
社会因素	你一个人	两个	-.32604*	.12583	.010	-.5735	-.0786
		三个	-.48486*	.13466	.000	-.7497	-.2200
		四个	-.55271*	.14217	.000	-.8323	-.2731
	两个	三个	-.15881*	.07757	.041	-.3114	-.0062
		四个	-.22667*	.08998	.012	-.4037	-.0497
学习坚定程度	两个	四个	-.32459*	.08816	.000	-.4980	-.1512
	三个	四个	-.24206*	.09991	.016	-.4386	-.0456
学习竞争程度	两个	四个	-.28362*	.10499	.007	-.4901	-.0771
学习方法	四个	你一个人	.31857*	.14718	.031	.0291	.6080
		两个	.42553*	.09315	.000	.2423	.6087
		三个	.28231*	.10556	.008	.0747	.4899
个人愿望	两个	三个	-.22222*	.07832	.005	-.3763	-.0682
	四个	你一个人	.36988*	.14355	.010	.0875	.6522
		两个	.43155*	.09085	.000	.2529	.6102
		三个	.20933*	.10296	.043	.0068	.4118
教师因素	你一个人	两个	-.26851*	.12378	.031	-.5120	-.0251
		三个	-.30722*	.13247	.021	-.5678	-.0467
		四个	-.42726*	.13986	.002	-.7023	-.1522
学习环境	你一个人	四个	-.38560*	.17449	.028	-.7288	-.0424
	两个	三个	-.22015*	.09520	.021	-.4074	-.0329
		四个	-.36797*	.11044	.001	-.5852	-.1508
考试频次	两个	三个	-.29691*	.09440	.002	-.4826	-.1112
		四个	-.39810*	.10950	.000	-.6135	-.1827

* 均值差的显著性水平为 0.05。

从表 4-44 来看，在社会因素变量中，你一个人与两个、三个、四个之间，两个与三个、四个之间均有显著性差异（p<0.05）；在学习坚定程度变量中，两个与四个之间，三个与四个之间的均有显著性差异；在学竞争变量中，两个与四个之间有显著性差异；在学习方法变量中四个与你一个、两个、三个之间的有显著性差异；在个人愿望变量中，两个与三个之间，四个与你一个人、两

个、三个之间均有显著性差异；在教师变量中，你一个人与两个、三个、四个之间的均有显著性差异；在学习环境变量中，你一个人与四个之间，两个与三个、四个之间的均有显著性差异；在考试频次变量中，两个与三个、四个之间的有显著性差异。

（六）学生年龄

本研究的样本一共包括362名学生，其中缺值14名（3.9%），学生年龄分布如下：18岁的57名（15.7%）、19岁的96名（26.5%）、20岁的128名（35.4%）、21岁的47名（13%）、22岁的15名（4.1%）、23岁的5名（1.4%），假设不同年龄的学生在13个因变量中没有显著性差异，假设检验分析后结果如表4-45。

表4-45 学生年龄的单因素方差分析

变量	组类型	平方和	df	均方	F	显著性
学习方法	组间	4.949	5	.990	2.578	.026
学习环境	组间	6.561	5	1.312	2.484	.031

从表4-45来看，分析后的13个因变量中有2个变量拒绝零假设，其他11个因变量接受零假设；拒绝零假设的2个变量的p值均小于0.05，说明这个变量中至少有两个年龄组之间是存在显著性差异的，但各组之间的具体差异要看表4-46。

表4-46 学生年龄的多重比较LSD（事后测试）

因变量	(I)年龄	(J)年龄	均值差(I-J)	标准误	显著性	95%置信区间 下限	上限
学习方法	19.0	20.0	-.16667*	.08367	.047	-.3312	-.0021
		21.0	-.35274*	.11032	.002	-.5697	-.1357
学习环境	18.0	19.0	.33004*	.12153	.007	.0910	.5691
		20.0	.36043*	.11573	.002	.1328	.5881
		21.0	.33787*	.14320	.019	.0562	.6195
		23.0	.69532*	.33899	.041	.0285	1.3621

* 均值差的显著性水平为0.05。

从表4-46来看，在学习方法变量中，19岁与20岁、21岁之间具有显著性差异（p<0.05）；在学习环境变量中，18岁与19岁、20岁、21岁、23岁之间具有显著性差异。

（七）学生简体字和繁体字的学习情况

本研究的样本一共包括 362 名学生，其中只学简体字的 294 名（81.2%），只学繁体字的 6 名（1.7%），繁体字简体字都学的 62 名（17.1%）。假设是否学过简体字和繁体字在 13 个因变量中没有显著性差异，假设检验分析后结果如表 4-47 所示。

表 4-47　学生有无学简体字和繁体字的单因素方差分析

变量	组类型	平方和	df	均方	F	显著性
学习坚定程度	组间	4.706	2	2.353	6.889	.001
学习竞争程度	组间	6.315	2	3.157	6.885	.001
学习方法	组间	8.587	2	4.293	11.645	.000
个人愿望	组间	2.763	2	1.381	3.737	.025

从表 4-47 来看，分析后的 13 个因变量中有 4 个变量拒绝零假设，其他 9 个因变量接受零假设；拒绝零假设的 4 个变量的 p 值均小于 0.05，说明这几个变量中至少有两组之间是存在显著性差异的，但各组之间的具体差异要看表 4-48。

表 4-48　学生有无学简体字和繁体字的多重比较 LSD（事后测试）

因变量	(I) 简繁	(J) 简繁	均值差 (I-J)	标准误	显著性	95% 置信区间	
						下限	上限
学习坚定程度	只学简体	简繁都学	-.30263*	.08168	.000	-.4633	-.1420
学习竞争程度	只学简体	简繁都学	-.33863*	.09464	.000	-.5247	-.1525
学习方法	简繁都学	只学简体	.38805*	.08486	.000	.2212	.5549
		只学繁体	.70584*	.25961	.007	.1953	1.2164
个人愿望	只学简体	简繁都学	-.20776*	.08496	.015	-.3748	-.0407

* 均值差的显著性水平为 0.05。

从表 4-48 来看，在学习坚定程度、学习竞争程度、个人愿望中仅有只学简体字与简体字繁体字都学之间存在显著性差异（p<0.05）；在学习方法变量中，简体字繁体字都学与只学简体字、只学繁体字之间具有显著性差异。

（八）学生总分

本研究的样本一共包括 362 名学生，其中学生的总分分布如下：及格的有 42 名（11.6%）、良好的有 293 名（80.9%）、优秀的有 27 名（7.5%）。假设不同总分的学生在 13 个因变量中没有显著差异，假设检验分析后结果如表 4-49 所示。

表 4-49　学生总分的单因素方差分析

变量	组类型	平方和	df	均方	F	显著性
家庭因素	组间	6.463	2	3.232	3.446	.033

　　从表 4-49 来看，分析后的 13 个因变量中只有 1 个变量拒绝零假设，其他 12 个因变量接受零假设；拒绝零假设的家庭因素变量中的 p 值小于 0.05，说明这个变量中至少有两组之间是存在显著性差异的，但各组之间的具体差异要看表 4-50。

表 4-50　学生总分的多重比较 LSD（事后测试）

因变量	(I) 总分	(J) 总分	均值差 (I-J)	标准误	显著性	95% 置信区间 下限	95% 置信区间 上限
家庭因素	及格	良好	.35850*	.15977	.025	.0443	.6727
		优秀	.57760*	.23886	.016	.1079	1.0474

* 均值差的显著性水平为 0.05。

　　从表 4-50 来看，在家庭因素变量中，及格与良好、优秀之间存在显著性差异（p<0.05）。

（九）学生听力分数

　　本研究的样本一共包括 362 名学生，其中学生听力分数分布如下：及格的有 49 名（13.5%）、良好的有 281 名（77.6%）、优秀的有 32 名（8.9%）。假设不同听力分数的学生在 13 个因变量中没有显著性差异，假设检验分析后结果如表 4-51 所示。

表 4-51　学生听力分数的单因素方差分析

变量	组类型	平方和	df	均方	F	显著性
学习竞争程度	组间	3.027	2	1.514	3.236	.040
考试频次	组间	4.268	2	2.134	4.251	.015

　　从表 4-51 来看，分析后的 13 个因变量中有 2 个变量拒绝零假设，其他 11 个因变量接受零假设；拒绝零假设的学习竞争程度变量和考试频次变量中的 p 值小于 0.05，说明这两个变量中至少有两组之间是存在显著性差异的，但各组之间的具体差异要看表 4-52。

表 4-52 学生听力分数的多重比较 LSD（事后测试）

因变量	(I) 听力分数	(J) 听力分数	均值差 (I-J)	标准误	显著性	95% 置信区间	
						下限	上限
学习竞争程度	及格	良好	-.26293*	.10588	.013	-.4711	-.0547
考试频次	优秀	及格	-.45615*	.16104	.005	-.7729	-.1394
		良好	-.33777*	.13220	.011	-.5977	-.0778

* 均值差的显著性水平为 0.05。

从表 4-52 来看，在学习竞争程度变量中，及格与良好之间存在显著性差异（p<0.05）；在考试频次变量中，优秀与及格、良好之间存在显著性差异（p<0.05）。

（十）学生口语分数

本研究的样本一共包括 362 名学生，其中学生口语分数分布如下：及格的有 37 名（10.2%）、良好的有 282 名（77.9%）、优秀的有 43 名（11.9%）。假设不同口语分数的学生在 13 个因变量中没有显著性差异，假设检验分析后结果如表 4-53 所示。

表 4-53 学生口语分数的单因素方差分析

变量	组类型	平方和	df	均方	F	显著性
学习环境	组间	3.855	2	1.927	3.654	.027
考试频次	组间	3.658	2	1.829	3.631	.027

从表 4-53 来看，分析后的 13 个因变量中有 2 个变量拒绝零假设，其他 11 个因变量接受零假设；拒绝零假设的学习环境变量和考试频次变量中的 p 值小于 0.05，说明这两个变量中至少有两组之间是存在显著性差异的，但各组之间的具体差异要看表 4-54。

表 4-54 学生口语分数的多重比较 LSD（事后测试）

因变量	(I) 口语分数	(J) 口语分数	均值差 (I-J)	标准误	显著性	95% 置信区间	
						下限	上限
学习环境	及格	良好	.33313*	.12699	.009	.0834	.5829
		优秀	.37157*	.16286	.023	.0513	.6918
考试频次	及格	良好	.30978*	.12410	.013	.0657	.5538
		优秀	.39095*	.15915	.015	.0780	.7039

* 均值差的显著性水平为 0.05。

从表 4-54 来看，在学习环境变量和考试频次变量中，及格与良好、优秀之间均存在显著性差异（p<0.05）。

（十一）学生阅读分数

本研究的样本一共包括 362 名学生，其中学生的阅读分数分布如下：及格的有 57 名（15.7%）、良好的有 277 名（76.6%）、优秀的有 28 名（7.7%）。假设不同阅读分数的学生在 13 个因变量中没有显著性差异，假设检验分析后结果如表 4-55 所示。

表 4-55　学生阅读分数的单因素方差分析

变量	组类型	平方和	df	均方	F	显著性
考试频次	组间	4.075	2	2.037	4.054	.018

从表 4-55 来看，分析后的 13 个因变量中只有 1 个变量拒绝零假设，其他 12 个因变量接受零假设；拒绝零假设的考试频次变量中的 p 值小于 0.05，说明这个变量中至少有两组之间是存在显著性差异的，但为了看出各组之间的具体差异，需要看表 4-56。

表 4-56　学生阅读分数的多重比较 LSD（事后测试）

因变量	(I) 阅读分数	(J) 阅读分数	均值差 (I-J)	标准误	显著性	95% 置信区间	
						下限	上限
考试频次	及格	优秀	.45927*	.16361	.005	.1375	.7810

*均值差的显著性水平为 0.05。

从表 4-56 来看，在考试频次变量中，及格与优秀之间存在显著性差异（p<0.05）。

（十二）学生写作分数

本研究的样本一共包括 362 名学生，其中学生的写作分数分布如下：及格的有 60 名（16.6%）、良好的有 276 名（76.2%）、优秀的 26 名（7.2%）。假设不同口语分数的学生在 13 个因变量中没有显著性差异，假设检验分析后结果如表 4-57 所示。

表 4-57　学生写作分数的单因素方差分析

变量	组类型	平方和	df	均方	F	显著性
学习动机	组间	3.116	2	1.558	3.739	.025

从表 4-57 来看，分析后的 13 个因变量中只有 1 个变量拒绝零假设，其他 12 个因变量接受零假设；拒绝零假设的学习动机变量中的 p 值小于 0.05，说明这个变量中至少有两组之间是存在显著性差异的，但为了看出各组之间的具体差异，需要看表 4-58。

表 4-58　学生阅读分数的多重比较 LSD（事后测试）

因变量	(I) 写作分数	(J) 写作分数	均值差 (I-J)	标准误	显著性	95% 置信区间	
						下限	上限
学习动机	优秀	及格	-.40929*	.15156	.007	-.7073	-.1112
		良好	-.25132	.13242	.059	-.5117	.0091

* 均值差的显著性水平为 0.05。

从表 4-58 来看，在学习动机变量中，优秀与及格之间存在显著性差异（p<0.05）。

（十三）每个月家庭供给的生活费金额

本研究的样本一共包括 362 名学生，其中缺失值 38 名（10.5%），每个月家庭供给的生活费金额≤ 200 万越盾的学生 106 个（32.7%）、200 万～ 400 万越盾的学生 181 个（55.9%）、≥ 400 万越盾的学生 37 个（11.4%）。假设每个月家庭供给的生活费金额在 13 个因变量中没有显著性差异，假设检验分析后结果如表 4-59 所示。

表 4-59　每个月家庭供给的生活费金额的单因素方差分析

变量	组类型	平方和	df	均方	F	显著性
学习动机	组间	2.187	2	1.094	3.529	.030
学习坚定程度	组间	7.430	2	3.715	10.909	.000
学习方法	组间	8.155	2	4.078	10.536	.000
个人愿望	组间	4.484	2	2.242	5.807	.003

从表 4-59 来看，分析后的 13 个因变量中有 4 个变量拒绝零假设，其他 9 个因变量接受零假设；拒绝零假设的 4 个变量中的 p 值均小于 0.05，说明这 4 个变量中至少有两组之间是存在显著性差异的，但各组之间的具体差异要看表 4-60。

表 4-60　每个月家庭供给的生活费金额的多重比较 LSD（事后测试）

因变量	(I) 家庭支付	(J) 家庭支付	均值差 (I-J)	标准误	显著性	95% 置信区间	
						下限	上限
学习动机	≤ 200 万	≥ 400 万	.27527*	.10630	.010	.0661	.4844
学习坚定程度	≥ 400 万	≤ 200 万	-.51730*	.11143	.000	-.7365	-.2981
		200 万～ 400 万	-.41713*	.10528	.000	-.6243	-.2100
学习方法	≤ 200 万	200 万～ 400 万	.20519*	.07609	.007	.0555	.3549
		≥ 400 万	.53307*	.11879	.000	.2994	.7668
	200 万～ 400 万	≥ 400 万	.32789*	.11224	.004	.1071	.5487
个人愿望	≤ 200 万	200 万～ 400 万	.16272*	.07599	.033	.0132	.3122
		≥ 400 万	.39036*	.11864	.001	.1569	.6238
	200 万～ 400 万	≥ 400 万	.22764*	.11210	.043	.0071	.4482

* 均值差的显著性水平为 0.05。
注：金额单位为越盾。

从表4-60来看,在学习方法和个人愿望变量中,每个月家庭供给的生活费金额≤200万与200万～400万、≥400万之间,200万～400万与≥400万之间均具有显著性差异(p<0.05);在学习动机变量中,每个月家庭供给的生活费金额≤200万与≥400万之间具有显著性差异;在学习坚定程度变量中,每个月家庭供给的生活费金额≥400万与≤200万、200万～400万之间具有显著性差异。

第三节 学生知识领会影响因素的探索性因子分析

一、学生自身因素的探索性分析

我们对学生自身六个变量进行了探索性因子分析,分析后得到以下图表:KMO和Bartlett的检验表(见表4-61)、解释的总方差表(见表4-62)、碎石图(见图4-14)、旋转成分矩阵表(见表4-63),每个图表都有不同的意义。

表4-61 知识领会程度与学生自身的KMO和Bartlett检验结果

取样足够度的Kaiser-Meyer-Olkin度量		0.842
Bartlett的球形度检验	近似卡方	3340.009
	df	300
	Sig.	0.000

从表4-61来看,Kaiser-Meyer-Olkin检验结果显示KMO=0.842 (0.5<KMO<1)接近于1,表明变量间的相关性很强,偏相关性比较弱,因子分析的效果很好;另外Bartlett的球形度检验结果显示Sig.=0.000 (<0.05),具有统计学意义,说明各变量间具有相关性,因子分析有效。

表4-62 知识领会程度与学生自身的解释的总方差

成分	初始特征值			提取平方和载入			旋转平方和载入		
	合计	方差的%	累积%	合计	方差的%	累积%	合计	方差的%	累积%
1	6.553	26.214	26.214	6.553	26.214	26.214	3.155	12.620	12.620
2	2.120	8.482	34.695	2.120	8.482	34.695	2.954	11.817	24.437
3	1.918	7.673	42.369	1.918	7.673	42.369	2.684	10.737	35.174
4	1.788	7.150	49.519	1.788	7.150	49.519	2.415	9.661	44.835
5	1.522	6.087	55.606	1.522	6.087	55.606	2.114	8.458	53.293
6	1.223	4.893	60.499	1.223	4.893	60.499	1.802	7.206	60.499

提取方法:主成分分析法。

矩阵特征值（Eigen value）= 1.223（＞1），所以提取因素有较强的综合信息意义。总方差的积累 = 60.499（＞50%）。这说明 6 个提取因素对观察数据的方差能够解释的程度为 60.499%。

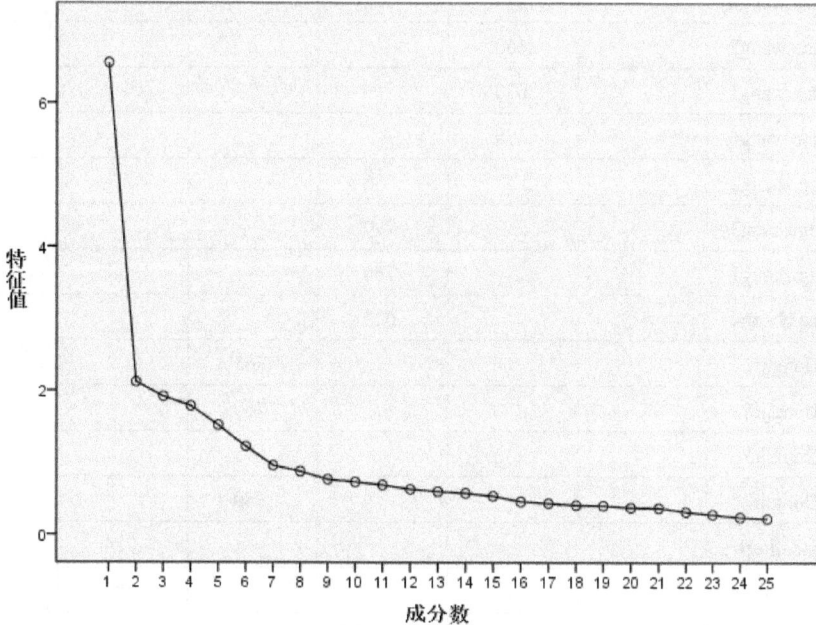

图 4-14　碎石图

从图 4-14 来看，一共有 25 个因子被选，第一个因子明显高于其他因子，所以宜抽取这个因子为佳。另外，25 个因子中的前 7 个因子占大部分变异性，因为曲线在第 7 因子后开始变直，其余因子仅占极少部分的变异性，可能并不重要，但为了保证准确度，我们要看旋转成分矩阵（见表 4-63）。

表 4-63　旋转成分矩阵 ᵃ

观测变量	成分					
	1	2	3	4	5	6
Fang.fa2	.775					
Fang.fa3	.768					
Fang.fa1	.743					
Fang.fa5	.593					
Fang.fa4	.519					
Yuan.wang7		.735				
Yuan.wang3		.700				

续表

观测变量	成分					
	1	2	3	4	5	6
Yuan.wang4		.677				
Yuan.wang2		.669				
Yuan.wang1		.639				
Yuan.wang6		.559				
Jing.zheng2			.836			
Jing.zheng3			.790			
Jing.zheng1			.760			
Jing.zheng4			.625			
Dong.ji8				.765		
Dong.ji6				.760		
Dong.ji5				.691		
Dong.ji7				.680		
Jian.ding1					.724	
Jian.ding3					.682	
Jian.ding4					.652	
Jian.ding2					.618	
Gan.shou4						.907
Gan.shou3						.896

a. 旋转在 6 次迭代后收敛。
提取方法：主成分分析法。
旋转法：具有 Kaiser 标准化的正交旋转法。

从表 4-63 可以看出：我们使用 Kaiser 标准化的正交旋转法后有一些因子（观测变量）载荷值因为小于 0.5，所以不能接受，包括：Fang.fa6、Fang.fa7、Dong.ji1、Dong.ji2、Dong.ji3、Dong.ji4、Jian.ding5、Jian.ding6、Gan.shou5、Gan.shou6 等 10 个因子。

二、学校因素的探索性分析

我们对学校 4 个变量进行了探索性因子分析，分析后得到以下图表：KMO 和 Bartlett 的检验表（见表 4-64）、解释的总方差表（见表 4-65）、碎石图（见图 4-15）、旋转成分矩阵表（见表 4-66）。

表 4-64 学校的探索性因子分析的 KMO 和 Bartlett 的检验

取样足够度的 Kaiser-Meyer-Olkin 度量		0.888
Bartlett 的球形度检验	近似卡方	3956.905
	df	231
	Sig.	0.000

从表 4-64 来看,Kaiser-Meyer-Olkin 检验结果显示 KMO=0.888 (0.5<KMO<1) 接近于 1,表明变量间的相关性很强,偏相关性比较弱,因子分析的效果很好;另外 Bartlett 的球形度检验结果显示 Sig.=0.000 (<0.05),具有统计学意义,说明各变量间具有相关性,因子分析有效。

表 4-65 学校的探索性因子分析的解释的总方差

成分	初始特征值			提取平方和载入			旋转平方和载入		
	合计	方差的 %	累积 %	合计	方差的 %	累积 %	合计	方差的 %	累积 %
1	7.429	33.769	33.769	7.429	33.769	33.769	3.862	17.554	17.554
2	2.498	11.352	45.122	2.498	11.352	45.122	3.504	15.929	33.483
3	2.160	9.816	54.938	2.160	9.816	54.938	3.164	14.382	47.865
4	1.506	6.847	61.785	1.506	6.847	61.785	3.062	13.920	61.785

提取方法:主成分分析法。

从表 4-65 来看,矩阵特征值(Eigen value)= 1.506 (> 1),所以提取因素有较强的综合信息意义。总方差的积累 = 61.785(> 50%)。这说明 4 个提取因素对观察数据的方差能够解释的程度为 61.785%。

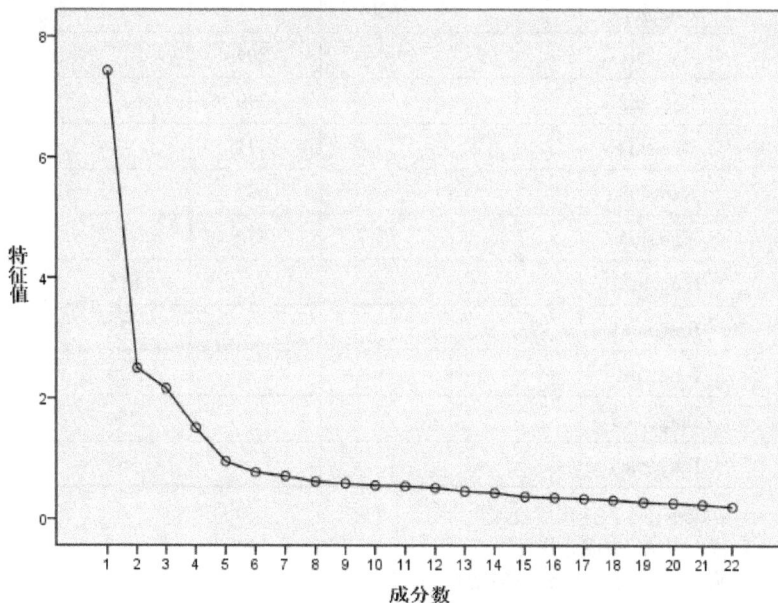

图 4-15 学校的探索性因子分析的碎石图

从图 4-15 来看,一共有 22 个因子被选,第一个因子明显高于其他因子,所以宜抽取这个因子为佳。另外,22 个因子中的前 7 个因子占大部分变异性,因为曲线在第 7 因子后开始变直,其余因子仅占极少部分的变异性,可能并不重要,但为了保证准确度,我们还要看旋转成分矩阵(见表 4-66)。

表 4-66 学校的探索性因子分析的旋转成分矩阵 [a]

观测变量	成分			
	1	2	3	4
Jiao.shi2	.821			
Jiao.shi3	.812			
Jiao.shi5	.766			
Jiao.shi1	.736			
Jiao.shi4	.727			
Jiao.shi6	.674			
Huan.jing6		.791		
Huan.jing2		.718		
Huan.jing5		.674		
Huan.jing3		.666		
Huan.jing1		.658		
Huan.jing4		.620		
Kao.shi1			.804	
Kao.shi2			.799	
Kao.shi4			.771	
Kao.shi3			.693	
Kao.shi5			.678	
Tong.xue2				.815
Tong.xue1				.779
Tong.xue3				.770
Tong.xue5				.754
Tong.xue4				.561

a. 旋转在 5 次迭代后收敛。
提取方法:主成分分析法。
旋转法:具有 Kaiser 标准化的正交旋转法。

从表 4-66 可以看出，我们使用了 Kaiser 标准化的正交旋转法后全部因子（观测变量）载荷值均大于 0.5，所不用删除任何因子。

三、学生自身因素、学校因素、家庭因素和社会因素的探索性分析

我们对 12 个自变量进行探索性因子分析，分析后我们得到 KMO 和 Bartlett 的检验表（见表 4-67）、解释的总方差表（见表 4-68）、碎石图（见图 4-16）、旋转成分矩阵表（见表 4-69）。

表 4-67　学校、社会、家庭、学生自身的探索性因子分析的 KMO 和 Bartlett 的检验

取样足够度的 Kaiser-Meyer-Olkin 度量		.866
Bartlett 的球形度检验	近似卡方	8761.561
	df	1275
	Sig.	.000

从表 4-67 来看，Kaiser-Meyer-Olkin 检验结果显示 KMO=0.866 (0.5<KMO<1) 接近于 1，表明变量间的相关性很强，偏相关性比较弱，因子分析的效果很好；另外 Bartlett 的球形度检验结果显示 Sig.=0.000 (<0.05)，具有统计意义，说明各变量间具有相关性，因子分析有效。

表 4-68　学校、社会、家庭、学生自身的探索性因子分析的解释的总方差

成分	初始特征值			提取平方和载入			旋转平方和载入		
	合计	方差的 %	累积 %	合计	方差的 %	累积 %	合计	方差的 %	累积 %
1	11.388	22.330	22.330	11.388	22.330	22.330	4.002	7.847	7.847
2	3.094	6.066	28.397	3.094	6.066	28.397	3.643	7.143	14.990
3	2.965	5.813	34.210	2.965	5.813	34.210	3.199	6.272	21.262
4	2.755	5.401	39.612	2.755	5.401	39.612	3.091	6.060	27.322
5	2.157	4.230	43.842	2.157	4.230	43.842	2.855	5.598	32.920
6	1.987	3.897	47.739	1.987	3.897	47.739	2.773	5.438	38.357
7	1.708	3.349	51.088	1.708	3.349	51.088	2.687	5.269	43.627
8	1.647	3.229	54.317	1.647	3.229	54.317	2.550	4.999	48.626
9	1.521	2.982	57.299	1.521	2.982	57.299	2.282	4.475	53.101
10	1.403	2.751	60.050	1.403	2.751	60.050	2.197	4.309	57.410
11	1.382	2.709	62.760	1.382	2.709	62.760	1.989	3.901	61.311
12	1.149	2.252	65.012	1.149	2.252	65.012	1.888	3.701	65.012

提取方法：主成分分析法。

从表 4-68 来看，矩阵特征值（Eigen value）= 1.149（> 1），所以提取因素有较强的综合信息意义。总方差的积累 = 65.012（> 50%）。这说明 12 个提取因素对观察数据的方差能够解释 65.012%。

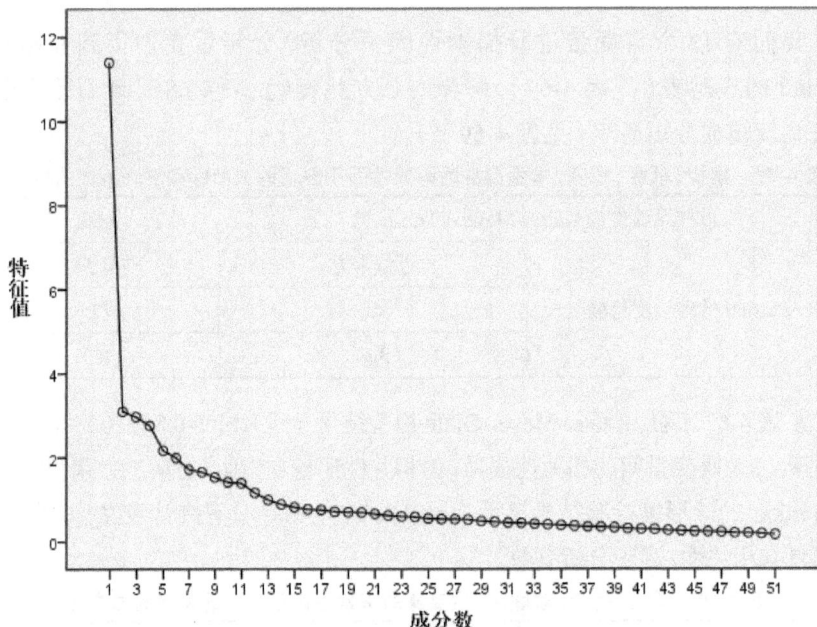

图 4-16   学校、社会、家庭、学生自身的探索性因子分析的碎石图

从图 4-16 来看，一共有 51 个因子被选，第一个因子明显高于其他因子，所以宜抽取这个因子为佳。另外，51 个因子中的前 12 个因子占大部分变异性，因为曲线在第 12 因子后开始变直，其余因子仅占很小部分的变异性，可能并不重要，但为了保证准确度，我们还要看旋转成分矩阵（见表 4-69）。

表 4-69   学校、社会、家庭、学生自身的探索性因子分析的旋转成分矩阵 [a]

观测变量	成分											
	1	2	3	4	5	6	7	8	9	10	11	12
Jiao.shi3	.790											
Jiao.shi5	.779											
Jiao.shi2	.768											
Jiao.shi4	.761											
Jiao.shi1	.652											

续表

观测变量	成分											
	1	2	3	4	5	6	7	8	9	10	11	12
Jiao.shi6	.650											
Huan.jing6		.777										
Huan.jing3		.668										
Huan.jing2		.654										
Huan.jing1		.639										
Huan.jing4		.627										
Huan.jing5		.596										
Tong.xue2			.810									
Tong.xue5			.752									
Tong.xue1			.751									
Tong.xue3			.751									
Tong.xue4			.517									
She.hui4				.791								
She.hui1				.734								
She.hui2				.708								
She.hui5				.695								
She.hui3				.669								
Kao.shi2					.799							
Kao.shi1					.796							
Kao.shi3					.681							
Kao.shi4					.671							
Fang.fa3						.771						
Fang.fa1						.706						
Fang.fa2						.684						
Fang.fa5						.609						
Jing.zheng2							.815					
Jing.zheng1							.767					

续表

观测变量	成分											
	1	2	3	4	5	6	7	8	9	10	11	12
Jing.zheng3							.750					
Jing.zheng4							.600					
Dong.ji6								.770				
Dong.ji8								.768				
Dong.ji5								.691				
Dong.ji7								.643				
Yuan.wang7									.754			
Yuan.wang4									.689			
Yuan.wang3									.663			
Yuan.wang2									.579			
Jian.ding1										.689		
Jian.ding4										.666		
Jian.ding3										.635		
Jian.ding2										.611		
Jia.ting4											.833	
Jia.ting5											.770	
Jia.ting3											.711	
Gan.shou4												.894
Gan.shou3												.882

a. 旋转在 8 次迭代后收敛。

提取方法：主成分分析法。

旋转法：具有 Kaiser 标准化的正交旋转法。

从表 4-69 可以看出：我们使用了 Kaiser 标准化的正交旋转法后有一些因子（观测变量）载荷值因为小于 0.5，所以不能接受，包括：Fang.fa6、Fang.fa7、Fang.fa4、Dong.ji1、Dong.ji2、Dong.ji3、Dong.ji4、Jian.ding5、Jian.ding6、Gan.shou5、Gan.shou6、Kao.shi5、Yuan.wang1、Yuan.wang6 这 14 个因子。

第四节　学生知识领会与其影响因素的相关分析

一、学生知识领会与学生自身因素的相关分析

在进行了信度分析和探索性因子分析后，我们删除了一些不达标的观测变量，下一步我们对这些变量进行相关分析，得出了变量之间的相关程度。相关分析得出的结果如表 4-70 所示。

表 4-70　知识领会程度与学生自身的相关性

变量	检验类型	知识领会	学习动机	学习坚定	学习竞争	学习方法	个人愿望
学习动机	Pearson 相关性	.263**					
	显著性（双侧）	.000					
学习坚定	Pearson 相关性	.380**	.339**				
	显著性（双侧）	.000	.000				
学习竞争	Pearson 相关性	.294**	.296**	.431**			
	显著性（双侧）	.000	.000	.000			
学习方法	Pearson 相关性	.444**	.329**	.508**	.379**		
	显著性（双侧）	.000	.000	.000	.000		
个人愿望	Pearson 相关性	.536**	.288**	.370**	.440**	.381**	
	显著性（双侧）	.000	.000	.000	.000	.000	
个人感受	Pearson 相关性	.033	-.079	-.103*	-.094	-.015	-.006
	显著性（双侧）	.531	.134	.050	.075	.770	.911

* 在 0.05 水平（双侧）上显著相关。

** 在 .01 水平（双侧）上显著相关。

从表 4-70 来看，个人感受变量与知识领会程度之间的相关性很弱，而且显著性 p=0.531（>0.05），表明不具有统计学意义，其他五个变量与知识领会程度之间的相关性比较强，p=0.000(<0.05)，表明具有统计学意义。

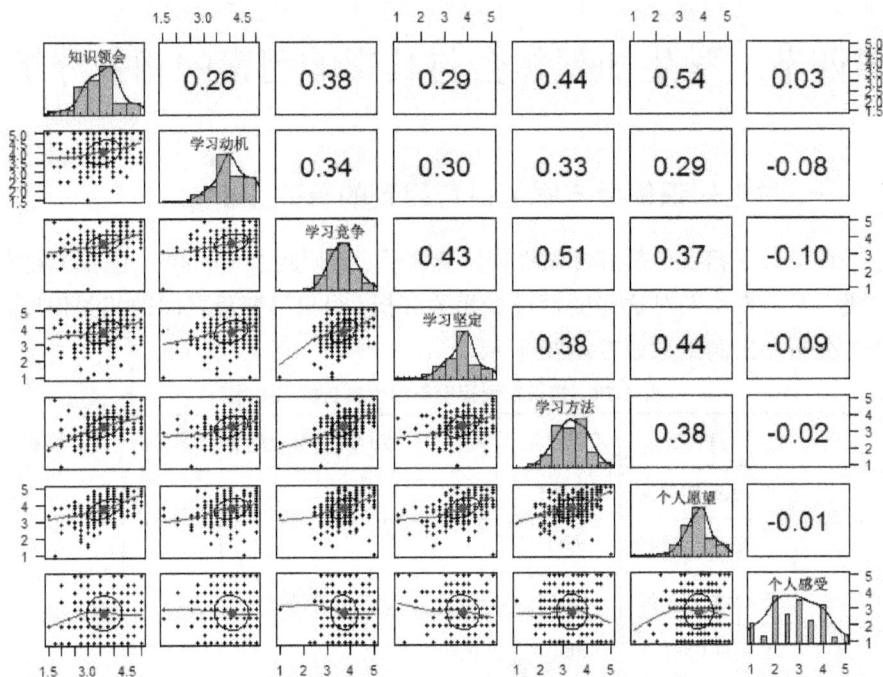

图 4-17　知识领会程度与学生自身的相关图

从图 4-17 来看，我们能更直观地看出知识领会程度变量与学生自身 6 个变量之间的相关性。

二、学生知识领会与学校因素的相关分析

进行了信度分析和探索性因子分析后，我们对这些变量进行了相关分析，得出了变量之间的相关程度，分析后得出的结果如表 4-71 所示。

表 4-71　知识领会程度与学校的相关性

变量	检验类型	知识领会	教师因素	同学因素	学习环境	考试频次
教师因素	Pearson 相关性	.324**				
	显著性（双侧）	.000				
同学因素	Pearson 相关性	.405**	.312**			
	显著性（双侧）	.000	.000			
学习环境	Pearson 相关性	.510**	.455**	.521**		
	显著性（双侧）	.000	.000	.000		
考试频次	Pearson 相关性	.414**	.372**	.296**	.439**	
	显著性（双侧）	.000	.000	.000	.000	

** 在 .01 水平（双侧）上显著相关。

从表 4-71 来看，学校的 4 个变量都与知识领会程度有较强的相关关系，p=0.000(<0.05)，表明具有统计学意义。

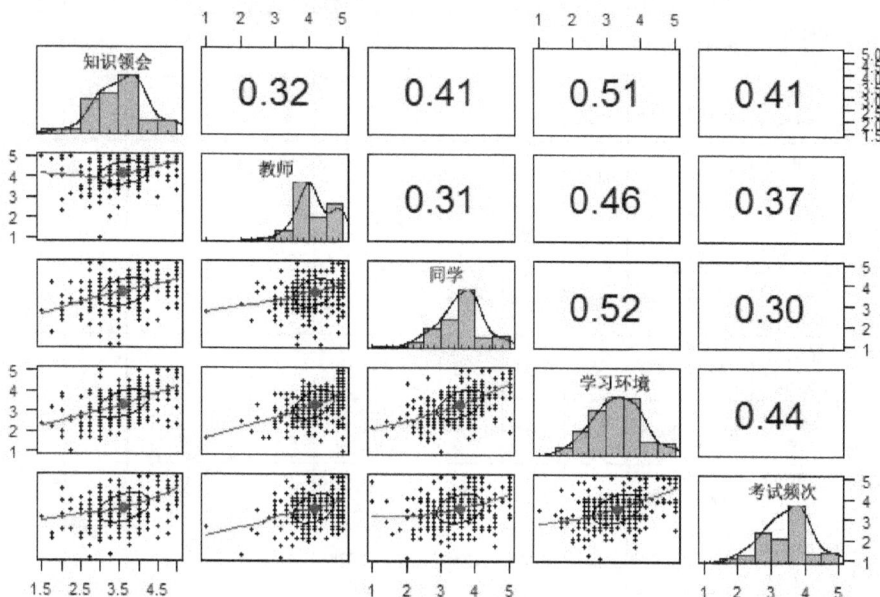

图 4-18　知识领会程度与学校因素的相关图

从图 4-18 来看，我们能更直观地看出知识领会程度变量与学习本身 4 个变量之间的相关性。

三、学生知识领会与其影响因素的相关分析

进行了信度分析和探索性因子分析后，我们已经删除了一些不达标的观测变量，下一步我们对这些变量进行了相关分析，得出了变量之间的相关程度。分析后得出结果如表 4-72 所示。

表 4-72　知识领会程度与学校、家庭、社会和学生自身的相关性

变量	检验类型	知识领会	社会因素	家庭因素	学习动机	学习坚定	学习竞争	学习方法	个人愿望	个人感受	教师因素	同学因素	学习环境
社会因素	Pearson相关性	.470**											
	显著性（双侧）	.000											
家庭因素	Pearson相关性	.128*	.141**										
	显著性（双侧）	.015	.007										

续表

变量	检验类型	知识领会	社会因素	家庭因素	学习动机	学习坚定	学习竞争	学习方法	个人愿望	个人感受	教师因素	同学因素	学习环境
学习动机	Pearson相关性	.263**	.211**	.076									
	显著性（双侧）	.000	.000	.147									
学习坚定	Pearson相关性	.380**	.330**	.057	.339**								
	显著性（双侧）	.000	.000	.276	.000								
学习竞争	Pearson相关性	.294**	.370**	-.031	.296**	.431**							
	显著性（双侧）	.000	.000	.553	.000	.000							
学习方法	Pearson相关性	.404**	.294**	.044	.309**	.480**	.347**						
	显著性（双侧）	.000	.000	.401	.000	.000	.000						
个人愿望	Pearson相关性	.471**	.380**	.040	.296**	.332**	.405**	.292**					
	显著性（双侧）	.000	.000	.451	.000	.000	.000	.000					
个人感受	Pearson相关性	.033	.070	.208**	-.079	-.103*	-.094	-.014	-.014				
	显著性（双侧）	.531	.184	.000	.134	.050	.075	.787	.792				
教师因素	Pearson相关性	.324**	.298**	-.080	.302**	.292**	.367**	.229**	.407**	-.041			
	显著性（双侧）	.000	.000	.128	.000	.000	.000	.000	.000	.433			
同学因素	Pearson相关性	.405**	.324**	.012	.155**	.325**	.321**	.355**	.218**	-.037	.312**		
	显著性（双侧）	.000	.000	.819	.003	.000	.000	.000	.000	.479	.000		
学习环境	Pearson相关性	.510**	.444**	.056	.211**	.304**	.331**	.407**	.390**	-.010	.455**	.521**	
	显著性（双侧）	.000	.000	.288	.000	.000	.000	.000	.000	.849	.000	.000	
考试频次	Pearson相关性	.373**	.310**	.160**	.215**	.215**	.280**	.325**	.427**	-.024	.369**	.264**	.401**
	显著性（双侧）	.000	.000	.002	.000	.000	.000	.000	.000	.645	.000	.000	.000

* 在 0.05 水平（双侧）上显著相关。

** 在 .01 水平（双侧）上显著相关。

从表 4-72 来看，个人感受变量与知识领会程度之间的相关性很弱，而且显著性 p=0.531（>0.05），表明不具有统计学意义，其他 11 个自变量与知识领会程度之间的相关性比较强，p=0.000(<0.05)，表明具有统计学意义。

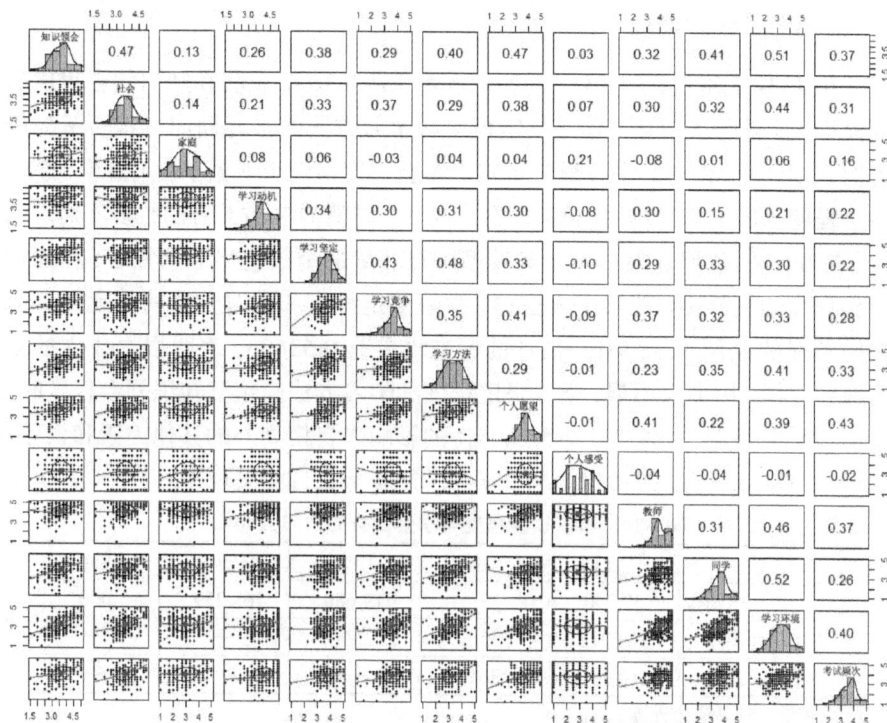

	社会	家庭	学习动机	学习坚定	学习竞争	学习方法	个人愿望	个人感受	教师	同学	学习环境	考试届次
知识领会	0.47	0.13	0.26	0.38	0.29	0.40	0.47	0.03	0.32	0.41	0.51	0.37
社会		0.14	0.21	0.33	0.37	0.29	0.38	0.07	0.30	0.32	0.44	0.31
家庭			0.08	0.06	-0.03	0.04	0.04	0.21	-0.08	0.01	0.06	0.16
学习动机				0.34	0.30	0.31	0.30	-0.08	0.30	0.15	0.21	0.22
学习坚定					0.43	0.48	0.33	-0.10	0.29	0.33	0.30	0.22
学习竞争						0.35	0.41	-0.09	0.37	0.32	0.33	0.28
学习方法							0.29	-0.01	0.23	0.35	0.41	0.33
个人愿望								-0.01	0.41	0.22	0.39	0.43
个人感受									-0.04	-0.04	-0.01	-0.02
教师										0.31	0.46	0.37
同学											0.52	0.26
学习环境												0.40
考试届次												

图 4-19　知识领会程度与学校、家庭、社会和学生自身的相关图

从图 4-19 来看，我们能更直观地看出知识领会程度变量与学习本身 12 个变量之间的相关性。

第五节　学生知识领会与其影响因素的回归分析

一、学生知识领会与学生自身因素的回归分析

进行了相关分析后，我们删除了一个变量（个人感受），然后继续进行了回归分析。进行了回归分析后，我们发现只有三个变量满足回归分析的条件，它们分别是个人愿望、学习坚定程度和学习方法。

表 4-73　知识领会程度与学生自身的回归模型汇总[b]

模型	R	R 方	调整 R 方	标准估计的误差	Durbin-Watson
1	.603[a]	.364	.359	.53695	2.101

a. 预测变量：（常量）个人愿望，学习坚定程度，学习方法。

b. 因变量：知识领会程度。

从表 4-73 来看，R 方（多重判定系数）是 0.364，表明在知识领会程度的变异中，能被个人愿望、学习坚定程度和学习方法的多元回归方程所解释的比例为 36.4%，R 方的平方根就是知识领会程度与三个变量（个人愿望、学习坚定程度、学习方法）的负相关系数。另外，调整的 R 方（调整的多重判定系数）是 0.359，说明在对样本量和模型中自变量的个数进行了调整后，在知识领会程度的变异中，能被个人愿望、学习坚定程度和学习方法的多元回归方程所解释的比例为 35.9%。估计的标准误差是 0.53695，表明根据成立的多元回归方程，用个人愿望、学习坚定程度和学习方法来预测知识领会程度时，平均预测误差为 53.695%，即 53.695% 的影响来自模型外的其他因素和误差。Durbin-Watson 值是 2.101（1.5<DW<2.5），表示无自相关现象。

表 4-74　知识领会程度与学生自身的回归 Anova[a]

模型		平方和	df	均方	F	Sig.
1	回归	59.040	3	19.680	68.259	.000[b]
	残差	103.216	358	.288	—	—
	总计	162.256	361	—	—	—

a. 因变量：知识领会程度。

b. 预测变量：（常量）个人愿望、学习坚定程度、学习方法。

从表 4-74 来看，回归平方和表示知识领会程度变量的变异中的回归模式中所包含的自变量所能解释的程度为 59.040；残差平方和代表知识领会程度变量的变异中没有被回归模型所包含的变量解释的程度为 103.216。另外，Sig. 值是 0.000（＜0.05），说明所建立的回归方程具有统计学意义，即自变量和因变量之间存在线性关系。

表 4-75　知识领会程度与学生自身的回归系数[a]

模型 B	非标准化系数		标准系数	t	Sig.	共线性统计量	
	标准误差	试用版				容差	VIF
1	（常量）	.660	.221	—	2.983	.003	—	—
	学习坚定程度	.132	.060	.111	2.219	.027	.706	1.417
	学习方法	.238	.051	.233	4.626	.000	.699	1.430
	个人愿望	.445	.051	.406	8.694	.000	.813	1.230

a. 因变量：知识领会程度。

从表 4-75 来看，Sig. 值都小于 0.05，说明这些自变量对因变量有显著预测作用。VIF[①] 值都小于 2，说明没有多重共线[②] 现象。

非标准化回归方程：

知识领会 = 0.660+0.132* 学习坚定程度 +0.238* 学习方法 +0.445* 个人愿望

回归非标准化系数意义表明，当知识领会变量增加一个单位时，学习坚定程度变量增加 0.132 单位、学习方法变量增加 0.238 单位、个人愿望变量增加 0.445 单位。

标准回归方程：

知识领会 = 0.111* 学习坚定程度 +0.233* 学习方法 +0.406* 个人愿望

回归标准系数意义表明，如果知识领会变量增加一个单位标准差，学习坚定程度变量增加 0.111 单位标准差、学习方法变量增加 0.233 单位标准差、个人愿望变量增加 0.406 单位标准差。

直方图

因变量: Zhishi

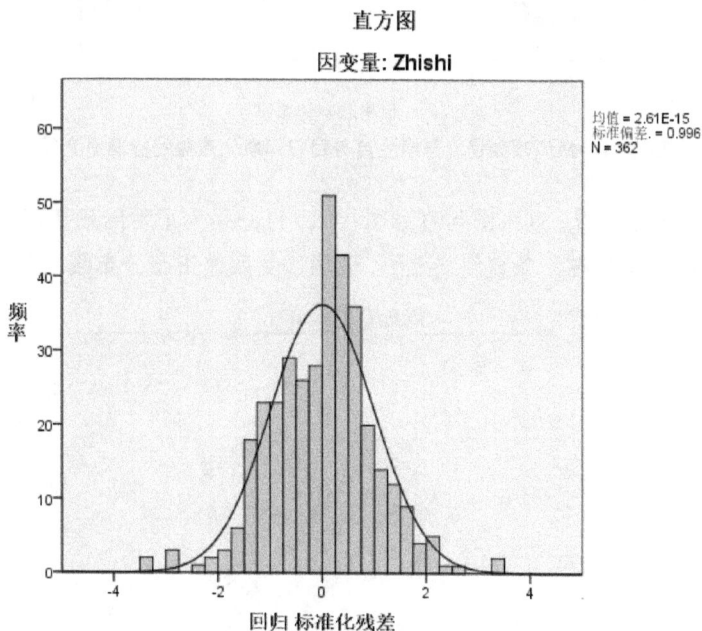

图 4-20　知识领会程度与学生自身的回归直方图

从图 4-20 来看，均值 =2.61E-15，接近 0；标准偏差 =0.996，接近 1，表明残差的分布是正态分布。因此，可以得出结论，残差的正态分布假设是被接

---

①　VIF 是方差膨胀因子，VIF 值通常情况下判断多重共线的标准是 10，超过 10，说明有共线性，越大共线性越大。

②　多重共线性是指线性回归模型中的解释变量之间由于存在精确相关关系或高度相关关系而使模型估计失真或难以估计准确。

受的，即残差服从正态分布。

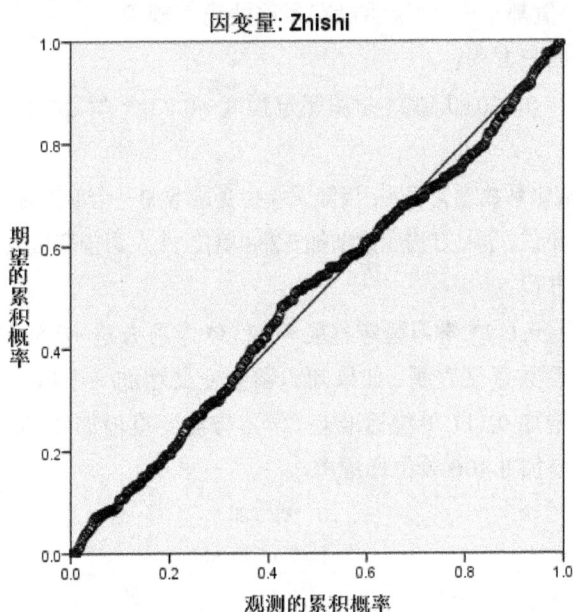

图 4-21　知识领会程度与学生自身回归标准化残差的标准 P-P 图

　　从图 4-21 来看，这张图与直方图相似，目的是为了看出残差正态分布假设，许多圆点集中在一条直斜线上下，说明接受残差正态分布假设。

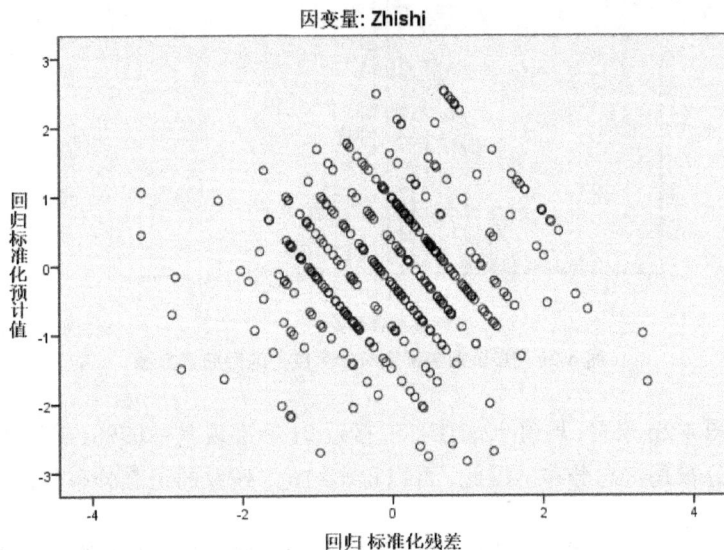

图 4-22　知识领会程度与学生自身的回归散点图

从图4-22来看，散点图是为了检查是否接受线性相关假设，它能表示出因变量随自变量变化而变化的大致趋势，散点图中包含的数据越多，比较的效果就越好。随着横坐标逐渐增大，纵坐标也逐渐增大，可以表明是正相关的。从图中我们可以看到：许多散点大致排列在一条直线上下，说明接受线性相关假设。

二、学生知识领会与学校因素的回归分析

进行了相关分析后，我们继续进行了回归分析，分析后我们发现只有三个变量满足回归分析的条件，它们分别是考试频次、同学和学习环境。

表4-76 知识领会程度与学校的回归模型汇总 b

模型	R	R方	调整R方	标准估计的误差	Durbin-Watson
1	.571a	.326	.321	.55253	1.998

a. 预测变量：（常量）考试频次、同学、学习环境。

b. 因变量：知识领会程度。

从表4-76来看，R方（多重判定系数）是0.326，表明在知识领会程度的变异中，能被考试频次、同学和学习环境的多元回归方程所解释的比例为32.6%，R方的平方根就是知识领会程度与三个变量（考试频次、同学和学习环境）的负相关系数。另外，调整的R方（调整的多重判定系数）是0.321，说明在用样本量和模型中自变量的个数进行调整后，在知识领会程度的变异中，能被考试频次、同学和学习环境的多元回归方程所解释的比例为32.1%。估计的标准误差是0.55253，表明根据成立的多元回归方程，用考试频次、同学和学习环境来预测知识领会程度时，平均预测误差为55.253%，即55.253%的影响来自模型外的其他因素和误差。Durbin-Watson值是1.998（1.5<DW<2.5），表示无自相关现象。

表4-77 知识领会程度与学校的回归 Anova a

模型		平方和	df	均方	F	Sig.
1	回归	52.964	3	17.655	57.829	.000b
	残差	109.293	358	.305		
	总计	162.256	361	—	—	—

a. 因变量：知识领会程度。

b. 预测变量：（常量）考试频次、同学、学习环境。

从表4-77来看，回归平方和表示在知识领会程度变量的变异中，回归模式中所包含的自变量所能解释的程度为52.964；残差平方和代表在知识领会程度变量的变异中，没有被回归模型所包含的变量解释的程度为109.293。另外，Sig.值是0.000（<0.05），说明建立的回归方程具有统计学意义，即自

变量和因变量之间存在线性关系。

表 4-78 知识领会程度与学校的回归系数 a

模型 B		非标准化系数		标准系数	t	Sig.	共线性统计量	
		标准误差	试用版				容差	VIF
1	（常量）	1.329	.184	—	7.208	.000	—	—
	同学	.165	.049	.171	3.358	.001	.723	1.383
	学习环境	.297	.050	.324	5.978	.000	.640	1.563
	考试频次	.204	.045	.221	4.561	.000	.801	1.248

a. 因变量: 知识领会程度。

从表 4-78 来看, Sig. 值都小于 0.05, 说明这些自变量对因变量有显著预测作用。VIF 值都小于 2, 说明没有多重共线现象。

非标准化回归方程:

知识领会 = 1.329+0.165* 同学 +0.297* 学习环境 +0.204* 考试频次

回归非标准化系数意义表明, 当知识领会变量增加一个单位时, 同学变量增加 0.165 单位、学习环境变量增加 0.297 单位、考试频次变量增加 0.204 单位。

标准回归方程:

知识领会 = 0.171* 同学 +0.324* 学习环境 +0.221* 考试频次

回归标准系数意义表明, 如果知识领会变量增加一个单位标准差, 同学变量增加 0.171 单位标准差、学习环境变量增加 0.324 单位标准差、考试频次变量增加 0.221 单位标准差。

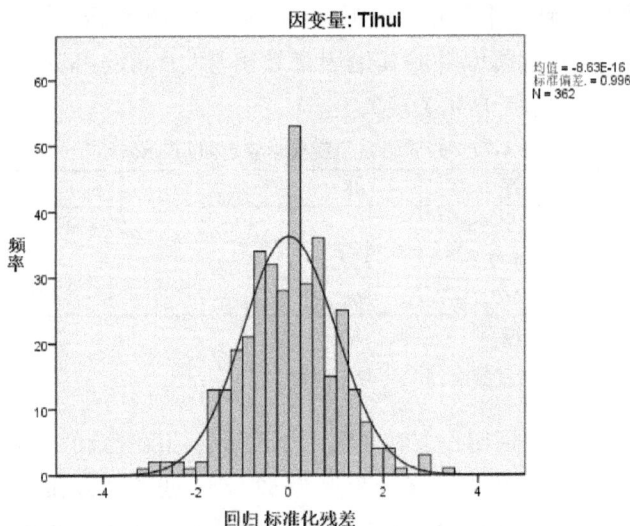

图 4-23 知识领会程度与学校的回归直方图

从图 4-23 来看，均值 =-8.63E-15，接近 0；标准偏差 =0.996，接近 1，表明残差的分布是正态分布。因此，可以得出结论，残差的正态分布假设是被接受的，即残差服从正态分布。

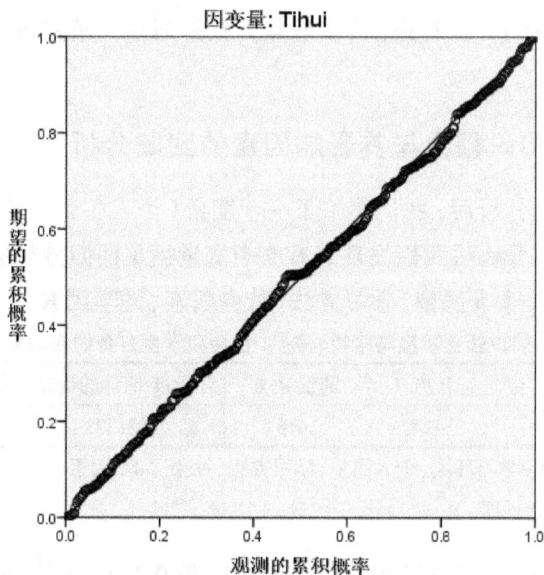

图 4-24　知识领会程度与学校回归标准化残差的标准 P-P 图

从图 4-24 来看，这张图与直方图相似，目的是为了看出残差正态分布假设，许多圆点集中在一条直斜线上下，说明接受残差正态分布假设。

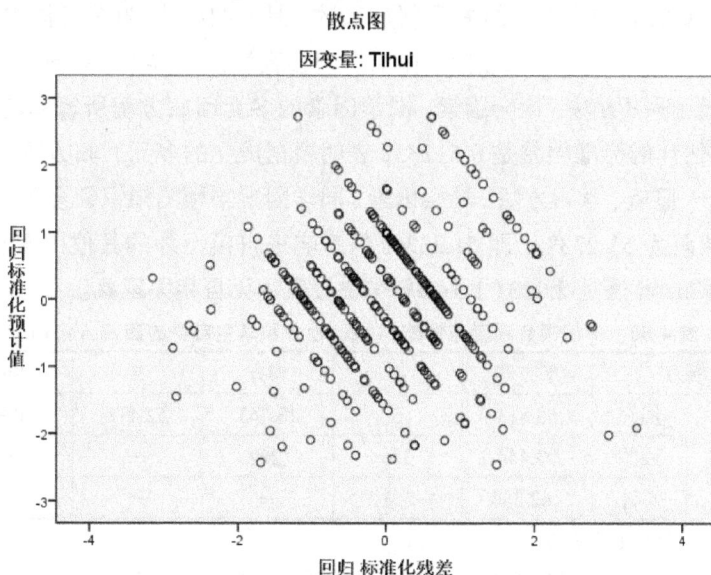

图 4-25　知识领会程度与学校的回归散点图

从图 4-25 中来看，散点图是为了检查是否接受线性相关假设，它能表示出因变量随自变量变化而变化的大致趋势，散点图中包含的数据越多，比较的效果就越好。随着横坐标逐渐增大，纵坐标也逐渐增大，可以表明是正相关的。从图中我们可以看到：许多散点大致排列在一条直线上下，说明接受线性相关假设。

三、学生知识领会与其影响因素的回归分析

进行了相关分析后，我们删除了一个变量（个人感受），然后继续进行了回归分析。回归分析后我们发现只有 5 个变量满足回归分析的条件，它们分别是：学习环境、个人愿望、学习方法、社会因素、同学因素。

表 4-79　知识领会程度与学校、家庭、社会和学生自身的回归模型汇总 [b]

模型	R	R 方	调整 R 方	标准 估计的误差	Durbin-Watson
1	.651[a]	.424	.416	.51233	2.023

a. 预测变量：（常量）学习环境、个人愿望、学习方法、社会、同学因素。

b. 因变量：知识领会程度。

从表 4-79 来看，R 方（多重判定系数）是 0.424，表明在知识领会程度的变异中，能被学习环境、个人愿望、学习方法、社会因素、同学因素的多元回归方程所解释的比例为 42.4%，R 方的平方根就是知识领会程度与 5 个变量（学习环境、个人愿望、学习方法、社会因素、同学因素）的负相关系数。另外，调整的 R 方（调整的多重判定系数）是 0.416，说明在对样本量和模型中自变量的个数进行调整后，在知识领会程度的变异中，能被学习环境、个人愿望、学习方法、社会因素、同学因素的多元回归方程所解释的比例为41.6%。估计的标准误差是 0.51233，表明根据成立的多元回归方程，用学习环境、个人愿望、学习方法、社会因素、同学因素来预测知识领会程度时，平均预测误差为 51.233%，即 51.233% 的影响来自模型外的其他因素和误差。Durbin-Watson 值是 2.023（1.5<DW<2.5），表示无自相关现象。

表 4-80　知识领会程度与学校、家庭、社会和学生自身的回归 Anova[a]

模型		平方和	df	均方	F	Sig.
1	回归	68.813	5	13.763	52.432	.000[b]
	残差	93.444	356	.262	—	—
	总计	162.256	361	—	—	—

a. 因变量：知识领会程度。

b. 预测变量：（常量）学习环境、个人愿望、学习方法、社会、同学因素。

从表 4-80 来看，回归平方和表示知识领会程度变量的变异中，回归模式中所包含的自变量所能解释的程度为 68.813；残差平方和代表知识领会程度变量的变异中，没有被回归模型所包含的变量解释的程度为 93.444。另外，Sig. 值是 0.000（< 0.05），说明所建立的回归方程具有统计学意义，即自变量和因变量之间存在线性关系。

表 4-81　知识领会程度与学校、家庭、社会和学生自身的回归系数 [a]

模型 B		非标准化系数		标准系数	t	Sig.	共线性统计量	
		标准误差	试用版				容差	VIF
1	（常量）	.300	.216	—	1.386	.167	—	—
	社会因素	.229	.053	.205	4.368	.000	.737	1.358
	学习方法	.140	.044	.146	3.202	.001	.781	1.281
	个人愿望	.257	.048	.245	5.385	.000	.781	1.281
	同学因素	.127	.047	.132	2.739	.006	.697	1.435
	学习环境	.180	.048	.196	3.721	.000	.583	1.715

a. 因变量：知识领会程度。

从表 4-81 来看，Sig. 值都小于 0.05，说明这些自变量对因变量有显著预测作用。VIF 值都小于 2，说明没有多重共线现象。

非标准化回归方程：知识领会 = 0.300+0.229* 社会因素 +0.140* 学习方法 +0.257* 个人愿望 +0.127* 同学因素 +0.180* 学习环境。回归非标准化系数意义表明，当知识领会变量增加一个单位时，社会变量增加 0.229 单位、学习方法变量增加 0.140 单位、个人愿望变量增加 0.257 单位、同学变量增加 0.127 单位、学习环境变量增加 0.180 单位。

标准回归方程：知识领会 = 0.205* 社会因素 +0.146* 学习方法 +0.245* 个人愿望 +0.132* 同学因素 +0.196* 学习环境。回归标准系数意义表明，如果知识领会变量增加一个单位标准差，社会变量增加 0.205 单位标准差、学习方法变量增加 0.146 单位标准差、个人愿望变量增加 0.245 单位标准差、同学变量增加 0.132 单位标准差、学习环境变量增加 0.196 单位标准差。

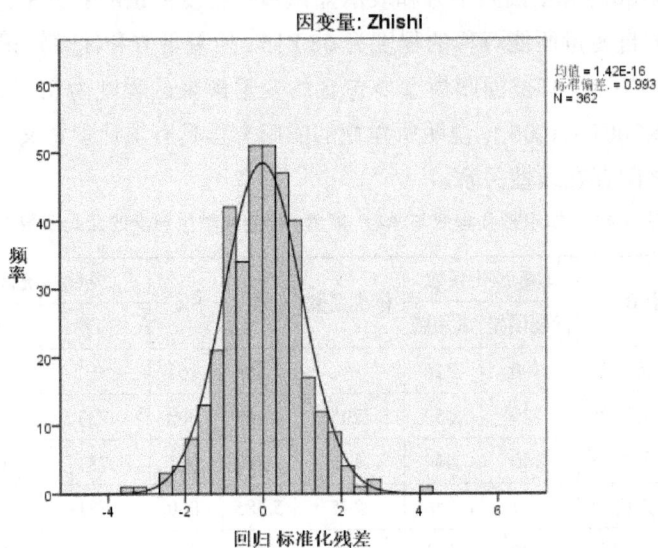

图 4-26　知识领会程度与学校、家庭、社会和学生自身的回归直方图

从图 4-26 来看，均值 =1.42E-16，接近 0；标准偏差 =0.993，接近 1，表明残差的分布是正态分布。因此，可以得出结论，残差的正态分布假设是被接受的，即残差服从正态分布。

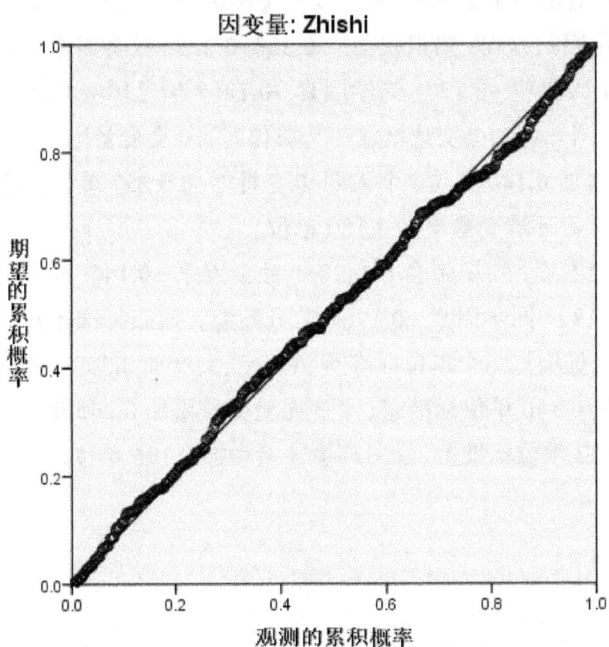

图 4-27　知识领会程度与学校、家庭、社会和学生自身回归标准化残差的标准 P-P 图

从图 4-27 来看,这张图与直方图相似,目的是为了看出残差正态分布假设,许多圆点集中在一条直斜线上下,说明接受残差正态分布假设。

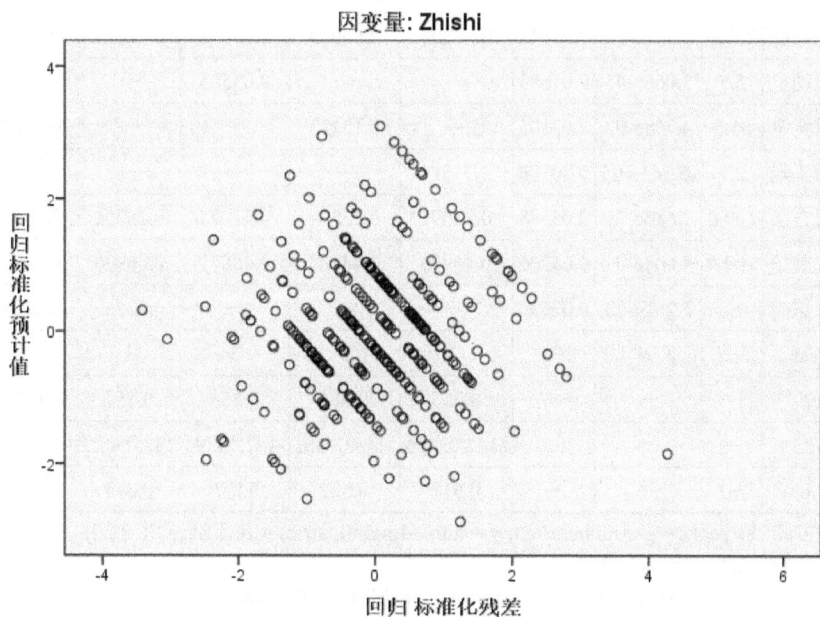

图 4-28　知识领会程度与学校、家庭、社会和学生自身的回归散点图

从图 4-28 中来看,散点图是为了检查是否接受线性相关假设,它能表示出因变量随自变量变化而变化的大致趋势,散点图中包含的数据越多,比较的效果就越好。随着横坐标逐渐增大,纵坐标也逐渐增大,可以表明是正相关的。从图中我们可以看到:许多散点大致排列在一条直线上下,说明接受线性相关假设。

第六节　学生知识领会与其影响因素的模型分析

一、学生知识领会与其影响因素的贝叶斯模型分析

为了更有效地将个人、学校、家庭、社会与学生知识领会相结合,我们需要看出每个因素对学生知识领会的影响,然后选出哪些因素对学生知识领会有较大的影响。为了选出最优的模型,我们也使用贝叶斯(Bayes)模型法计算出来。首先,我们根据学生自身对学生知识领会的影响,选出了几个最优

的模型,具体如表 4-82 所示。

表 4-82　学生自身因素与学生知识领会程度的贝叶斯模型

指标名称	p!=0	EV	SD	第一模型	第二模型	第三模型	第四模型	第五模型
Intercept	100.0	7.952e-01	0.23847	0.89294	0.65999	0.75838	0.81829	0.54973
学习动机	5.5	3.065e-03	0.01683	—	—	0.05565	—	—
学习竞争	35.8	4.758e-02	0.07305	—	0.13217	—	—	0.14039
学习坚定	2.7	-5.145e-05	0.00786	—	—	—	—	—
学习方法	100.0	2.686e-01	0.05388	0.28691	0.23814	0.27275	0.28754	0.23591
个人愿望	100.0	4.603e-01	0.05206	0.46996	0.44480	0.45871	0.46996	0.44323
个人感受	7.8	2.257e-03	0.01090	—	—	—	0.02562	0.03286
nVar	—	—	—	2	3	3	3	4
r2	—	—	—	0.355	0.364	0.358	0.357	0.366
BIC	—	—	—	-147.02286	-146.07661	-142.54294	142.03049	-141.66186
post prob	—	—	—	0.517	0.322	0.055	0.043	0.035

Call: bicreg(x = genrenbenshen, y = zhishilinghui, strict = FALSE, OR = 20)

　6 models were selected

　Best 5 models (cumulative posterior probability = 0.9728)

从表 4-82 中来看,贝叶斯模型法给我们选出了 6 个模型,但最优的模型有 5 个,累积的后验概率是 0.9728。在五个最优的模型中,第一个模型有 2 个因素(学习方法和个人愿望),r2 值 =0.355(说明这 2 个因素对模型的解释力度是 35.5%),BIC 值 =-147.02286, post prob 值 =0.517;第二个模型有 3 个因素(学习竞争、学习方法、个人愿望),r2 值 =0.364(说明这 3 个因素对模型的解释力度是 36.4%),BIC 值 =-146.07661, post prob 值 =0.322;第三个模型有 3 个因素(学习动机、学习方法、个人愿望),r2 值 =0.358(说明这 3 个因素对模型的解释力度是 35.8%),BIC 值 =-142.54294, post prob 值 = 0.055;第四个模型有 3 个因素(学习方法、个人愿望和个人感受),r2 值 =0.357(说明这 3 个因素对模型的解释力度是 35.7%),BIC 值 =-142.03049, post prob 值 = 0.043;第五个模型有 4 个因素(学习竞争、学习方法、个人愿望、个人感受),r2 值 =0.366(说明这 4 个因素对模型的解释力度是 36.6%),BIC 值 =-141.66186, post prob 值 = 0.035。在五个模型中,最简单而最有效的是第一模型,因为第一模型因素最少,而模型的解释力度跟其他模型差不多,说明在学生自身因素中,我们应注意学习方法和个人愿望,这样能更有效地提高学生知识领会程度。

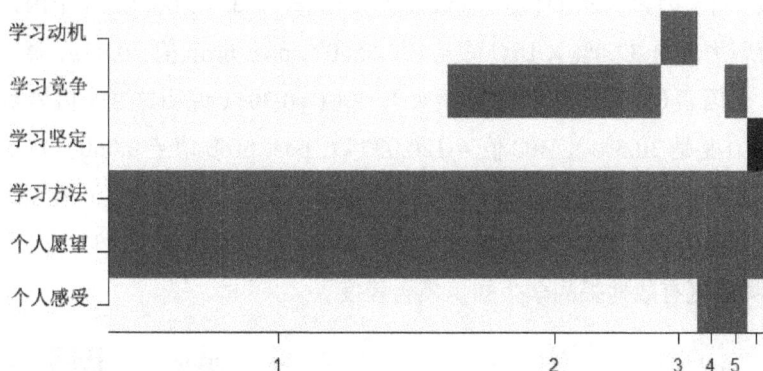

图 4-29 学生自身因素对知识领会程度的影响因素在模型中的出现频率

从图 4-29 中，我们可以看到每个因素在模型中出现的频率，在 6 个模型中，学习动机仅出现 1 次，学习竞争和个人感受出现 2 次，而学习方法和个人愿望在 5 个模型中都出现了，说明学习方法和个人愿望是两个重要的因素。

其次，我们把学校因素对学生知识领会的影响，选出了几个最优的模型，具体如表 4-83 所示。

表 4-83 学校因素与学生知识领会程度的贝叶斯模型

指标名称	p!=0	EV	SD	第一模型	第二模型	第三模型
Intercept	100.0	1.333721	0.20541	1.32883	1.17520	1.61999
教师因素	8.1	0.005049	0.02359	—	0.06203	—
同学因素	94.0	0.155093	0.06173	0.16532	0.16097	—
学习环境	100.0	0.300287	0.05305	0.29705	0.28112	0.37302
考试频次	100.0	0.203751	0.04500	0.20380	0.19355	0.21697
nVar	—	—	—	3	4	2
r2	—	—	—	0.326	0.329	0.305
BIC	—	—	—	-125.36883	-120.65607	-120.03743
post prob	—	—	—	0.859	0.081	0.060

Call: bicreg(x = xuexiaoyinsu, y = zhishilinghui, strict = FALSE, OR = 20)

3 models were selected

Best 3 models (cumulative posterior probability = 1)

从表 4-83 中来看，贝叶斯模型法给我们选出了 3 个最优的模型，累积的后验概率是 1。在 3 个最优的模型中，第一个模型有 3 个因素（同学因素、学习环境、考试频次），r2 值 =0.326（说明这 3 个因素对模型的解释力度是

32.6%），BIC 值 =-125.36883，post prob 值 =0.859；第二个模型有 4 个因素（教师因素、同学因素、学习环境、考试频次），r2 值 =0.329（说明这 4 个因素对模型的解释力度是 32.9%），BIC 值 =-120.65607，post prob 值 =0.081；第三个模型有 2 个因素（学习环境和考试频次），r2 值 =0.305（说明这 2 个因素对模型的解释力度是 30.5%），BIC 值 =-120.03743，post prob 值 = 0.060。在 3 个模型中，最简单而最有效的是第三模型，因为第三模型因素最少，而模型的解释力度跟其他模型也差不多，说明在学校因素中，我们应注意学习环境和考试频次，这样能更有效地提高学生知识领会程度。

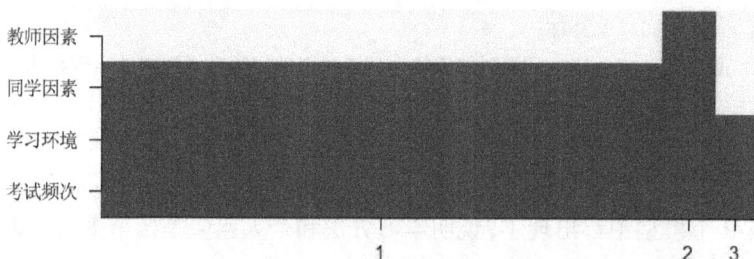

图 4-30　学校因素对知识领会程度的影响因素在模型中的出现频率

从图 4-30 中，我们可以看到每个因素在模型中出现的频率，在 3 个模型中，教师因素仅出现 1 次，同学因素 2 次，而学习环境和考试频次在 3 个模型中都出现，说学习环境和考试频次是两个重要的因素。

最后，我们把学生自身、学校、家庭、社会因素对学生知识领会的影响，选出了几个最优的模型，具体如表 4-84 所示。

表 4-84　学生自身、学校、家庭、社会因素与学生知识领会程度的贝叶斯模型

指标名称	p!=0	EV	SD	第一模型	第二模型	第三模型	第四模型	第五模型
Intercept	100.0	2.861e-01	0.247977	0.29986	0.48078	0.17848	0.18812	0.15340
社会因素	100.0	2.283e-01	0.053703	0.22942	0.24429	0.22029	0.21723	0.21669
家庭因素	13.7	6.625e-03	0.019584	—	—	—	0.04912	—
学习动机	2.8	1.337e-03	0.010885	—	—	—	—	—
学习坚定	30.4	3.988e-02	0.069046	—	—	0.14843	—	0.10016
学习竞争	2.9	-1.523e-03	0.011783	—	—	—	—	—
学习方法	81.6	1.138e-01	0.068547	0.14034	0.16102	—	0.13927	0.11113
个人愿望	100.0	2.519e-01	0.049173	0.25683	0.25239	0.24993	0.25815	0.24272
个人感受	2.1	4.205e-04	0.004725	—	—	—	—	—
教师因素	1.5	-2.112e-05	0.006734	—	—	—	—	—
同学因素	73.3	9.383e-02	0.069479	0.12740	—	0.12846	0.13053	0.11614
学习环境	100.0	1.973e-01	0.053027	0.17959	0.23067	0.20431	0.17877	0.18242
考试频次	7.0	4.296e-03	0.019640	—	—	—	—	—
nVar	—	—	—	5	4	5	6	6
r2	—	—	—	0.424	0.412	0.420	0.429	0.429
BIC	—	—	—	-170.30107	-168.64105	-167.71429	-167.55971	-167.53435
post prob	—	—	—	0.291	0.127	0.080	0.074	0.073

Call: bicreg(x = quanbuyinsu, y = zhishilinghui, strict = FALSE, OR = 20)

18 models were selected

Best 5 models (cumulative posterior probability = 0.6452)

　　从表 4-84 中来看，贝叶斯模型法给我们选出了 18 个模型，但最优的模型有 5 个，累积的后验概率是 0.6452。在 5 个最优的模型中，第一个模型有 5 个因素（社会因素、学习方法、个人愿望、同学因素和学习环境），r2 值 =0.424（说明这 5 个因素对模型的解释力度是 42.4%），BIC 值 =-170.30107，post prob 值 =0.291；第二个模型有 4 个因素（社会因素、学习方法、个人愿望和学习环境），r2 值 =0.412（说明这 4 个因素对模型的解释力度是 41.2%），BIC 值 =-168.64105, post prob 值 =0.127；第三个模型有 5 个因素（社会因素、学习坚定、个人愿望、同学因素和学习环境），r2 值 =0.420（说明这 5 个因素对模型的解释力度是 42.0%），BIC 值 =-167.71429, post prob 值 = 0.080；第四个模型有 6 个因素（社会因素、家庭因素、学习方法、个人愿望、同学因素和学习环境），r2 值 =0.429（说明这 6 个因素对模型的解释力度是 42.9%），BIC 值 =-167.55971, post prob 值 = 0.074；第五个模型有 6 个因素（社会因素、学习坚定、学习方法、个人愿望、同学因素、学习环境），r2 值 =0.429（说

明这 6 个因素对模型的解释力度是 42.9%），BIC 值 =-167.53435，post prob
值 = 0.073。在五个模型中，最简单而最有效的是第二模型，因为第二模型因
素最少，而模型的解释力度跟其他模型差不多，说明在学生自身、学校、家庭、
社会因素中，我们应注意社会因素、学习方法、个人愿望、学习环境，这样能
更有效地提高学生知识领会程度。

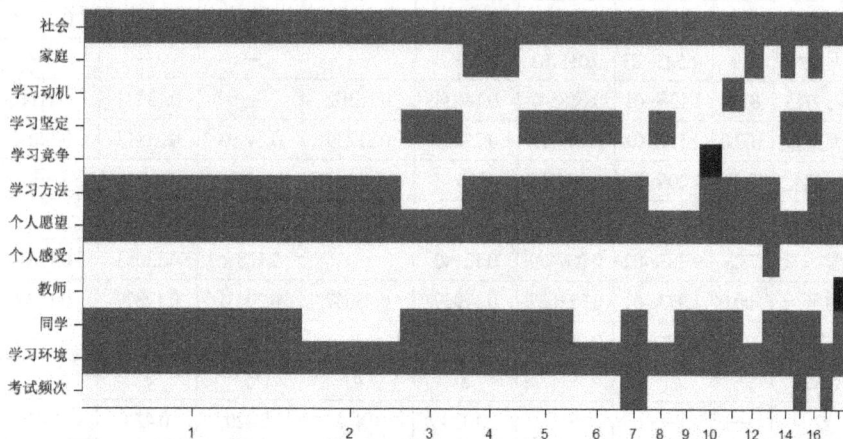

图 4-31　学生自身、学校、家庭、社会因素对知识领会程度的影响因素在模型中的出现频率

从图 4-31 中，我们可以看到每个因素在模型中出现的频率，在 18 个模
型中，家庭因素仅出现 1 次，学习坚定出现 2 次，学习方法出现 4 次，而社会、
个人愿望、学习环境在 18 个模型中都出现，说明社会、个人愿望和学习环境
是三个重要的因素。

二、学生知识领会与其影响因素的结构方程模型分析

（一）学生知识领会知识影响因素的验证性因子分析

首先我们对学生知识领会的各潜变量进行了验证性因子分析，分析后得
出的结果如图 4-32 所示。从图 4-32 来看，验证性因子分析指数都达到要求，
包括：X^2/df = 1.554；P-Value = 0.000；RMSEA = 0.039；CFI = 0.948；TLI =
0.937；IFI = 0.949；GFI = 0.886。各因素的因子载荷值均大于 0.6，说明信
度较好。

Chi-square/df=1.554
P value=.000;RMSEA=.039
CFI= .948;TLI=.937;IFI=.949;GFI=.886

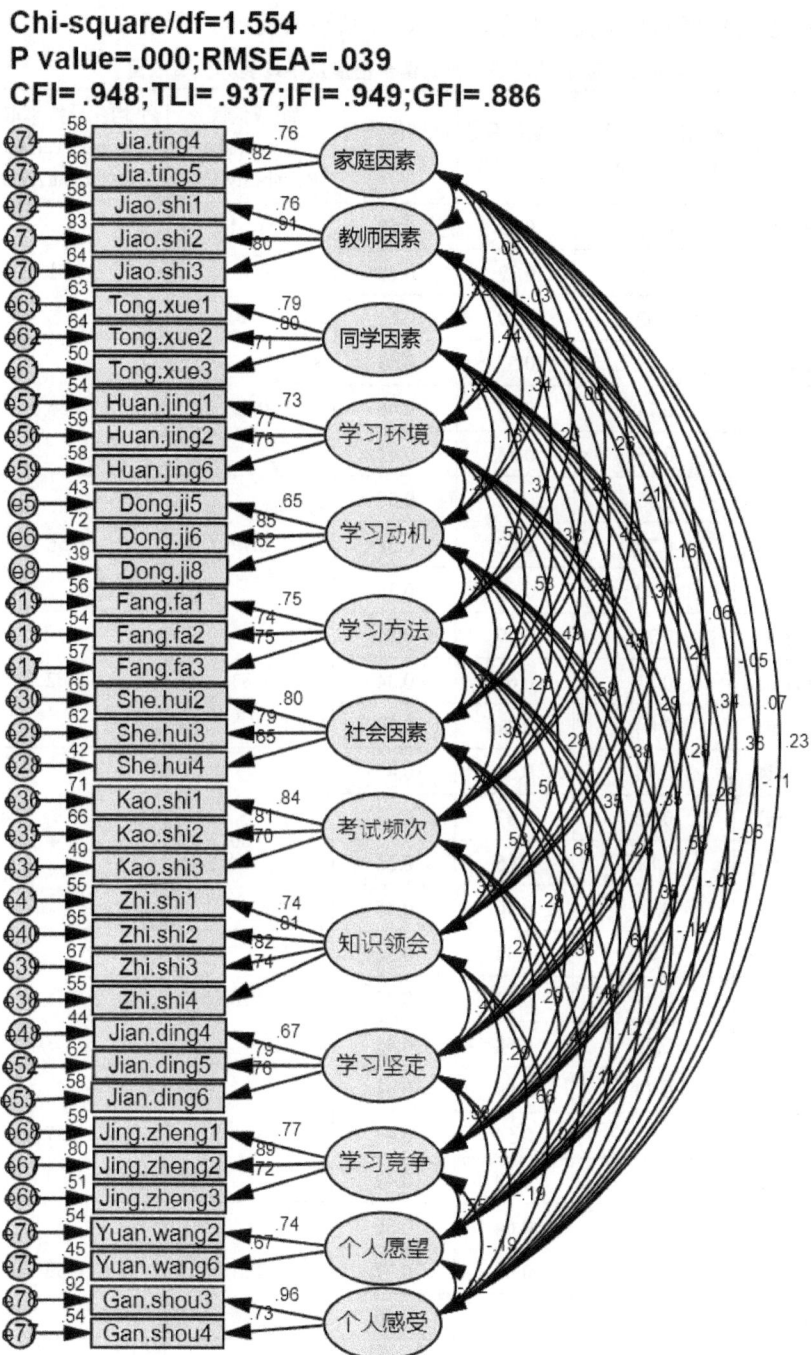

图 4-32　学生知识领会各潜变量的验证性因子分析

我们对结果进行分析后，计算了各变量之间的标准化系数平方、标准化残差、组合信度和平均变异数萃取量,计算结果如表 4-85 所示。

表 4-85　验证性因子分析的组合信度及平均变异数萃取量

观测变量	标准化因素负量 Factor loading	标准化系数平方 SMC	标准化残差 1-SMC	组成信度 Composite Reliability(CR)	平均变异数萃取量 Average Variance Extracted(AVE)
Dong.ji5	0.65	0.43	0.58		
Dong.ji6	0.85	0.72	0.28	0.75	0.51
Dong.ji8	0.62	0.39	0.61		
Fang.fa3	0.75	0.57	0.43		
Fang.fa2	0.74	0.54	0.46	0.79	0.56
Fang.fa1	0.75	0.56	0.44		
She.hui4	0.65	0.42	0.58		
She.hui3	0.79	0.62	0.38	0.79	0.56
She.hui2	0.80	0.65	0.36		
Kao.shi3	0.70	0.49	0.51		
Kao.shi2	0.81	0.66	0.34	0.83	0.62
Kao.shi1	0.84	0.71	0.29		
Zhi.shi4	0.74	0.55	0.45		
Zhi.shi3	0.82	0.67	0.33	0.86	0.61
Zhi.shi2	0.81	0.65	0.35		
Zhi.shi1	0.75	0.56	0.45		
Jian.ding4	0.67	0.44	0.56		
Jian.ding5	0.79	0.62	0.38	0.78	0.55
Jian.ding6	0.76	0.58	0.42		
Huan.jing2	0.77	0.59	0.41		
Huan.jing1	0.73	0.54	0.46	0.80	0.57
Huan.jing6	0.76	0.58	0.42		
Tong.xue2	0.80	0.64	0.36		
Tong.xue1	0.79	0.63	0.37	0.81	0.59
Tong.xue3	0.71	0.50	0.50		
Jing.zheng2	0.89	0.80	0.20		
Jing.zheng1	0.77	0.59	0.41	0.84	0.63
Jing.zheng3	0.72	0.51	0.49		

续表

观测变量	标准化因素负量 Factor loading	标准化系数平方 SMC	标准化残差 1-SMC	组成信度 Composite Reliability(CR)	平均变异数萃取量 Average Variance Extracted(AVE)
Jiao.shi3	0.80	0.64	0.37	0.86	0.68
Jiao.shi2	0.91	0.83	0.17		
Jiao.shi1	0.76	0.58	0.42		
Jia.ting5	0.82	0.66	0.34	0.77	0.63
Jia.ting4	0.77	0.59	0.42		
Yuan.wang6	0.67	0.45	0.55	0.66	0.50
Yuan.wang2	0.74	0.55	0.46		
Gan.shou4	0.73	0.54	0.46	0.84	0.73
Gan.shou3	0.96	0.92	0.08		

从表 4-85 来看，学习动机变量的组合信度为 0.75、平均变异数萃取量为 0.51；学习方法变量的组合信度为 0.79、平均变异数萃取量为 0.56；社会因素变量的组合信度为 0.79、平均变异数萃取量为 0.56；考试频次变量的组合信度为 0.83、平均变异数萃取量为 0.62；知识领会变量的组合信度为 0.86、平均变异数萃取量为 0.61；学习坚定程度变量的组合信度为 0.78、平均变异数萃取量为 0.55；学习环境变量的组合信度为 0.80、平均变异数萃取量为 0.57；同学因素变量的组合信度为 0.81、平均变异数萃取量为 0.59；学习竞争程度变量的组合信度为 0.84、平均变异数萃取量为 0.63；教师因素变量的组合信度为 0.86、平均变异数萃取量为 0.68；家庭因素变量的组合信度为 0.77、平均变异数萃取量为 0.63；学生个人愿望变量的组合信度为 0.66、平均变异数萃取量为 0.50；学生个人感受变量的组合信度为 0.84、平均变异数萃取量为 0.73。根据 Fornell and Larcker (1981) 的观点：组成信度大于 0.6 且平均变异数萃取量在 0.5 以上时可以接受。我们看到学生知识领会全部变量的组合信度均大于 0.6、平均变异数萃取量均大于 0.5，这说明各潜变量的信度较高。

另外，通过验证性因子分析，我们也能看出各变量之间的协方差估计和相关估计，具体如表 4-86 所示。

表 4-86 验证性因子分析的协方差估计和相关估计

潜变量1	潜变量2	协方差估计	S.E.	C.R.	P	Label	相关估计
学习动机	学习方法	.117	.025	4.670	***	par_22	.352
学习动机	社会因素	.049	.017	2.874	.004	par_23	.204
学习动机	考试频次	.073	.021	3.475	***	par_24	.249
学习动机	知识领会	.093	.023	3.994	***	par_25	.284
学习动机	学习坚定	.099	.022	4.572	***	par_26	.354
学习动机	学习环境	.106	.029	3.671	***	par_27	.265
学习动机	同学因素	.051	.022	2.336	.019	par_28	.157
学习动机	学习竞争	.075	.021	3.512	***	par_29	.257
学习动机	教师因素	.111	.024	4.584	***	par_30	.340
学习方法	社会因素	.095	.021	4.449	***	par_31	.326
学习方法	考试频次	.129	.026	4.921	***	par_32	.359
学习方法	知识领会	.199	.030	6.590	***	par_33	.500
学习方法	学习坚定	.232	.032	7.346	***	par_34	.681
学习方法	学习环境	.243	.038	6.390	***	par_35	.500
学习方法	同学因素	.132	.028	4.653	***	par_36	.335
学习方法	学习竞争	.144	.026	5.473	***	par_37	.405
学习方法	教师因素	.091	.026	3.471	***	par_38	.230
社会因素	考试频次	.073	.019	3.939	***	par_39	.281
社会因素	知识领会	.152	.024	6.463	***	par_40	.529
社会因素	学习坚定	.071	.018	3.990	***	par_41	.288
社会因素	学习环境	.186	.029	6.405	***	par_42	.533
社会因素	同学因素	.102	.021	4.771	***	par_43	.357
社会因素	学习竞争	.096	.019	5.061	***	par_44	.376
社会因素	教师因素	.066	.019	3.452	***	par_45	.231
考试频次	知识领会	.136	.025	5.327	***	par_46	.383
考试频次	学习坚定	.071	.021	3.437	***	par_47	.236
考试频次	学习环境	.184	.033	5.628	***	par_48	.428
考试频次	同学因素	.090	.024	3.723	***	par_49	.256
考试频次	学习竞争	.090	.021	4.245	***	par_50	.287
考试频次	教师因素	.152	.025	5.992	***	par_51	.431
知识领会	学习坚定	.136	.025	5.466	***	par_52	.407
知识领会	学习环境	.276	.038	7.330	***	par_53	.579
知识领会	同学因素	.174	.029	5.922	***	par_54	.448
知识领会	学习竞争	.101	.023	4.330	***	par_55	.288
知识领会	教师因素	.122	.026	4.790	***	par_56	.313
学习坚定	学习环境	.153	.030	5.047	***	par_57	.376

续表

潜变量 1	潜变量 2	协方差估计	S.E.	C.R.	P	Label	相关估计
学习坚定	同学因素	.097	.024	4.057	***	par_58	.292
学习坚定	学习竞争	.172	.025	6.906	***	par_59	.579
学习坚定	教师因素	.081	.022	3.635	***	par_60	.242
学习环境	同学因素	.244	.037	6.563	***	par_61	.518
学习环境	学习竞争	.147	.030	4.921	***	par_62	.346
学习环境	教师因素	.210	.035	6.048	***	par_63	.443
同学因素	学习竞争	.095	.024	4.026	***	par_64	.276
同学因素	教师因素	.124	.026	4.757	***	par_65	.322
学习竞争	教师因素	.118	.024	4.919	***	par_66	.338
学习动机	家庭因素	.036	.035	1.020	.308	par_68	.069
学习方法	家庭因素	.038	.043	.884	.377	par_69	.060
社会因素	家庭因素	.116	.033	3.554	***	par_70	.255
考试频次	家庭因素	.119	.038	3.160	.002	par_71	.213
知识领会	家庭因素	.100	.041	2.428	.015	par_72	.162
学习坚定	家庭因素	.029	.036	.819	.413	par_73	.055
学习环境	家庭因素	-.025	.051	-.494	.622	par_74	-.033
同学因素	家庭因素	-.029	.041	-.715	.475	par_75	-.048
学习竞争	家庭因素	-.027	.036	-.765	.444	par_76	-.049
教师因素	家庭因素	-.062	.041	-1.525	.127	par_77	-.101
学习动机	个人愿望	.128	.030	4.340	***	par_80	.350
学习动机	个人感受	-.082	.038	-2.184	.029	par_81	-.143
学习方法	个人愿望	.271	.038	7.146	***	par_82	.608
学习方法	个人感受	-.008	.043	-.183	.855	par_83	-.011
社会因素	个人愿望	.146	.027	5.348	***	par_84	.452
社会因素	个人感受	.059	.037	1.574	.115	par_85	.116
考试频次	个人愿望	.183	.032	5.690	***	par_86	.462
考试频次	个人感受	-.065	.038	-1.705	.088	par_87	-.105
知识领会	个人愿望	.290	.038	7.563	***	par_88	.661
知识领会	个人感受	.014	.042	.326	.745	par_89	.020
学习坚定	个人愿望	.289	.037	7.903	***	par_90	.773
学习坚定	个人感受	-.110	.037	-2.958	.003	par_91	-.188
学习环境	个人愿望	.308	.045	6.887	***	par_92	.578
学习环境	个人感受	-.048	.054	-.878	.380	par_93	-.057
同学因素	个人愿望	.123	.033	3.774	***	par_94	.283
同学因素	个人感受	-.041	.042	-.973	.330	par_95	-.060
学习竞争	个人愿望	.214	.033	6.582	***	par_96	.549

续表

潜变量 1	潜变量 2	协方差估计	S.E.	C.R.	P	Label	相关估计
学习竞争	个人感受	-.118	.039	-2.995	.003	par_97	-.192
教师因素	个人愿望	.157	.033	4.817	***	par_98	.360
教师因素	个人感受	-.078	.045	-1.745	.081	par_99	-.114
家庭因素	个人愿望	.051	.051	.992	.321	par_100	.073
家庭因素	个人感受	.248	.070	3.533	***	par_101	.229
个人愿望	个人感受	-.018	.052	-.343	.732	par_102	-.023

从表 4-86 中，我们可以看到各潜变量之间的协方差估计和相关估计。协方差用于衡量两个变量的总体误差，如果两个变量的变化趋势一致，那么当其中一个大于自身的期望值时，另外一个也大于自身的期望值，两个变量之间的协方差就是正值。如果两个变量的变化趋势相反，那么当其中一个大于自身的期望值时，另外一个会小于自身的期望值，两个变量之间的协方差就是负值。相关性指两个数值的相关性，取值一般在 -1 和 +1 之间，取 0 表示不相关，取 -1 表示负相关，取 +1 表示正相关。分析结果表明：13 个因素之间的相关有 78 个，其中正相关 66 个，负相关 12 个。各变量之间相关程度较强的有学习方法与知识领会（r = 0.500），学习方法与学习坚定（r = 0.681），学习方法与学习环境（r = 0.500），社会因素与知识领会（r = 0.529），社会因素与学习环境（r = 0.533），知识领会与学习环境（r = 0.579），学习坚定与学习竞争（r = 0.579），学习环境与同学因素（r = 0.518），学习方法与个人愿望（0.608），知识领会与个人愿望（r = 0.661），学习坚定与个人愿望（r = 0.773），学习环境与个人愿望（0.578），学习竞争与个人愿望（0.549）。另外，通过分析，我们也能看出每个变量和每个因子的方差，如表 4-87 所示。

表 4-87　验证性因子分析的方差估计

变量	方差估计	S.E.	C.R.	P	Label
学习动机	.274	.047	5.772	***	par_103
学习方法	.406	.053	7.601	***	par_104
社会因素	.211	.034	6.268	***	par_105
考试频次	.319	.045	7.066	***	par_106
知识领会	.392	.050	7.849	***	par_107
学习坚定	.285	.043	6.567	***	par_108
学习环境	.580	.075	7.768	***	par_109
同学因素	.383	.054	7.049	***	par_110
学习竞争	.311	.042	7.387	***	par_111

续表

变量	方差估计	S.E.	C.R.	P	Label
教师因素	.390	.045	8.689	***	par_112
家庭因素	.974	.159	6.109	***	par_113
个人愿望	.491	.070	6.997	***	par_114
个人感受	1.204	.229	5.265	***	par_115
e5	.396	.039	10.194	***	par_116
e6	.274	.063	4.378	***	par_117
e8	.434	.040	10.973	***	par_118
e17	.311	.033	9.479	***	par_119
e18	.447	.046	9.774	***	par_120
e19	.371	.039	9.608	***	par_121
e28	.294	.026	11.285	***	par_122
e29	.226	.027	8.415	***	par_123
e30	.251	.032	7.910	***	par_124
e34	.331	.030	10.971	***	par_125
e35	.257	.030	8.529	***	par_126
e36	.188	.025	7.394	***	par_127
e38	.318	.029	11.079	***	par_128
e39	.220	.023	9.511	***	par_129
e40	.205	.021	9.845	***	par_130
e41	.271	.025	10.901	***	par_131
e48	.360	.032	11.286	***	par_132
e52	.362	.041	8.780	***	par_133
e53	.382	.040	9.485	***	par_134
e56	.379	.042	9.094	***	par_135
e57	.427	.042	10.084	***	par_136
e59	.422	.045	9.482	***	par_137
e61	.378	.036	10.369	***	par_138
e62	.243	.031	7.882	***	par_139
e63	.290	.035	8.176	***	par_140
e66	.293	.026	11.059	***	par_141
e67	.125	.023	5.491	***	par_142
e68	.297	.029	10.196	***	par_143
e70	.224	.022	10.178	***	par_144
e71	.091	.017	5.224	***	par_145
e72	.257	.024	10.698	***	par_146
e73	.491	.127	3.859	***	par_147
e74	.673	.129	5.231	***	par_148

续表

变量	方差估计	S.E.	C.R.	P	Label
e75	.567	.055	10.352	***	par_149
e76	.410	.048	8.578	***	par_150
e77	.581	.123	4.709	***	par_151
e78	.106	.207	.512	.609	par_152

*** 表示 0.01 水平上显著，括号中是相应的 C.R 值，即 t 值

从表 4-87 中，我们可以看到每个潜变量和每个观测变量的方差估计。方差是指度量随机变量和其均值之间的偏离程度。方差越大，数据的波动越大；方差越小，数据的波动越小。结果表明：方差较大的因素有个人感受因素（S = 1.204）和家庭因素（S = 0.974）。

（二）学生知识领会与其影响因素的结构方程模型分析

进行了验证性因子分析后，我们根据理论建立了学生知识领会的模型，具体模型如图 4-33 所示。

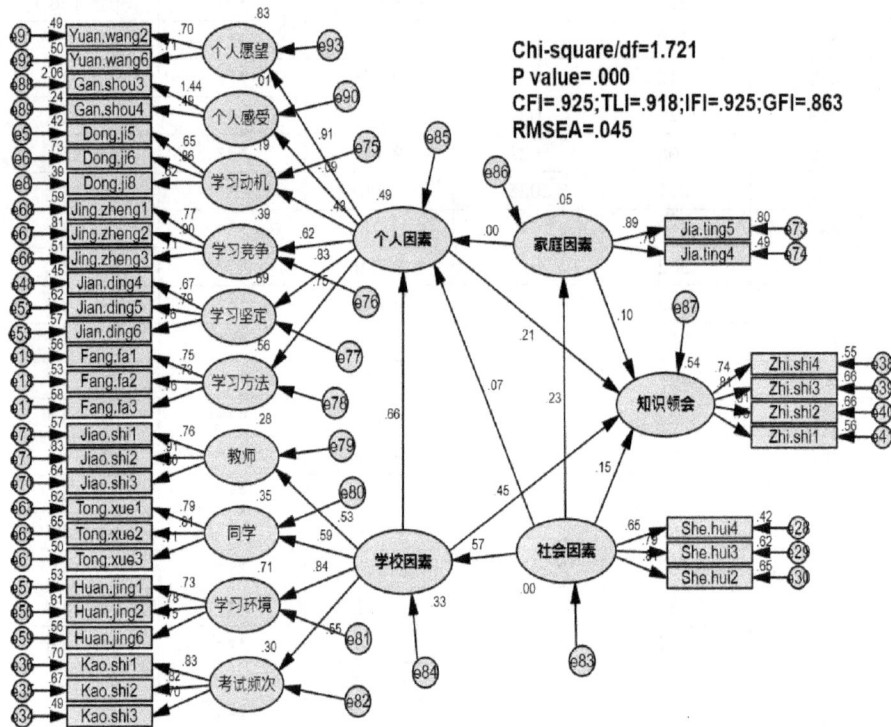

图 4-33 知识领会程度的结构方程模型图

从图 4-33 来看，模型的拟合度指数为：$X^2/df = 1.721$; P-Value = 0.000;

RMSEA = 0.045; CFI = 0.925; TLI = 0.918; IFI = 0.925; GFI = 0.863。这些指数较高，说明这个模型较好。从模型可以看出：知识领会受个人因素、学校因素、家庭因素和社会因素的影响，其中个人因素包括个人愿望、个人感受、学习动机、学习竞争、学习坚定和学习方法六个因素，学校因素包括教师、同学、学习环境、考试频次四个因素。

另外，通过分析，我们也能看出各因素之间的路径系数，具体如表4-88所示。

表 4-88　结构方程模型的系数估计结果

潜变量 1	潜变量 2	未标准化路径系数估计	S.E.	C.R.	P	Label	标准化路径系数估计
学校因素	社会因素	.386	.066	5.841	***	par_34	.573
家庭因素	社会因素	.533	.152	3.494	***	par_36	.227
个人因素	家庭因素	.000	.012	-.021	.983	par_30	-.001
个人因素	学校因素	.479	.115	4.168	***	par_31	.658
个人因素	社会因素	.033	.041	.789	.430	par_35	.067
学习竞争	个人因素	1.518	.291	5.220	***	par_23	.621
学习坚定	个人因素	1.974	.360	5.488	***	par_24	.832
学习方法	个人因素	2.133	.388	5.498	***	par_25	.751
教师	学校因素	1.071	.176	6.086	***	par_26	.533
同学	学校因素	1.177	.198	5.942	***	par_27	.592
学习环境	学校因素	2.033	.295	6.885	***	par_28	.844
考试频次	学校因素	1.000					.550
知识领会	家庭因素	.057	.030	1.869	.062	par_29	.098
知识领会	学校因素	.901	.246	3.665	***	par_32	.447
知识领会	个人因素	.594	.265	2.245	.025	par_33	.215
学习动机	个人因素	1.000					.433
知识领会	社会因素	.201	.098	2.051	.040	par_37	.148
个人感受	个人因素	-.631	.309	-2.040	.041	par_40	-.087
个人愿望	个人因素	2.889	.520	5.555	***	par_41	.913
Dong.ji5	学习动机	1.028	.109	9.412	***	par_1	.646
Dong.ji6	学习动机	1.626	.166	9.773	***	par_2	.856
Fang.fa3	学习方法	1.000					.759
Fang.fa2	学习方法	1.123	.092	12.233	***	par_3	.731
Fang.fa1	学习方法	1.068	.086	12.437	***	par_4	.747
She.hui4	社会因素	1.000					.649
She.hui3	社会因素	1.327	.118	11.289	***	par_5	.789
She.hui2	社会因素	1.471	.130	11.305	***	par_6	.806
Kao.shi3	考试频次	1.000					.701
Kao.shi2	考试频次	1.266	.098	12.925	***	par_7	.821

续表

潜变量1	潜变量2	未标准化路径系数估计	S.E.	C.R.	P	Label	标准化路径系数估计
Kao.shi1	考试频次	1.185	.090	13.156	***	par_8	.834
Zhi.shi4	知识领会	1.000					.742
Zhi.shi3	知识领会	1.056	.071	14.823	***	par_9	.813
Zhi.shi2	知识领会	.993	.068	14.552	***	par_10	.814
Zhi.shi1	知识领会	.930	.069	13.486	***	par_11	.745
Jian.ding4	学习坚定	1.000					.669
Jian.ding5	学习坚定	1.434	.121	11.889	***	par_12	.790
Jian.ding6	学习坚定	1.351	.115	11.728	***	par_13	.757
Huan.jing2	学习环境	1.009	.077	13.082	***	par_14	.783
Huan.jing1	学习环境	.933	.074	12.675	***	par_15	.729
Huan.jing6	学习环境	1.000					.748
Tong.xue2	同学	1.078	.084	12.895	***	par_16	.808
Tong.xue1	同学	1.119	.093	12.085	***	par_17	.787
Jing.zheng2	学习竞争	1.269	.089	14.227	***	par_18	.899
Jing.zheng1	学习竞争	1.180	.089	13.232	***	par_19	.766
Jiao.shi3	教师	1.000					.798
Jiao.shi2	教师	1.053	.060	17.506	***	par_20	.914
Jiao.shi1	教师	.946	.063	15.011	***	par_21	.756
Dong.ji8	学习动机	1.000					.621
Jing.zheng3	学习竞争	1.000					.712
Tong.xue3	同学	1.000					.710
Jia.ting5	家庭因素	1.000					.893
Jia.ting4	家庭因素	.822	.212	3.884	***	par_22	.698
Gan.shou3	个人感受	1.000					1.437
Gan.shou4	个人感受	.333	.366	.910	.363	par_38	.489
Yuan.wang2	个人愿望	.930	.087	10.629	***	par_39	.702
Yuan.wang6	个人愿望	1.000					.706

*** 表示0.01水平上显著,括号中是相应的C.R值,即t值。

从表4-88来看,各潜变量对知识领会程度的直接影响不同。各变量的直接影响均满足p<0.05这一条件,仅有"家庭因素"对"知识领会""个人因素"的直接影响和"社会因素"对"个人因素"的直接影响没有满足p<0.05这一条件。结果如下:

"社会因素"到"学校因素""家庭因素""个人因素""知识领会"的未标准化路径系数分别为0.386、0.533、0.033、0.201。这说明"社会因素"对"学校因素"和"家庭因素"的影响较大,而对"个人因素"和"知识领会"的影响较小,其中"社会因素"对"个人因素"的影响不具有统计学意义(p>0.05)。

"家庭因素"到"个人因素""知识领会"的未标准化路径系数分别为0.000、0.057。这说明"家庭因素"对"个人因素"和"知识领会"的影响较小,而且其影响均不具有统计学意义(p>0.05)。

"学校因素"到"个人因素""教师因素""同学因素""学习环境""考试频次""知识领会"的未标准化路径系数分别为0.479、1.071、1.177、2.033、0.901。这说明"学校因素"对"个人因素""教师因素""同学因素""学习环境""考试频次""知识领会"的影响较大,而且其影响均具有统计学意义(p<0.05)。

"个人因素"到"学习竞争""学习坚定""学习方法""知识领会""学习动机""个人感受""个人愿望"的未标准化路径系数分别为1.518、1.974、2.133、0.594、1.000、-0.631、2.889。这说明"个人因素"对"学习竞争""学习坚定""学习方法""知识领会""学习动机""个人感受""个人愿望"的影响较大,其影响均具有统计学意义,但其中"个人因素"对"个人感受"的影响是负面影响。

另外,我们需要看模型的拟合指数,它是考察理论结构模型对数据拟合程度的统计指标。不同类别的模型拟合指数可以从模型复杂性、样本大小、相对性与绝对性等方面对理论模型进行度量,具体如表4-89所示。

表4-89　模型拟合指数(修正后)

指数名称		数值
绝对拟合指数	x^2(卡方)Chi-square	1049.758
	GFI	.863
	RMR	.053
	RMSEA	.045
相对拟合指数	NFI	.839
	TLI	.918
	CFI	.925
信息指数	AIC	1235.758
	CAIC	1690.681
其他指数	Degrees of freedom (df)	610
	CMIN	1049.758
	CMIN/DF	1.721

从表4-89来看,模型的拟合度指数均符合要求。另外,我们还要看模型

中各潜变量的直接效应,具体如表 4-90 所示。

表 4-90　模型中各潜变量之间的直接效应(标准化的结果,修正后)

潜变量	社会因素	学校因素	家庭因素	个人因素
学校因素	.573			
家庭因素	.227			
个人因素	.067	.658	-.001	
个人愿望				.913
个人感受				-.087
教师因素		.533		
学习竞争				.621
同学因素		.592		
学习环境		.844		
学习坚定				.832
知识领会	.148	.447	.098	.215
考试频次		.550		
学习方法				.751
学习动机				.433

从表 4-90 中,我们可以看到各潜变量之间的直接效应,具体数据如下:

"社会因素"到"学校因素""家庭因素""个人因素""知识领会"的标准化路径系数分别为 0.573、0.227、0.067、0.148,则"社会因素"到"学校因素""家庭因素""个人因素""知识领会"的直接效应分别为 0.573、0.227、0.067、0.148。这说明当其他条件不变时,"社会因素"潜变量每提升 1 单位时,"学校因素""家庭因素""个人因素""知识领会"四个潜变量将分别提升 0.573 个单位、0.227 个单位、0.067 个单位、0.148 个单位。

"家庭因素"到"个人因素"和"知识领会"的标准化路径系数别为 -0.001 和 0.098,则"家庭因素"到"个人因素"和"知识领会"的直接效应分别为 -0.001 和 0.098。这说明"家庭因素"潜变量每提升 1 单位时,"个人因素"和"知识领会"两个潜变量将分别提升 -0.001 个单位和 0.098 个单位。

"学校因素"到"个人因素""教师因素""同学因素""学习环境""考试频次""知识领会"的标准化路径系数分别为 0.658、0.533、0.592、0.844、0.550、0.447,则"学校因素"到"个人因素""教师因素""同学因素""学习环境""考试频次""知识领会"的直接效应分别为 0.658、0.533、0.592、0.844、0.550、0.447。这说明"学校因素"潜变量每提升 1 单位时,"个人因素""教师因素""同学因素""学习环境""考试频次""知识领会"六个潜变量将分别提升 0.658 个单位、0.533 个单位、0.592 个单位、0.844 个单位、0.550 个单位、0.447

个单位。

　　"个人因素"到"学习竞争""学习坚定""学习方法""知识领会""学习动机""个人感受""个人愿望"的为标准化路径系数分别为 0.621、0.832、0.751、0.215、0.433、-0.087、0.913，则"个人因素"到"学习竞争""学习坚定""学习方法""知识领会""学习动机""个人感受""个人愿望"的未标准化路径系数分别为 0.621、0.832、0.751、0.215、0.433、-0.087、0.913。这说明"个人因素"每提升 1 单位时，"学习竞争""学习坚定""学习方法""知识领会""学习动机""个人感受""个人愿望"7 个潜变量将分别提升 0.621 个单位、0.832 个单位、0.751 个单位、0.215 个单位、0.433 个单位、-0.087 个单位、0.913 个单位。

　　通过分析，我们还能够看出模型中各变量之间的间接效应，具体如表 4-91 所示。

表 4-91　模型中各潜变量之间的间接效应（标准化的结果，修正后）

潜变量	社会因素	学校因素	家庭因素
个人因素	.377		
个人愿望	.405	.601	-.001
个人感受	-.039	-.057	
教师因素	.305		
学习竞争	.276	.409	-.001
同学因素	.339		
学习环境	.483		
学习坚定	.369	.548	-.001
知识领会	.374	.141	
考试频次	.315		
学习方法	.333	.495	-.001
学习动机	.192	.285	-.001

　　从表 4-91 来看，"社会因素"到"个人因素""个人愿望""个人感受""教师因素""学习竞争""同学因素""学习环境""学习坚定""知识领会""考试频次""学习方法""学习动机"的间接效应分别为 0.377、0.405、-0.039、0.305、0.276、0.339、0.483、0.369、0.374、0.315、0.333、0.192。"学校因素"到"个人愿望""个人感受""学习竞争""学习坚定""知识领会""学习方法""学习动机"的间接效应分别为 0.601、-0.057、0.409、0.548、0.141、0.495、

0.285。"家庭因素"到"个人愿望""学习竞争""学习坚定""学习方法""学习动机"的间接效应分别为 -0.001、-0.001、-0.001、-0.001、-0.001。

通过分析,我们还可以看出模型中各潜变量之间的总体效应,具体如表4-92所示。

表4-92　模型中各潜变量之间的总体效应(标准化的结果,修正后)

潜变量	社会因素	学校因素	家庭因素	个人因素
学校因素	.573	—	—	—
家庭因素	.227	—	—	—
个人因素	.444	.658	-.001	—
个人愿望	.405	.601	-.001	.913
个人感受	-.039	-.057	—	-.087
教师因素	.305	.533		
学习竞争	.276	.409	-.001	.621
同学因素	.339	.592		
学习环境	.483	.844	—	—
学习坚定	.369	.548	-.001	.832
知识领会	.522	.589	.097	.215
考试频次	.315	.550	—	—
学习方法	.333	.495	-.001	.751
学习动机	.192	.285	-.001	.433

从表4-92来看,"社会因素"到"学校因素""家庭因素""个人因素""个人愿望""个人感受""教师因素""学习竞争""同学因素""学习环境""学习坚定""知识领会""考试频次""学习方法""学习动机"的总体效应分别为 0.573、0.227、0.444、0.405、-0.039、0.305、0.276、0.339、0.483、0.369、0.522、0.315、0.333、0.192。"学校因素"到"个人因素""个人愿望""个人感受""教师因素""学习竞争""同学因素""学习环境""学习坚定""知识领会""考试频次""学习方法""学习动机"的总体效应分别为 0.658、0.601、-0.057、0.533、0.409、0.592、0.844、0.548、0.589、0.550、0.495、0.285。"家庭因素"到"个人因素""个人愿望""学习竞争""学习坚定""知识领会""学习方法""学习动机"的总体效应分别为 -0.001、-0.001、-0.001、-0.001、0.097、-0.001、-0.001。"个人因素"到"个人愿望""个人感受""学习竞争""学习坚定""知识领会""学习方法""学习动机"的总体效应分别为 0.913、-0.087、0.621、0.832、0.215、0.751、0.433。

另外通过分析，我们还可以看出模型中各潜变量之间的方差（见表 4-93）和相互关系（见表 4-94）。

表 4-93　模型中各潜变量之间的方差

变量	社会因素	学校因素	家庭因素	个人因素	个人愿望	个人感受	教师因素	学习竞争	同学因素	学习环境	学习坚定	知识领会	考试频次	学习方法	学习动机
社会因素	.213														
学校因素	.082	.097													
家庭因素	.113	.044	1.168												
个人因素	.046	.049	.024	.051											
个人愿望	.134	.142	.070	.148	.514										
个人感受	-.029	-.031	-.015	-.032	-.093	2.703									
教师因素	.088	.104	.047	.052	.152	-.033	.390								
学习竞争	.070	.074	.037	.078	.225	-.049	.080	.306							
同学因素	.097	.114	.052	.058	.167	-.036	.122	.088	.383						
学习环境	.167	.197	.089	.100	.288	-.063	.211	.151	.232	.561					
学习坚定	.091	.097	.048	.101	.292	-.064	.104	.153	.114	.197	.288				
知识领会	.151	.135	.143	.085	.247	-.054	.145	.129	.159	.275	.168	.393			
考试频次	.082	.097	.044	.049	.142	-.031	.104	.074	.114	.197	.097	.135	.319		
学习方法	.099	.105	.052	.109	.316	-.069	.112	.166	.123	.213	.216	.182	.105	.413	
学习动机	.046	.049	.024	.051	.148	-.032	.052	.078	.058	.100	.101	.085	.049	.109	.273

表 4-94　模型中各潜变量之间的相关性

变量	社会因素	学校因素	家庭因素	个人因素	个人愿望	个人感受	教师	学习竞争	同学	学习环境	学习坚定	知识领会	考试频次	学习方法
学校因素	.573													
家庭因素	.227	.130												
个人因素	.444	.696	.100											
个人愿望	.405	.636	.091	.913										
个人感受	-.039	-.061	-.009	-.087	-.079									
教师因素	.305	.533	.069	.371	.339	-.032								
学习竞争	.276	.433	.062	.621	.567	-.054	.231							
同学因素	.339	.592	.077	.412	.376	-.036	.315	.256						
学习环境	.483	.844	.110	.588	.536	-.051	.450	.365	.500					
学习坚定	.369	.579	.083	.832	.759	-.072	.309	.517	.343	.489				
知识领会	.522	.694	.211	.602	.549	-.052	.370	.374	.411	.586	.501			
考试频次	.315	.550	.072	.383	.350	-.033	.293	.238	.326	.465	.319	.382		
学习方法	.333	.523	.075	.751	.686	-.065	.279	.467	.310	.442	.625	.452	.288	
学习动机	.192	.302	.043	.433	.396	-.038	.161	.269	.179	.255	.361	.261	.166	.326

第五章 越南汉语本科生学习行为问题及其对策

第一节 越南汉语本科生学习行为中的问题

据调查结果，我们发现学生在课堂上和课外的行为以及影响学生知识领会程度的因素中还存在着一些问题，具体如下。

一、学生课堂主动性问题

越南汉语本科生能够比较积极地参与到课堂中，据调查所示：能准时上课的学生占 86.7%，但是学生上课迟到时提前向老师请假的学生仅占 16.2%，这说明大部分学生的自觉性比较差，只有少部分学生比较自觉。另外，不来上课时会提前向老师请假的学生占 31.6%，这说明一些学生想上课时才来上课，不来上课时也不向老师说明原因。在课堂上，主动举手回答问题的学生占 31.6%，说明大部分学生的学习主动性不强；课间休息时，会回顾刚学过的内容的学生占 18.4%，说明大部分学生在课间休息时很少回顾所学知识，而选择跟同学聊天。除了完成老师布置的作业外，还常做其他作业的学生占 16.9%，说明大部分学生只做老师布置的作业，而不做其他练习以提高自己的专业水平。这些问题都说明学生课堂学习的主动主动性不强。

二、学生课外科研积极性问题

科学研究对学习有重要的意义，可以让学生不断探索，提高能力。参加科学研究的越南学生占 15.5%，这说明参加科学研究工作的学生人数较少。

三、学生汉语资料使用问题

（一）学生对汉语材料使用的问题

为了学好汉语，学生不仅需要在课堂上努力学习，还需要在课外努力学习。常参加汉语角、汉语俱乐部的越南学生占 27.6%，这说明自觉参加汉语角、汉语俱乐部的学生比较少；常阅读汉语书、报纸、杂志的学生占 26.1%，这说明学生除了课堂上所使用的汉语教材外，很少看其他汉语参考书、汉语报纸和汉语杂志；常在电视上看汉语节目、汉语新闻的学生占 17.3%，这说明学生很少看电视上的汉语节目和汉语新闻，而更喜欢看中国电影。

（二）学生很少上中文网页学习和查资料

上网查资料是学生在学习过程中经常出现的行为，为了了解越南学生经常上哪些网站获取相关汉语知识，我们对几个普及性较强的网站进行了调查，调查结果如图 5-1。

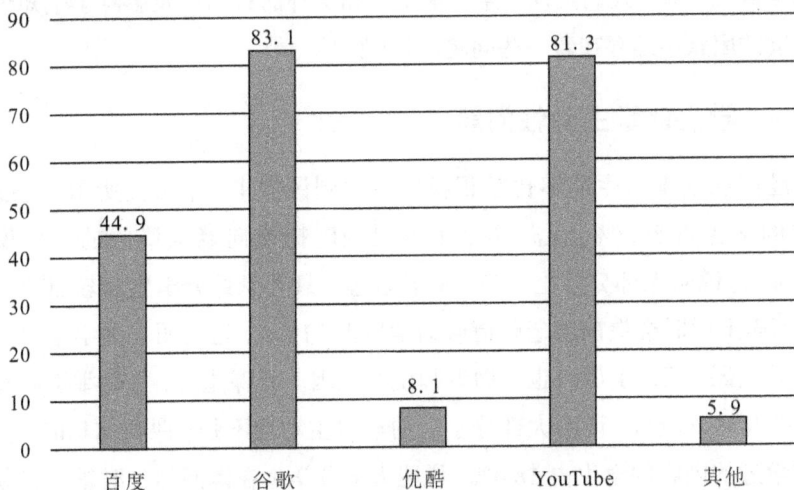

图 5-1　学生在网站的学习和查资料

从图 5-1 来看，在利用网页查阅中文信息方面，使用百度的学生有 122 人（44.9%），使用谷歌的有 226 人（83.1%），使用优酷的有 22 人（8.1%），使用 Youtube 的有 221 人（81.3%），使用其他网页的有 16 人（5.9%）。另外，我们还对网络聊天工具进行了调查，调查结果如图 5-2 所示。

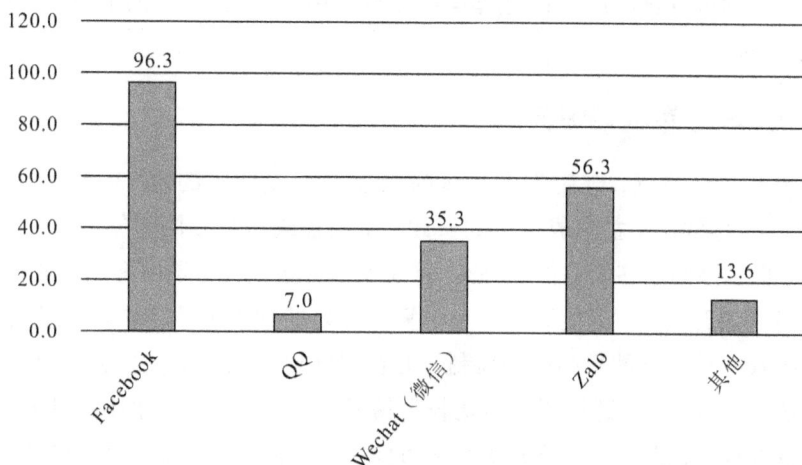

图 5-2 学生使用电子聊天工具

从图 5-2 中来看，在使用聊天工具方面，使用 Facebook 的学生有 262 人（96.3%），使用 QQ 的有 19 人（7.0%），使用微信的有 96 人（35.3%），使用 Zalo 的有 153 人（56.3%），使用其他聊天工具的有 37 人（13.6%）。为了了解学生常在哪些网站查词典，我们也做了相关的调查，调查结果如图 5-3 所示。

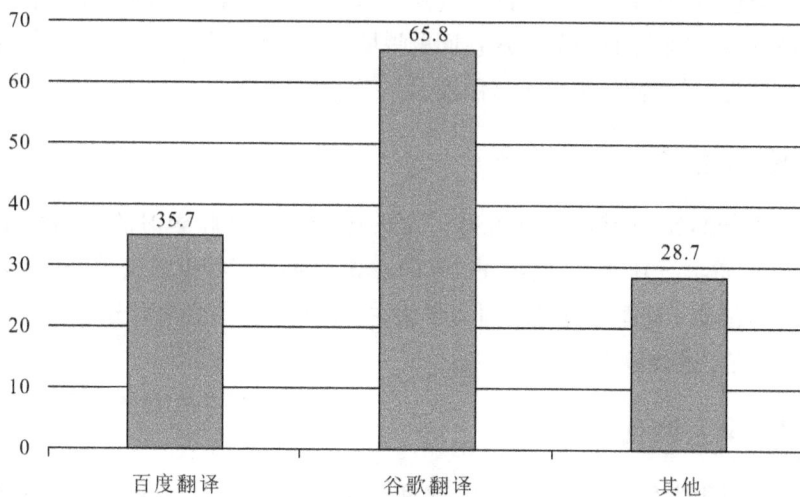

图 5-3 学生常查词典的网站

从图 5-3 来看，在查词典方面，使用百度翻译词典的有 97 人（35.7%），使用谷歌翻译词典的有 179 人（65.8%），使用其他词典的有 78 人（28.7%）。

从以上数据可以看出：目前，越南学生很少使用中国的网站、网络聊天工具和在线词典。

四、学生考试习惯问题

关于考试方面，越南学生考试时能独立完成试题的占83.1%，这说明大部分学生都能独立完成自己的试题；而经常或总是抄同学答案的学生占1.8%，偶尔抄同学答案的占52.5%，这说明部分学生在考试中有作弊的行为。另外每门课开始时，都能制订好考试复习计划的学生占26.9%，这说明大部分学生很少给自己的每门课提前制订好复习计划；考试前一晚会紧张到睡不着的学生占41.2%，这说明学生比较害怕考试；快到考试才集中精神复习的学生占39.4%，这说明大部分学生在考前一段时间内不认真复习，忙于其他事情，快到考试才拼命去看书；考试后和同学对答案的学生占45.6%，这说明很多学生有考试后对答案的不良习惯，这可能会影响其下一门考试的心情；考试后很紧张，怕自己的成绩没有其他同学高的学生占54.8%，这说明考完试后大部分学生对成绩不太有把握；考试后成绩不高，会报名重考的学生占27.2%，这说明部分学生考试后会想要重考，使自己的成绩高一些，之所以有这种想法，是因为越南高校目前有一种考试叫作改善考试，考试次数不限，到了三年级想考一年级的考试也可以，所以很多学生会有"成绩不好，报名参加改善考试就好"的错误思想。这些问题说明：学生的不良考试行为，一部分来自学生自身，另一部分来自考试制度。

五、学生睡觉习惯问题

学生的睡觉习惯也对学习有一定的影响。能早起学习的越南学生占11.0%，常常学习到很晚的学生占58.0%，这说明很多学生熬夜学习，这会影响到身体健康；有固定睡觉时间的学生占30.1%，这说明大部分学生的睡觉时间不固定，这会影响到身体健康。

六、学生饮食习惯问题

饮食对于学生而言非常重要，饮食行为不当会影响营养的吸收，营养不良会影响学生的身体健康，从而影响学生的学习效果。越南汉语专业中，饿着肚子去上课的学生占（27.3%），这种习惯会影响学生的学习效果，而且也会影响学生的健康；在学校食堂吃饭的学生占14.7%，这说明大部分学生不在学校食堂吃饭，而选择回宿舍自己煮饭吃；上课时吃东西的学生占12.5%，这说明部分学生还有边吃边学的不良习惯；不吃饭，把省下的饭钱用在别处的学生占 32.0%，这说明一些学生宁愿不吃饭，也要选择省下钱去做其他事情。这些问题说明在饮食方面，越南学生还有一些不良习惯。

七、学生学习计划问题对学生知识领会的影响

学习计划是指提前对一门课的学习目标进行规划。具体的学习计划能使学生有目的地去学习。给每门课制订学习计划的越南学生占 32.1%，这说明很大一部分学生只会跟着教师走，学到哪儿算哪儿，没有具体的学习计划；课程开始之前能了解每门课的学习目标的学生占 38.4%，说明学生很少去了解自己课程的学习目标。

八、学校的教师和设施问题对学生知识领会的影响

（一）师生之间的心理距离问题

在教学过程中，老师和学生是主要因素。老师和学生能够互相沟通，有利于知识的传递；不过很多越南学生比较害怕老师，一般把不懂的问题埋在心里；遇到没弄懂的问题时，常向老师或同学请教的学生占 41.9%，这说明大部分学生比较害羞，不敢直接向老师请教问题；常跟老师争论的学生占 4.8%，这说明在学习过程中很少有学生和老师争论；课间休息时，会和老师或同学讨论课堂内容的学生占 18.0%，这说明课间休息时很少有学生讨论课堂内容。

（二）学生对学校设施和相关服务的实际需求问题

学校设施与相关服务对学生的学习有较大的影响，选择去图书馆学习的学生占 7.7%，这说明大部分学生不愿意去图书馆看书，可能是由于图书馆的设施、图书资源、学习条件等方面不够好，无法激发学生的学习兴趣；34.2% 的学生认为学校能认真倾听并及时处理学生所反映的问题，这说明大部分学校处理学生所反映的问题时，速度较慢；会抽时间锻炼身体或参加体育活动的学生占 23.9%，这说明大部分学生很少锻炼身体；能专心学习，不被其他因素干扰的学生占 26.9%，这说明少部分学生能够专心学习，不被其他因素干扰，而大部分学生学习时易被其他因素干扰，不能专心学习；为了按时完成学习任务，忘记吃饭和睡觉的学生占 15.4%，这说明少部分学生能在期限内完成学习任务，大部分学生不太注意完成任务的期限，存在突击行为。

九、家庭经济问题对学生知识领会的影响

不同的学生每个月收到的来自家庭的生活费也不一样，我们想了解生活

费的多少是否会影响学生的汉语学习和知识领会。调查结果如图 5-4 和图 5-5 所示。

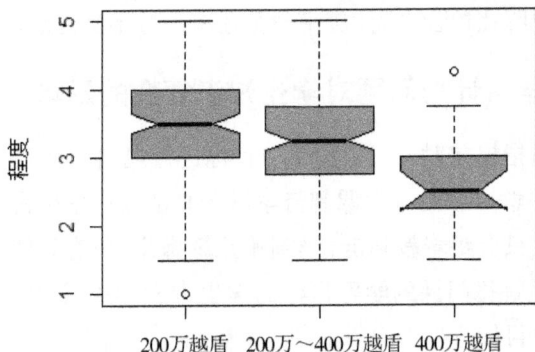

图 5-4 学生收到家庭不同的资助金在学习汉语中的分布

从图 5-4 来看,每个月收到小于 200 万越盾(约 600 元人民币)生活费的学生在学习汉语方面表现较好,每个月收到大于 400 万越盾(约 1100 人民币)生活费的学生在学习汉语方面表现不太好,这说明并不是生活费越高,学生的汉语学习越好。

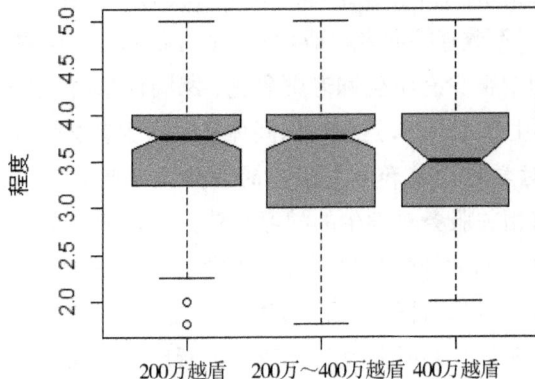

图 5-5 学生收到家庭不同的资助金在知识领会程度中的分布

从图 5-5 来看,每个月收到小于 200 万越盾生活费的学生在知识领会方面表现较好,每个月收到大于 400 万越盾生活费的学生在知识领会方面表现较差,可能是因为:收到的生活费越多,学生越会把时间花费在吃喝玩乐上,不认真学习。

十、社会重视程度问题对学生知识领会的影响

目前越南社会对汉语人才的重视程度不够,导致学生的汉语学习积极性

不足,汉语学习行为中存在诸多不良的学习习惯,例如:课堂不认真听讲、课后不积极参加科研活动,从而导致汉语成绩下降。市场对汉语人才的需求度不够,政府也没有大力为汉语人才提供就业岗位,就业前景不够乐观,因而部分学生不愿意选择汉语专业。他们认为汉语专业毕业生不容易在社会中找到工作,就业岗位严重不足。

十一、男、女生在学习行为和知识领会方面的差异性问题

在学习行为方面,通过调查我们发现:越南汉语本科生的男女比例很不均衡,而且男、女生在课外学习行为、考试后行为、社会需求、个人愿望、教师因素和同学因素方面有显著差异。

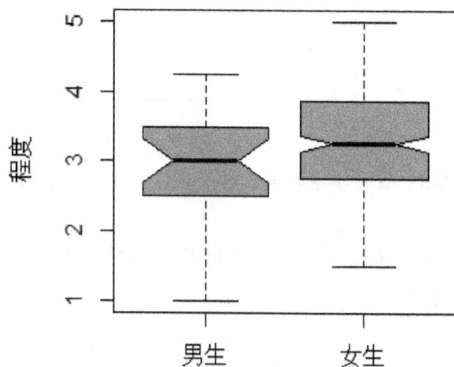

图 5-6 男生女生在学习汉语中的分布

从图 5-6 来看,女生的汉语学习能力比男生强,说明女生比男生学习认真。

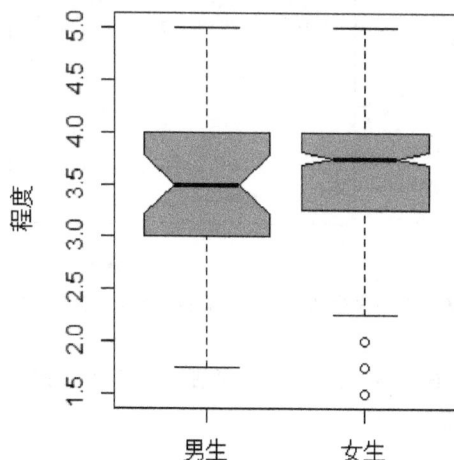

图 5-7 男生女生在知识领会程度中的分布

从图 5-7 可以看出，女生的知识领会能力比男生强，这说明女生注意力更集中，相同时间内能学到更多知识。

十二、城乡学生在学习行为和知识领会方面的差异性问题

从调查数据来看，大部分的越南汉语本科生来自农村，这说明农村学生对汉语专业更感兴趣，而且他们认为汉语专业学生毕业后更容易找到工作。

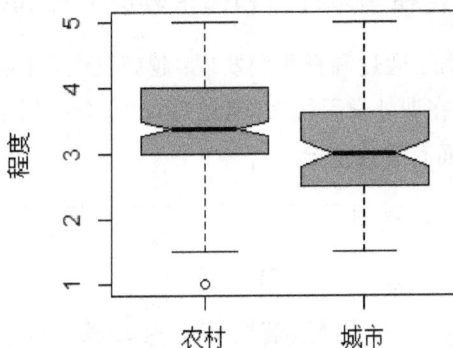

图 5-8　农村学生和城市学生在学习汉语中的分布

从图 5-8 来看，在汉语学习方面，农村学生做得更好，这是因为农村学生学习汉语时更认真、更努力。

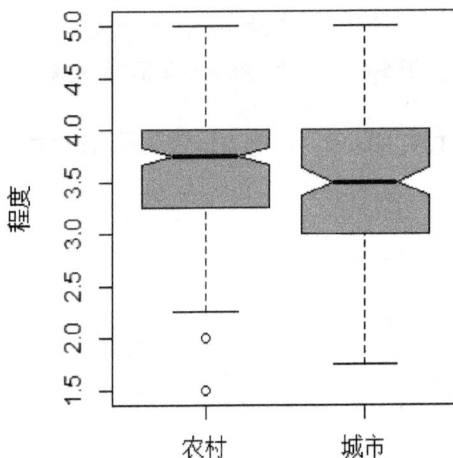

图 5-9　农村学生和城市学生在知识领会程度中的分布

从图 5-9 来看，在知识领会方面，农村学生做得更好，这是因为农村学生接受知识的能力更强。

十三、学生专业类型在学习行为和知识领会方面的差异性问题

本研究对越南四种汉语专业进行了调查,结果表明:汉语语言专业是越南高校开设最多的汉语专业,而且汉语语言专业的学生也是最多的,因为此专业学生毕业后找工作时有更多的选择,可以选择翻译、公务员、教师等与汉语有关的行业。

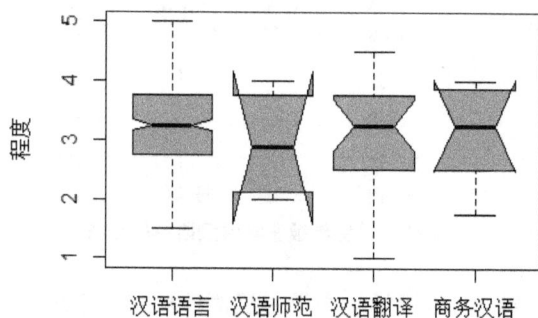

图 5-10　学生专业在学习汉语中的分布

从图 5-10 来看,汉语语言专业学生在学习汉语的过程中,比其他三个专业学生表现得好,即汉语语言专业学生的汉语水平更高。另外汉语翻译专业和商务汉语专业的学生在学习汉语的过程中表现相似,汉语师范专业的学生表现比较差。

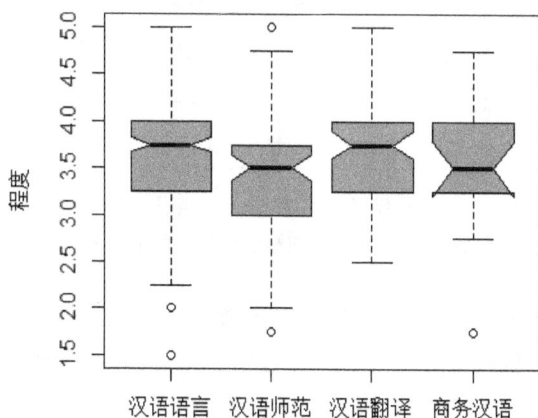

图 5-11　学生专业在知识领会程度中的分布

从图 5-11 来看,汉语语言专业和汉语翻译专业学生在知识领会方面表现较好,而汉语师范专业学生在知识领会方面表现较差。

十四、学生年级在学习行为和知识领会方面的差异性问题

本书对越南高校汉语专业四个年级的学生进行了调查,调查结果表明:
不同年级的学生在学习行为和知识领会方面均有显著差异。

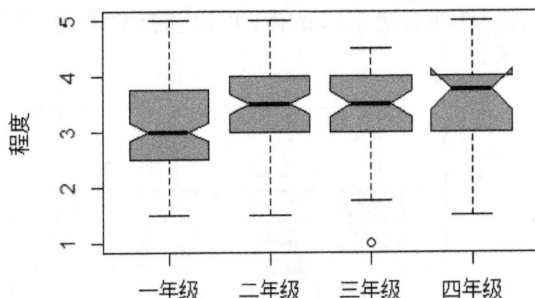

图 5-12 学生年级在学习汉语中的分布

从图 5-12 来看,四年级学生在学习汉语的过程中表现较好,一年级学生
表现较差。

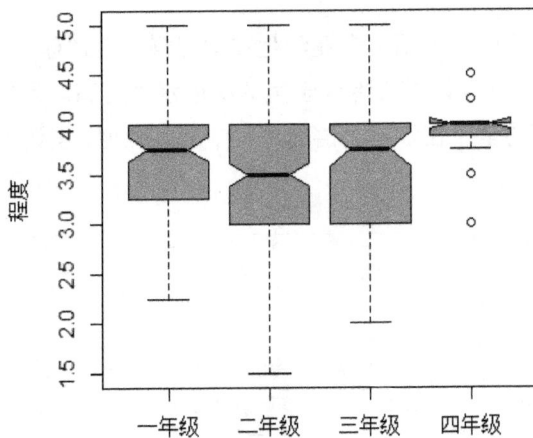

图 5-13 学生年级在知识领会程度中的分布

从图 5-13 来看,四年级学生在知识领会方面表现较好,二年级学生在
知识领会方面表现较差,而一年级学生和三年级学生在知识领会方面表现
相似。

十五、学生汉语学习背景在学习行为和知识领会方面的差异性问题

进入大学前,有的学生学过汉语,有的学生没学过汉语,其中学过汉语的
学生较少,因为开设汉语课的越南高中很少,大部分学生通过英语考试进入

大学,然后才开始学习汉语。这导致学过汉语的学生和没学过汉语的学生之间存在差异。

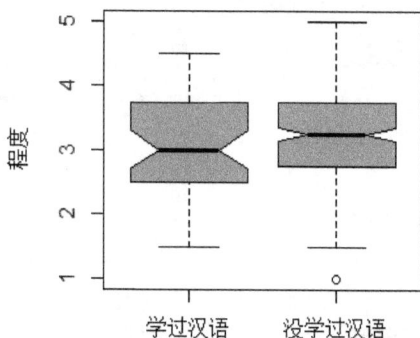

图 5-14　学生有无学过汉语在学习汉语中的分布

从图 5-14 来看,在学习汉语时,没学过汉语的学生的比学过汉语的学生表现得更好,因为没学过汉语的学生学习汉语时更加认真、专心。

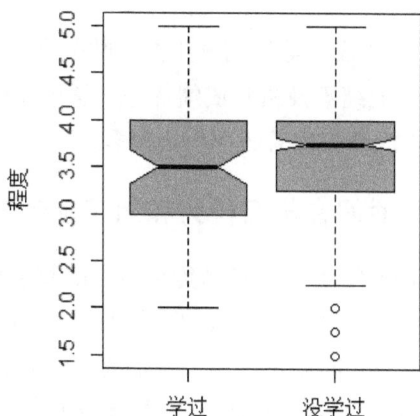

图 5-15　学生有无学过汉语在知识领会程度中的分布

从图 5-15 来看,没学过汉语的学生在知识领会方面上比学过汉语的学生表现得更好,这是因为没学过汉语的学生接受知识的能力更强。

十六、学生学习成绩在学习行为和知识领会方面的差异性问题

我们把学生的成绩分为优秀、良好、及格和不及格四个等级,其中优秀是 8.5 ～ 10 分,良好是 7.0 ～ 8.4 分,及格是 5 ～ 6.9 分,不及格是小于 5 分。我们对学生上学期的汉语听力、口语、阅读和写作分数进行了调查,调查结果如图 5-16 所示。

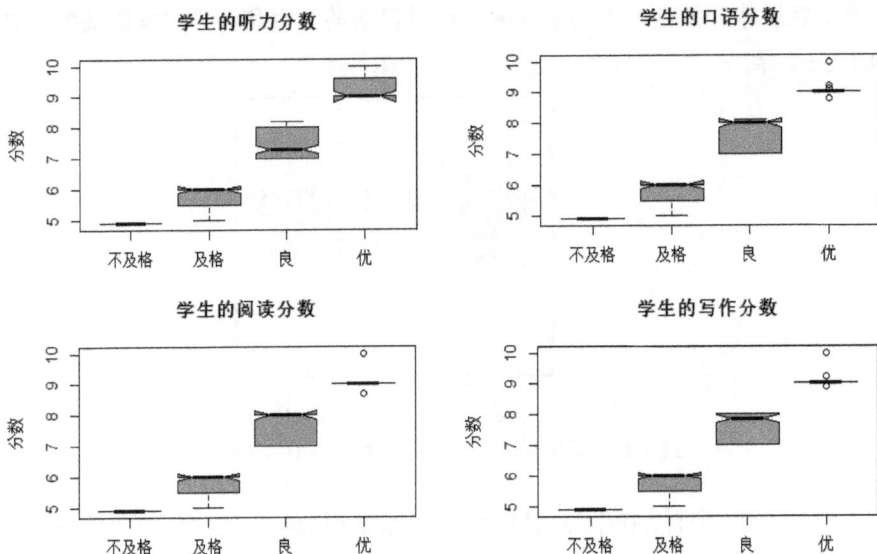

图 5-16　学生听、说、读、写的分数分布

从图 5-16 来看,不同成绩等级的学生的分数分布不一样,大部分学生的成绩是良好和及格的,成绩不及格和成绩优秀的学生比较少。在四种汉语技能的分数中,听力分数成绩为优秀的学生比较多。

十七、学生兼职时间在学习行为和知识领会方面的差异性问题

由于家庭因素,部分学生需要自己负担学习的相关费用,所以需要去兼职挣钱。我们对学生每周的兼职时间进行了调查,调查发现:有些学生不兼职,有些学生兼职,但兼职时间不一样。我们想了解是否兼职和兼职时间长短是否会影响学生的汉语学习及知识领会,具体参见图 5-17 和图 5-18。

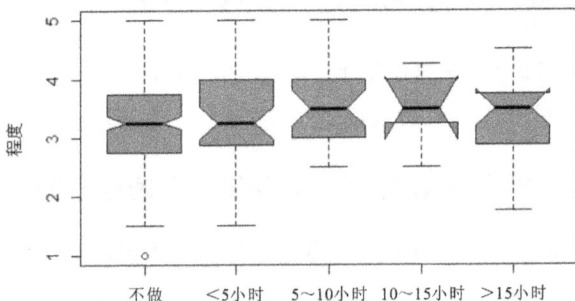

图 5-17　学生兼职时间在学习汉语中的分布

从图 5-17 来看,不做兼职的学生在学习汉语过程中没有兼职的学生表现

得好,可能是由于:兼职的学生擅长合理安排时间,能够安排好汉语学习时间和兼职时间。在兼职的学生中,每周工作 10 ～ 15 小时的学生在学习汉语过程中表现较好,这说明兼职时间也要合理,不然会影响到汉语学习。

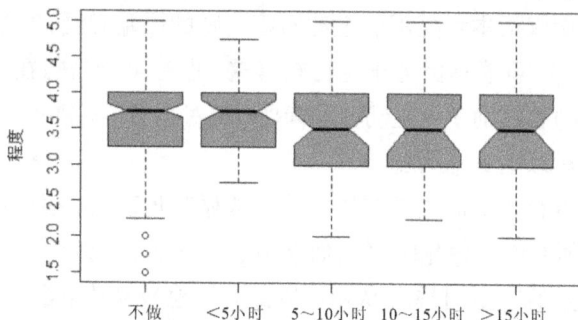

图 5-18　学生兼职时间在知识领会程度中的分布

从图 5-18 来看,不做兼职或每周兼职 5 小时以内的学生知识领会较好,这说明:为了更好地学习,学生应该尽量不兼职,或者合理安排兼职时间。

十八、学生简繁字体识别能力在知识领会方面的差异性问题

目前越南大部分高校都教简体字,也有部分学校简体字和繁体字都教。通过调查发现:会繁体字的学生比较少,学生毕业后,不会繁体字会限制其工作机会,因为中国台湾地区、香港地区的部分企业要求学生会繁体字。

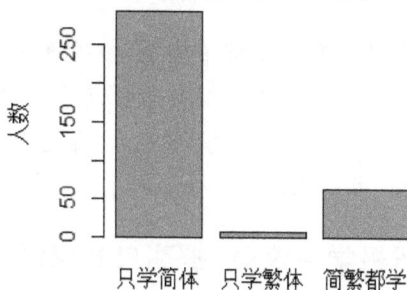

图 5-19　学生学习简体字和繁体字

从图 5-19 来看,只学繁体字的学生非常少,简繁都学的学生也比较少,只学简体字的学生最多。

第二节　越南汉语本科生汉语学习行为对策

根据上面的问题,我们提出了一些相应的对策,希望能够给越南高校汉

语专业老师、学生提供参考。

一、提高学生课堂学习的主动性

大部分越南汉语本科生不敢主动回答老师的课堂问题，可能是因为他们不知道如何回答，可能是因为学生比较害羞，也有可能是想在老师指定后再回答。所以老师要鼓励学生主动回答问题，答对加分，答错就解释给学生听，这样会让学生对课堂更感兴趣。

越南汉语本科生课间主要与同学聊天或做其他事情，很少回顾刚学过的内容，所以老师在课间休息时可以抽空与学生聊天，了解学生在学习和生活中的问题及学生的愿望、目标，从而可以更有效地激发学生学习的兴趣。

针对越南汉语本科生除了完成老师布置的作业外，很少做其他作业来提高汉语水平的问题，老师应该在布置完作业后，给学生推荐一些专业书，让学生去学习。

大部分越南学生上课迟到没有主动向老师提前申请，为了减少这种行为，老师应该制定相关规定，要求学生迟到时需向老师或班长提前申请。另外对于未上课也不请假的学生，老师需要制定严格的惩罚制度，如扣分、降低学生的学习态度分数等。

二、鼓励学生参加课外科研活动

科学研究能够让学生在学习过程中加深对专业知识的了解，也有助于提高学生的创新能力。越南学生很少参加科学研究活动，所以学校应该给学生一些政策上的鼓励，让学生多参与科学研究，老师也应该给学生合作研究的机会，学校也应该举办一些学术活动让学生参加。

三、鼓励学生积极学习汉语，提高自身汉语水平

（一）推荐并鼓励学生阅读与中文相关的资料

越南学生很少看汉语参考书、报纸、杂志，原因在于越南高校很少有汉语参考书、汉语报纸和汉语杂志，所以学校和老师应该给学生推荐一些中国网站让学生在线浏览，如：人民日报、中国日报网、中国新闻网等，还应该与学生分享汉语相关的材料。

越南学生也很喜欢看中国电影，但很少看电视上的汉语节目和汉语新闻，所以除了给学生推荐中国著名电影外，还应该给学生推荐一些有趣的中文节目，如：娱乐节目、文化节目（舌尖上的中国），推荐一些与中越两国相关

的新闻。

越南高校还应该举办一些汉语角活动、汉语俱乐部活动，以及汉语沙龙、讲座，让学生有更多的渠道来学习汉语。

（二）给学生推荐常用的中文网站，并教授学生查资料的方法

据调查，越南学生很少使用中国网页来查资料和学习汉语，他们主要使用越南或其他国家的网站，如：google、youtube、yahoo 等。虽然其他国家的网站有很多资源，但是没有中国网站的汉语资源多，而且内容没有中国网站的地道。因此，老师应该给学生推荐一些能够学习汉语和查资料的中文网站，同时也应该教学生如何在网上查资料，从而能够更有效地学习汉语。另外，应给学生推荐一些中国人常用的聊天工具，如 QQ、微信、微博等，让学生有更多的机会与中国人交流，提高自己的汉语水平。

因为越南学生常用其他国家的网站，所以老师也可以把一些汉语资源传到网上，让学生不仅能够在中国网站上学习，还可以在其他国家的网站上学习，这样能够一举两得。

四、培养学生的良好考试习惯

越南汉语本科生对考试还有一些不良的习惯，如：考试作弊、快到考试时才专心学习、考前焦虑难以入睡等。每门课的任课老师都应该给学生制订学习计划、考试计划、考试大纲，让学生主动学习，主动提前准备考试内容。我们从访谈中发现：有部分老师所出试题内容与课堂内容无关，让学生在考试时无所适从，从而导致学生害怕考试。因此老师应该归纳一下考试相关内容，让学生有心理准备。

学校还有一种考试叫"改善考试"，学生交钱后可以重考成绩较低的科目，如果考了一两次后成绩还是很低，可以继续考，直到自己满意。这种考试不限次数，只要考试前交一笔钱就好。这种考试会让学生觉得这次考不好还有机会，导致学生不认真复习。

五、改变学生的不良睡眠习惯

睡眠或多或少对身体有影响，也对学习有影响，部分越南学生有不良的睡眠习惯。据我们观察，部分学生晚上很晚睡觉，导致其上课时很困，甚至在课堂上睡觉，这样会影响其课堂学习。因此，学生应该有一个合理的睡眠习惯，每天要睡 7～9 小时，不要睡太少，也不要睡太多，不然会影响其身体健康和学习能力。

六、改变学生的不良饮食习惯

饮食习惯多或少会对学生学习有影响，所以学生应对饮食健康有一定了解。越南学生常因为时间来不及、起得晚或忙于其他事情而饿着肚子去上课。有的学生会带点东西上课时吃，有的学生没带东西吃，导致上课时无法集中精神学习，所以学生应该抽出时间在上课前吃点东西，保证身体有足够的营养。

学生很少在学校食堂吃饭，而要回宿舍做饭吃。这样做虽然可以省点钱，但要花很多时间去做饭，而且存在安全隐患，因此学校应该鼓励学生多去食堂吃饭，尽量有效地利用课余时间。

学生边学习边吃东西也是不良习惯，会影响学生集中注意力学习。所以在课堂上要禁止学生吃东西，或做其他事情，让学生专心学习。

七、鼓励学生制订个人学习计划，提升自身知识领会程度

越南学生在学习过程中很少给自己制订学习计划，所以老师应该要求学生对其所授课程制订一份学习计划，然后老师根据自己上课的内容帮助学生修正，这样学生会主动去学习，不会等到考试前或者课程结束后才做学习计划。

八、改善师生关系，加强学校设施建设，提升学生知识领会程度

（一）增强师生关系亲密度，提升教与学的效果

越南汉语本科生和老师之间还存在着较大的心理距离，学生有不懂的问题时不敢向老师请教，不敢跟老师讨论问题，这样会影响学生的学习效果。因此，教师应该常与学生接触、交流、聊天，了解学生的情况和学生遇到的困难。多与学生分享学习经验和生活哲理，使师生关系更加亲密，让学生敢于向老师请教问题。

（二）根据学生需求完善学校设施及相关服务

目前有许多越南高校在建设和服务方面上还存在着诸多问题，无法满足学生实际的学习需求。很多学生会去图书馆看书，但是图书馆的参考书较少，学习环境较差，服务方面不佳，借书还书流程麻烦。我们据访谈得出：许多学生对图书馆印象不佳。因此，图书馆应该根据学生的学习需求购买参考书目，提高服务水平，让学生有空时就会想到去图书馆学习。

学校处理学生所反映的问题时，速度较慢，这样会让学生觉得反映和不

反映都一样,感觉学校不关心学生。所以在这一方面,学校应该改善工作人员的服务态度,定期举办活动征集学生在学习和生活中的问题并积极、合理地处理问题,同时建立一个能让学生反映问题的平台,并及时处理学生的问题,这样会让学生对学校的印象更好。

越南学生很少锻炼身体,除了学生自身的原因外,还有学校的原因。许多越南高校没有运动场或者能够让学生锻炼身体的地方,使学生不想运动。而运动能使学生身体更健康,从而对学习产生积极影响。因此,学校要考虑建设运动场,让学生能够锻炼身体,并不时举办一些体育活动让学生参加,提高学生身体健康水平。

九、家庭应根据学生实际花销提供适当生活费

关于每个月家庭给学生提供的生活费,我们也做了相关调查,发现:学生收到家庭的生活费越多,在学习汉语和知识领会方面越不好。因此,家庭应该根据学生的实际花销来提供生活费,不然给多了,学生会用到其他不好的地方。据我们调查,家庭每个月应给学生提供400万越盾以内(约1100元人民币)的生活费。

十、社会应重视汉语人才,提供充足就业机会

目前越南社会对汉语人才的重视程度不够,导致学生的汉语学习积极性不足,汉语学习行为中存在诸多不良学习习惯,从而导致汉语成绩下降。因此各行业的公司、企业、机构应在网络、媒体公开对汉语人才的需求量,让学校、学生、家长更容易获得就业信息。

另外,政府应加强与中国的贸易往来,为汉语人才提供更多就业岗位。学校应加强对汉语专业的宣传,让学生和家长更了解该专业的就业前景、鼓励学生积极报考汉语专业。

十一、根据男女之间的差异,合理教学

男生和女生在学习汉语方面存在着差异,所以老师应该从不同的层面,有针对性地教学。本研究发现:女生在汉语学习方面比男生认真,所以老师应该注意鼓励男生学习,了解男生不认真学习汉语的原因,从而采取更有效的教学方法。

另外在知识领会方面,女生也比男生表现得好。据我们观察,男生比较爱玩,不太注意学习,所以影响到知识领会程度。因此,老师应该多关注学生

的学习,多给男学生布置学习任务,让男生没有课余时间去玩。

十二、根据不同的生源,合理地进行教学

越南汉语本科生主要来自农村,一小部分来自城市,说明农村学生很喜欢学习汉语,因此学校招生时应该多去农村学校宣传。农村学生和城市学生在学习汉语和知识领会方面也有差异。农村学生学习比较认真、知识领会程度也较高。所在在教学方面,老师应该注意鼓励城市学生学习。

十三、根据学生专业特征,合理地教学

不同专业的学生也有不同的特征,在教学方面需要注重每个专业的特殊性。据调查,不同专业的学生在学习汉语和知识领会方面也存在显著差异。汉语语言专业学生和汉语翻译学生在学习汉语和知识领会方面都比汉语师范专业的学生好,而商务汉语专业的学生在学习汉语方面比较好,在知识领会方面比较差。因此,学校应该重视汉语师范专业的学生,多鼓励他们。因为未来他们会成为老师,所以必须学好专业知识。

十四、根据学生年级特征,合理地教学

不同年级的学生也有不同的学习特征,据我们调查,不同年级的学生在学习汉语和知识领会程度上有显著差异,四年级和三年级的学生在学习汉语和知识领会程度上比一年级和二年级好,一年级学生在知识领会程度上比在学习汉语上好,二年级学生在学习汉语上比在知识领会程度上好。因此,在教学过程中,教师应该注意一年级学习汉语的能力,在知识领会程度方面上要注意二年级接受知识的能力。

十五、将汉语学习背景不同的学生分开上课

越南高校汉语专业中存在一种问题:进入大学时,会有一部分学生学过汉语,有一部分学生没学过汉语。据调查,学过汉语的学生和没学过汉语的学生在学习汉语和知识领会方面都存在差异。没学过汉语的学生在汉语学习和知识领会方面,都比学过汉语的学生表现得好,这说明没学过汉语的学生因为汉语基础为零,所以他们更加努力、积极地学习。而学过汉语的学生比较主观,他们认为自己已经学过汉语了,这些基本的汉语知识都掌握了,因而不专心学习。因此,在教学方面,学校应把学过汉语和没学过汉语的学生分为两个班,并且对每个班采取不同的教学方法,让学生学习更有效果。

十六、鼓励学生努力学习，提高学习成绩

据调查，越南汉语本科生口语、阅读、写作的成绩比较低，而听力的成绩比较高，所以老师应该在口语课、阅读课、写作课上改变教学方法，提高学生的学习成绩。

十七、鼓励学生减少兼职时间，专心学习汉语

越南学生兼职挣钱是一个普遍的现象，因为有时家庭提供的生活费不够，所以只能靠兼职赚钱。兼职是否对学习有影响，据我们调查发现：每周兼职 5～10 小时或 10～15 小时的学生的汉语学习效果较好，这说明兼职也有一定的影响。但做兼职的同学一般很擅长安排时间，所以不会影响汉语学习。另外，在知识领会方面，如果每周兼职时间超过 5 个小时，会降低学生接受知识的能力。因此，学生最好合理安排时间，不要花费太多时间去兼职。

十八、培养学生简体字和繁体字的识别能力

越南汉语学生对繁体字的识别能力比较差。由于学校没有安排有关繁体字学习的课程，所以学生毕业后到台湾企业或香港企业工作时才开始学习繁体字。因此，越南学校应该适应社会的需求，为了增加学生的工作机会，安排一些繁体字课程，让学生不仅能掌握简体字，还能掌握繁体字。

第六章　结论

第一节　研究结论

学生学习行为是学生在学习上、生活上的全部表现，它是一种复杂的动态的表现。本书全时、全面地对越南汉语本科生的学习行为进行了研究，研究包括课堂参与行为、课堂学习行为、课间休息行为、考试前行为、考试中行为、考试后行为、课外行为等方面，每个方面我们都使用了几个观测变量来测量。另外，我们还研究了影响知识领会程度的各种因素，包括：学习动机、学习坚定程度、学习竞争程度、学习方法、个人愿望、个人感受、教师因素、同学因素、学习环境、考试频次等方面。

本书根据研究问题提出了研究假设，然后设计了问卷，以问卷、访谈及观察的形式对越南汉语本科生学习行为进行了信息收集，最后通过统计对研究假设进行了验证，并获得了相关信息。本书共有 6 个章节：导论、理论依据与研究方法、越南汉语本科生学习行为分析、越南汉语本科生学习行为的影响因素分析、越南汉语本科生学习行为问题及其对策、结论。第三章和第四章主要是数据描述、数据分析、研究假设验证。第五章主要是发现存在的问题，并对其提出相应的对策。本书的研究对象是越南汉语专业本科学生，他们分别来自越南的三所高校：河内国家大学附属外国语大学、雄王大学和河静大学。问卷调查分为两份：学生学习行为问卷调查和学生知识领会程度影响因素问卷调查。

关于学生学习行为方面，本书调查了 272 名学生，问卷包括 12 个潜变量、75 个观测变量和 13 个定性变量，观测变量使用了李克量表，包括从来不、偶尔、常常三个程度，调查结果如表 6-1 所示。

表 6-1　学生学习行为观测表

潜变量	学生学习行为表现（观测变量）	常常	偶尔	从来不
课堂参与	学生迟到时会提前向老师说明	16%	23%	61%
	学生迟到时会向老师说明、老师允许后才进去	77%	9%	14%
	学生不来上课时会提前请假	31%	26%	43%
	学生常会在上课期间无故离开且长时间未归	2%	4%	94%
	学生准时上课	87%	8%	5%

续表

潜变量	学生学习表现（观测变量）	常常	偶尔	从来不
课堂上	学生常举手回答教师的问题	31%	43%	26%
	学生没弄懂的问题会请教老师	42%	37%	21%
	学生集中注意力听老师讲课	84%	11%	5%
	学生上课时常拿出另一门课的资料来看	3%	20%	77%
	学生上课时常与同学聊天	8%	38%	54%
	学生上课时觉得很无聊、想睡觉	6%	26%	68%
	学生上课时用手机给别人发短信、接听电话或打电话	2%	18%	80%
	学生下课时教师还没走自己就先走了	10%	23%	67%
	学生上课时常坐在前排,以便听讲	50%	29%	21%
课间休息	学生课间休息时常与同学聊天	67%	25%	8%
	学生课间休息时常做自己的事情	34%	47%	19%
	学生课间休息时常回顾刚学过的内容	18%	49%	33%
	学生课间休息时常与老师或同学讨论课堂上教学内容	18%	45%	37%
课外	学生按时完成教师布置的作业	77%	19%	4%
	学生上课前常会预习好上课学习的内容	61%	32%	7%
	学生常去图书馆学习	8%	32%	60%
	学生常抽时间来锻炼身体或参加体育活动	24%	30%	46%
	学生常参加学生会举办的活动	36%	35%	29%
	学生常参加各种娱乐活动	48%	40%	12%
	学生常做兼职挣钱	18%	32%	50%
睡觉	学生看书时常觉得很困,想睡觉	27%	44%	29%
	学生常早起学习	11%	42%	47%
	学生常学习到很晚	59%	29%	12%
	学生睡觉前常复习好课文内容才安心去睡觉	57%	35%	8%
	学生常有固定的睡眠时间	30%	27%	43%
	学生常睡午觉	43%	32%	25%
饮食	学生常不吃饭就去上课	27%	37%	36%
	学生常在学校食堂吃饭	14%	22%	64%
	学生常在家、宿舍、出租屋内煮饭	62%	14%	24%
	学生常带食品去教室吃	12%	26%	62%
	学生常为了省钱而不吃饭,把钱用到其他事情上	32%	37%	31%

续表

潜变量	学生学习表现（观测变量）	常常	偶尔	从来不
消极	学生常挑战、嘲笑别人	1%	6%	93%
	学生常质疑老师的水平、挑战老师的权威	1%	4%	95%
	学生常对别人说脏话	6%	14%	80%
	学生常与他人发生肢体冲突	0%	4%	96%
	学生聊天时常打断别人讲话	1%	10%	89%
	学生常在学习过程中有应付的态度	2%	16%	82%
	学生常借同学的作业本，然后抄同学的作业	3%	25%	72%
	学生紧张或生气时常乱扔东西	5%	12%	83%
	学生常乱放书本和学习工具，需要时常常找不到	13%	26%	61%
	学生常与别人吵架	3%	17%	80%
积极	学生常专心学习，不受其他因素影响	27%	50%	23%
	学生为了按时完成任务，常忘记吃饭和睡	15%	46%	39%
	学生除了完成老师布置的作业外，还常做其他作业	17%	48%	35%
	学生听老师讲课时常对主要内容做笔记	47%	37%	16%
	学生学习时有人叫去玩，就会拒绝	43%	41%	16%
	学生复习时常把内容列成大纲，方便记住	55%	32%	13%
	学生看书时常对重要的内容做标注	63%	22%	15%
	学生常与同学争论	36%	49%	15%
	学生常与教师争论	5%	35%	60%
	学生看书时常先阅读重要的内容	46%	35%	19%
考试前	学生快要考试时才集中精神复习	39%	33%	28%
	学生每门课开始时都制订好的考试复习计划	27%	33%	40%
	学生考试前常不复习，不太在乎考试结果	3%	11%	86%
	学生考试的前一晚常会紧张到睡不着	41%	27%	32%
考试中	学生考试时常独立完成试题	84%	12%	4%
	学生考试时常抄同学的答案	2%	14%	84%
	学生考试时常偷看材料	3%	7%	90%
	学生考试时常与同学讨论	6%	25%	69%
	学生考试时常游览全部试题后才做题	82%	14%	4%
考试后	考试后常与同学比较答案	61%	21%	18%
	考试后学生常分析答错题的原因	45%	30%	25%
	考试后学生很紧张，怕自己的成绩没有别同学的高	55%	26%	19%
	考试后如果成绩较低，学生会报名重考	27%	31%	42%

续表

潜变量	学生学习表现（观测变量）	常常	偶尔	从来不
学习汉语	学生常参加汉语角、汉语学习俱乐部	28%	28%	44%
	学生常参加汉语相关的比赛	19%	28%	53%
	学生常听广播上的汉语节目	40%	33%	27%
	学生常看汉语书、汉语报纸、汉语杂志	26%	40%	34%
	学生常看中国电影和常听中文音乐	81%	15%	4%
	学生常看电视台上的汉语节目和汉语新闻	17%	42%	41%

关于学生知识领会程度方面，本研究调查了 362 名学生，问卷包括 13 个潜变量、74 个观测变量和 13 个定性变量，观测变量使用了李克量表，包括同意、犹豫、不同意三个程度，调查结果如表 6-2 所示。

表 6-2　学生知识领会程度观测表

潜变量	学生知识领会程度（观测变量）	同意	犹豫	不同意
学习动机	学生学汉语专业是为了找工作	84%	11%	5%
	学生学汉语专业是为了继续读研	30%	48%	22%
	学生学汉语专业是为了去中国留学	55%	33%	12%
	学生学汉语专业是为了升职	73%	18%	9%
	学生学汉语专业是为了了解中国	78%	16%	6%
	学生学汉语专业是为了喜欢汉语	68%	21%	11%
	学生学汉语专业是为了多学一种语言	90%	7%	3%
	学生学汉语专业是为了跟中国人交流	82%	13%	5%
学习坚定程度	学生能保证按时毕业	86%	13%	1%
	学生为了达到学习的目标,而一直尽力学习	72%	25%	3%
	学生有能力去解决学习过程中的困难	47%	47%	6%
	学生可以掌握学习过程中发生的困难	38%	49%	13%
	学生认为学习过程中的挑战是有趣的	40%	37%	23%
	学生有能力承受学习过程中的压力	40%	40%	20%
学习竞争	学习竞争给学生机会探索自身的能力	71%	21%	8%
	学习竞争是帮学生发展自身能力的工具	75%	20%	5%
	学习竞争帮学生向自己和同学学习	80%	16%	4%
	学习竞争让学生和同学越来越亲切	47%	35%	18%

续表

潜变量	学生知识领会程度（观测变量）	同意	犹豫	不同意
学习方法	学生常给每门课制订学习计划	32%	39%	29%
	课程开始前学生常了解每门课的学习目标	38%	34%	28%
	学生对每门课找出合适的方法	46%	39%	15%
	学生常按自己的特殊方法来做笔记	70%	23%	7%
	读书时学生常总结，并找出主要的内容	55%	36%	9%
	学生常参加分组学习和讨论	39%	41%	20%
	学生常参加科学研究	16%	30%	54%
个人感受	学生觉得与别人一起学习，会进步很快	76%	20%	4%
	学生得到老师的注意时觉得对学习更有趣了	62%	27%	11%
	当老师在班上指出学生的错误时会觉得害羞	28%	28%	44%
	当做错什么事时学生怕被别人嘲笑	31%	30%	39%
	当学生解决了学习过程中遇到的困难时觉得有成就感	78%	17%	5%
	当仅有学生一人答对老师的问题时觉得很高兴	69%	21%	10%
个人愿望	学生喜欢老师用幻灯片来教学	71%	24%	5%
	学生喜欢有挑战性的教材	53%	32%	15%
	学生喜欢老师采用分组讨论学习模式	61%	30%	9%
	学生喜欢回答问题后得到老师的评价	83%	14%	3%
	学生喜欢取得高成绩时得到别人的夸奖	71%	23%	6%
	学生喜欢教师问自己问题，并让学生到黑板上做题	42%	38%	20%
	学生喜欢学习多新知识	87%	11%	2%
教师因素	老师热情耐心、帮助学生解决学习过程中遇到的困难	85%	12%	3%
	老师严格执行上课时间和教学计划	90%	8%	2%
	老师公平地对学生能力进行评价	86%	11%	3%
	老师常更新专业知识	89%	10%	1%
	老师有扎实专业知识	93%	6%	1%
	老师有教学方法能让学生觉得课程易懂且有趣	89%	10%	1%
同学因素	同学常给你分享他所学到的知识	65%	25%	10%
	同学常在学习过程中帮助你	70%	23%	7%
	同学常在日常生活过程中帮助你	68%	22%	10%
	同学常跟你参加分组学习活动	40%	38%	22%
	同学常给分享他所知的新消息	58%	30%	12%

续表

潜变量	学生知识领会程度（观测变量）	同意	犹豫	不同意
学习环境	学校的设备满足学生的学习需求	47%	36%	17%
	学习课程很灵活且合理	45%	35%	20%
	学校常举办与学习有关的活动	53%	33%	14%
	学校干部、人员的服务态度很热情且周到	58%	31%	11%
	学生有很多机会用汉语与中国人交流	41%	32%	27%
	学校聆听，并及时处理学生所反映的问题	34%	45%	21%
考试频次	每次上课老师都检查旧课知识	68%	24%	8%
	每次上课老师都检查新课知识	58%	30%	12%
	老师常举办小型考试	71%	22%	7%
	每次上课老师都检查学生的作业本	50%	27%	23%
	每次上课老师都检查学生的笔记本	33%	33%	34%
家庭因素	家庭常鼓励学生学习	84%	12%	4%
	家庭常给学生支付学习所需要的费用	88%	8%	4%
	家庭经济条件常影响到学生的学习	56%	22%	22%
	父母的教育程度常影响到学生的学习	37%	20%	43%
	父母的行业对学生的学习有影响	23%	20%	57%
社会因素	社会给汉语专业学生提供很多工作机会	73%	24%	3%
	社会重视学生的汉语能力	41%	50%	9%
	汉语专业毕业生可以在社会上找到一份工作	30%	58%	12%
	社会对会汉语的人才有很大的需求	64%	34%	2%
	会汉语的学生能找到工作的机会很大	63%	33%	4%
知识领会	学生从每门课都能学到很多知识	65%	28%	7%
	每门课可以帮助学生培养很多技能	54%	40%	6%
	学生可以运用到自己从每门课中学到的知识	53%	38%	9%
	在学习过程中学生掌握了许多知识和技能	62%	31%	7%

通过差异验证分析后本书得出以下结论：

1. 男、女生在课外学习行为、考试后行为、社会因素、个人愿望、对教师的印象、对同学的印象上有显著差异。

2. 农村户口学生和城市学生在课外学习行为、考试后行为、学习汉语行为、消极行为、积极行为、家庭因素、学习坚定程度、学习方法、个人愿望、对同学的印象、学习环境、考试频次上存在显著差异。

3. 学生是否学过汉语在学习参与行为、课间休息行为、饮食行为、消极行为、学习动机、学习坚定程度、学习方法、个人愿望、对教师的印象上有显著差异。

4. 学生有无中国教师教学在学习汉语行为、个人愿望、对同学的印象有显著差异。

5. 学生专业在知识领会程度、社会因素、学习动机、学习坚定程度、学习竞争程度、个人愿望、对教师的印象、学习环境、考试频次有显著差异。

6. 学生年级在课外行为、学习汉语行为、饮食行为、学习方法、个人愿望、学习环境、考试频次上有显著差异。

7. 学生自习时间在学习汉语行为、睡觉行为、消极行为、积极行为、知识领会程度、学习动机、学习坚定程度、学习方法、个人愿望、教师、学习环境、考试频次上有显著差异。

8. 学生兼职时间在课外学习行为、饮食行为、考试频次上存在显著差异。

9. 学生兄弟姐妹人数在学习参与行为、考试前行为、考试后行为、学习汉语行为、消极行为、积极行为、社会因素、学习坚定程度、学习竞争程度、学习方法、个人愿望、教师、学习环境、考试频次上有显著差异。

10. 学生年龄在课外学习行为、考试前行为、学习汉语行为、饮食行为、学习方法、学习环境上有显著差异。

11. 学生学习简体字和学生学习繁体字在学习坚定程度、学习竞争程度、学习方法、个人愿望上有显著差异。

12. 学生睡眠时间在课间休息行为、课外学习行为、考试后行为、学习汉语行为、消极行为、积极行为、个人感受上有显著差异。

13. 学生的总分数在个人感受上有显著差异。

14. 学生的汉语听力分数在学习参与行为、课堂上行为、课间休息行为、考试前行为、考试后行为、学习汉语行为、睡觉行为、饮食行为、积极行为、考试频次上存在显著差异。

15. 学生的口语分数在课堂上行为、课间休息行为、学习汉语行为、消极行为、考试频次上有显著性差异。

16. 学生的阅读分数在考试前行为上有显著性差异。

17. 学生家庭给予的生活费多少在课外学习行为、考试后行为、消极行为、积极行为、学习动机、学习坚定程度、学习方法、个人愿望上有显著性差异。

通过相关分析,本书得出了以下结论。

1. 学生的学习汉语行为与课堂参与行为、课堂上行为、课间休息行为、课外行为、考试前行为、考试后行为、睡觉行为、饮食行为、积极行为正相关，而与消极行为负相关。

2. 学生的知识领会程度与社会因素、家庭因素、学习动机、学习坚定程度、学习竞争程度、学习方法、个人愿望、个人感受、教师、同学、学习环境、考试频次相关。

通过回归分析，本书得出了以下结论。

1. 学习汉语行为与学生考试行为的回归方程：学习汉语行为 =1.771+0.390* 考试后行为。回归非标准化系数意义表明：当学习汉语行为变量增加一个单位时，考试后行为增加 0.390 单位。

2. 学生学习汉语行为与学生课外学习行为的回归方程：学习汉语行为 = -0.308+0.520* 课外行为 +0.151* 饮食行为 +0.427* 积极行为。回归非标准化系数意义表明：当学习汉语行为变量增加一个单位时，课外行为增加 0.520 单位、饮食行为变量增加 0.151 单位、积极行为变量增加 0.427 单位。

3. 学生学习汉语行为与学生课堂学习行为的回归方程：学习汉语行为 = 1.373+0.530* 中间休息行为。回归非标准化系数意义表明：当学习汉语行为变量增加一个单位时，中间休息行为增加 0.530 单位。

4. 学生学习汉语行为与学生课堂行为、课外行为、考试后行为的回归方程：学习汉语行为 = -0.143+0.480* 课外行为 +0.180* 考试后行为 +0.358* 积极行为。回归非标准化系数意义表明：当学习汉语行为变量增加一个单位时，课外行为增加 0.480 单位、课外行为变量增加 0.180 单位、考试后变量增加 0.358 单位。

5. 学生知识领会与学生自身的回归方程：知识领会 = 0.660+0.132* 学习坚定 +0.238* 学习方法 +0.445* 个人愿望。回归非标准化系数意义表明：当知识领会变量增加一个单位时，学习坚定增加 0.132 单位、学习方法变量增加 0.238 单位、个人愿望变量增加 0.445 单位。

6. 学生知识领会与学校因素的回归方程：知识领会 = 1.329+0.165* 同学因素 +0.297* 学习环境 +0.204* 考试频次。回归非标准化系数意义表明：当知识领会变量增加一个单位时，同学因素变量增加 0.165 单位、学习环境变量增加 0.297 单位、考试频次变量增加 0.204 单位。

7. 学生知识领会与学校、家庭和学生自身的回归方程：知识领会 = 0.300+0.229* 社会因素 +0.140* 学习方法 +0.257* 个人愿望 +0.127* 同学 +0.180* 学习环境。回归非标准化系数意义表明：当知识领会变量增加一个单位时，社会因素变量增加 0.229 单位、学习方法变量增加 0.140 单位、个人愿望变量增加 0.257 单位、同学变量增加 0.127 单位、学习环境变量增加 0.180 单位。

为了使模型更加准确，并且能看出每个因素之间的综合关系，我们使用了结构方程模型对影响知识领会的因素进行了检验，结果发现：教师因素对学生知识领会的影响路径系数为 0.45，同学因素对学生知识领会的影响路径系数为 0.291，学习环境对学生知识领会的影响路径系数为 0.011，学习动机对学生知识领会的影响路径系数为 0.031，个人愿望对学生知识领会的影响路径系数为 0.696，学习方法对学生知识领会的影响路径系数 0.206，家庭状况对学生知识领会的影响路径系数为 0.080，社会因素对学生知识领会的影响路径系数为 0.181，考试频次对学生知识领会的影响路径系数为 -0.094，个人感受对学生知识领会的影响路径系数为 -0.056，学习坚定程度对学生知识领会的影响路径系数为 -0.474，学习竞争程度对学生知识领会的影响路径系数为 -0.132。其中，同学、个人愿望对学生知识领会的影响具有统计学意义（p<0.05）。该模型的相关指数都比较高，具体数据如下：绝对拟合指数（Chi-square: 1707, GFI: 0.839, RMR: 0.043, RMSEA: 0.044）、相对拟合指数（NFI: 0.818, TLI: 0.03, CFI: 0.914）、信息指数（AIC: 2065, CAIC: 2940）、其他（DF: 997, CMIN: 1707, CMIN/DF: 1.712）。

另外，由于每个因素都有一定的影响，为了使预测更加准确，我们使用了贝叶斯模型法，选出了更多且更好的模型。通过分析，我们对学生学习行为和知识领会建立了模型。具体是：在学生学习汉语与学生课堂参与方面，利用贝叶斯法选出了三个最优模型；在学习汉语与课外行为方面，利用贝叶斯法在 6 个模型中选出了 5 个最优模型；在学习汉语与考试行为方面，利用贝叶斯法选出了 3 个最优模型；在学习汉语与课堂参与、考试行为、课外行为方面，利用贝叶斯法在 9 个模型中选出了 5 个最优模型；在学生知识领会与学生自身方面，利用贝叶斯法在 6 个模型中选出了 5 个最优模型；在学生知识领会与学校因素方面，利用贝叶斯法选出了 3 个最优模型；在学生知识领会与学生自身、学校、家庭、社会方面，利用贝叶斯法在 18 个模型中选出了 3 个最优模型。在对实际情况进行分析的过程中，贝叶斯法为我们提供了更多的选择。

最后，本书通过研究分析，发现了目前存在的 21 个问题，它们分别是：1. 学生在课堂上的学习主动性不强；2. 对于考试，学生存在一些不良行为及习惯；3. 学生在饮食方面有不良习惯；4. 学生与老师之间的情感距离较大；5. 学校设施及相关服务未能满足学生的实际需求；6. 学生很少看与中文有关的资料；7. 学生有不良的睡觉习惯；8. 学生没有具体的学习计划；9. 学生未能积极地参加科学研究；10. 父母的受教育程度和行业对学生的影响不大；11. 学生很少上中文网站学习、查资料；12. 女生多，男生少，他们在学习行为和知识领会方面存在差异；13. 农村学生多、城市学生少，他们在学习行为和知识领会方面存在差异；14. 进入大学前，曾经学过汉语的学生较少，是否学过汉语影响了学生的学习行为及知识领会程度；15. 不同专业的学生在学习行为方面没有显著性差异，但是在知识领会方面有显著性差异；16. 不同年级的学生在学习行为和知识领会方面有显著性差异；17. 学生自习时间的不同在学习行为和知识领会方面有显著性差异；18. 学生兼职时间较多会影响学习效果；19. 学生专业课的成绩分布不均；20. 学生识认繁体字的能力较差；21. 学生每个月收到的来自家庭的生活费较低。

针对以上 21 个问题，我们提出了相应的 23 个对策：1. 提高学生课堂学习的主动程度；2. 培养学生对考试的良好态度及行为习惯；3. 消除学生在饮食方面的不良习惯；4. 改善师生关系，让师生关系更加亲密，提高教与学的效果；5. 根据学生的需求来改善学校相关设施及服务；6. 鼓励学生阅读与中文相关的资料；7. 消除学生的不良睡眠习惯；8. 指导学生制订学习计划；9. 鼓励学生参加科学研究工作；10. 父母与学校携手帮助学生树立良好的学习态度；11. 给学生推荐常用的、可以查资料的中文网站，并教给学生查资料的方法；12. 根据男女之间的差异，合理教学；13. 根据学生的户口类型，合理教学；14. 将学过汉语的学生和没有学过汉语的学生分开上课；15. 根据学生的专业，合理教学；16. 根据学生的年级，合理教学；17. 鼓励学生合理安排自习时间；18. 鼓励学生减少兼职时间，专心学习汉语；19. 鼓励学生努力学习，提高专业课成绩；20. 培养学生识别汉语简体字和繁体字的能力；21. 家长应根据学生的实际消费状况，提供适当生活费；22. 建立学生学习汉语行为模型；23. 建立影响学生汉语知识领会模型。

总之，本书较全面地且全时地对越南汉语本科生的学习行为和影响知识领会的因素进行了详细研究，详细地进行了描述分析、相关分析、差异分析和回归分析，并建立了一些相关模型。利用这些模型，可以干预学生的学习行为和知识领会程度，旨在提高学生的汉语水平。由于时间和能力有限，本书仅宏观地研究了学生的学习行为和影响知识领会的因素，今后作者会继续并细化此研究。希望本书能够给越南的汉语教学提供参考。

第二节　研究成果在越汉语教学领域的应用

本书的研究成果能够给越南汉语教学提供许多关于学生学习行为的参考数据。这些数据可以运用在汉语教学设计、教材编写、课堂管理、课外管理、考试管理、师生关系、学校设施改善等方面。

一、对越汉语教学设计的应用

教学设计是指对教学的预先规划，教学设计对于教学和学习过程非常重要，它有利于教学过程的实现，有利于激发学生的学习兴趣。进行教学设计时，老师需要对学生进行全范围的了解和分析，从中得到相关信息，这些信息会成为教学设计的依据。我们认为对越南汉语专业大学生进行教学设计时，应注意学生学习的需求、感受、愿望、学习方法等因素，该教学设计应当能使学生更易理解并掌握知识。学生喜欢老师使用幻灯片教学，喜欢分组讨论的学习模式、渴望学习更多新知识，喜欢课后总结所学内容等。

进行教学设计时，老师要考虑如何减少学生学习中的不良行为，培养学生的良好学习行为。学生的良好学习行为表现如下：专心学习、按时完成学习任务、做老师布置以外的其他作业、与老师或同学讨论教学的内容、主动举手回答问题等。学生的不良学习行为表现如下：听课时想睡觉、希望快点下课、不注意听讲、害怕回答老师提问、抓不住教学的主要内容等。另外，进行教学设计时，老师也要考虑到影响学生课外学习的一些因素，如：完成作业的能力、自习能力等。老师不应设计过多或过少的教学内容和家庭作业，而应当合理地对教学进行设计。

总之，从学生学习行为的角度对越南汉语教学进行设计，不仅能有效地实现教学目标，还能激发学生的学习兴趣，让学生更有效地吸收所学知识。

二、对越汉语教材编写的应用

教材是教学过程的一个重要组成部分，教材编写需要有针对性。教材编写者需要根据教学的目标，充分考虑如何适应学生的学习能力，实现教师的教学目标。教材编写者若能依据学生的学习行为来对教材进行编写，就能使学生更有效地掌握教材所提供的知识。目前越南高校汉语专业学生使用的汉语教材大多数来自中国，极少部分是由越南汉语教师根据自己的教学经验编写的，所以目前越南汉语教材缺乏针对性，许多学生觉得汉语教材的内容比较难且枯燥。因此，编写越南汉语教材时应该充分考虑到学生的学习行为、兴趣、感受等。越南学生喜欢兼具挑战性和实用性的教材，同时，教材应当能提供更多的新知识。

三、对越汉语课程设计的应用

进行课程设计时，需要依据社会实际要求和学生实际生活状况。其中学生的实际生活状况是很重要的因素。学生不仅是课程设计的依据，还是课程的接受者。课程设计的好坏，直接影响到学生接受知识的能力。学生实际生活状况即学生全时的行为表现，我们需要调查学生在课程学习中的行为，从中获得相关信息，创建语料库，不断更新课程设计，让学生更好地掌握课程知识，实现教育培养目标。

总之，我们认为在进行课程设计的过程中，学生是创造者及开发者，只有根据学生全时学习的行为表现，对课程进行设计，才能设计出能够激发学生学习兴趣的课程，让教与学的过程更加高效。

四、对越汉语课堂管理的应用

课堂管理是指在课堂教学过程中，老师对学生学习行为所进行的管理，旨在实现教学目标。因此，老师应该根据学生在课堂中所有的学习行为表现，找出规律，然后对学生实际的学习行为进行管理，这样才能获得更好的效果。如果老师缺乏课堂管理技巧，则难以取得好的课堂教学效果。老师需要了解学生课堂中的积极行为和消极行为。课堂学习中，越南学生的积极行为表现如下：主动举手回答问题、没弄懂的问题常请教老师或同学、集中注意力听讲、希望得到老师对自己的关注、认真做笔记、带着问题有针对性地去上课等；越南学生课堂学习消极行为表现如下：与同学聊天、玩手机、担心老师点到自己的名字、带零食去教室吃、在班上睡觉、不听老师讲课、拿另一门课的资料来看、迟到、不想做功课等。教师需要帮助学生减少消极学习行为，鼓励学生培养积极的学习行为，只有这样老师才能够更有效地进行课堂管理，学生才能够在课堂学习过程中获得更多知识。

五、对越学生课外管理的应用

课外管理是指对学生课堂外的管理，越南汉语本科生课外行为表现如下：完成老师布置的作业、预习上课学习的内容、参加学生会活动、锻炼身体、参加娱乐活动、参加汉语学术活动、听广播上的汉语节目、看汉语书籍、看中国电影、听中文歌等。为了更有效地对学生的课外学习情况进行管理，学校和老师需要了解学生的课外学习行为，然后采取合理的对策来进行管理。

六、对越学生考试管理的应用

考试是老师对学习过程中学生表现进行评价的依据。学校和老师需要根据学生在考试过程中的行为表现来进行管理，这样才能够更公平地评价学生。越南学生的考试行为包括考试前、考试中、考试后的行为。考试前行为表现如下：快要考试时才集中注意力复习、考试的前一晚紧张到睡不着、考试前担心自己会考得很糟糕等；考试中行为表现如下：独立完成试题、抄同学的答案、偷看材料、与同学讨论、浏览全部试题后才做题、觉得时间不够用、平常记住的知识全忘了、考试时思维混乱、考试时心里没底、感到题目出乎意料等；学生考试后行为表现如下：考试结束后常与同学比较答案、分析答错题的原因、怕自己的成绩没有别同学的高、没获得好成绩也喜欢学习等。学校应当根据学生的考试行为，制定考试规则，旨在杜绝学生在考试中的作弊行为，让学生安心做题。老师要根据学生的考试行为，合理地设计试题内容，让学生有足够时间来完成试题，不要设计与所学知识无关的试题，应当公平地对学生进行考试评价。

第三节　越南汉语本科生汉语学习行为特征

一、越南汉语本科生听力课学习行为特征

听力课的特点是锻炼学生的听觉能力。据我们的观察与访谈，越南学生上听力课时普遍觉得比较枯燥、没有兴趣，因为老师仅根据课本内容，播放录音，然后让学生听录音并回答课本中的问题。另外听力课的上课时间过长，有时四节课连续上，甚至五节课连续上，使学生疲惫，没有兴趣上课，导致听力课效果不佳，学生获得的分数也较低。据调查，学生汉语听力课分数大多集中在 6.0 ～ 7.14 分，属于及格水平，因为越南教育部规定的标准分数为 10 分（中国是 100 分），其中 0.0 ～ 4.9 分是不及格、5.0 ～ 6.9 分是及格、7.0 ～ 8.4 分是良好、8.5 ～ 10.0 分是优秀。越南学生听力课分数的分布如表 6-1 所示。

表 6-3　学生听力分数分布

分数	频率	百分比	有效百分比	累积百分比
4.90	1	.4	.4	.4
5.00	15	5.5	5.5	5.9
5.50	7	2.6	2.6	8.5
6.00	32	11.8	11.8	20.2
7.00	54	19.9	19.9	40.1
7.14	86	31.6	31.6	71.7
7.70	2	.7	.7	72.4
8.00	56	20.6	20.6	93.0
9.00	14	5.1	5.1	98.2
10.00	5	1.8	1.8	100.0
合计	272	100.0	100.0	

从表 6-3 来看,越南学生汉语听力课成绩中,不及格的 1 名、及格的 54 名、良好的 198 名、优秀的 19 名,其中有 5 名学生的成绩为满分。另外,我们对学生的听力分数与学生学习行为进行了相关分析,结果如表 6-4 所示。

表 6-4　学生听力分数与学习行为各因素的相关

变量	检验类型	听力分数	课堂参与行为	课堂学习行为	课间休息行为	课外学习行为	考试前行为	考试中行为	考试后行为	汉语学习行为	睡眠行为	饮食行为	消极行为
课堂参与行为	Pearson相关性	-.046											
	显著性（双侧）	.446											
课堂学习行为	Pearson相关性	.082	.220**										
	显著性（双侧）	.177	.000										
课间休息行为	Pearson相关性	.038	.269**	.372**									
	显著性（双侧）	.531	.000	.000									
课外学习行为	Pearson相关性	.002	.218**	.154*	.383**								
	显著性（双侧）	.978	.000	.011	.000								
考试前行为	Pearson相关性	-.141	.127*	.123*	.170**	.207**							
	显著性（双侧）	.020	.037	.043	.005	.001							

续表

变量	检验类型	听力分数	课堂参与行为	课堂学习行为	课间休息行为	课外学习行为	考试前行为	考试中行为	考试后行为	汉语学习行为	睡眠行为	饮食行为	消极行为
考试中行为	Pearson相关性	-.005	.121*	.345**	.145*	-.045	.068						
	显著性（双侧）	.937	.045	.000	.016	.462	.265						
考试后行为	Pearson相关性	-.025	.153*	.211**	.343**	.371**	.285**	.130*					
	显著性（双侧）	.681	.012	.000	.000	.000	.000	.032					
汉语学习行为	Pearson相关性	.087	.188**	.157**	.350**	.553**	.135*	-.021	.436**				
	显著性（双侧）	.152	.002	.010	.000	.000	.026	.731	.000				
睡觉行为	Pearson相关性	-.055	.199**	.144*	.319**	.368**	.213**	-.067	.242**	.360**			
	显著性（双侧）	.366	.001	.017	.000	.000	.000	.272	.000	.000			
饮食行为	Pearson相关性	-.009	.224**	.234**	.301**	.192**	.174**	.256**	.266**	.241**	.163**		
	显著性（双侧）	.876	.000	.000	.000	.001	.004	.000	.000	.000	.007		
消极行为	Pearson相关性	-.011	-.030	.302**	-.066	-.179*	.023	.373**	-.112	-.178*	-.157*	.183**	
	显著性（双侧）	.858	.621	.000	.276	.003	.704	.000	.064	.003	.009	.002	
积极行为	Pearson相关性	-.011	.072	.218**	.374**	.541**	.240**	.038	.425**	.523**	.486**	.206**	-.156*
	显著性（双侧）	.862	.236	.000	.000	.000	.000	.533	.000	.000	.000	.001	.010

* 在 0.05 水平（双侧）上显著相关。

** 在 .01 水平（双侧）上显著相关。

从表 6-4 来看，越南学生的听力分数与课堂参与行为、课堂学习行为、课间休息行为、课外学习行为、考试前行为、考试中行为、考试后行为、汉语学习行为、睡觉行为、饮食行为、消极行为和积极行为相关，但相关的程度较弱。其中学生听力分数与课堂参与行为、课堂学习行为、课间休息行为、课外学习行为、汉语学习行为是正相关，学生听力分数与考试前行为、考试中行为、考试后行为、睡觉行为、饮食行为、消极行为和积极行为是负相关。另外，学生听力分数与考试前的行为之间的相关关系具有统计学意义，p 值 = 0.02 (＜0.05)。我们还对学生的听力分数进行了回归分析，结果如表6-5所示。

表 6-5 学生听力分数与考试前行为的模型汇总

模型	R	R 方	调整 R 方	标准估计的误差
1	.141[a]	.020	.016	.98368

a. 预测变量：(常量) 考试前行为。

从表6-5来看，学生汉语听力分数与考试前行为的回归模型的解释程度为2%。该模型的非标准化回归方程为：学生汉语听力分数 = 7.861 + -0.275* 考试前行为，具体参见表6-6。

表 6-6 学生听力分数与考试前行为的系数 [a]

模型		非标准化系数		标准系数	t	Sig.	共线性统计量	
		B	标准误差	试用版			容差	VIF
1	（常量）	7.861	.314	—	25.005	.000	—	—
	考试前行为	-.275	.117	-.141	-2.341	.020	1.000	1.000

a. 因变量：听力分数。

从表6-6来看，学生汉语听力分数每增加1分，考试前行为增加 -0.275 单位。

二、越南汉语本科生口语课学习行为特征

口语课的特点是让学生开口说话，培养学生的语言表达能力。据我们的观察和访谈，越南学生上口语课时普遍觉得课堂气氛活跃，大家可以讨论感兴趣的话题，老师根据学生的兴趣点，让学生分组讨论，并针对课文内容提出自己的观点。这种教学能让学生对口语课感兴趣，提升了学习效果，学生也能获得较高分数。学生口语成绩分布如表6-7所示。

表 6-7　学生口语分数分布

分数	频率	百分比	有效百分比	累积百分比
5.00	7	2.6	2.6	2.6
5.50	7	2.6	2.6	5.1
6.00	8	2.9	2.9	8.1
7.00	53	19.5	19.5	27.6
7.63	85	31.3	31.3	58.8
7.70	2	.7	.7	59.6
8.00	76	27.9	27.9	87.5
9.00	30	11.0	11.0	98.5
10.00	4	1.5	1.5	100.0
合计	272	100.0	100.0	—

从表 6-7 来看，越南学生汉语口语课成绩中，及格的 22 名、良好的 216 名、优秀的 34 名，其中有 4 名学生的成绩是满分。另外，我们还对学生的口语课分数与学生学习行为进行了相关分析，结果如表 6-8 所示。

表 6-8　学生口语分数与学习行为各因素的相关

变量	检验类型	口语分数	课堂参与行为	课堂学习行为	课间休息行为	课外学习行为	考试前行为	考试中行为	考试后行为	汉语学习行为	睡眠行为	饮食行为	消极行为
课堂参与行为	Pearson 相关性	-.038											
	显著性（双侧）	.531											
课堂学习行为	Pearson 相关性	.163**	.220**										
	显著性（双侧）	.007	.000										
课间休息行为	Pearson 相关性	.095	.269**	.372**									
	显著性（双侧）	.118	.000	.000									
课外学习行为	Pearson 相关性	.048	.218**	.154*	.383**								
	显著性（双侧）	.433	.000	.011	.000								
考试前行为	Pearson 相关性	-.024	.127*	.123*	.170**	.207**							
	显著性（双侧）	.689	.037	.043	.005	.001							

续表

变量	检验类型	口语分数	课堂参与行为	课堂学习行为	课间休息行为	课外学习行为	考试前行为	考试中行为	考试后行为	汉语学习行为	睡眠行为	饮食行为	消极行为
考试中行为	Pearson 相关性	-.001	.121*	.345**	.145*	-.045	.068						
	显著性（双侧）	.985	.045	.000	.016	.462	.265						
考试后行为	Pearson 相关性	.083	.153*	.211**	.343**	.371**	.285**	.130*					
	显著性（双侧）	.172	.012	.000	.000	.000	.000	.032					
汉语学习行为	Pearson 相关性	.142*	.188**	.157**	.350**	.553**	.135*	-.021	.436**				
	显著性（双侧）	.019	.002	.010	.000	.000	.026	.731	.000				
睡觉行为	Pearson 相关性	.064	.199**	.144*	.319**	.368**	.213**	-.067	.242**	.360**			
	显著性（双侧）	.295	.001	.017	.000	.000	.000	.272	.000	.000			
饮食行为	Pearson 相关性	-.048	.224**	.234**	.301**	.192**	.174**	.256**	.266**	.241**	.163**		
	显著性（双侧）	.430	.000	.000	.000	.001	.004	.000	.000	.000	.007		
消极行为	Pearson 相关性	.004	-.030	.302**	-.066	-.179*	.023	.373**	-.112	-.178*	-.157*	.183**	
	显著性（双侧）	.944	.621	.000	.276	.003	.704	.000	.064	.003	.009	.002	
积极行为	Pearson 相关性	.092	.072	.218**	.374**	.541**	.240**	.038	.425**	.523**	.486**	.206**	-.156*
	显著性（双侧）	.129	.236	.000	.000	.000	.000	.533	.000	.000	.000	.001	.010

** 在 .01 水平（双侧）上显著相关。

* 在 0.05 水平（双侧）上显著相关。

　　从表 6-8 来看，越南学生的口语课成绩与课堂参与行为、课堂学习行为、课间休息行为、课外学习行为、考试前行为、考试中行为、考试后行为、汉语学习行为、睡觉行为、饮食行为、消极行为和积极行为相关，但相关的程度较弱。其中学生口语课分数与课堂学习行为、课间休息行为、课外学习行为、考试后行为、汉语学习行为、睡觉行为、消极行为、积极行为是正相关，学生口语课分数与课堂参与行为、考试前行为、考试中行为、饮食行为是负相关。另外，学生口语课分数与汉语学习行为、课堂学习行为之间的相关具有统计学意义，汉语学习行为的 p 值 = 0.019(< 0.05)，课堂学习行为的 p 值 = 0.007 (< 0.05)。我们还对学生口语课成绩进行了回归分析，结果如表 6-9 所示。

表 6-9　学生口语分数与汉语学习、课堂学习行为的模型汇总

模型	R	R 方	调整 R 方	标准估计的误差
1	.202[a]	.041	.033	.86882

a. 预测变量：(常量)汉语学习行为，课堂学习行为。

从表 6-9 来看，学生汉语口语课分数与汉语学习行为和课堂学习行为的回归模型的解释程度为 4.1%。该模型的非标准化回归方程为：学生汉语口语课分数 = 6.233 + 0.358* 课堂学习行为 + 0.142* 汉语学习行为，具体参见表 6-10。

表 6-10　学生口语分数与汉语学习、课堂学习行为的系数[a]

模型 B	非标准化系数		标准系数	t	Sig.	共线性统计量	
	标准误差	试用版				容差	VIF
1　（常量）	6.233	.429	—	14.539	.000	—	—
1　课堂学习行为	.358	.150	.145	2.394	.017	.975	1.025
1　汉语学习行为	.142	.072	.119	1.974	.049	.975	1.025

a. 因变量：口语分数。

从表 6-10 来看，学生汉语口语课分数每增加 1 分，课堂学习行为增加 0.358 单位，汉语学习行为增加 0.142 单位。

三、越南汉语本科生阅读课学习行为特征

阅读课的特点是培养学生的阅读能力，提高阅读速度、增加词汇量、巩固语法点知识，使学生能够获取更多信息。据我们的观察和访谈，越南学生喜欢上阅读课，因为阅读课能够帮助学生理解句子、段落及整篇文章。同时，学生在阅读过程中会遇到很多新词，这使学生觉得很有挑战性。但是由于阅读课难度较大，所以学生的成绩普遍不高，学生阅读课成绩分布如表 6-11 所示。

表 6-11 学生阅读分数分布

分数	频率	百分比	有效百分比	累积百分比
5.00	14	5.1	5.1	5.1
5.50	8	2.9	2.9	8.1
6.00	26	9.6	9.6	17.6
7.00	47	17.3	17.3	34.9
7.25	90	33.1	33.1	68.0
7.70	2	.7	.7	68.8
8.00	62	22.8	22.8	91.5
9.00	20	7.4	7.4	98.9
10.00	3	1.1	1.1	100.0
合计	272	100.0	100.0	—

从表 6-11 来看,越南学生汉语阅读课成绩中,及格的 48 名、良好的 201 名、优秀的 23 名,其中有 3 名学生的成绩是满分的。另外,我们还对学生的阅读课分数与学生学习行为进行了相关分析,结果如表 6-12 所示。

表 6-12 学生阅读分数与学习行为各因素的相关

变量	检验类型	阅读分数	课堂参与行为	课堂学习行为	课间休息行为	课外学习行为	考试前行为	考试中行为	考试后行为	汉语学习行为	睡眠行为	饮食行为	消极行为
课堂参与行为	Pearson相关性	-.054											
	显著性（双侧）	.379											
课堂学习行为	Pearson相关性	.102	.220**										
	显著性（双侧）	.094	.000										
课间休息行为	Pearson相关性	.107	.269**	.372**									
	显著性（双侧）	.078	.000	.000									
课外学习行为	Pearson相关性	-.051	.218**	.154*	.383**								
	显著性（双侧）	.402	.000	.011	.000								

续表

变量	检验类型	阅读分数	课堂参与行为	课堂学习行为	课间休息行为	课外学习行为	考试前行为	考试中行为	考试后行为	汉语学习行为	睡眠行为	饮食行为	消极行为
考试前行为	Pearson相关性	-.134	.127*	.123*	.170**	.207**							
	显著性（双侧）	.027	.037	.043	.005	.001							
考试中行为	Pearson相关性	-.030	.121*	.345**	.145*	-.045	.068						
	显著性（双侧）	.625	.045	.000	.016	.462	.265						
考试后行为	Pearson相关性	-.003	.153*	.211**	.343**	.371**	.285**	.130*					
	显著性（双侧）	.961	.012	.000	.000	.000	.000	.032					
汉语学习行为	Pearson相关性	.081	.188**	.157**	.350**	.553**	.135*	-.021	.436**				
	显著性（双侧）	.180	.002	.010	.000	.000	.026	.731	.000				
睡觉行为	Pearson相关性	.012	.199**	.144*	.319**	.368**	.213**	-.067	.242**	.360**			
	显著性（双侧）	.848	.001	.017	.000	.000	.000	.272	.000	.000			
饮食行为	Pearson相关性	-.101	.224**	.234**	.301**	.192**	.174**	.256**	.266**	.241**	.163**		
	显著性（双侧）	.095	.000	.000	.000	.001	.004	.000	.000	.000	.007		
消极行为	Pearson相关性	.022	-.030	.302**	-.066	-.179*	.023	.373**	-.112	-.178*	-.157*	.183**	
	显著性（双侧）	.722	.621	.000	.276	.003	.704	.000	.064	.003	.009	.002	
积极行为	Pearson相关性	.017	.072	.218**	.374**	.541**	.240**	.038	.425**	.523**	.486**	.206**	-.156*
	显著性（双侧）	.775	.236	.000	.000	.000	.000	.533	.000	.000	.000	.001	.010

* 在 0.05 水平（双侧）上显著相关。

** 在 .01 水平（双侧）上显著相关。

从表6-12来看,越南学生的阅读课分数与课堂参与行为、课堂学习行为、课间休息行为、课外学习行为、考试前行为、考试中行为、考试后行为、汉语学习行为、睡觉行为、饮食行为、消极行为和积极行为相关,但相关的程度较弱。其中学生口语课分数与课堂学习行为、课间休息行为、课外学习行为、汉语学习行为、睡觉行为、饮食行为、消极行为、积极行为是正相关,学生阅读课分数与课堂参与行为、课外学习行为、考试前行为、考试中行为、考试后行为、饮食行为是负相关。另外,学生阅读课分数与考试前的行为之间的相关关系具有统计学意义,p 值 = 0.027 (< 0.05)。我们还对学生的阅读课分数进行了回归分析,结果如表6-13所示。

表 6-13　学生阅读分数与考试前行为的模型汇总

模型	R	R 方	调整 R 方	标准估计的误差
1	.134[a]	.018	.014	.96893

a. 预测变量:(常量)考试前行为。

从表6-11来看,学生汉语阅读分数与考试前行为的回归模型的解释程度为1.8%。该模型的非标准化回归方程为:学生汉语阅读课分数 = 7.933 + -0.258* 考试前行为,具体参见表6-14。

表 6-14　学生阅读分数与考试前行为的系数 [a]

模型 B		非标准化系数	标准系数	t	Sig.	共线性统计量	
		标准误差	试用版	标准系数			容差	VIF
1	(常量)	7.933	.310	—	25.617	.000		
	考试前行为	-.258	.116	-.134	-2.230	.027	1.000	1.000

a. 因变量:阅读分数。

从表6-14来看,学生汉语阅读分数每增加1分,考试前行为增加 -0.258 单位。

四、越南汉语本科生写作课学习行为特征

写作课的特点是巩固学生的语法知识和词汇知识,培养学生运用知识的能力。据我们观察和访谈,越南学生上写作课时,普遍觉得很有挑战性。学生容易忘记汉字的写法,部分学生不记得字形时就写拼音。另外,学生一般用母语的思维方式来阐述问题,导致汉语语法结构混乱。由于写作课较难,所以学生获得的成绩也不高。学生写作课的成绩分布如表6-15所示。

表 6-15　学生写作分数分布

分数	频率	百分比	有效百分比	累积百分比
5.00	16	5.9	5.9	5.9
5.50	9	3.3	3.3	9.2
6.00	34	12.5	12.5	21.7
7.00	54	19.8	19.8	41.5
7.13	84	30.9	30.9	72.4
7.70	1	.4	.4	72.8
8.00	50	18.4	18.4	91.2
9.00	18	6.6	6.6	97.8
10.00	6	2.2	2.2	100.0
合计	272	100.0	100.0	—

从表 6-15 来看，越南学生汉语写作课成绩中，及格的 59 名、良好的 189 名、优秀的 24 名，其中有 6 名学生的成绩是满分的。另外，我们还对学生的写作课分数与学生学习行为进行了相关分析，结果如表 6-16 所示。

表 6-16　学生写作分数与学生学习行为各因素的相关

变量	检验类型	写作分数	课堂参与行为	课堂学习行为	课间休息行为	课外学习行为	考试前行为	考试中行为	考试后行为	汉语学习行为	睡眠行为	饮食行为	消极行为
课堂参与行为	Pearson 相关性	.008											
	显著性（双侧）	.899											
课堂学习行为	Pearson 相关性	.185**	.220**										
	显著性（双侧）	.002	.000										
课间休息行为	Pearson 相关性	.054	.269**	.372**									
	显著性（双侧）	.374	.000	.000									
课外学习行为	Pearson 相关性	.068	.218**	.154*	.383**								
	显著性（双侧）	.260	.000	.011	.000								

续表

变量	检验类型	写作分数	课堂参与行为	课堂学习行为	课间休息行为	课外学习行为	考试前行为	考试中行为	考试后行为	汉语学习行为	睡眠行为	饮食行为	消极行为
考试前行为	Pearson相关性	-.012	.127*	.123*	.170**	.207**							
	显著性（双侧）	.850	.037	.043	.005	.001							
考试中行为	Pearson相关性	-.058	.121*	.345**	.145*	-.045	.068						
	显著性（双侧）	.339	.045	.000	.016	.462	.265						
考试后行为	Pearson相关性	.086	.153*	.211**	.343**	.371**	.285**	.130*					
	显著性（双侧）	.156	.012	.000	.000	.000	.000	.032					
汉语学习行为	Pearson相关性	.083	.188**	.157**	.350**	.553**	.135*	-.021	.436**				
	显著性（双侧）	.170	.002	.010	.000	.000	.026	.731	.000				
睡觉行为	Pearson相关性	-.043	.199**	.144*	.319**	.368**	.213**	-.067	.242**	.360**			
	显著性（双侧）	.476	.001	.017	.000	.000	.000	.272	.000	.000			
饮食行为	Pearson相关性	-.014	.224**	.234**	.301**	.192**	.174**	.256**	.266**	.241**	.163**		
	显著性（双侧）	.815	.000	.000	.000	.001	.004	.000	.000	.000	.007		
消极行为	Pearson相关性	.058	-.030	.302**	-.066	-.179*	.023	.373**	-.112	-.178*	-.157*	.183**	
	显著性（双侧）	.344	.621	.000	.276	.003	.704	.000	.064	.003	.009	.002	
积极行为	Pearson相关性	.087	.072	.218**	.374**	.541**	.240**	.038	.425**	.523**	.486**	.206**	-.156*
	显著性（双侧）	.153	.236	.000	.000	.000	.000	.533	.000	.000	.000	.001	.010

* 在 0.05 水平（双侧）上显著相关。

** 在 .01 水平（双侧）上显著相关。

从表 6-16 来看，越南学生的写作课分数与课堂参与行为、课堂学习行为、课间休息行为、课外学习行为、考试前行为、考试中行为、考试后行为、汉语学习行为、睡觉行为、饮食行为、消极行为和积极行为相关，但相关的程度较弱。其中，学生写作课分数与课堂参与行为、课堂学习行为、课间休息行为、课外学习行为、考试后行为、汉语学习行为、消极行为、积极行为是正相关，学生写作课分数与考试前行为、考试中行为、睡觉行为、饮食行为是负相关。另外，学生写作课分数与课堂学习行为之间的相关关系具有统计学意义，p 值 = 0.002（<0.05）。我们还对学生的写作课分数进行了回归分析，结果如表 6-17 所示。

表 6-17　学生写作分数与课堂学习行为的模型汇总

模型	R	R 方	调整 R 方	标准估计的误差
1	.185[a]	.034	.031	1.02085

a. 预测变量：（常量）课堂学习行为。

从表 6-17 来看，学生汉语写作课分数与课堂学习行为的回归模型的解释程度为 3.4%。该模型的非标准化回归方程为：学生汉语写作课分数 =5.697 + 0.538* 课堂学习行为，具体参见表 6-18。

表 6-18　学生写作分数与课堂学习行为的系数 [a]

模型 B	非标准化系数		标准系数	t	Sig.	共线性统计量	
	标准误差	试用版				容差	VIF
1 （常用）	5.697	.468	—	12.159	.000	—	—
1 课堂学习行为	.538	.174	.185	3.095	.002	1.000	1.000

a. 因变量：写作分数。

从表 6-18 来看，学生汉语写作课分数每增加 1 分，课堂学习行为增加 0.538 单位。

第四节　越南学生与其他国家学生的学习行为对比

由于时间和能力的限制，我们没有将越南学生学习行为与其他国家学生的学习行为进行实际对比，仅将我们的研究结果与前人的研究结果进行了对比。目前学术界对各国学生汉语学习行为的研究比较少,因此我们仅对越南、泰国和印尼学生的学习行为进行了对比。

ANCHITTA VORADITEE[①] 对泰国学生的汉语学习行为进行了研究,谢慧玉[②] 对印尼学生的汉语学习行为进行了研究,因此我们参考了上述文章,将越南、泰国和印尼学生的课堂学习行为、课外学习行为以及考试行为进行了对比。

一、各国学生课堂学习行为对比

在课堂学习行为方面,越南学生有以下表现:课堂上常举手回答问题的学生 86 名(31.6%);对于没弄懂的问题,常请教老师或同学的学生 114 名(41.9%);常集中注意力听老师讲课的学生 229 名(84.2%);上课时常拿出另一门课的资料来看的学生 9 名(3.3%);上课时常与同学聊天的学生 23 名(8.5%);上课时常觉得很无聊,想睡觉的学生 17 名(6.2%);上课时常给别人发短信、接听电话或打电话的学生 4 名(1.5%);下课时老师还没走,就常先走的学生 28 名(10.3%);上课时常坐在前排靠,以便听讲的学生 136 名(50.0%)。

泰国学生有以下表现:73.3% 的学生能按时上汉语课,很少迟到;81.6% 的学生上汉语课时能认真听讲;72.8% 的学生积极参加汉语课堂活动;43.9% 的学生上课时积极发言,争取得到说汉语的机会。

印尼学生有以下表现:38% 的学生主动回答老师提出的问题;74% 的学生上课时专心听讲;82% 的学生做课堂笔记;36% 的学生会在课堂上向老师请教问题。

总之,在课堂学习行为方面,越南、泰国和印尼学生差异不大。但大部分印尼学生不敢在课堂上向老师请教问题,大部分泰国学生在课堂上能够较积极地发言并参加课堂活动,大部分越南学生在课堂上能够集中注意力听老师讲课。

二、各国学生课外学习行为对比

在课外学习行为方面,越南学生有以下表现:常按时完成老师布置的作业的学生 209 名(76.9%);上课前常预习上课所学内容的学生 165 名(60.6%);

---

① 程成(ANCHITTA VORADITEE). 泰国大学生汉语学习动机的调查分析 [D]. 广东外语外贸大学,2015.

② 谢慧玉. 印尼来华留学生与中国大学生学习习惯差异研究 [D]. 天津大学,2015.

常去图书馆学习的学生 21 名（7.7%）；常抽出时间锻炼身体或参加体育活动的学生 65 名（23.9%）；常参加学生会举办的活动的学生 98 名（36.0%）；常参加各种娱乐活动的学生 131 名（48.1%）；常做兼职赚钱的学生 49 名（18.0%）；常参加汉语角、汉语学习俱乐部的学生 75 名（27.6%），常参加与汉语比赛的学生 53 名（19.5%），常听汉语广播的学生 109 名（40.0%），常看汉语书、汉语报纸、汉语杂志的学生 71 名（26.1%），常看中国电影听中文歌的学生 220 名（80.0%），常收看汉语节目和汉语新闻的学生 47 名（17.3%）。

泰国学生有以下表现：30.0% 的学生下课后会抽出一些时间复习所学知识；52.8% 的学生回到家后会主动完成汉语课后作业；38.3% 的学生放学后会找到一些机会练习汉语口语；65.5% 的学生有时会到华人经营的商店和华人聚集的街道上认读汉字；82.2% 的学生有时会反思自己汉语学习的不足之处。

印尼学生有以下表现：32% 的学生上课前会进行预习；82% 的学生能独立完成作业；26% 的学生除了完成老师布置的作业外，还做其他作业；56% 的学生在练习过程中遇到困难时会请同学帮忙；56% 的学生会制定学习计划；66% 的学生会对所学知识进行总结；34% 的学生会对学过的知识进行复习。

总之，在课外学习行为方面，越南、泰国和印尼学生差异较大。泰国学生课后会到华人区练习汉语，印尼学生除了完成老师布置的作业外还做其他作业，越南学生常看中国电影、听中文歌。各国风俗习惯和学习条件的不同造成了学生课外学习行为的差异。

三、各国学生考试行为方对比

在考试行为方面，越南学生有以下表现：快到考试时，才集中精神复习的学生有 107 名（39.4%）；每门课考试前都能制定好复习计划的学生 73 名（26.9%）；考试前常不复习，不太在乎考试结果的学生 6 名（2.2%）；考试的前一晚常常紧张到睡不着的学生 112 名（41.2%）；考试时常独立完成试题的学生 226 名（83.1%）；考试时常抄同学答案的学生 5 名（1.8%）；考试时常偷看资料的学生 6 名（2.2%）；考试时常与同学讨论的学生 16 名（5.9%）；考试时常浏览全部试题后才做题的学生 222 名（81.6%）；考试后常与同学比较答案的学生 73 名（61.8%）；考试后常分析错题原因的学生 124 名（45.6%）；考试结束后很紧张，怕自己的成绩没有别同学的高的学生 149 名（54.8%）；考试结束后如果成绩较低，会报名重考的学生 74 名（27.2%）。

泰国学生有以下表现：55.0% 的学生汉语考试成绩优良。

印尼学生有以下表现：92% 的学生考试前会进行复习；32% 的学生考试后会讨论考试情况。

总之，在考试行为方面，三个国家的学生有一定的差异。泰国学生的考试成绩较好，印尼学生考试前常积极复习，越南学生考试时会先浏览全部试题。各国考试制度和考试规定的不同造成了学生考试行为的差异。

第五节　研究创新、研究不足及研究展望

一、研究创新

本书主要对越南汉语学术界有以下贡献和创新之处。

1.本书对目前许多难以收集的与学习行为有关（课堂学习行为和课外学习行为）的各类文献进行了综述，并收集了影响学习行为的各种因素。本书以 24 小时为轴，对一天内学生的所有学习行为进行了调查。

2.本书对越南汉语本科生所有的学习行为进行了详细的分析和归类。

3.本书在复杂动态自然环境下，对学习行为进行了研究。因为随着时间的变化，学生的学习效果也会发生相应的变化。

4.本书建立了学习行为与学习效果的数学模型。该模型可以用来概括迄今为止对学习行为的全部描述。

5.本书建立了越南学生学习行为的数据库，未来可以对越南学生的学习行为进行大数据分析，并针对不同语言的学习建立不同的数据库。

6.本书把学习行为当作一个动态系统，同时还考察了整个系统本身与外在环境之间的关系。

二、研究不足

由于时间、条件和个人能力的限制，本书有以下局限。

第一，本书尚未详细描述汉语专业学生每门课的学习行为表现，如：汉语综合课、听力课、阅读课、写作课、口语课、文化课、翻译课、语法课、语音课、汉字课、书法课等。

第二，本书尚未对在华越南学生的汉语学习行为进行研究和分析，也尚未将在华和在越的越南学生汉语学习行为进行对比研究。

第三，本书尚未将越南学生与其他国家学生的汉语学习行为进行实际对比，如：泰国学生、印尼学生、美国学生、韩国学生、日本学生等。

第四，由于观察时间长达 24 小时且越南汉语专业学生的数量十分庞大，无法对每个对象进行 24 小时的观察，因此只能选取几个有代表性的对象进行观察。

第五，目前关于汉语学习行为的研究较少，研究成果不足，因而导致本书写作过程中，资料参考得不够充分，可能有所遗漏。

三、研究展望

未来本人有如下研究计划：

第一，对越南汉语专业学生在具体课程中的学习行为进行研究。

第二，对在华越南学生的汉语学习行为进行研究，并将其与在越学生进行对比。

第三，将越南学生与其他国家学生的汉语学习行为进行对比研究。

第四，在时间和精力允许的情况下，尽可能对更多的越南汉语专业学生进行 24 小时的观察，以获得更多的信息。

第五，本人将在汉语教学领域，对汉语学习行为进行更多、更深的研究，希望能够弥补该领域的部分研究空白。

第六，本书建立了越南学生汉语学习行为的数据库，未来可以对越南学生的学习行为进行大数据分析，并不断完善数据库。

参考文献

［1］Abdull Sukor Shaari. The Relationship between Lecturers' Teaching Style and Students' Academic Engagement[J]. Procedia-Social and Behavioral Sciences, 2014（118）: 10-20.

［2］Agi Horspool. Applying the scholarship of teaching and learning: student perceptions, behaviours and success online and face-to-face[J]. Assessment & Evaluation in Higher Education, 2012, 37（1）: 73-78.

［3］Albert Bandura. Social Learning Theory[M]. Prentice-Hall, 1976.

［4］Baer, D. M., Wolf, M. M., & Risley, T. R. Some current dimensions of applied behavior analysis[J]. Journal of Applied Behavior Analysis, 1968（1）: 91-97.

［5］Birta L. G., Arbez G. Modelling and Simulation: Exploring Dynamic System Behaviour[M]. Springer, 2007.

［6］Bùi Thị Bích. Định hướng giá trị lối sống sinh viên một số trường đại học thành phố Hồ Chí Minh(Orientation values lifestyle students of some universities in Ho Chi Minh City)[D]. Ho Chi Minh Normal University, 2007.

［7］Chang, Shiang-Jiun. A study of language learning behaviors of Chinese students at the University of Georgia and the relation of those behaviors to oral proficiency and other factors[D]. University of Georgia, 1990.

［8］Chen, Wan-Ching. Taiwanese students' beliefs about learning English and their relations to the students' self-reported language learning behaviors[D]. The University of Texas at San Antonio, 2011.

［9］Chin-Pin Chen. Exploring the Relationship between Learning Styles, Students Behaviors in a Class and Academic Achievements of Students in the Department of Machinery in Vocational Schools[J]. The International Journal of Learning, 2010, 17（8）: 205-216.

［10］Cynthia Denise Garcia. The Relationship of Team Learning and Teacher Learning Through Collaboration and Their Effects on Teacher Behaviors[D]. California University, 2008.

［11］Daniel R. Montello. Classroom seating location and its effect on course achievement, participation, and attitudes[J]. Journal of Environmental Psychology, 1988,8(2)：149-157 .

［12］David Rollock. The relative contributions of cognitive style and self-consciousness to interpersonal behavior in a learning task[D]. Yale University, 1989.

［13］Dennis J.Ciancio. Early intervention: effects of behavioral regulation on learning and emerging self-competence[D].Notre Dame University, 2003.

［14］Diane J. Cook, Narayanan C. Krishnan. Activity Learning: Discovering, Recognizing, and Predicting Human Behavior from Sensor Data[M]. Wiley, 2015.

［15］Donna Coch, Kurt W. Fischer, Geraldine Dawson . Human Behavior, Learning, and the Developing Brain: Typical Development[M]. The Guilford Press, 2007.

［16］Donald L Kirkpatrick, James D Kirkpatrick. Transferring Learning to Behavior: Using the Four Levels to Improve Performance[M]. Berrett-Koehler Publishers, 2005.

［17］Đặng Thị Lan. Các yếu tố ảnh hưởng đến khó khăn tâm lý trong hoạt động học ngoại ngữ của sinh viên dân tộc thiểu số năm thứ nhất trường Đại học Ngoại ngữ - Đại học Quốc Gia Hà Nội (Factors affecting psychological difficulties in foreign language learning activities of first-year students of the University of Foreign Languages - Hanoi National University.)[J]. Science magazine of Hanoi National University , 2016, (32)1:9-16.

［18］Dương Thị Kim Oanh. Động cơ học tập của sinh viên (Student learning motivation)[D]. Vietnam Academy of social sciences, 2009.

［19］Đào Thị Quý. Khảo sát nhận thức và thái độ của sinh viên trường cao đẳng kinh tế đối ngoại thành phố Hồ Chí Minh đối với một số nghề liên quan đến kinh tế và thương mại(Survey of perceptions and attitudes of students of Ho Chi Minh City College of Economics and Foreign Relations for a number of economically and commercially related jobs)[D]. Ho Chi Minh Normal University, 2010.

［20］Đinh Công Dũng. Nghiên cứu sự chú ý trong học tập của học viên trường sĩ quan kỹ thuật quân sự (Study students's attention of the military technical school)[D]. Ho Chi Minh Normal University, 2011.

[21] Eunjoo Jung. Growth of Cognitive Skills in Preschoolers: Impact of Sleep Habits and Learning-Related Behaviors[J]. Early education and development, 2009.

[22] Gabriela Moriconi. Student Behaviour and Use of Class Time in Brazil, Chile and Mexico[J]. OECD Education Working Papers, 2013.

[23] Galit Ben-Zadok. Comparison of Online Learning Behaviors in School vs. at Home in Terms of Age and Gender Based on Log File Analysis[J]. Interdisciplinary Journal of E-Learning and Learning Objects, 2010,6(1): 306-321.

[24] Gardner, W I. Children with learning and behavior problems: a behavior management approach[M]. Boston: Allyn and Bacon, 1974.

[25] Gary L. Canivez. Replication of the Learning Behaviors Scale Factor Structure With an Independent Sample[J]. Journal of Psychoeducational Assessment, 2006, 24(2): 97-111.

[26] Hassan Qudrat-Ullah. Better Decision Making in Complex, Dynamic Tasks: Training with Human-Facilitated Interactive Learning Environments [M]. Springer International Publishing, 2015.

[27] Ho Li-An.The Antecedents of e-Learning Outcome: An Examination of System Quality, Technology Readiness and Learning Behavior[J]. Adolescence, 2009, 44(175): 581-599.

[28] Hong Lu. The Relationship of Kolb Learning Styles, Online Learning Behaviors and Learning Outcomes[J]. Educational Technology & Society, 2007,10(4): 187-196.

[29] http://baike.baidu.com/link?url=Dj-cVQCUHNSFN4JS8wYhPmbh-hTsu-jVuzlXvQBYSfF_wq48roBWPEyg9XGs2a-MDjcO-6oS0kttz2a_q_fILya

[30] http://baike.baidu.com/link?url=pLEDpd1_yFcG_OJjVTW9inx-Awj-QaQ3gr-GZF4KJD2we31YTSzo2gL97UECh54kruiAeXWe-DOnNzi6KFwSng3KVjQZCwgoJIRGd2jp6XO2e

[31] http://baike.baidu.com/link?url=TRJZQJwdKQGlcw9dJng-zyrE4VME-KBeX4tlqqrNLWr3C05JlKzs_54lxWFESkENRYGviqHQfa2uY-DHrDgk-tQV82tqD_6XM_2ThuJaOPYCO

[32] http://wiki.mbalib.com/wiki/%E8%A1%8C%E4%B8%BA#.

E4.BB.80.E4.B9.88.E6.98.AF.E8.A1.8C.E4.B8.BA

[33] Huỳnh Cát Dung. Trở ngại tâm lý giao tiếp của sinh viên với giảng viên ở một số trường Đại học tại thành phố Hồ Chí Minh(Communication problems of students with luctures in some universities in Ho Chi Minh City) [D]. Ho Chi Minh Normal University, 2010.

[34] J. A. Scott Kelso. Dynamic Patterns: The Self-Organization of Brain and Behavior (Complex Adaptive Systems)[M]. Mit Press, 1995.

[35] James E. Mazur. Learning and behavior[M]. Pearson, 2014.

[36] James E. Levine. Learning from Behavior: How to Understand and Help "Challenging" Children in School [M]. Greenwood Publishing Group, 2007.

[37] Jeremy Swinson. Working with a secondary school to improve social relationships, pupil behaviour, motivation and learning[J]. Pastoral Care in Education, 2010, 28（3）: 181-194.

[38] Jerome I. Rotgans. The Intricate Relationship Between Motivation and Achievement: Examining the Mediating Role of Self-Regulated Learning and Achievement-Related Classroom Behaviors[J]. International Journal of Teaching and Learning in Higher Education, 2012, 24（2）: 197-208.

[39] Joann Maree Emmel. The effect of home learning activities as a part of an educational unit in solid waste management education on fifth-grade student anh parent knowledge, attitudes, and behaviors[D]. New Mexico State University, 1995.

[40] John W. Donahoe, David C. Palmer, Vivian Packard Dorsel. Learning and complex behavior[M]. Ledgetop Publish, 2004.

[41] John Wscott. The use of peers in classroom behavior change[J]. Contemporary Educational Psychology, 1976,1(4): 384-392

[42] Judith Carr-Back. Influences of Teacher Behaviors on Student Learning and Motivation: A Phenomenological Study from the Perspective of Students[D]. Walden University, 2009.

[43] Kate Hayes. A qualitative analysis of student behavior and language during group problem solving[D]. Northeastern University, 2001.

[44] Kevin Conrad Elliott. The neural basis for learned behavior[D]. Florida State University, 2016.

［45］Kristi S. Gaines. The Inclusive Classroom: The Effects of Color on Learning and Behavior[J]. Journal of Family & Consumer Sciences Education, 2011, 29（1）: 46-57.

［46］Lai Jiang • Jan Elen. Why do learning goals (not) work a reexamination of the hypothesized effectiveness of learning goals based on students' behaviour and cognitive processes[J]. Education Tech Research, 2011, 59（4）: 553-573.

［47］Larsen-Freeman, D. Chao. Complexity Science and Second Language Acquisition [J]. Applied Linguistics,1997,18(2):141-165.

［48］Lê Ngọc Huyền. Kỹ năng hoạt động nhóm trong học tập của sinh viên trường Đại học Sài Gòn(Group activity skills in the study of students at Saigon University)[D]. Ho Chi Minh Normal University, 2010.

［49］Linda J. Kennedy. Predicting nclex readiness from the strength of metacognitive self-regulated learning behaviors in urban baccalaureate nursing students[D]. Capella University, 2014.

［50］Mark A. Gluck. Learning and Memory From Brain to Behavior[M]. New York: Worth Publishers, 2008.

［51］Maria Mody PhD, Elaine R. Silliman PhD. Brain, Behavior, and Learning in Language and Reading Disorders (Challenges in Language and Literacy) [M]. The Guilford Press, 2008.

［52］Margaret Lakebrink. Incremental Validity of the Learning Behavior Scale in Special Education Evaluation[D]. Eastern Illinois University, 2014.

［53］Michael Domjan. Principles of Learning and Behavior[M]. Brooks/ Cole Publishing Company, 1997.

［54］Moran, Edward Francis. The relationship between metacognitive knowledge of learning english as a foreign language and learning behaviour in a vocabulary learning computer environment[D]. University of Newcastle Upon Tyne (United Kingdom), 2002.

［55］Muhammad Asif Nadeem. Exploring Impact of Teacher's Feedback on Learner's Learning Behavior at University Level[J]. Journal of educational research, 2013, 16（2）: 54-62.

［56］Nguyễn Thị Bích Thủy. Hứng thú học tập của sinh viên năm thứ nhất trường Đại học Văn Hiến thành phố Hồ Chí Minh(Interest of first year students at the Van Hien University in Ho Chi Minh City)[D]. Ho Chi Minh Normal University, 2010.

[57]Nguyễn Thị Mỹ Ngọc. Thực trạng quản lý công tác lấy ý kiến sinh viên về hoạt động giảng dạy của giảng viên tại đại học quốc gia thành phố Hồ Chí Minh(Current situation of managing student feedback on teaching activities of lecturers at National University of Ho Chi Minh City)[D]. Ho Chi Minh Normal University, 2010.

[58]Nguyễn Trần Hương Giang. Những yếu tố ảnh hưởng đến động cơ học tập của học sinh Trung học phổ thông Marie Curie quận 3 thành phố Hồ Chí Minh(Factors affect to students' motivation of Marie Curie High School in District 3, Ho Chi Minh City)[D]. Ho Chi Minh Normal University, 2008.

[59]Nguyễn Văn Toàn. Một số biện pháp quản lý giáo dục nếp sống cho sinh viên nội trú trường cao đẳng giao thông vận tải 3(Some lifestyle management measures for in school-students at transportation 3 college)[D]. Ho Chi Minh Normal University, 2004.

[60]Nilüfer Bekleyen. Learner Behaviors and Perceptions of Autonomous Language Learning[J]. The Electronic Journal for English as a Second Language, 2016, 20(3): 1-20.

[61]Nkhoboti, Michael Ramahotetsa. Classroom behaviours: An analysis of student learning behaviours in a constructivist mathematics classroom[D]. University of Toronto (Canada), 2002.

[62]Paul A. McDermott. Development and validation of the preschool learning behaviors scale[J]. Psychology in the Schools, 2002, 39(4): 353-365.

[63]Paul A.McDermott. National Scales of Differential Learning Behaviors Among American Children and Adolescents[J]. School Psychology Review, 1999, 28(2): 280-291.

[64]Paul A. McDermott. The Preschool Learning Behaviors Scale: Dimensionality and External Validity in Head Start[J]. School Psychology Review, 2012, 42(1): 66-81.

[65]Phạm Trinh Hoàng Dạ Thy. Kỹ năng giải quyết vấn đề trong quá trình thực tập nhận thức của sinh viên trường Đại học Hoa Sen(Problem solving skills in the cognitive drills of students at Hoa Sen University)[D]. Ho Chi Minh Normal University, 2010.

［66］Philip F.Cagwin. Formulating a building-wide behavior management system for a middle or junior high school: the creation of a problem-based learning exprcise[D]. Miami University, 1997.

［67］Pintrich, R. R., & DeGroot, E. V. Motivational and self-regulated learning components of classroom academic performance[J]. Journal of Educational Psychology, 1990, 8（1）：33-40.

［68］Raymond G. Miltenberger. Behavior Modification: Principles and Procedures[M]. Wadsworth Publishing, 1989.

［69］Rebecca J. Collie. Students' interpersonal relationships, personal best (PB) goals, and academic engagement[J]. Learning and Individual Differences, 2016（45）:65-76.

［70］Rhonda Dunham. Teacher perceptions regarding the influence block scheduling has on student learning as compared to traditional scheduling in middle schools[D]. Missouri-Columbia University, 2009.

［71］Richard Thompson. Neural Mechanisms of Goal-directed Behavior and Learning[M]. Academic Press, 1980.

［72］Robin Stark & Ulrike-Marie Krause. Effects of reflection prompts on learning outcomes and learning behaviour in statistics education[J]. Learning Environ Research, 2009, 12(3): 209-223.

［73］Russell A. Powell, Diane G. Symbaluk, P. Lynne Honey. Introduction to Learning and Behavior[M]. Wadsworth Publishing, 2008.

［74］Stan Maria Magdalena. The Relationship of Learning Styles, Learning Behaviour and Learning Outcomes at the Romanian Students[J]. Social and Behavioral Sciences, 2015(180): 1667-1672.

［75］Stark, Robin & Krause, Ulrike-marie. Effects of reflection prompts on learning outcomes and learning behaviour in statistics education[J]. Learning Environments Research, 2009,12(3): 209-223.

［76］Stephen Rollnick & Sebastian G. Kaplan & Richard Rutschman. Motivational Interviewing in Schools: Conversations to Improve Behavior and Learning[M]. The Guilford Press, 2016.

［77］Shu-Chen Wu. Chinese and German teachers' conceptions of play and learning and children's play behaviour[J]. European Early Childhood Education Research Journal, 2011, 19（4）：269-481.

［78］Tarik TOTAN. The Importance of Rural, Township, and Urban Life in the Interaction between Social and Emotional Learning and Social Behaviors[J]. Educational Sciences: Theory & Practice, 2014, 14（1）: 41-52.

［79］Ting-Ying Wang. Taiwanese high school students' perspectives on effective mathematics teaching behaviors[J]. Studies in Educational Evaluation, 2017（55）: 35-45.

［80］Thomas, Sebastian. The Influence of the Tone of Feedback Prompts on the Learning Behavior and Satisfaction of University Students in a Multiple Cue Probablility Learning Task[D]. Rice University, 2010.

［81］Trần Lan Anh. Những yếu tố ảnh hưởng tới tính tích cực học tập của sinh viên đại học (Factors affecting the academic positivity of college students) [D]. Hanoi National Universiy, 2009.

［82］Trương Thị Thúy Hòa. Động cơ học tập của sinh viên ngành công tác xã hội tại cơ sở II trường Đại học lao động - xã hội(Study motivation of students in social work major at the II campus of the Labor and Social University)[D]. Ho Chi Minh Normal University, 2013.

［83］Tsanglang Liang. A Study on the Relationships between Teachers' Teaching Behaviors and Students' Learning Satisfaction with Pragmatic Skills Programs at Vocational High Schools[J]. The International Journal of Learning, 2011, 17（10）: 105-119.

［84］Vivian Woon King Heung. Problem-based learning for training teachers of students with behavioral disorders in Hong Kong[D]. North Texas, 1999.

［85］Võ Thị Tâm. Các yếu tố tác động đến kết quả học tập của sinh viên chính quy trường Đại học kinh tế Thành phố Hồ Chí Minh (Factors influence to regular students' the study results in University of Economics Ho Chi Minh City) [D]. Ha Noi national university, 2010.

［86］Vũ Kim Ngọc. Tính tích cực nhận thức và mối quan hệ của nó với kết quả học tập của sinh viên trường cao đẳng sư phạm Trung Ương thành phố Hồ Chí Minh(Positive cognition and its relation to students'academic record of Ho Chi Minh City Central Normal College)[D]. Ho Chi Minh Normal University, 2010.

［87］W. David Pierce & Carl D. Cheney. Behavior analysis and learning[M]. L. Erlbaum Associates, 2004.

［88］Wan-Ching Chen. Taiwanese students' beliefs about learning English and their relations to the students' self-reported language learning behaviors[D]. Texas at San Antonio University, 2011.

［89］William McCoy. Transition to middle school: academic achievement influenced by students perception of self-efficacy, motivation, peer relationships, student-teacher relationships, and parental influences[D]. California State University, 2014.

［90］Wu-Yuin Hwang. Role of Parents and Annotation Sharing in Children's Learning Behavior and Achievement Using E-Readers[J]. Educational Technology & Society, 2015, 18（1）: 292-307.

［91］Xu, Yao Rong. Relational study on team learning motivation, learning behavior and team performance[D]. Sun Yat-Sen University, 2011.

［92］Yangsheng Xu, Ka Keung C. Lee. Human Behavior Learning and Transfer[M]. CRC Press, 2006.

［93］Yao-kuei Lee. Factors affecting learner behavioral intentions to adopt web-based learning technology in adult and higher education[D]. South Dakota Univeristy, 2011.

［94］Yu-Chu Yeh. Analyzing Online Behaviors, Roles, and Learning Communities via Online Discussions[J]. Educational Technology & Society, 2010, 13（1）: 140-151.

［95］Zachary T. Henning. Resolving the cognitive learning dilemma through the student cognitive learning theory: how student impressions of teacher behaviors influence student engagement behaviors to predict student perceptions of cognitive learning[D]. Kentucky Univeristy, 2007.

［96］Angely Setiawan. 基于语言学习行为的汉语教学情况调查 [D]. 厦门大学, 2017.

［97］鲍威. 扩招后中国高校学生的学习行为特征分析 [J]. 清华大学教育研究, 2009（01）:78-87.

［98］鲍丽娟, 郭长久. 关于来华留学生汉语学习方法的调查情况分析 [J]. 吉林省教育学院学报 (下旬), 2012, 28(08):25-26.

［99］彩霞. 初中英语学习困难生课堂学习行为研究 [D]. 华东师范大学, 2006.

［100］蔡和连. 教育技术学学习信念与学习行为关系的调查研究 [D]. 东

北师范大学, 2014.

［101］蔡宏洲. 公交出行中的个体学习行为及其仿真的研究 [D]. 天津大学, 2015.

［102］蔡武, 郑通涛. 我国汉语中介语语料库研究现状与热点透视——基于 CiteSpace 的可视化分析 [J]. 华文教学与研究, 2017（3）: 79-87.

［103］蔡武, 郑通涛. 台湾对外汉语教育数字化经验及两岸合作展望 [J]. 现代台湾研究, 2017(4): 52-57.

［104］蔡武, 郑通涛. 21 世纪以来台湾华语文教育发展现状及两岸合作展望 [J]. 云南师范大学学报 (对外汉语教学与研究版), 2017(5): 67-74.

［105］曹华. 基于扎根理论的成人学习行为的质性研究 [J]. 中国成人教育, 2016（03）:11-15.

［106］曹晶. 从一个考试后的学生谈话说起 [J]. 新高考 (英语进阶), 2015(12):39-40.

［107］曹威麟, 段晓群, 郭江平. 心理契约对高校学生学习行为的影响机制研究 [J]. 现代大学教育, 2007（04）:105-109.

［108］曹威麟, 杨光旭. 高校教师履行心理契约责任对学生学习行为影响的研究 [J]. 黑龙江高教研究, 2008（08）:88-91.

［109］陈琦, 刘儒德. 当代教育心理学 [M]. 北京：北京师范大学出版社, 2007.

［110］陈祺. 初级阶段越南留学生汉语学习动机调查研究 [J]. 才智, 2014(35):79.

［111］柴联芝. 强化学生竞争意识, 调动学生学习兴趣 [J]. 玉溪师专学报, 1997(03):79-81.

［112］陈桂生. 关于试行"课堂学习行为设计"的建议 [J]. 现代中小学教育, 2004(05):17-18.

［113］陈红珍. 网络学习行为及学习过程监控方法研究 [D]. 东北师范大学, 2011.

［114］陈氏金芝. 越南大学毕业生就业绩效研究 [D]. 广西民族大学, 2015.

［115］陈霜. 在校普通全日制高中学生睡眠质量分析 [J]. 中国卫生产业, 2017, 14(26): 159-160.

［116］陈维忠. 高职学生良好行为习惯养成的探索与实践 [J]. 职业技术, 2012(05):13-14.

［117］陈小梅.某校学生睡眠质量状况及其影响因素研究 [J].临床合理用药杂志 ,2016, 9(36):174-176.

［118］陈晓艳.英语教师课堂教学行为对学生学习兴趣的影响 [D].四川师范大学 ,2015.

［119］陈燕秋.台湾华语教学实务分析：台湾各大学附设华语教学中心现况研究 [D].厦门大学 ,2013.

［120］陈艳艺.泰国汉语教育现状及规划研究 [D].厦门大学 ,2013.

［121］陈文成.重点高中学生考试行为困扰的特点分析及干预的调查 [J].浙江教育科学 ,2011(02):14-16.

［122］陈昆.大学四年中同学关系变化初探 [J].高校德育研究 ,1985(04):60-61.

［123］陈玲.课堂教学中教师教学行为与学生学习行为的调查 [J].职教通讯 ,2000(04):34, 36.

［124］程成（ANCHITTA VORADITEE）.泰国大学生汉语学习动机的调查分析 [D].广东外语外贸大学 ,2015.

［125］程宏宇 ,HeidiArdrade.思维风格对中美大学生课堂学习行为的影响研究 [J].心理科学 ,2011（03）:647-651.

［126］程宏宇 ,顾建民 ,管淑一.学习风格与中美大学生课堂学习行为的关系研究 [J].应用心理学 ,2013（03）:239-247.

［127］程宏宇.中美高校教师教学风格差异与大学生课堂学习行为的关系研究 [J].应用心理学 ,2014（03）:234-242, 262.

［128］程玫.智慧学习环境中的学习行为分析研究 [D].南京邮电大学 ,2014.

［129］成愉.来华泰国留学生课余汉语学习方法研究——以云南师范大学为例 [J].亚太教育 ,2015(08):148, 147.

［130］崔铭香.青年农民工的生存境遇与学习行为研究 [D].华东师范大学 ,2010.

［131］代相龙.翻转课堂中大学生的学习行为研究 [D].云南师范大学 ,2016.

［132］代为强.图书馆室内空间对学习行为的影响 [D].大连工业大学 ,2015.

［133］戴运财.复杂动态系统理论视角下的二语学习动机研究 [J].外国语文研究 ,2015（6）: 72-80.

［134］邓凤茹．大学生不可缺少的学习方法——笔记法 [J]. 成人教育，2000(01):41.

［135］邓敏．大学生学习效能感与消极学习行为的改进分析 [J]. 教学研究，2014, 37(06):7-10, 123.

［136］丁瑜．家庭诸因素对学生学习和品德的影响 [J]. 南京师大学报 (社会科学版),1985(04):101-108.

［137］Dinh Thi Hoang Lan. 胡志明市大学生汉语学习动机调查研究 [D]. 华南理工大学 , 2014.

［138］董芳，周江涛．高一寄宿生学习行为影响因素探析 [J]. 中国教育学刊 , 2016 (01):59-64.

［139］董慧．考试后学生出现的问题与对策 [J]. 新课程 (中学)，2016(02):249.

［140］董兴斌．浅谈学生良好行为习惯的培养 [J]. 甘肃教育，2017(24):36.

［141］董于雯．对外汉语语用教学研究 [D]. 厦门大学 , 2012.

［142］窦红．学生课间良好行为习惯的培养 [J]. 考试周刊，2011(43):229-230.

［143］杜迎洁．对外汉语网络课程评价体系的构建研究——基于学习者视角 [D]. 厦门大学，2013.

［144］杜慧慧．虚拟学习社区中学习行为影响因素研究 [D]. 曲阜师范大学 , 2013.

［145］段家次．考试后教师应该怎么做 [J]. 教书育人 (教师新概念)，2004(15):33-34.

［146］范淼．大学生网络学习行为调查及对策研究 [D]. 宁波大学 , 2008.

［147］范晓玲．中小学生学习行为测评研究 : 学习行为评估与研究量表 [M]. 广州 : 世界图书出版广东有限公司 , 2016.

［148］冯月明．大学生学习行为失范的危害、原因及对策 [J]. 扬州教育学院学报 , 2008（04）:43-46.

［149］冯勋．大学生英语课堂参与行为与性格相关性的实证研究 [J]. 科技创新导报，2015, 12(13):151-153.

［150］冯雨靓．外国留学生汉语学习习惯调查研究 [J]. 现代语文 (学术综合版), 2016(04):136-140.

［151］付建军，邹光伟，蒋真理．高中生课堂不良学习行为的分类干预

研究 [J]. 中国教育学刊 , 2011（S1）:24-27, 116.

［152］付芳 . 高中生数学课堂学习行为研究 [D]. 华中师范大学 , 2015.

［153］付冠峰 . 小学生课外学习行为对学业表现的影响研究 [D]. 华东师范大学 , 2016.

［154］高丹 . 大学生网络学习行为调查与研究 [D]. 华中师范大学 , 2008.

［155］高杰 . 关于高中数学绩优生数学学习行为的研究 [D]. 华东师范大学 , 2006.

［156］龚莺 . 日本学生汉语学习动机研究 [D]. 北京语言大学 , 2004.

［157］顾菊华 . 英语学习行为研究 [M]. 昆明：云南大学出版社 , 2007.

［158］郭然然 . 高校学生手机移动学习行为意向影响因素研究 [D]. 浙江师范大学 , 2015.

［159］郭钺 . 家庭因素对技工学校学生学习行为的影响研究 [D]. 西北农林科技大学 , 2016.

［160］韩巍 . 父母期待对幼儿英语学习行为的影响分析 [J]. 黑龙江教育 (理论与实践), 2016 (03):52-53.

［161］韩秀华, 郑丽娜, 刘瑞菊 . 小学高年级学生自我调节学习行为在父母教育卷入及学习成绩的中介作用 [J]. 聊城大学学报 (自然科学版), 2015, 28(01):74-78.

［162］何双双 . 城区小学生课堂学习行为的调查研究 [D]. 湖南师范大学 , 2013.

［163］何山燕 . 越南汉语学习者语篇衔接应用与习得研究 [D]. 厦门大学 , 2011.

［164］何永生, 张建清 . 高师大学生学习行为的调查研究 [J]. 唐山师范学院学报 , 2004（03）:109-112.

［165］贺建新, 龚跃华, 伍洁 . 高职学生学习倦怠的社会影响因素及对策研究 [J]. 职业时空 , 2010, 6(07):159-160.

［166］洪建林 . 家庭教育影响学生学习习惯的不利因素及对策 [J]. 家教世界 , 2013(04):284-285.

［167］赫根汉·奥尔森 . 学习理论导论 [M]. 第 7 版 . 郭本禹, 等译 . 上海：上海教育出版社 , 2001.

［168］郝平 . 课堂学生合作学习行为表现及教学策略 [J]. 辽宁教育 , 2014(23): 69-72.

［169］郝一双 . 大学生课堂参与行为分析 [J]. 高等工程教育研

究 ,2007(06):131-134.

［170］胡兴莉.复杂动态系统视域下汉语作为第二语言的交际能力理论与实证研究 [D]. 厦门大学，2015.

［171］侯凤芝.在校大学生在线学习行为研究 [D]. 浙江师范大学，2010.

［172］胡建新.职业学校学生良好行为习惯的培养 [J]. 黑龙江科技信息，2012(23):191.

［173］胡佩谨，季成叶.学生早餐状况对学习行为的影响 [J]. 中国健康教育，2004(03):49-51.

［174］胡卫星，赵苗苗.多媒体教学过程中学生学习行为的实验研究 [J]. 中小学电教，2005（11）：50-51.

［175］胡兴莉，郑通涛.汉语作为二语的交际能力研究 [M]. 广州：世界图书出版社广东有限公司，2016.

［176］黄春霞.HSK 对汉语作为第二语言教学中学习行为的反拨效应 [J]. 云南师范大学学报 (对外汉语教学与研究版),2013（01）:10-17.

［177］黄晓鑫.母亲受教育程度对大学新生学习行为的影响研究 [D]. 广西大学，2012.

［178］黄阳.诚信教育对学生考试行为的影响 [J]. 卫生职业教育，2013，31(21):43-44.

［179］黄冶.体育院校社会生态环境与学生学习行为关系的实证性研究 [D]. 武汉体育学院，2009.

［180］IFEANYI SUNNY ODINYE. 尼日利亚中文教学研究 [D]. 厦门大学，2013.

［181］金阿宁.初中生学习行为研究 [D]. 陕西师范大学，2008.

［182］吉顺育.大学课堂学生消极行为成因与对策研究——以徐州工程学院为例 [J]. 软件导刊 (教育技术),2013,12(10):49-50.

［183］冀芳.不同课程形态的课堂教学中学生学习行为现状的个案研究 [D]. 东北师范大学，2007.

［184］冀小婷.关于复杂系统与应用语言学——拉尔森·弗里曼访谈 [J]. 外语与外语教学研究，2008（5）：376-379.

［185］贾巍，张天荣.农村中小学教师远程学习行为的调查与分析——以宁夏"国培计划"远程培训为例 [J]. 继续教育研究，2013（04）:18-21.

［186］贾文静，冯利，覃旋，葛庆平，赵冬生.影响大一新生学业成绩的学习行为调查研究 [J]. 黑龙江教育 (高教研究与评估),2008（11）:31-32.

［187］江强安.大学生行为论 [M].成都：电子科技大学出版社,2005.

［188］姜江.高职学生学习行为与父母教育方式的相关性研究访谈报告 [J].当代教育实践与教学研究,2016(10):240, 214.

［189］姜冰倩.面向终身学习的微信移动学习行为影响因素探究 [D].华东师范大学,2016.

［190］蒋建华,等.学习压力、睡眠及体育活动对小学生饮食行为的影响 [J].中国学校卫生,2002(04):321-322.

［191］蒋明卿.中学生学习行为综合评定量表的编制 [D].湖南师范大学, 2014.

［192］金幸美,李小妹.高校学生睡眠质量研究 [J].护理研究,2012, 26(24):2243-2246.

［193］景星慧.从文化角度分析厄瓜多尔中学生的汉语学习行为 [D].广东外语外贸大学,2015.

［194］亢昱.学业情绪干预对初一新生学习行为及成绩的影响 [D].陕西师范大学,2015.

［195］匡红燕.家庭环境因素对学生学习影响的调查 [J].中国校医, 2000(04):298.

［196］卡拉·肖尔,等.教学与行为干预 (RTI)[M].王小庆,译.上海：华东师范大学出版社,2016.

［197］雷鹏飞,束学军.外语学习绩效模型构建的实证研究与分析 [J].现代教育技术,2011,21（3）：86-90.

［198］冷丽敏,杨峻,张文丽,张婉茹.高校日语专业课堂教学新模式探索——学习者课堂学习行为调查研究 [J].日语学习与研究,2014（05）:77-84.

［199］黎小源,汪伟.高中生睡眠质量与学习成绩的相关研究 [J].人才资源开发,2015(12):190-191.

［200］李艾霖.睡眠不足对大学生学习能力的影响 [J].佳木斯职业学院学报,2018(01):233-234.

［201］李昌真.非英语专业学生英语学习行为的归因分析及教学策略 [J].山东外语教学,2009（05）:65-69.

［202］李代鹏.复杂动态系统视域下的对外汉语教学 [M]// 国际汉语学报：第 8 卷第 2 辑.厦门：厦门大学出版社,2017:213-233.

［203］李红.大学英语多模态课堂环境下学生学习行为研究 [J].西安石油大学学报（社会科学版）,2015,24(05):108-112.

[204]李江滨,张丽霞,刘清华,等.大学生睡眠情况及对学习的影响调查研究[J].科技视界,2014(24):35,46.

[205]李静.心理契约视角下初中生课堂学习行为问题研究[D].西南大学,2015.

[206]李娟.高职学生学习态度及学习行为研究[D].西北农林科技大学,2010.

[207]李荔波.学习判断偏差条件下个体的学习行为[D].浙江师范大学,2009.

[208]李昆,俞理明.大学生英语学习动机、自我效能感和归因与自主学习行为的关系研究[J].外语教学理论与实践,2008(02):1-5.

[209]李山.中学生自我概念、自我监控学习行为、学习策略和学业成绩关系的研究[D].广西师范大学,2001.

[210]李仕华.培养学生良好课堂学习行为习惯教学模式初探[J].科学咨询(教育科研),2015(10):38-39.

[211]李水量.谈谈饮食营养与健康学习的关系[J].晋中师专学报,1983(01):142-145,85.

[212]李霞.考试后的心理调整[J].山西教育(招考),2010(07):65.

[213]李小平,郭江澜.学习态度与学习行为的相关性研究[J].心理与行为研究,2005(04):265-267.

[214]李雄鹰,王颖.日本大学入学考试中的综合评价研究[J].当代教育科学,2016(18):48-51,64.

[215]李亚.印尼小学生汉语学习习惯的调查研究[D].广东外语外贸大学,2016.

[216]李智晔.多媒体学习过程的学习行为辨析[J].教育研究,2014(11):126-130.

[217]梁生瑜,等.辽宁省部分地区13~22岁学生健康饮食行为与相对学习成绩之间关系的探讨[J].慢性病学杂志,2015,16(02):173-176.

[218]梁友艳.小学生课堂学习行为的调查研究[D].浙江师范大学,2014.

[219]林崇德.心理学大辞典[M].上海:上海教育出版社,2003.

[220]林钟芳,等.上海市某校学生饮食习惯与生活行为的特征[J].上海预防医学杂志,2008(01):36-39.

[221]刘东青,申莉,王青.留学生课外学习行为的调查研究——以北

京联合大学留学生为例 [J]. 国际汉语教育 ,2011,(03):63-72, 97.

［222］刘国宁，等 . 广州市市区某小学学生饮食行为调查 [J]. 预防医学文献信息，2003(03):259-260.

［223］刘汉武 . 越南学生二外汉语与二外日语学习动机对比分析 [J]. 国际汉语学报 , 2017, 8(01):254-263.

［224］刘加宜 . 提高教学质量的有效方法——谈中学课堂上的学习竞争 [J]. 昆明师专学报，1992(04):81-84, 91.

［225］刘磊 . 项目教学情境下中职生学习行为研究 [D]. 华东师范大学，2012.

［226］刘丽 . 初中学优生与学困生课堂学习行为的个案研究 [D]. 湖南师范大学 , 2012.

［227］刘三女牙 . 量化学习 - 数据驱动下的学习行为分析 [M]. 北京：科学出版社 , 2016.

［228］刘绍鹏，贺峰，宋凯 . 高职院校学生考试中作弊的纳什均衡 [J]. 新西部，2017(34):120-121.

［229］刘世铎，凌静，田谧 . 新媒体对大学生学习行为的消极影响及应对策略 [J]. 产业与科技论坛，2017, 16(20):133-134.

［230］刘贤臣，等 . 学生睡眠质量及其相关因素 [J]. 中国心理卫生杂志，1995(04):148-150, 191.

［231］刘淳 . 小学生学习行为综合评定量表的编制 [D]. 湖南师范大学，2014.

［232］刘雅晨 . 学习行为在第二语言习得中的调查研究 [D]. 重庆师范大学 , 2014.

［233］刘亚波 . 农村留守儿童学习行为及其教育对策研究 [D]. 湖南师范大学 , 2014.

［234］刘妍 . 高校家庭经济困难学生学习行为调查研究 [J]. 教育教学论坛，2012(11):7-8.

［235］刘艳 . 期望价值、学习目的和学习行为：汉语作为第二语言学习动机研究 [D]. 南京大学 , 2012.

［236］刘杨 . 跨文化交际中的汉语话语误解研究—以中美交际为例 [D]. 厦门大学 , 2013.

［237］刘志远，李继利，王亚鹏 . 睡眠与学习的关系及其教育启示 [J]. 全球教育展望，2015, 44(11):114-120.

［238］刘忠浩,屈代州,张玲,沈华.地方高校学生学习行为与教学满意度 [J].高教发展与评估,2011(05):77-81,129.

［239］龙成志,刘志梅.学习动机对自主学习行为的影响:以学习能力为中介 [J].应用心理学,2016,22(03):203-210.

［240］龙吟,唐转英.留学生汉语课堂学习行为调查研究——以重庆邮电大学为例 [J].教育现代化,2017,4(09):169-170.

［241］娄云,朱绘丽.学生的注意特性与课堂学习行为 [J].河南机电高等专科学校学报,2002(02):21-23.

［242］卢芳,蔡乐,何建辉.考试焦虑与学生学习成绩的关系研究 [J].科技信息,2010(31):566-567.

［243］罗立胜,何福胜,杨芳.理工科学生外语学习行为模式的探讨 [J].外语与外语教学,2001(09):31-33.

［244］卢敏.课堂外语学习动机对学习行为的影响 [D].山东大学,2008.

［245］卢智泉,等.家庭因素对学生学习成绩的影响 [J].中国行为医学科学,2000(01):20-21.

［246］罗福午.学习的概念和工科大学生的学习观 [J].中国建设教育,2006(7):36-40.

［247］马祥凯.中国大学生与越南留学生学习动机对比研究 [D].昆明理工大学,2010.

［248］马艳云.专家评语对学生学习行为的影响研究 [J].教育导刊,2008(11):21-24.

［249］毛良斌.团队学习行为对团队有效性的影响 [J].应用心理学,2010(02):173-179.

［250］沫沫.正确面对孩子的考试后状态 [J].中华家教,2015(11):38.

［251］聂继雷,李晶,刘根义,孙庆来.父母养育方式对初中生学习行为的影响 [J].中国校医,2002(03):265-266.

［252］欧阳明,杨维.大学生人格与其学习绩效关系研究初探 [J].学术研究,2012(3):21-23.

［253］齐新.美国学生汉语学习习惯的培养 [J].学苑教育,2014(06):9.

［254］丘晓春.浅谈职高英语教学中学习竞争意识的培养 [J].桂林师范高等专科学校学报(综合版),2003(03):104-106.

［255］丘仰霖.激励学生学习竞争的机理研究 [J].赣南师范学院学报,1990(02):63-69.

［256］邱九凤.改善学习者学习行为有效性的策略 [J]. 现代中小学教育，2007（04）:13-15.

［257］任丽丽.培养留学生良好汉语学习习惯的重要性 [J]. 现代语文 (语言研究版),2011(01):119-121.

［258］阮瑾怡.浅谈对学生考试后总结的个性化辅导策略 [J]. 现代教学，2009(Z2):39-40.

［259］阮氏梅英.越南非汉语专业大学生汉语学习动机实证研究 [D]. 华东师范大学，2011.

［260］阮国辉.越南大学生就业问题研究 [D]. 昆明理工大学，2014.

［261］阮红伟,刘瑞新.中等专业学校学生考试前焦虑状态的统计学调查 [J]. 青岛医药卫生，2003(04):299.

［262］阮进勇.越南学生外语学习动机研究 [J]. 福建论坛：人文社会科学版，2011（S1）: 97-98.

［263］阮氏锦绣.越南大学生汉语学习动机研究 [D]. 中央民族大学，2012.

［264］RUCHIRA SRISUPH.泰国大学生汉语学习策略研究 [D]. 厦门大学，2016.

［265］邵磊.科学饮食能提高学习效率 [J]. 青苹果，2006(06):52.

［266］盛群力，马兰，褚献华.论目标为本的教学设计 [J]. 教育研究，2008 (5): 75.

［267］盛群力.21 世纪教育目标新分类 [M]. 杭州：浙江教育出版社，2008.

［268］师凤彩,娄百玉，王清泉.高三学生考试前情绪障碍调查 [J]. 健康心理学杂志,2000(01):110-111.

［269］施良方.学习论 [M]. 北京：人民教育出版社,2001.

［270］孙金梅.教育信息化环境下转变大学生学习行为的对策研究 [D]. 云南师范大学，2013.

［271］孙开霞.为什么会做的题目在考试中却做错了 [J]. 高中生，2016(27):62.

［272］孙喜龙.师生关系对学生学习行为的影响 [J]. 张家口师专学报 (社会科学版),1994(04):79-82.

［273］孙小晴.影响越南留学生汉语学习动机的因素分析 [J]. 佳木斯职业学院学报,2015(01):159.

［274］覃爱平.基于强化理论的高校学生积极行为支持策略［J］.高教论坛,2017(02):81-83.

［275］谭舸.如何改变技校学生消极学习行为［J］.考试周刊,2014(45):179.

［276］唐布儿.英语期末考试后的一些思考［J］.疯狂英语(教师版),2013(04):101-103.

［277］唐荣德.学生学习生活研究［D］.华东师范大学,2005.

［278］陶龙梅.大学生归因方式、自主学习行为及其关系的研究［D］.鲁东大学,2013.

［279］陶陶,郑通涛.基于语类结构的汉语国际教育专业硕士学位论文致谢语分析［J］.海外华文教育,2018(2):105-112.

［280］田倩倩.教师期望对学生课堂学习行为影响的案例研究［D］.西北师范大学,2016.

［281］田桂清.发挥"心理优势",坚定学生学习外语的信心［J］.天津教育,2001(03):44.

［282］田桂清.发挥"心理优势",坚定学生学习外语的信心［J］.天津教育,2001(03):44.

［283］涂晓慧.影响城市未成年人学习行为的家庭环境因素分析［D］.武汉大学,2005.

［284］王焕.模拟考试后的喜与悲［J］.考试与招生,2012(01):54.

［285］王娟娟,李华.大学生课堂学习行为的研究［J］.高教论坛,2010(07):22-25.

［286］王丽娟.家庭因素对高职高专学生学习的影响［J］.赤子(上中旬),2015(08):73.

［287］王邈.行为心理学:肢体语言解读与心理分析［M］.北京:化学工业出版社,2015.

［288］王鹏.高中生思想政治课学习行为优化研究［D］.河北师范大学,2012.

［289］王爽.民办高校大学生学习行为研究［D］.辽宁师范大学,2011.

［290］王甦晨.越南留学生汉语学习动机研究［D］.云南师范大学,2013.

［291］王先桃.虚拟学习社区中的学习行为特征研究［D］.湖南师范大学,2011.

［292］王向宇.大学生课堂学习消极行为表现、原因及对策［J］.高校后

勤研究,2016(06):118-120.

[293]王向宇.家庭参与及其与学前儿童学习行为和社会能力的关系研究[D].上海师范大学,2010.

[294]王晓辉.关于高职学生思想政治理论课学习行为的研究[D].华中师范大学,2006.

[295]王鑫芳.高职生课外拓展性学习行为研究——以X院校为例[J].无锡职业技术学院学报,2015,14(01):26-28,43.

[296]王秀红.高职学生课堂学习行为现状调查及教育对策研究[J].机械职业教育,2015(07):53-56.

[297]王月霞.高职学生学习行为研究[D].山西财经大学,2012.

[298]王长虹,朱玉萍.中学生睡眠质量与个性及学习关系的研究(摘要)[J].中国心理卫生杂志,1991(02):78-96.

[299]王洪宇,李晓乐.民办高校课堂学习行为研究[J].福建质量管理,2015(10):257.

[300]王崇,侯亚梅.基于语言学习策略的汉语学习习惯的培养[J].吉林教育,2009(31):10-11.

[301]王卫红,杨渝川.大学生学习方法的特点及教育对策研究[J].西南师范大学学报(哲学社会科学版),1997(04):66-69.

[302]王斌.大学生课堂英语学习行为调查研究[J].学园(教育科研),2013(04):49-51.

[303]汪琴,李道柏.情感因素对大学英语课堂参与行为的影响[J].江西师范大学学报(哲学社会科学版),2009,42(03):152-155.

[304]韦晓保.大学生二语动机自我系统与自主学习行为的关系研究[J].外语与外语教学,2013(05):52-56.

[305]魏智慧.复杂动态理论下的汉语交际类型特征研究[D].厦门大学,2017.

[306]温菁华.高中历史新课程下学生学习行为的分析研究[D].陕西师范大学,2012.

[307]吴虹琏.泰国汉语初学者汉字学习方法需求调查分析[J].教育教学论坛,2015(47):78-79.

[308]伍玉功,黄首燕.90后大学生学习行为问题初探[J].大学教育,2013(13):72-73,76.

[309]武玉香篱.越南岘港市大学生汉语学习动机、学习策略及其相关

性研究 [D]. 广西大学, 2011.

［310］肖辉, 练海英, 胡美珠. 大学生课堂自主学习行为及三大策略运用的实证研究 [J]. 南京理工大学学报 (社会科学版), 2006 (01):54-57.

［311］肖佰良. 培养学生良好行为习惯的几种方法 [J]. 思想政治课教学, 1992(01):15.

［312］肖文琴. 上海市中小学教师学习行为研究 [D]. 华东师范大学, 2010.

［313］谢慧玉. 印尼来华留学生与中国大学生学习习惯差异研究 [D]. 天津大学, 2015.

［314］邢晓楠. 大学生学习动机的激发及学习行为的改善研究 [J]. 科教导刊 (上旬刊), 2017(07):177-178.

［315］徐国凯, 陈明华. 人才培养模式对学生学习行为的影响 [J]. 大连民族学院学报, 2001 (S1):126-128.

［316］徐虹, 郑通涛. 课外语言学习动态模式研究 [M]. 广州: 世界图书出版社广东有限公司, 2016.

［317］徐虹. 目的语环境下课外语言学习动态模式研究——以来华日本留学生为例 [D]. 厦门大学, 2015.

［318］徐汇飞. 非英语专业大学生自主学习信念和自主学习行为的变化研究 [D]. 华中科技学, 2012.

［319］徐明月. 越南北部来华留学生回国就业研究 [D]. 华东师范大学, 2016.

［320］徐振勇. 家庭教育对学生学习影响的调查报告 [J]. 二十一世纪教育思想文献, 2007(01):4-9.

［321］徐智鑫, 张黎黎. 大学生二语动机自我体系和动机学习行为的内在结构分析 [J]. 西安外国语大学学报, 2013（04）:78-81, 85.

［322］许海燕. 小学数学课堂中学生的积极学习行为与消极学习行为——基于个案的观察研究 [J]. 中国教师, 2014(13):79-82.

［323］许兴苗, 胡小爱, 王建明. 专业认同及情境变量对大学生学习行为影响的实证分析 [J]. 教育发展研究, 2013（09）:74-80.

［324］许继新. 农民务农者学习行为的调查研究 [D]. 上海师范大学, 2007.

［325］向葵花, 陈佑清. 聚焦学习行为: 教学论研究的视域转换 [J]. 课程·教材·教法, 2013（12）:30-35.

［326］向葵花.中小学学生学习行为研究 [D].华中师范大学,2014.

［327］项雯彬.北爱尔兰汉语口语学习方法调查与研究 [D].湖北师范学院,2015.

［328］邢程.初级阶段越南留学生学习动机和学习策略研究 [D].广西师范大学,2005.

［329］杨冰心.学习类型对声乐专业学生学习行为的影响研究 [D].华中师范大学,2014.

［330］杨金友.高职学生考试前心理状况调查分析 [J].现代医药卫生,2006(12):1920.

［331］杨小虎,丁仁仑.大学生英语听力学习动机维度结构类型及其与听力学习行为的关系 [J].现代外语,2004（03）:311-318,330.

［332］姚金涛.民办高校大学生学习行为研究 [D].扬州大学,2014.

［333］姚利民.大学生学习方法的调查研究 [J].电力高等教育,1995(04):49-51,66.

［334］姚梅林.学习心理学:学习与行为的基本规律 [M].北京:北京师范大学出版社,2015.

［335］姚煜.智利中学生汉语学习行为研究及对策 [D].广东外语外贸大学,2016.

［336］姚纯贞,米建荣,王红成.国内外"学习行为"研究综述 [J].教学与管理,2009（30）:48-50.

［337］尹世明.论一年级大学生的学习方法 [J].山西师大学报 (社会科学版),1987(01):115-120.

［338］尹飘.留学生汉语学习动机与课外自主学习行为的相关性研究 [D].广东外语外贸大学,2016.

［339］尹福春.高中生思想政治课学习行为研究 [D].华中师范大学,2008.

［340］应光龙,吴彦文,李世祥,田庆恒.基于系统动力学的学习绩效模型 [J].吉首大学学报:自然科学版,2011,32（1）:37-41.

［341］郁恩广.学生课堂学习状态评价研究 [J].上海教育科研,2002（7）:55-57.

［342］于海阔.人类表演理论视角下的对外汉语交际能力研究 [D].厦门大学,2013.

［343］余春萌.普通高校体育学类单招学生学习行为与意识研究 [D].山

西师范大学，2013.

［344］余倩.基于校园网络环境的自主学习的群体性学习行为特征分析[D].陕西师范大学，2007.

［345］臧胜楠.音乐与语言的共生机制研究——歌曲在对外汉语教学中的应用[D].厦门大学，2014.

［346］臧文彬，宋书君.考试频次及试题质量对学生学业水平的影响分析[J].甘肃教育，2014(17):94-95.

［347］张必强.家庭因素对学生学习兴趣的影响[J].石油教育，2010(02):99-102.

［348］曾小燕.复杂动态系统理论下的现代汉语外来词研究[D].厦门大学，2016.

［349］曾细花，王耘.初中生英语学习动机、学习行为和成绩的关系研究[J].教学与管理，2011 (21):76-77.

［350］曾小燕，郑通涛.认知负荷理论：对外汉语词汇教学的新视角[J].云南师范大学学报（对外汉语教学与研究版），2014（5）：13-24.

［351］曾小燕，郑通涛.可提性理论与汉语国别化教材研发[M]// 国际汉语学报：第 7 卷第 1 辑，上海：学林出版社，2016: 1-12.

［352］章平.制度转型中的博弈学习行为：知识、策略与规则[M].杭州：浙江大学出版社，2010.

［353］章益.新行为主义学习论[M].济南：山东教育出版社，1983.

［354］章平.知识异质性个体间策略指导与学习行为的理论和实验研究[D].南京理工大学，2008.

［355］张迪.小班教学中学生学习行为的研究[D].南京师范大学，2011.

［356］张红艳，鞠慧敏，韩世梅.远程学习行为演进的表征及内在影响因素研究[J].现代教育技术，2013（12）:96-101.

［357］张建琼.课堂教学行为优化研究[D].西北师范大学，2005

［358］张晶，吕婷.大学生宿舍同学关系情况的调查研究[J].教育教学论坛，2014(41):105-107.

［359］张军威，冷帅.家庭环境对高职院校学生学习成绩影响的研究[J].现代职业教育，2017(21):92-93.

［360］张乐.学生课堂学习行为的发生学研究[D].西南大学,2015.

［361］张立冲.研究生认识论信念对学习行为影响的实证研究[D].大连理工大学，2009.

［362］张楠 . 海峡两岸汉语国际传播比较研究——以泰国为例 [D]. 厦门大学 , 2014.

［363］张荣娟 . 教育虚拟社区中场独立型认知方式学生的学习行为研究 [D]. 曲阜师范大学 , 2013.

［364］张文燕 . 中学生学习行为障碍的问卷编制及特点研究 [D]. 辽宁师范大学 , 2011.

［365］张喜来 . 学习动机对学习行为的影响探究——基于自我决定理论 [J]. 浙江海洋学院学报 (人文科学版), 2017, 34(03):62-67.

［366］张文娟 , 赵景欣 . 大学生学习倦怠与学业自我效能感的关系 [J]. 心理研究 , 2012（02）:72-76.

［367］张宇燕 . 初中生科学课堂学习行为的调查与建议 [D]. 杭州师范大学 , 2011.

［368］张原瑞 . 网络环境下复杂学习行为中交互协作学习研究 [D]. 西北大学 , 2012.

［369］张悦文 , 李才文 . 民族高校宿舍文化对大学生学习行为的影响研究——以西北民族大学为例 [J]. 西北成人教育学院学报 , 2014(03):54-58.

［370］张奇 . 学习理论 [M]. 武汉 : 湖北教育出版社 , 1998.

［371］赵昌芝 , 杨连瑞 . 动态系统理论视角下的认知动机交互研究 [J]. 当代外语研究 , 2012(10):48-51.

［372］赵昌芝 , 杨连瑞 . 动态系统理论视角下的认知动机交互研究 [J]. 当代外语研究 , 2012(10):48-51.

［373］赵春鱼 . 教学服务质量对大学生学习行为影响的实证研究 [J]. 高教探索 , 2014(03):86-90.

［374］赵铮、李振、周东岱、钟绍春 . 智慧学习空间中学习行为分析及推荐系统研究 [J]. 现代教育技术 , 2016（01）:100-106.

［375］赵嫚 . 留学生汉语学习环境研究 [M]. 南京 : 南京大学出版社 , 2017.

［376］赵李娜 . 个体能动性信念对初中生学习行为的情感预测偏差的影响研究 [D]. 鲁东大学 , 2016.

［377］赵佩玉 . 城区小学中高年级学生课外学习行为调查研究 [D]. 湖南师范大学 , 2013.

［378］赵琇玮 . 音乐区域活动中幼儿自主学习行为研究 [D]. 南京师范大学 , 2015.

［379］赵勇.论学习行为与效果——中国高校英语专业学生学习行为的一次调查 [J].外语教学与研究,1991（02）:37-43,80.

［380］郑萍.试析大学生学习行为的优势动机及其主要影响因素 [J].西安外国语学院学报,2000(03):111-114.

［381］郑通涛.语言生态学初探 [D].厦门大学,1985.

［382］郑通涛.复杂动态系统与对外汉语教学 [M]// 国际汉语学报:第5卷第2辑.上海:学林出版社,2014: 1-16.

［383］郑通涛.建立对外汉语网络教学平台 [J].海外华文教育,2004（4）:45-48.

［384］郑通涛.对外汉语网络教学平台的技术与应用 [J].海外华文教育,2006（1）: 63-73.

［385］郑通涛.汉语话语言谈标志的理论及个例研究 [M].厦门:厦门大学出版社,2009.

［386］郑通涛,方环海,张涵.国别化:对外汉语教材编写的趋势 [J].海外华文教育,2010（1）: 1-8.

［387］郑通涛.社会语言学视角下的对外汉语教学改革 [J].海外华文教育,2011（3）: 3-9.

［388］郑通涛.构建孔子学院全球教学管理平台模式研究 [M]// 国际汉语学报:第2卷第1辑.上海:学林出版社,2011: 1-15.

［389］郑通涛.以效果为基础的对外汉语国别化教材开发 [M]// 国际汉语学报:第3卷第1辑.上海:学林出版社,2012: 1-9.

［390］郑通涛.动态复杂系统下汉语国际传播模式研究 [R].上海:同济大学首届汉语国际传播:跨文化视域下的语言与文化国际学术研讨会,2014-10-25.

［391］郑通涛,曾小燕.大数据时代的汉语中介语语料库建设 [J].厦门大学学报（哲学社会科学版）,2016（2）: 53-63.

［392］郑通涛,曾小燕.大数据时代的汉语国别化教材研发——兼论教材实时修订功能 [J].海外华文教育,2016（3）: 291-302.

［393］郑通涛.以"四个自信"为引领,推进汉语文化国际传播的创新发展 [J].海外华文教育,2017（6）: 725-735.

［394］郑通涛.复杂动态系统理论与语言交际能力发展 [J].海外华文教育,2017（10）: 1301-1310.

［395］郑晓燕.科学有效地组织学生课间活动 [J].学校管理,

2010(02):44-45.

［396］郑正 . 社会影响因素对高校课堂学生反应度低的原因分析 [J]. 校园心理 , 2013, 11(01):42-43.

［397］钟丽光 . 工程硕士生学习行为调查及对策研究 [D]. 华东师范大学 , 2011.

［398］周金辉 , 李晓飞 . 大学生基于手机的学习行为现状调查研究 [J]. 中国远程教育 , 2014（09）:52-59.

［399］周玮 , 孟宪鹏 . 高中生考试焦虑与学习成绩的关系 [J]. 中国学校卫生 , 2006(03):211-212.

［400］周勇 , 董奇 . 学习动机、归因、自我效能感与学生自我监控学习行为的关系研究 [J]. 心理发展与教育 , 1994（03）: 30-33, 15.

［401］朱伟 . 浅谈大学生的群体意识与同学关系 [J]. 黄淮学刊 (哲学社会科学版), 1997(01):111-113.

［402］[401] 朱西存 . 对大学课程期末考试后的总结与思考 [J]. 教育教学论坛 , 2017(13):214-215.

［403］朱越 . 重点高中英语优秀生课堂学习行为研究 [D]. 华东师范大学 , 2008.

［404］庄丽丽 , 谭晓东 . 武汉市某大学学生饮食行为调查 [J]. 中国校医 , 2008(03):282-284.

［405］庄国良 , 黄姿榕 , 刘有德 . 复杂系统与二语习得 [J]. 华语文教学研究 , 2015, 12（4）: 77-107.

附　录

附录1：观察和访谈后获得学生学习行为以及知识领会程度的相关信息

序号	变量	从观察和访谈获得的相关信息
1	课堂参与行为	你常迟到，但会提前向老师说明
2		迟到时你会向老师说明，老师允许后才进去
3		你常不来上课，但会提前请假
4		你常常会在上课期间无故离开且长时间未归
5		你常准时上课
6		只要有说得过去的理由，你就请假不去上学
7		去上学时你常把书或其他学习用品遗忘在家里
8	课堂学习行为	你常举手回答老师的问题
9		对于没弄懂的问题，你常请教老师
10		你常集中注意力听老师讲课
11		上课时你常拿出另一门课的资料来看
12		上课时你常与同学聊天
13		上课时你常觉得很无聊，想睡觉
14		上课时你常用手机给别人发短信、接听电话或打电话
15		下课时老师还没走，你就常先走
16		上课时你常坐在前排，以便听讲
17		在课堂上，你的目标是学到尽可能多的知识
18		在课堂上表现比其他人好，你感到很快乐
19		课堂上答错问题时，老师也能安慰并鼓励你
20		课堂上你抓不住关键的、主要的内容
21		上课时你常希望快点下课
22		上课听不懂，你很烦躁
23		上课时气氛活跃，同学们积极回答问题
24		跟不上课堂上老师讲课的进度，你感到很着急
25		上课时你希望得到老师关注，例如提问或到黑板上做题
26		听老师讲课时，你的思维能紧跟老师的思路走
27		上课时感到轻松、愉快，很喜欢老师讲解的内容
28		老师课堂上提问时，你担心点到自己的名字

续表

序号	变量	从观察和访谈获得的相关信息
29		老师叫你回答问题时,你会面红耳赤,感到很紧张
30		听不懂老师讲的内容,你还是认真听下去
31		你常认真思考老师课堂上提出的问题
32		你特别关注老师上课时强调的内容与所讲的释例
33		你喜欢带着问题有针对性地去上课
34		上课时发现自己总在想其他的事情,而没有听老师讲课
35		上课时你将老师讲的重点、难点记在书上或笔记本上
36		上课时常因为开小差,而错过重要内容
37		每当上课走神,你不能很快地意识到
38		上课时头脑里常会出现一些与学习无关的事情,而耽误了听课
39		上课认真做好笔记,画好重点
40		当你在课堂上感到无聊时,你强迫自己集中注意
41	课堂学习行为	上课时,一有听不懂的地方,就不想学了
42		上课时你觉得老师讲的没意思就打哈欠
43		课堂上,你很容易被教室外的声音或行人干扰
44		一走进教室,你就能进入学习的状态
45		平时学习或听课时你会注意老师所提示的重点
46		上课的时候你总是会打瞌睡或者乱涂乱画
47		上课时,注意力放在老师讲课的内容上
48		上课时,不明白老师说什么
49		老师在课堂上开始提问时会担心会点到自己回答问题
50		没有正确回答出老师提出的问题会自责
51		课堂上从不积极举手发言
52		老师叫你回答问题时你会面红耳赤
53		上课后会盼望下课铃声早点响起
54		你喜欢气氛非常活跃的课堂,那样你会积极回答问题
55		学习时你对周围环境的要求很高,别人说话都会影响你
56		你认为你们班级的课堂气氛很活跃
57		常忘了带书、带笔记、交作业
58		上课时说些与学习无关的话语
59		课间休息时,你常与同学聊天
60	课间休息行为	课间休息时,你常做自己的事情
61		课间休息时,你常回顾刚学过的内容
62		课间休息时,你常与老师或同学讨论课堂教学内容
63		课堂上不明白的知识,课间休息时你马上请教老师或同学
64		下课后你翻阅课本上老师还未讲到的内容
65		你从来不利用休息时间进行学习
66		你有时利用休息时间来学习

续表

序号	变量	从观察和访谈获得的相关信息
67		你常按时完成老师布置的作业
68		上课前你常会预习好上课学习的内容
69		你常去图书馆学习
70		你常抽出时间来锻炼身体或参加体育活动
71		你常参加学生会举办的活动
72		你常参加各种娱乐活动
73		你常做兼职挣钱
74		如果没有完成当天的作业,你就不出去玩
75	课	做作业时,恰好有自己喜欢的电视节目,仍会坚持做作业
76	外	你有时拖欠作业
77	学	为了及时完成某项作业,你会废寝忘食,通宵达旦
78	习	做作业时,遇到不会做的题你就不想做了
79	行	做作业前,你会把老师上课讲的知识框架、重难点梳理一遍
80	为	你会给假期作业制订一个完成计划,而不会临近开学才做
81		除了老师布置的作业外,你还会主动多做一些
82		你会到图书馆查找资料来增进对学习内容的理解
83		你常常被学习任务压得喘不过气来
84		课外,你主动阅读一些与学习有关的资料或书籍
85		放学后你马上回去做作业
86		课堂上刚学习的新内容,你能花时间再把它复习一遍
87		你有时把学习时间用来上网
88		快要考试时,你才集中精神复习
89		每门课考试前你都能制订好复习计划
90		考试前,你常不复习,不太在乎考试结果
91		考试的前一晚你常会紧张到睡不着
92	考	考试前,你会先做一些模拟题。
93	试	考试前,常担心自己会考得很糟糕
94	前	对于如何准备考试,有一个详细的复习计划
95	行	准备考试时,常紧张,不安或者由于其他原因而难以静心先复习
96	为	一听到"要考试"心理就很紧张
97		每次考试来临时都会感到烦躁
98		安心考试题目很难
99		快到考试了,你感到心情很低落,什么都不想做
100		考试前极易焦虑而导致考试成绩不佳

续表

序号	变量	从观察和访谈获得的相关信息
101		考试时你常独立完成试题
102		考试时你常抄同学的答案
103		考试时你常偷看材料
104		考试时你常与同学讨论
105		考试时你常浏览过全部试题后才做题
106		考试时你偶尔有偷看同学的答案
107		考试时你的时间总不够用
108		考试的时候如果紧张,你能调节好自己的心理状态
109		考试时,很多平常记住的知识一下全忘了
110		一考试你思维就不清晰,思路就混乱
111	考	考试时碰到不会做的题目,你就很紧张,很难平静下来
112	试	考试时你感到题目出乎意料
113	中	考试时你心里没底
114	行	考试时由于紧张,很多平常做对的题目却做错了
115	为	答完试卷后,自己检查一遍再交给老师
116		你喜欢把考试时做错的题记在一个小本子上,并经常拿出来看看
117		考试时,总是在想考得不好会有什么后果
118		考试前已经准备得很充分了,可是考试一开始脑子里就一片空白
119		考试时紧张不安,不能发挥出正常水平
120		考试时为了得到好分数,你偷看别人的答案
121		若考试中不能回忆起所学的知识你就会感到很紧张
122		考试时,因为紧张没考好
123		考试时,总是想到自己比别人学得差
124		遇到不熟悉的题目你就乱碰乱猜
125		考试时不能够集中注意力
126		考试结束后你常与同学比较答案
127	考	考试结束后你常分析答错题的原因
128	试	考试结束后你很紧张,怕自己的成绩没有别同学的高
129	后	考试结束后如果成绩较低,你会报名重考
130	行	考试即使没有获得好成绩,你还是喜欢学习
131	为	你担心自己的考试成绩比别人差
132		考试成绩不理想时,就不想好好学习了
133	学	你常参加汉语角、汉语学习俱乐部
134	习	你常参加与汉语相关的比赛
135	汉	你常听广播上中的汉语节目
136	语	你常看汉语书、汉语报纸、汉语杂志
137	行	你常看中国电影、听中文歌
138	为	你常看电视台上的汉语节目和汉语新闻

续表

序号	变量	从观察和访谈获得的相关信息
139	睡觉行为	看书时你常觉得很困,想睡觉
140		你常早起学习
141		你常学习到很晚
142		睡觉前你常复习好已学内容才安心去睡觉
143		你常有固定的睡眠时间
144		你常睡午觉
145		每天睡觉前常回忆当天学过的东西
146		白天老师上课讲的内容,晚上你都会及时复习
147		一拿起书你就觉得疲倦,想睡觉
148		如果明天期末考试,今天晚上你会睡不好
149		晚上看喜欢的电视,你不能按时睡觉
150		经常睡不好
151	饮食行为	你常不吃饭就去上课
152		你常在学校食堂吃饭
153		你常在家、宿舍、出租屋内煮饭
154		你常带食品去教室吃
155		你常为了省钱而不吃饭,把钱用到其他事情上
156	消极行为	你常挑战、嘲笑别人
157		你常质疑老师的水平、挑战老师的权威
158		你常对别人说脏话
159		你常与他人发生肢体冲突
160		与别人聊天时你常打断别人讲话
161		你常在学习过程中有应付的态度
162		你常借同学的作业本,然后抄同学的作业
163		紧张或生气时你常乱扔东西
164		你常乱放书本和学习工具,需要时常常找不到
165		你常与别人吵架
166		有时因为玩耍、看小说或电视,忘了当天的学习任务
167		你常因看报纸、杂志、新闻等活动而打乱了学习时间安排
168		你能记住学过的知识,但是要用时经常想不起来
169		没学好的课程,你把它放在一边,不去管它
170		做过的笔记,过一段时间你自己也看不懂了
171		小组讨论时,你虽然有自己的见解,也不敢当众发表出来
172		做笔记你分不清哪些重要不重要,后来发现记下的却是次要的
173		学习上有不懂的地方,你不敢问老师,怕他骂你
174		如果有时间看电视,你不会错过与学习知识有关的科普节目
175		做作业时,如果正好有自己喜欢的电视节目,就先去看电视

续表

序号	变量	从观察和访谈获得的相关信息
176	消极行为	看到别人在玩,你也会去玩
177		你遇到不懂的问题很少请教他人
178		作业只要做完了,就不再仔细检查或验算了
179		常不能在规定时间完成学习任务
180		把做作业的时间用来和朋友玩、看电视等
181		老师布置的作业你经常忘记做
182		做作业时,你遇到不会做的题就不想做了
183		玩起来就记得学习了
184		你一边看电视,一边做作业
185	积极行为	你常专心学习,不受其他因素影响
186		为了按时完成任务,你常忘记吃饭和睡觉
187		除了完成老师布置的作业外,你还常做其他作业
188		听老师讲课时,你常对主要内容做笔记
189		学习时,有人叫你去玩,你会拒绝
190		复习时,你常把内容列成大纲,方便记住
191		看书时,你常对重要的内容做标注
192		你常与同学争论
193		你常与老师争论
194		看书时,你常先阅读重要的内容
195		经常查阅书籍或上网查找有关学习资料
196		你很善于和同学相处
197		学习的时候你能专心学习,不再做其他事
198		学习时你常避开那些学习环境不好的地方
199		你常选择安静的地方学习
200		你经常积累学习资料
201		如果老师不布置作业,就自己看书或找习题做
202		即使是你特别想看的电视节目,在没做完功课前也不看
203		有人干扰你学习,你会及时阻止他
204		你会考虑第二天老师会讲什么内容
205	学习动机	你学汉语是为了毕业后找到工作
206		你学汉语是为了毕业后继续读研
207		你学汉语是为了毕业后找机会去中国留学
208		你学汉语是为了升职
209		你学汉语是为了了解中国
210		你学汉语只是喜欢汉语
211		你学汉语是为了多学一种语言
212		你学汉语是想跟中国人交流

续表

序号	变量	从观察和访谈获得的相关信息
213		你希望获得更好的成绩,是为了得到家长、老师、同学的夸奖
214	学习动机	你努力学习是为了评上奖学金
215		你努力学习是为了在同学面前表现自己
216		你努力学习的原因是想让自己懂得更多
217		你对自己的学习目标是什么,感到混乱不清
218		努力学习就是为了以后当大官,挣大钱
219		你能保证按时毕业
220		为了达到学习的目标,你一直尽力学习
221		你有能力去解决学习过程中的困难
222		你可以掌握学习过程中发生的困难
223		你认为学习过程中的挑战是有趣的
224		你有能力承受学习过程中的压力
225		一般人解不出的题,你相信自己能解答出
226		有私人问题如生病时,你也能集中精力认真学习
227		碰到不会做的题目,你会想方设法去解决
228	学习坚定程度	学习上没有什么困难可以阻碍你
229		学习中如果有不懂的地方,你非弄懂不可
230		现在的学习对自己的未来很重要
231		解题遇到困难时,仍能保持心平气和
232		为了提高成绩,你愿意努力学习
233		成绩不好的科目你会更加努力去学习
234		即使学习内容枯燥乏味,你也会把它完成
235		今天的学习任务,不会留到明天去完成
236		解题时,一种方法行不通时就换其他方法试试
237		考试没考好,你克服困难,继续努力
238		对成绩不好的课程,你想勤奋学习,提高成绩
239		你能遵守自己制订的学习计划
240		如果有人说你不聪明,你认为只要你努力学习就可以改变人家的看法
241		遇到困难时会退缩
242		学习竞争给你机会探索自身的能力
243		学习竞争是帮你发展自身能力的工具
244	学习竞争程度	学习竞争能提高你的能力,激发你的潜能
245		学习竞争让你和同学越来越亲切
246		你愿意为提高成绩而努力学习
247		你喜欢做那些充满挑战性的题目
248		为了出人头地,你必须拼命学习
249		同学之间的竞争压力让你更加努力学习

续表

序号	变量	从观察和访谈获得的相关信息
250		你常给每门课制订学习计划
251		课程开始前你常会了解每门课的学习目标
252		你对每门课都能找出合适的学习方法
253		你常按自己的特殊方法来做笔记
254		读书时你常总结,并找出主要的内容
255		你常参加分组学习和讨论
256		你常参加科学研究
257		听老师讲课时,你总喜欢动笔记一些要点、难点
258		你常常利用业余时间进行学习
259		你会安排计划好自己的学习和业余时间,并且严格执行
260		你的身边经常备有字典、辞典、课辅教材之类的工具书
261		你的学习是融会贯通,而非死记硬背
262		你总是磨蹭半天才开始学习
263		你善于利用零碎的时间学习
264		你善于安排和调整学习时间,复习好各个科目
265		你常常把课堂学过的知识和日常现象联系起来
266	学习方法	你喜欢利用课本和参考书的目录来检查自己记住了哪些内容
267		你会把学过的知识归纳总结,例如列成表或画成图
268		你将生词难点或者容易忘记的知识点写在本上,过几天就看一遍
269		对需要牢记的概念、公式、理论等,你会反复温习记忆
270		问题解答后,你会总结解题思路和方法
271		每天晚上和周末的学习时间,你都安排得井井有条
272		对于某些特别重要、特别难学的内容,你常争取预习
273		复习时你会把课堂笔记、课后作业和课文内容结合起来对照复习
274		学习时你喜欢劳逸结合,疲倦的时候你会主动休息一下
275		学习时,你把重要的观点用自己的话来表述
276		学习时,你常常把教材内容分解为若干部分或若干要点来记忆
277		学习新知识时,你很少想到要把它与已有知识进行比较
278		为了更好地学习,你考虑过自己学习方法的优点和缺点
279		阅读时,常做标注,并多问几个为什么
280		阅读文章时,你常常带着问题有目的地去读
281		阅读一篇很长的汉语文章时,中间你会停下来总结前面的内容
282		阅读新课的材料时,你反复地阅读以帮助自己理解记忆
283		阅读中或者复习时,你会在重要知识点上画线
284		阅读英语文章时,你很少变换自己的阅读速度
285		看完题目写之前,你会先在脑子里把解题思路过一遍
286		看书时,你常常自己提出问题并解答问题

续表

序号	变量	从观察和访谈获得的相关信息
287		读一本书时,你先看目录,找最重要的章节先读
288		当你读书时,你需要很长的时间才能提起精神
289		学习新知识,你常常反复背诵
290		晚上把白天课堂上学过的知识复习一遍
291		将一些类型相似的题目归纳在一起,以便复习
292		不管在什么地方,你都会设法为自己创造一个安静的学习环境
293		遇到问题时,你会通过查阅辅导书或课本来加以解决
294		必要时你能够借助一个学科的知识去理解另一个学科的知识
295		你只是花时间去学习,而很少选择有效的学习方法
296	学习方法	采用自问自答的形式来帮助自己学习和理解新知识
297		向别的同学请教学习方法
298		你制订了学习时间表
299		通过思考一些问题来检查自己的学习结果
300		你注意发现语言学习的规律,并能利用规律举一反三
301		遇到难记的知识,你会想出好方法来记忆
302		预习时,边读边思考书上的问题
303		考虑自己的学习方法是否还要改善
304		你喜欢在学习之前制订专门的学习计划
305		遇到新的学习内容时,你会及时提醒自己注意那些已经学过的内容
306		为了确保自己弄明白所学的内容,你会向自己提问
307		你总是要把很多的时间用在新知识的学习上
308		当你对某个问题不确定时,你就去问老师
309		你喜欢用不同的方法来解决老师提出的问题
310		教师热情耐心、帮助学生解决学习过程中遇到的困难
311		教师严格执行上课时间和教学计划
312		教师公平地对学生能力进行评价
313		教师常更新专业知识
314		教师有扎实专业知识
315	教师因素	教师有教学方法能让学生觉得课程易懂且有趣
316		老师能认真批改作业
317		老师讲课条理清晰
318		老师讲课能联系实际
319		老师会从生活上关心学生,对学生和蔼可亲
320		老师通过各种方式来激发学生的学习兴趣
321		老师鼓励学生要勇于思考问题,表达自己的想法
322		学生常得到老师的表扬和鼓励
323		老师布置的作业太多,学生常为此而苦恼

续表

序号	变量	从观察和访谈获得的相关信息
324		老师不会检查的作业,自己也会认真做好
325		老师布置的作业太难,你担心完成不了
326		老师布置的作业,对你来说太简单了
327		老师的授课方式,让你感到不舒服
328		老师的教学方法效率较高
329		老师讲的课大多条理清晰且常能联系实际
330		你很喜欢你们的班主任老师
331	教师因素	老师授课表达清晰,语言流畅
332		老师鼓励学生积极参与教学过程
333		老师讲课结合实践,形象生动
334		当你学习进步时老师会表扬你
335		老师不喜欢你
336		学习遇到挫折时,有老师鼓励你勇敢去面对
337		当学生没听明白时,老师会重新给学生讲解
338		遇到难题向老师求助时,老师总是不耐烦
339		老师能掌握教学重点
340		觉得老师布置的作业太多
341		老师鼓励学生要敢于思考问题,表达自己的想法
342		老师教会了学生面对问题如何思考
343		同学常给你分享他所学到的知识
344		同学常在学习过程中帮助你
345		同学常在日常生活过程中帮助你
346		同学常和你参加分组学习活动
347		同学常给分享他所知的新消息
348		同学们都很尊重你
349		努力后学习还赶不上同学,你感觉很无助
350	同学因素	同学看比赛或放音乐,你不能安心学习
351		遇到困难问题时,你喜欢和同学一起讨论
352		学习上遇到困难时,能得到同学的帮助
353		你常常觉得有同学在背后说你坏话
354		你常常和同学分享学习过程中的快乐
355		你在学习中是同学们的榜样,你很开心
356		成绩优秀的同学经常帮助成绩不好的同学学习
357		你与同学常相互学习,共同进步
358		你常和同学分享学习过程中的快乐
359		在学习中你有好多好朋友,你很开心
360		成绩突然滑坡时,会有同学主动关心与鼓励

续表

序号	变量	从观察和访谈获得的相关信息
361		同学间的学习气氛很好
362		你学习成绩不好,同学常笑话你
363	同学因素	同学有困难或遇到不会做的事,你常说"我来帮你""我试试"
364		在与同学交往上你很有信心
365		同学有困难向你求助时,你很乐意提供帮助
366		让班里的其他同学认为你的成绩很好,这对你来说很重要
367		班上有同学欺负你,你不喜欢去上学
368		你在学习上遇到困难时,一般会得到同学的帮助
369		学校的装设备满足你的学习需求
370		学习课程灵活且合理
371		学校常举办与学习有关的活动
372		学校干部、人员的服务态度很热情且周到
373		你有很多机会用汉语与中国人交流
374	学习环境	学校聆听,并及时处理学生所反映的问题
375		学校工作人员重视我们的意见,及时给予回应
376		学校的体育文化设施丰富
377		学校图书馆的借阅服务质量高
378		学校的伙食质量让你很满意
379		学校的交通便利
380		教室内的设施齐全
381		在学校觉得没有安全感
382		家庭常鼓励你学习
383		家庭常给你支付你学习所需要的费用
384		家庭经济条件常影响到你的学习
385		父母的教育程度常影响到你的学习
386		父母的行业对你的学习有影响
387		父母给你的学习压力和负担让你喘不过气来
388		父母常从你的角度考虑你的学习状况
389		父母会因为你成绩不好而大发脾气
390	家庭因素	对于学习方面所需要的东西,父母都能够支持和满足你
391		没有父母的物质奖励,你也能好好学习
392		遇到问题时,父母会和你商量并听取你的意见
393		你喜欢父母的教育方式
394		你喜欢讨论或辩论问题
395		父母总是内心地协助你做出各种决定
396		你们家的家庭气氛是和睦、民主的
397		父母对你的学习要求太高,你感到压力很大
398		父母因为学习不好而批评你
399		面对困难时,父母常鼓励你
400		你能很轻松地和父母交流,并很自信地说出你的想法
401		学习上父母很信任你

续表

序号	变量	从观察和访谈获得的相关信息
402	社会	社会给汉语专业学生提供很多工作机会
403		社会重视学生的汉语能力
404		汉语专业毕业生可以在社会上找到一份工作
405		社会对会汉语的人才有很大的需求
406		会汉语的学生能找到工作的机会很大
407	考试频次	每次上课教师都检查旧课知识
408		每次上课教师都检查新课知识
409		教师常举行小型考试
410		每次上课教师都检查学生的作业本
411		每次上课教师都检查学生的笔记本
412	知识领会程度	你从每门课中都能学到很多知识
413		每门课都可以帮助你培养很多技能
414		你可以运用到自己从每门课中学到的知识
415		在学习过程中你掌握了许多知识和技能
416		学习扩展了你的视野,你很高兴
417	个人愿望	你喜欢老师用幻灯片来教学
418		你喜欢有挑战性的教材
419		你喜欢老师采用分组讨论学习模式
420		你喜欢回答问题后得到教师的评价
421		你喜欢取得高成绩时得到别人的夸奖
422		你喜欢老师问你问题和、让你到黑板上做题
423		你喜欢学习许多新知识
424		对于某些重要内容你希望老师讲的比课本更深一些
425		你渴望学到新的知识
426		你渴望阅读更多的课外书籍。
427		你关心自己是否比其他同学做得更好
428		你有强烈的求知欲和努力学习的愿望
429		你喜欢跟班上的同学交朋友
430		当学了一个新的知识时,你很想亲自动手做实验去验证它
431		你喜欢将学习内容加以整理,使它简单有条理,便于记忆
432		在学习上不想让别人觉得自己笨
433		你喜欢和别人讨论学习中的问题
434		你喜欢与同学讨论,这样你会学得更好
435		你喜欢早晨起来读书,那时你的学习效果比较好
436		你喜欢把老师所讲的内容背下来
437		你喜欢做一些别人做不出来的题目
438		你喜欢新奇、有难度的课程,就算失败也不怕

续表

序号	变量	从观察和访谈获得的相关信息
439		你喜欢做笔记,这样便于日后复习
440		你喜欢课前进行预习
441	个人愿望	你喜欢在课后总结、整理学习过的内容
442		你喜欢主动与同学交朋友
443		你喜欢有挑战性和难度高的作业,因为这些作业能显示你比别人学习更好
444		只去学习课本知识,不愿了解课外知识
445		不愿学习课本知识,对课外知识兴趣比较大
446		你觉得与别人一起学习,会进步很快
447		得到教师的注意时你觉得对学习更感兴趣了
448		当老师在班上指出你的错误时你觉得害羞
449		当做错什么事时你怕被别人嘲笑
450		当你解决了学习过程中遇到的困难时你觉得有成就感
451		当仅有你一人答对老师的问题时你觉得很高兴
452		你觉得课堂上老师讲的内容都很有趣
453		你相信自己在期末考试中能取得好成绩
454		你觉得无论自己怎么努力,成绩都不能提高
455		你对自己的学习成绩感到满意
456		你觉得有能力实现自己所设立的目标
457		你觉得自己以后会有出息
458		你感觉自己是一个失败者
459	个人感受	你努力学习取得好成绩,是为了证明你比别人更加的聪明
460		你常发现自己不知道该学些什么,却不知道该从哪儿学起
461		你觉得读书没意思,想做点自己感兴趣的事情
462		你觉得读书并不是很有用
463		自己努力之后成绩还不理想,你很想放弃学习
464		做出一道高难度题目,你觉得很有成就感
465		掌握消化了老师课堂上讲的内容,你感到很开心
466		感到自己知识上的不足,你就更加努力学习
467		不管做什么,你都相信自己能做好
468		学习对你来讲是件轻松有趣的事情
469		学习时你感觉很迷茫
470		学习成绩不好,你总是担心犯错误,担心挨骂
471		学习对你来说很难很枯燥
472		如果学习成绩落后了,你会很难过
473		你觉得自己不聪明,无论怎样用功都没有
474		学习好坏对你来说关系不大
475		你在学习时有点噪音就学不下去了

续表

序号	变量	从观察和访谈获得的相关信息
476		学习对你来说是一种负担
477		学习内容能有助于提高你处理问题的能力
478		你觉得你们使用的课本质量比较好
479		经常考试,你害怕考试
480		经过多次反复练习,还是学不会老师教过的东西
481		取得好成绩时,没有得到老师的表扬,让你失望
482		觉得学校里没有人真正喜欢自己
483		感到课本上的内容枯燥乏味,不想学
484		觉得考试是必要的,可以检验一下自己学得怎样
485		学习成绩不如人,你认为是自己不如别人聪明
486		上课时被老师批评,心里很不舒服
487		因为不能按时完成作业而感到苦恼
488		越重要的考试越紧张
489		感觉现在学习压力很大
490		对自己目前的学习情况感到不满意
491	个人感受	一天的学习结束,你感到四肢乏力,不愿意活动
492		复习时你常感到手脚发麻
493		花了很多精力,但成绩上不好,你对学习失去了兴趣
494		你对自己的学习成绩越来越不关心
495		你觉得自己反正学不懂,不如不学
496		你觉得一周的课程已经超过出你的承受范围
497		你面对学习问题时,常感到束手无策
498		学习得不到老师和同学的帮助,你感到很无奈
499		你觉得学不好是因为你的运气太差
500		你觉得比别人成绩好是因为运气好
501		你只关注学习的结果,不关注学习的过程
502		你是一个值得同学们信任的人
503		在学习上你遇到的困难比别人多
504		学习成绩代表了一个人的努力程度
505		并不是所有的学科知识都认真地学,感兴趣就学,不感兴趣就不学,存在偏科现象
506		过于在乎别人的感受,从而使自己终日惴惴不安
507		对自己没有信心,觉得自己什么都做不好
508		遇到失败会轻易放弃,心情长时间低落

附录2：越南汉语本科生行为调查问卷（中文版）

编号：01-HV.........................

- -

你好！目前我们需要你对我们研究的帮忙。因为科学研究的性质需要忠实的信息，所以希望你抽出时间仔细阅读问题，然后根据自己的实际情况回答问题，回答程度从1到5。你的意见有重要的意义，帮我们了解汉语专业学生行为。你提供的意见和相关信息，我们保证绝不外泄，仅用于科学研究目的。因此，请您放心作答！

- -

第一部分：学生各种行为

1. 从来不；2. 很少；3. 偶尔；4. 经常；5. 总是

A. 课堂参与行为

a1	你常迟到，但会提前向老师说明	1	2	3	4	5
a2	迟到时你会向老师说明，老师允许后才进去	1	2	3	4	5
a3	你常不来上课，但会提前请假	1	2	3	4	5
a4	你常常会在上课期间无故离开且长时间未归	1	2	3	4	5
a5	你常准时上课	1	2	3	4	5

B. 课堂学习行为

b1	你常举手回答老师的问题	1	2	3	4	5
b2	对于没弄懂的问题，你常请教老师	1	2	3	4	5
b3	你常集中注意力听老师讲课	1	2	3	4	5
b4	上课时你常拿出另一门课的资料来看	1	2	3	4	5
b5	上课时你常与同学聊天	1	2	3	4	5
b6	上课时你常觉得很无聊，想睡觉	1	2	3	4	5
b7	上课时你常用手机给别人发短信、接听电话或打电话	1	2	3	4	5
b8	下课时老师还没走，你就常先走	1	2	3	4	5
b9	上课时你常坐在前排，以便听讲	1	2	3	4	5

C. 课间休息行为

c1	课间休息时，你常与同学聊天	1	2	3	4	5
c2	课间休息时，你常做自己的事情	1	2	3	4	5
c3	课间休息时，你常回顾刚学过的内容	1	2	3	4	5
c4	课间休息时，你常与老师或同学讨论课堂教学内容	1	2	3	4	5

D. 课外学习行为

d1	你常按时完成老师布置的作业	1	2	3	4	5
d2	上课前你常会预习好上课学习的内容	1	2	3	4	5
d3	你常去图书馆学习	1	2	3	4	5
d4	你常抽出时间来锻炼身体或参加体育活动	1	2	3	4	5
d5	你常参加学生会举办的活动	1	2	3	4	5
d6	你常参加各种娱乐活动	1	2	3	4	5
d7	你常做兼职挣钱	1	2	3	4	5

E. 考试前行为

e1	快要考试时,你才集中精神复习	1	2	3	4	5
e2	每门课考试前你都能制订好复习计划	1	2	3	4	5
e3	考试前,你常不复习,不太在乎考试结果	1	2	3	4	5
e4	考试的前一晚你常会紧张到睡不着	1	2	3	4	5

F. 考试中行为

f1	考试时你常独立完成试题	1	2	3	4	5
f2	考试时你常抄同学的答案	1	2	3	4	5
f3	考试时你常偷看材料	1	2	3	4	5
f4	考试时你常与同学讨论	1	2	3	4	5
f5	考试时你常浏览过全部试题后才做题	1	2	3	4	5

G. 考试后行为

g1	考试结束后你常与同学比较答案	1	2	3	4	5
g2	考试结束后你常分析答错题的原因	1	2	3	4	5
g3	考试结束后你很紧张,怕自己的成绩没有别同学的高	1	2	3	4	5
g4	考试结束后如果成绩较低,你会报名重考	1	2	3	4	5

H. 学习汉语行为

h1	你常参加汉语角、汉语学习俱乐部	1	2	3	4	5
h2	你常参加与汉语相关的比赛	1	2	3	4	5
h3	你常听广播上中的汉语节目	1	2	3	4	5
h4	你常看汉语书、汉语报纸、汉语杂志	1	2	3	4	5
h5	你常看中国电影、听中文歌	1	2	3	4	5
h6	你常看电视台上的汉语节目和汉语新闻	1	2	3	4	5

I. 睡觉行为

i1	看书时你常觉得很困,想睡觉	1	2	3	4	5
i2	你常早起学习	1	2	3	4	5
i3	你常学习到很晚	1	2	3	4	5
i4	睡觉前你常复习好已学内容才安心去睡觉	1	2	3	4	5
i5	你常有固定的睡眠时间	1	2	3	4	5
i6	你常睡午觉	1	2	3	4	5

J. 饮食行为

		1	2	3	4	5
j1	你常不吃饭就去上课	1	2	3	4	5
j2	你常在学校食堂吃饭	1	2	3	4	5
j3	你常在家、宿舍、出租屋内煮饭	1	2	3	4	5
j4	你常带食品去教室吃	1	2	3	4	5
j5	你常为了省钱而不吃饭,把钱用到其他事情上	1	2	3	4	5

K. 消极行为

		1	2	3	4	5
k1	你常挑战、嘲笑别人	1	2	3	4	5
k2	你常质疑老师的水平、挑战老师的权威	1	2	3	4	5
k3	你常对别人说脏话	1	2	3	4	5
k4	你常与他人发生肢体冲突	1	2	3	4	5
k5	与别人聊天时你常打断别人讲话	1	2	3	4	5
k6	你常在学习过程中有应付的态度	1	2	3	4	5
k7	你常借同学的作业本,然后抄同学的作业	1	2	3	4	5
k8	紧张或生气时你常乱扔东西	1	2	3	4	5
k9	你常乱放书本和学习工具,需要时常常找不到	1	2	3	4	5
k10	你常与别人吵架	1	2	3	4	5

L. 积极行为

		1	2	3	4	5
l1	你常专心学习,不受其他因素影响	1	2	3	4	5
l2	为了按时完成任务,你常忘记吃饭和睡觉	1	2	3	4	5
l3	除了完成老师布置的作业外,你还常做其他作业	1	2	3	4	5
l4	听老师讲课时,你常对主要内容做笔记	1	2	3	4	5
l5	学习时,有人叫你去玩,你会拒绝	1	2	3	4	5
l6	复习时,你常把内容列成大纲,方便记住	1	2	3	4	5
l7	看书时,你常对重要的内容做标注	1	2	3	4	5
l8	你常与同学争论	1	2	3	4	5
l9	你常与老师争论	1	2	3	4	5
l10	看书时,你常先阅读重要的内容	1	2	3	4	5

第二部分: 个人信息

m1	性别?　1.□男　2.□女
m2	你在读的中文专业?　1.□语言　2.□师范　3.□翻译　4.□其他:……
m3	你现在是哪个年级?　1.□一年级　2.□二年级　3.□三年级　4.□四年级
m4	你的户口在哪儿?　1.□农村　2.□城市
m5	上大学前你有学过汉语吗?　1.□学过　2.□没学过
m6	除了上课外,每天平均你自习多长时间? 1.□<2小时　2.□2～4小时　3.□4～6小时　4.□>6小时

m7	除了在课堂学习外，你常在哪个地方自习？（多选项） 1.□寄宿（家，租房）　2.□图书馆　3.□学校教室
m8	学习时你一般会游览下面哪个网站？（多选项） 1.□百度　2.□谷歌　3.□优酷　4.□ Youtube　5.□其他：……
m9	你一般使用下面的哪个？（多选项） 1.□ Facebook　2.□ QQ　3.□ Wechat　4.□ Zalo　5.□其他：……
m10	你一般用下面哪个在线词典查生词？（多选项） 1.□百度翻译　2.□谷歌翻译　3.□其他：……
m11	最近学期你所有课程的总平均成绩多少？（10分标准，如：7.8）：……分
m12	你最近的听力课成绩是多少？（10分标准，如：7.8）：……分
m13	你最近的口语课成绩是多少？（10分标准，如：7.5）：……分
m14	你最近的阅读课成绩是多少？（10分标准，如：8.9）：……分
m15	你最近的写作课成绩是多少？（10分标准，如：6.5）：……分
m16	你学校有没有中国教师吗？　1.□有　2.□没有
m17	每周你平均用多长时间做兼职挣钱？ 1.□不做　2.□ < 5 小时　3.□ 5 ～ 10 小时　4.□ 10 ～ 15 小时　5.□ > 15 小时
m18	你家属于越南哪个省市？＿＿＿＿＿＿＿＿＿＿
m19	你家有几个兄弟姐妹？　1.□你一个人 2.□ 2　3.□ 3　4.□≥ 4
m20	平均每个月你家给你多少钱？＿＿＿＿＿＿越盾
m21	平均每天你睡觉多长时间？＿＿＿＿小时
m22	你今年多大？＿＿＿岁

　　感谢你帮我们完成这份问卷！

　　如果你关注本研究的结果，请给我们提供下面的相关信息，我们会将研究成果发给你！姓名：＿＿＿＿＿＿＿＿＿＿　　邮箱：＿＿＿＿＿＿＿＿＿＿

附录 3：越南汉语本科生行为调查问卷（越文版）

PHIÉU KHẢO SÁT
Các hành vi của sinh viên ngành tiếng Trung

ID: 01-HV.........................

- -

Chào bạn! Hiện chúng tôi đang cần sự giúp đỡ của bạn về đề tài nghiên cứu của chúng tôi. Vì tính chất nghiên cứu khoa học đòi hỏi tính trung thực, nên mong các bạn bớt chút thời gian đọc kỹ các câu hỏi, sau đó căn cứ vào tình hình thực tế của bản thân bạn trả lời các câu hỏi bằng cách khoanh tròn vào đáp án mà bạn lựa chọn theo mức độ từ 1 đến 5. Ý kiến đóng góp của bạn có ý nghĩa rất quan trọng trong việc xác định các hành vi của sinh viên chuyên ngành tiếng Trung. Các ý kiến và thông tin riêng tư của bạn cung cấp, chúng tôi đảm bảo tuyệt đối giữ bí mật, không chia sẻ cho bất kỳ ai và chỉ dùng vào mục đích nghiên cứu khoa học. Vì vậy, bạn hãy yên tâm trả lời các câu hỏi dưới đây!

- -

PHẦN1: CÁC HÀNH VI

1. Không bao giờ; 2. Hiếm khi; 3. Thỉnh thoảng; 4. Thường xuyên; 5. Rất thường xuyên

A. HÀNH VI THAM GIA HỌC TẬP

a1	Bạn thường đi chậm và có xin phép trước	1	2	3	4	5
a2	Khi đi học chậm, bạn thường xin phép giảng viên rồi mới vào lớp	1	2	3	4	5
a3	Bạn thường nghỉ học và có xin phép trước	1	2	3	4	5
a4	Bạn thường bỏ học giữa giờ	1	2	3	4	5
a5	Bạn thường đi học đúng giờ	1	2	3	4	5

B. HÀNH VI TRÊN LỚP

b1	Bạn thường giơ tay trả lời các câu hỏi của giảng viên	1	2	3	4	5
b2	Bạn thường hỏi giảng viên, bạn học về các vấn đề chưa hiểu	1	2	3	4	5
b3	Bạn thường tập trung chú ý nghe bài giảng	1	2	3	4	5
b4	Bạn thường đem bài môn khác ra học trong giờ học	1	2	3	4	5
b5	Bạn thường nói chuyện riêng trong giờ học	1	2	3	4	5

b6	Bạn thường buồn chán và ngủ trong giờ học	1	2	3	4	5
b7	Bạn thường ngồi trong lớp nhắn tin, gọi, nghe điện thoại người khác	1	2	3	4	5
b8	Khi tan học, bạn thường ra về trước giảng viên	1	2	3	4	5
b9	Bạn thường ngồi đầu lớp để thuận tiện nghe cho việc giảng	1	2	3	4	5

C. HÀNH VI TRONG GIỜ GIẢI LAO

c1	Giờ giải lao, bạn thường nói chuyện phiếm với bạn học	1	2	3	4	5
c2	Giờ giải lao, bạn thường làm các việc riêng của bản thân	1	2	3	4	5
c3	Giờ giải lao, bạn thường xem lại nội dung vừa học xong	1	2	3	4	5
c4	Giờ giải lao, bạn thường trao đổi với bạn bè hoặc giảng viên về nội dung bài học	1	2	3	4	5

D. HÀNH VI NGOÀI GIỜ HỌC

d1	Bạn thường hoàn thành các bài tập giao về nhà đúng thời hạn	1	2	3	4	5
d2	Bạn thường chuẩn bị bài đầy đủ trước lúc lên lớp	1	2	3	4	5
d3	Bạn thường lên thư viện học tập	1	2	3	4	5
d4	Bạn thường dành một ít thời gian trong ngày để tập thể dục, chơi thể thao	1	2	3	4	5
d5	Bạn thường tham gia các hoạt động do Đoàn, Hội tổ chức	1	2	3	4	5
d6	Bạn thường tham gia các hoạt động vui chơi, giải trí	1	2	3	4	5
d7	Bạn thường đi làm thêm kiến thêm tiền trang trải cho cuộc sống	1	2	3	4	5

E. HÀNH VI TRƯỚC NGÀY THI

e1	Gần đến ngày thi, bạn thường mới tập trung ôn thi	1	2	3	4	5
e2	Bạn có kế hoạch ôn thi khi môn học mới bắt đầu	1	2	3	4	5
e3	Trước lúc thi, bạn thường không ôn tập, kết quả thi thế nào cũng được	1	2	3	4	5
e4	Nếu ngày mai có môn thi, tối nay bạn thường lo lắng không ngủ được	1	2	3	4	5

F. HÀNH VI KHI LÀM BÀI THI

f1	Lúc đi thi, bạn thường tự giác độc lập làm bài thi	1	2	3	4	5
f2	Lúc đi thi, bạn thường quay cóp chép bài làm của bạn khác	1	2	3	4	5
f3	Lúc đi thi, bạn thường mở xem tài liệu	1	2	3	4	5
f4	Lúc đi thi, bạn thường trao đổi bài với bạn khác	1	2	3	4	5
f5	Lúc đi thi, bạn thường đọc qua đề thi rồi mới làm bài thi	1	2	3	4	5

G. HÀNH VI SAU KHI THI

g1	Sau khi thi xong, bạn thường đối chiếu đáp án với các bạn khác	1	2	3	4	5
g2	Sau khi thi xong, bạn thường phân tích nguyên nhân trả lời sai câu hỏi	1	2	3	4	5
g3	Sau khi thi xong, bạn thường lo lắng điểm thi của bạn thấp hơn bạn khác	1	2	3	4	5
g4	Sau khi thi xong, nếu kết quả thi không cao, bạn thường đăng kí thi lại	1	2	3	4	5

H. HÀNH VI HỌC TIẾNG TRUNG

h1	Bạn thường tham gia các câu lạc bộ học tập tiếng Trung	1	2	3	4	5
h2	Bạn thường tham gia các cuộc thi liên quan đến tiếng Trung	1	2	3	4	5

h3	Bạn thường nghe các tiết mục tiếng Trung trên đài phát thanh	1	2	3	4	5
h4	Bạn thường đọc báo, tạp chí, sách tiếng Trung	1	2	3	4	5
h5	Bạn thường xem phim, ca nhạc tiếng Trung	1	2	3	4	5
h6	Bạn thường xem thời sự, bản tin tiếng Trung	1	2	3	4	5

I. THÓI QUEN GIẤC NGỦ

i1	Bạn thường cảm thấy buồn ngủ khi cầm sách lên đọc	1	2	3	4	5
i2	Bạn thường thức dậy sớm để học bài	1	2	3	4	5
i3	Bạn thường thức khuya để học bài	1	2	3	4	5
i4	Bạn thường đi ngủ khi đã ôn tập xong nội dung bài học	1	2	3	4	5
i5	Bạn thường có thời gian đi ngủ cố định	1	2	3	4	5
i6	Bạn thường ngủ trưa	1	2	3	4	5

J. THÓI QUEN ĂN UỐNG

j1	Bạn thường nhịn đói khi đi học	1	2	3	4	5
j2	Bạn thường ăn cơm tại nhà ăn của trường	1	2	3	4	5
j3	Bạn thường về nhà (ký túc, phòng trọ) tự nấu ăn	1	2	3	4	5
j4	Bạn thường mang theo đồ ăn vào lớp học để ăn	1	2	3	4	5
j5	Bạn thường tiết kiệm khi ăn uống, để dành tiền cho việc khác	1	2	3	4	5

K. HÀNH VI TIÊU CỰC

k1	Bạn thường khiêu khích, chế diễu người khác	1	2	3	4	5
k2	Bạn thường thách thức giảng viên về kiến thức và trách nhiệm	1	2	3	4	5
k3	Bạn thường nói tục với người khác	1	2	3	4	5
k4	Bạn thường đe dọa người khác về thể chất và sức khỏe	1	2	3	4	5
k5	Bạn thường cắt ngang lời người khác khi nói chuyện	1	2	3	4	5
k6	Bạn thường có thái độ đối phó trong quá trình học tập	1	2	3	4	5
k7	Bạn thường mượn chép lại vở bài tập của bạn khác	1	2	3	4	5
k8	Bạn thường ném đồ đạc khi cảm thấy bức xúc, căng thẳng	1	2	3	4	5
k9	Bạn thường để đồ đạc sách vở lung tung, khi cần tìm không thấy	1	2	3	4	5
k10	Bạn thường cãi nhau với người khác	1	2	3	4	5

L. HÀNH VI TÍCH CỰC

l1	Bạn thường chuyên tâm học tập, không bị chi phối bởi các yếu tố khác	1	2	3	4	5
l2	Bạn thường quên ăn, quên ngủ để hoàn thành nhiệm vụ đúng hạn	1	2	3	4	5
l3	Bạn thường làm thêm một số bài tập khác ngoài các bài tập được giao	1	2	3	4	5
l4	Bạn thường chỉ ghi những ý chính của bài học khi nghe giảng	1	2	3	4	5
l5	Lúc đang học, có người rủ bạn đi chơi, bạn sẽ từ chối họ	1	2	3	4	5
l6	Khi ôn tập, bạn thường liệt kê các nội dung thành đề cương để dễ nhớ	1	2	3	4	5
l7	Khi đọc sách, bạn thường làm kí hiệu đối với các vấn đề quan trọng	1	2	3	4	5
l8	Bạn thường tranh luận với bạn bè	1	2	3	4	5
l9	Bạn thường tranh luận với thầy cô	1	2	3	4	5
l10	Khi đọc sách, bạn thường chọn các nội dung quan trọng đọc trước	1	2	3	4	5

PHẦN 2: THÔNG TIN CÁ NHÂN

m1	Giới tính của bạn? 1. ☐ Nam 2. ☐ Nữ
m2	Chuyên ngành tiếng Trung bạn đang theo học? 1. ☐ Ngôn ngữ 2. ☐ Sư phạm 3. ☐ Biên phiên dịch 4. ☐ Khác:......
m3	Bạn hiện đang là sinh viên năm thứ mấy? 1. ☐ Năm 1 2. ☐ Năm 2 3. ☐ Năm 3 4. ☐ Năm 4
m4	Bạn có hộ khẩu thường trú ở đâu? 1. ☐ Nông thôn 2. ☐ Thành thi
m5	Trước lúc vào đại học bạn đã từng học qua tiếng Trung? 1. ☐ Đã học 2. ☐ Chưa học
m6	Ngoài giờ lên lớp, bình quân mỗi ngày bạn dành khoảng bao lâu cho việc tự học? 1. ☐ < 2 tiếng 2. ☐ 2 – 4 tiếng 3. ☐ 4 – 6 tiếng 4. ☐ > 6 tiếng
m7	Ngoài thời gian học trên lớp, bạn thường dành thời gian học tập ở đâu? (có thể chọn nhiều đáp án) 1. ☐ Ký túc (nhà, phòng trọ) 2. ☐ Thư viện 3. ☐ Phòng học của Trường
m8	Bạn thường từng truy cập các trang web nào để học tập? (có thể chọn nhiều đáp án) 1. ☐ baidu 2. ☐ google 3. ☐ youku 4. ☐ youtube 5. ☐ Khác:......
m9	Bạn thường dùng các ứng dụng mạng xã hội nào sau đây? (có thể chọn nhiều đáp án) 1. ☐ Facebook 2. ☐ QQ 3. ☐ Wechat 4. ☐ Zalo 5. ☐ Khác:......
m10	Bạn thường dùng dịch vụ miễn phí nào sau đây để tra từ mới? (có thể chọn nhiều đáp án) 1. ☐ Baiducidian 2. ☐ Googletranslate 3. ☐ Khác:.................................
m11	Điểm tổng kết tất cả các môn của học kỳ gần nhất của bạn (thang điểm 10, vd: 7.8): ......điểm
m12	Điểm tổng kết môn Nghe học kỳ gần nhất của bạn (thang điểm 10, vd: 7.8): ....điểm
m13	Điểm tổng kết môn Nói học kỳ gần nhất của bạn (thang điểm 10, vd: 7.5): ....điểm
m14	Điểm tổng kết môn Đọc hiểu học kỳ gần nhất của bạn (thang điểm 10, vd: 8.5): ....điểm
m15	Điểm tổng kết môn Viết học kỳ gần nhất của bạn (thang điểm 10, vd: 6.9): ....điểm
m16	Trường bạn có giảng viên bản ngữ dạy học không? 1. ☐ Có 2. ☐ Không
m17	Bình quân mỗi tuần bạn làm thêm bao nhiêu thời gian? 1. ☐ Không làm 2. ☐ < 5 tiếng 3. ☐ 5 - 10 tiếng 4. ☐ 10 - 15 tiếng 5. ☐ > 15 tiếng
m18	Gia đình bạn hiện thuộc tỉnh/thành phố nào Việt Nam?..
m19	Bạn có bao nhiêu anh chị em? 1. ☐ Một mình bạn 2. ☐ 2 3. ☐ 3 4. ☐ >= 4
m20	Bình quân mỗi tháng gia đình chu cấp cho bạn bao nhiêu tiền?................. VNĐ
m21	Bình quân mỗi ngày bạn ngủ bao lâu? ....tiếng
m22	Bạn năm nay bao nhiêu tuổi? ....tuổi

Xin chân thành cảm ơn bạn đã giúp chúng tôi hoàn thiện phiếu khảo sát!

Nếu bạn quan tâm đến kết quả của nghiên cứu này, xin vui lòng cung cấp cho chúng tôi những thông tin sau đây, chúng tôi sẽ gửi cho bạn kết quả nghiên cứu này.

Họ và tên:_____   Email :_____

附录4：对汉语专业学生知识领会程度的影响因素问卷调查（中文版）

编号：01-NT··················

你好！目前我们需要你对我们研究的帮忙。因为科学研究的性质需要忠实的信息，所以希望你抽出时间仔细阅读问题，然后根据自己的实际情况回答问题，回答程度从1到5。你的意见有重要的意义，帮我们发现出对学习成绩的影响因素，从此可找到方法来帮助汉语专业学生改善自己在学习过程中的成绩。你提供的意见和相关信息，我们保证绝不外泄，仅用于科学研究目的。因此，请您放心作答！

第一部分：影响知识领会程度的因素

1.完全不同意；2.不同意；3.一般；4.同意；5.完全同意

A.学习动机

a1	你学汉语是为了毕业后找到工作	1	2	3	4	5
a2	你学汉语是为了毕业后继续读研	1	2	3	4	5
a3	你学汉语是为了毕业后找机会去中国留学	1	2	3	4	5
a4	你学汉语是为了升职	1	2	3	4	5
a5	你学汉语是为了了解中国	1	2	3	4	5
a6	你学汉语只是喜欢汉语	1	2	3	4	5
a7	你学汉语是为了多学一种语言	1	2	3	4	5
a8	你学汉语是想跟中国人交流	1	2	3	4	5

B.学习坚定程度

b1	你能保证按时毕业	1	2	3	4	5
b2	为了达到学习的目标，你一直尽力学习	1	2	3	4	5
b3	你有能力去解决学习过程中的困难	1	2	3	4	5
b4	你可以掌握学习过程中发生的困难	1	2	3	4	5
b5	你认为学习过程中的挑战是有趣的	1	2	3	4	5
b6	你有能力承受学习过程中的压力	1	2	3	4	5

C.学习竞争程度

c1	学习竞争给你机会探索自身的能力	1	2	3	4	5
c2	学习竞争是帮你发展自身能力的工具	1	2	3	4	5

| c3 | 学习竞争能提高你的能力，激发你的潜能 | 1 | 2 | 3 | 4 | 5 |
| c4 | 学习竞争让你和同学越来越亲切 | 1 | 2 | 3 | 4 | 5 |

D. 学习方法

d1	你常给每门课制订学习计划	1	2	3	4	5
d2	课程开始前你常会了解每门课的学习目标	1	2	3	4	5
d3	你对每门课都能找出合适的学习方法	1	2	3	4	5
d4	你常按自己的特殊方法来做笔记	1	2	3	4	5
d5	读书时你常总结，并找出主要的内容	1	2	3	4	5
d6	你常参加分组学习和讨论	1	2	3	4	5
d7	你常参加科学研究	1	2	3	4	5

E. 教师因素

e1	教师热情耐心、帮助学生解决学习过程中遇到的困难	1	2	3	4	5
e2	教师严格执行上课时间和教学计划	1	2	3	4	5
e3	教师公平地对学生能力进行评价	1	2	3	4	5
e4	教师常更新专业知识	1	2	3	4	5
e5	教师有扎实专业知识	1	2	3	4	5
e6	教师有教学方法能让学生觉得课程易懂且有趣	1	2	3	4	5

F. 同学因素

f1	同学常给你分享他所学到的知识	1	2	3	4	5
f2	同学常在学习过程中帮助你	1	2	3	4	5
f3	同学常在日常生活过程中帮助你	1	2	3	4	5
f4	同学常和你参加分组学习活动	1	2	3	4	5
f5	同学常给分享他所知的新消息	1	2	3	4	5

G. 学习环境

g1	学校的装设备满足你的学习需求	1	2	3	4	5
g2	学习课程灵活且合理	1	2	3	4	5
g3	学校常举办与学习有关的活动	1	2	3	4	5
g4	学校干部、人员的服务态度很热情且周到	1	2	3	4	5
g5	你有很多机会用汉语与中国人交流	1	2	3	4	5
g6	学校聆听，并及时处理学生所反映的问题	1	2	3	4	5

H. 家庭因素

h1	家庭常鼓励你学习	1	2	3	4	5
h2	家庭常给你支付你学习所需要的费用	1	2	3	4	5
h3	家庭经济条件常影响到你的学习	1	2	3	4	5
h4	父母的教育程度常影响到你的学习	1	2	3	4	5
h5	父母的行业对你的学习有影响	1	2	3	4	5

I. 社会

| i1 | 社会给汉语专业学生提供很多工作机会 | 1 | 2 | 3 | 4 | 5 |
| i2 | 社会重视学生的汉语能力 | 1 | 2 | 3 | 4 | 5 |

i3	汉语专业毕业生可以在社会上找到一份工作	1	2	3	4	5
i4	社会对会汉语的人才有很大的需求	1	2	3	4	5
i5	会汉语的学生能找到工作的机会很大	1	2	3	4	5

J. 考试频次

j1	每次上课教师都检查旧课知识	1	2	3	4	5
j2	每次上课教师都检查新课知识	1	2	3	4	5
j3	教师常举行小型考试	1	2	3	4	5
j4	每次上课教师都检查学生的作业本	1	2	3	4	5
j5	每次上课教师都检查学生的笔记本	1	2	3	4	5

K. 知识领会程度

k1	你从每门课中都能学到很多知识	1	2	3	4	5
k2	每门课都可以帮助你培养很多技能	1	2	3	4	5
k3	你可以运用到自己从每门课中学到的知识	1	2	3	4	5
k4	在学习过程中你掌握了许多知识和技能	1	2	3	4	5

L. 个人愿望

l1	你喜欢老师用幻灯片来教学	1	2	3	4	5
l2	你喜欢有挑战性的教材	1	2	3	4	5
l3	你喜欢老师采用分组讨论学习模式	1	2	3	4	5
l4	你喜欢回答问题后得到教师的评价	1	2	3	4	5
l5	你喜欢取得高成绩时得到别人的夸奖	1	2	3	4	5
l6	你喜欢老师问你问题和、让你到黑板上做题	1	2	3	4	5
l7	你喜欢学习许多新知识	1	2	3	4	5

M. 个人感受

m1	你觉得与别人一起学习，会进步很快	1	2	3	4	5
m2	得到教师的注意时你觉得对学习更感兴趣了	1	2	3	4	5
m3	当老师在班上指出你的错误时你觉得害羞	1	2	3	4	5
m4	当做错什么事时你怕被别人嘲笑	1	2	3	4	5
m5	当你解决了学习过程中遇到的困难时你觉得有成就感	1	2	3	4	5
m6	当仅有你一人答对老师的问题时你觉得很高兴	1	2	3	4	5

第二部分：个人信息

n1	性别？ 1.□男 2.□女
n2	你在读的中文专业？ 1.□语言 2.□师范 3.□翻译 4.□其他；……
n3	你现在是哪个年级？ 1.□一年级 2.□二年级 3.□三年级 4.□四年级
n4	你的户口在哪儿？ 1.□农村 2.□城市
n5	上大学前你有学过汉语吗？ 1.□学过 2.□没学过
n6	除了上课外，每天平均你自习多长时间？ 1.□<2小时 2.□2～4小时 3.□4～6小时 4.□>6小时

n7	除了在课堂学习外，你常在哪个地方自习？（多选项） 1. □寄宿（家，租房）　2. □图书馆　3. □学校教室
n8	你学简体汉语和繁体汉语？　1. □只学简体　2. □只学繁体　3. □简繁都学
n9	最近学期你所有课程的总平均成绩多少？（10分标准，如：7.8）：……分
n10	你最近的听力课成绩是多少？（10分标准，如：7.8）：……分
n11	你最近的口语课成绩是多少？（10分标准，如：7.5）：……分
n12	你最近的阅读课成绩是多少？（10分标准，如：8.9）：……分
n13	你最近的写作课成绩是多少？（10分标准，如：6.5）：……分
n14	你学校有没有中国教师吗？　1. □有　2. □没有
n15	每周平均你用多长时间做兼职挣钱？ 1. □不做　2. □＜5小时　3. □5～10小时　4. □10～15小时　5. □＞15小时
n16	你家属于越南哪个省市？＿＿＿＿＿＿＿＿＿
n17	你家有几个兄弟姐妹？　1. □你一个人　2. □2　3. □3　4. □≥4
n18	平均每个月你家给你多少钱？＿＿＿＿＿越盾
n19	你今年多大？＿＿＿＿岁

感谢你的意见！

如果你关注本研究的结果，请给我们提供下面的相关信息，我们会将研究成果发给你！姓名：＿＿＿＿＿＿＿＿＿　　邮箱：＿＿＿＿＿＿＿＿＿＿＿＿＿＿

附录5: 对汉语专业学生的影响因素问卷调查 (越文版)

PHIÉU KHẢO SÁT

Các nhân tố ảnh hưởng đến kết quả học tập của sinh viên ngành tiếng Trung

ID: 02-NT......................

- -

  Chào bạn! Hiện chúng tôi đang cần sự giúp đỡ của bạn về đề tài nghiên cứu của chúng tôi. Vì tính chất nghiên cứu khoa học đòi hỏi tính trung thực, nên mong các bạn bớt chút thời gian đọc kỹ các câu hỏi, sau đó căn cứ vào tình hình thực tế của bản thân bạn trả lời các câu hỏi bằng cách khoanh tròn vào đáp án mà bạn lựa chọn theo mức độ từ 1 đến 5. Ý kiến đóng góp của bạn có ý nghĩa rất quan trọng trong việc phát hiện ra các nhân tố ảnh hưởng đến kết quả học tập, để từ đó tìm ra phương án giúp sinh viên chuyên ngành tiếng Trung cải thiện kết quả trong quá trình học tập. Các ý kiến và thông tin riêng tư của bạn cung cấp, chúng tôi đảm bảo tuyệt đối giữ bí mật, không chia sẻ cho bất kỳ ai và chỉ dùng vào mục đích nghiên cứu khoa học. Vì vậy, bạn hãy yên tâm trả lời các câu hỏi dưới đây!

- -

PHẦN1: CÁC YẾU TỐ ẢNH HƯỞNG ĐẾN KẾT QUẢ HỌC TẬP

1. Rất không đồng ý; 2. Không đồng ý; 3. Phân vân; 4. Đồng ý; 5. Rất đồng ý

A. ĐỘNG CƠ HỌC TẬP

a1	Bạn học tiếng Trung vì muốn tìm được việc làm sau khi tốt nghiệp	1	2	3	4	5
a2	Bạn học tiếng Trung vì muốn tiếp tục học lên các bậc học cao hơn	1	2	3	4	5
a3	Bạn học tiếng Trung vì muốn tìm cơ hội đi Trung Quốc du học	1	2	3	4	5
a4	Bạn học tiếng Trung vì muốn thăng tiến trong nghề nghiệp	1	2	3	4	5
a5	Bạn học tiếng Trung vì muốn hiểu biết thêm đất nước Trung Quốc	1	2	3	4	5
a6	Bạn học tiếng Trung vì thích học tiếng Trung	1	2	3	4	5
a7	Bạn học tiếng Trung vì muốn biết thêm một loại ngoại ngữ	1	2	3	4	5
a8	Bạn học tiếng Trung vì muốn giao lưu với người Trung Quốc	1	2	3	4	5

B. KIÊN ĐỊNH HỌC TẬP

b1	Bạn cam kết hoàn thành việc học tập đúng hạn	1	2	3	4	5
b2	Bạn sẵn sàng làm việc cật lực để đạt được mục tiêu học tập	1	2	3	4	5
b3	Bạn có khả năng giải quyết những khó khăn trong học tập	1	2	3	4	5
b4	Bạn kiểm soát được những khó khăn xảy ra trong học tập	1	2	3	4	5
b5	Bạn thích thú với những thách thức trong học tập	1	2	3	4	5
b6	Bạn có khả năng chịu đựng những áp lực trong học tập rất cao	1	2	3	4	5

C. ĐỘNG CƠ HỌC TẬP

c1	Cạnh tranh trong học tập là cơ hội khám phá khả năng của bạn	1	2	3	4	5
c2	Cạnh tranh trong học tập là phương tiện giúp phát triển khả năng của bạn	1	2	3	4	5
c3	Cạnh tranh trong học tập giúp học hỏi từ chính bạn và từ bạn học	1	2	3	4	5
c4	Cạnh tranh trong học tập làm cho bạn và bạn học gần gũi hơn	1	2	3	4	5

D. CẠNH TRANH HỌC TẬP

d1	Bạn thường lập thời kế hoạch học tập cho từng môn học	1	2	3	4	5
d2	Bạn thường tìm hiểu mục tiêu của môn học trước khi môn học bắt đầu	1	2	3	4	5
d3	Bạn thường tìm ra phương pháp học tập phù hợp với từng môn học	1	2	3	4	5
d4	Bạn thường ghi chép bài đầy đủ theo cách riêng của bạn	1	2	3	4	5
d5	Bạn thường tóm tắt, tìm ra ý chính khi đọc tài liệu	1	2	3	4	5
d6	Bạn thường tham gia thảo luận, học nhóm	1	2	3	4	5
d7	Bạn thường tham gia nghiên cứu khoa học	1	2	3	4	5

E. GIẢNG VIÊN

e1	Giảng viên nhiệt tình quan tâm, giúp đỡ sinh viên giải quyết các vấn đề trong học tập	1	2	3	4	5
e2	Giảng viên đảm bảo giờ lên lớp và kế hoạch giảng dạy	1	2	3	4	5
e3	Giảng viên công bằng trong việc kiểm tra, đánh giá năng lực của sinh viên	1	2	3	4	5
e4	Giảng viên thường cập nhật các kiến thức mới	1	2	3	4	5
e5	Giảng viên có kiến thức chuyên môn vững vàng	1	2	3	4	5
e6	Giảng viên có phương pháp giảng dạy dễ hiểu và tạo hứng thú cho người học	1	2	3	4	5

F. BẠN HỌC

f1	Bạn học thường chia sẻ các kiến thức đã học được cho bạn	1	2	3	4	5
f2	Bạn học thường giúp đỡ bạn trong việc học tập	1	2	3	4	5
f3	Bạn học thường giúp đỡ bạn trong cuộc sống thường ngày	1	2	3	4	5
f4	Bạn học thường cùng bạn tổ chức học nhóm	1	2	3	4	5
f5	Bạn học thường chia sẻ cho bạn các thông tin mới nhất mà bạn ấy biết	1	2	3	4	5

G. MÔI TRƯỜNG HỌC TẬP

| g1 | Cơ sở vật chất của nhà Trường đảm bảo tốt cho việc học tập | 1 | 2 | 3 | 4 | 5 |
| g2 | Chương trình học tập linh hoạt, hợp lí | 1 | 2 | 3 | 4 | 5 |

g3	Nhà Trường thường xuyên tổ chức các hoạt động liên quan đến học tập	1	2	3	4	5
g4	Thái độ phục vụ của cán bộ, nhân viên của nhà Trường nhiệt tình, chu đáo	1	2	3	4	5
g5	Bạn có nhiều cơ hội tiếp xúc giao lưu tiếng Trung với người bản địa	1	2	3	4	5
g6	Nhà Trường lắng nghe, xử lí kịp thời các vấn đề phản ánh của sinh viên	1	2	3	4	5

H. GIA ĐÌNH

h1	Gia đình thường động viên, khích lệ bạn học tập	1	2	3	4	5
h2	Gia đình thường chu cấp đầy đủ kinh phí cho bạn học tập	1	2	3	4	5
h3	Điều kiện kinh tế gia đình thường tác động đến việc học tập của bạn	1	2	3	4	5
h4	Trình độ giáo dục của bố mẹ thường tác động đến việc học tập của bạn	1	2	3	4	5
h5	Nghề nghiệp của bố mẹ có tác động đến việc học của bạn	1	2	3	4	5

I. XÃ HỘI

i1	Xã hội có nhiều việc làm cho chuyên ngành tiếng Trung	1	2	3	4	5
i2	Xã hội trọng dụng những sinh viên biết tiếng Trung	1	2	3	4	5
i3	Tốt nghiệp chuyên ngành tiếng Trung có thể tìm được chỗ đứng trong xã hội	1	2	3	4	5
i4	Xã hội có nhu cầu khá lớn đối với nguồn nhân lực biết tiếng Trung	1	2	3	4	5
i5	Sinh viên biết tiếng Trung có cơ hội tìm được việc làm khá cao	1	2	3	4	5

J. TẦN SUẤT KIỂM TRA

j1	Giảng viên thường kiểm tra bài cũ mỗi lần lên lớp	1	2	3	4	5
j2	Giảng viên thường kiểm tra bài mới mỗi lần lên lớp	1	2	3	4	5
j3	Giảng viên thường cho làm các bài kiểm tra nhỏ	1	2	3	4	5
j4	Giảng viên thường kiểm tra vở bài tập mỗi lần lên lớp	1	2	3	4	5
j5	Giảng viên thường kiểm tra vở ghi chép mỗi lần lên lớp	1	2	3	4	5

K. KIẾN THỨC TIẾP NHẬN

k1	Bạn tích lũy được nhiều kiến thức từ các môn học	1	2	3	4	5
k2	Bạn đã phát triển được nhiều kỹ năng từ các môn học	1	2	3	4	5
k3	Bạn có thể ứng dụng được những kiến thức đã học từ các môn học	1	2	3	4	5
k4	Nhìn chung, bạn đã học được rất nhiều kiến thức và kỹ năng trong học tập	1	2	3	4	5

L. NGUYỆN VỌNG

l1	Bạn thích học giảng viên trình bày nội dung bài học bằng máy chiếu	1	2	3	4	5
l2	Bạn thích các tài liệu học tập có tính chất thử thách	1	2	3	4	5
l3	Bạn thích giảng viên tổ chức các hoạt động học tập theo nhóm	1	2	3	4	5
l4	Bạn thích được giảng viên nhận xét sau khi trả lời xong	1	2	3	4	5
l5	Bạn thích nhận được sự khen ngợi từ người khác khi đạt được kết quả cao	1	2	3	4	5

l6	Bạn thích được giảng viên hỏi bài và cho lên bảng làm bài tập	1	2	3	4	5
l7	Bạn thích được học thêm nhiều kiến thức mới	1	2	3	4	5

M. CẢM NHẬN

m1	Bạn cảm thấy tiến bộ khi học tập cùng với người khác	1	2	3	4	5
m2	Bạn cảm thấy có hứng thú học tập hơn khi được giảng viên để ý	1	2	3	4	5
m3	Bạn cảm thấy xấu hổ khi giảng viên chỉ ra lỗi sai của bạn trước lớp	1	2	3	4	5
m4	Bạn cảm thấy sợ bị người khác cười chê khi làm việc gì sai	1	2	3	4	5
m5	Bạn cảm thấy có thành tựu khi giải quyết được vấn đề khó trong học tập	1	2	3	4	5
m6	Bạn cảm thấy vui khi là người duy nhất trả lời được câu hỏi của giảng viên	1	2	3	4	5

PHẦN 2: THÔNG TIN CÁ NHÂN

n1	Giới tính của bạn? 1. ☐ Nam 2. ☐ Nữ
n2	Chuyên ngành tiếng Trung bạn đang theo học? 1. ☐ Ngôn ngữ 2. ☐ Sư phạm 3. ☐ Biên phiên dịch 4. ☐ Khác:............................
n3	Bạn hiện đang là sinh viên năm thứ mấy? 1. ☐ Năm 1 2. ☐ Năm 2 3. ☐ Năm 3 4. ☐ Năm 4
n4	Bạn có hộ khẩu thường trú ở đâu? 1. ☐ Nông thôn 2. ☐ Thành thi
n5	Trước lúc vào đại học bạn đã từng học qua tiếng Trung? 1. ☐ Đã học 2. ☐ Chưa học
n6	Ngoài giờ lên lớp, bình quân mỗi ngày bạn dành khoảng bao lâu cho việc tự học? 1. ☐ < 2 tiếng 2. ☐ 2 – 4 tiếng 3. ☐ 4 – 6 tiếng 4. ☐ > 6 tiếng
n7	Ngoài thời gian học trên lớp, bạn thường dành thời gian học tập ở đâu? (có thể chọn nhiều đáp án) 1. ☐ Ký túc (nhà, phòng trọ) 2. ☐ Thư viện 3.☐Phòng học của Trường
n8	Bạn học tiếng Trung giản thể hay phồn thể? 1. ☐ Chỉ học giản thể 2. ☐ Chỉ học phồn thể 3. ☐ Học cả giản thể và phồn thể
n9	Điểm tổng kết tất cả các môn của học kỳ gần nhất của bạn (thang điểm 10, vd: 7.8): ...... điểm
n10	Điểm tổng kết môn Nghe học kỳ gần nhất của bạn (thang điểm 10, vd: 7.8): ....điểm
n11	Điểm tổng kết môn Nói học kỳ gần nhất của bạn (thang điểm 10, vd: 7.5): .... điểm
n12	Điểm tổng kết môn Đọc hiểu học kỳ gần nhất của bạn (thang điểm 10, vd: 8.5): .... điểm
n13	Điểm tổng kết môn Viết học kỳ gần nhất của bạn (thang điểm 10, vd: 6.9): ....điểm
n14	Trường bạn có giảng viên bản ngữ dạy học không? 1. ☐ Có 2. ☐ Không

n15	Bình quân mỗi tuần bạn làm thêm bao nhiêu thời gian? 1. ☐ Không làm 2. ☐ < 5 tiếng 3. ☐ 5 - 10 tiếng 4. ☐ 10 - 15 tiếng 5. ☐ > 15 tiếng
n16	Gia đình bạn hiện thuộc tỉnh/thành phố nào Việt Nam?.................................
n17	Bạn có bao nhiêu anh chị em? 1. ☐ Một mình bạn 2. ☐ 2 3. ☐ 3 4. ☐ >= 4
n18	Bình quân mỗi tháng gia đình chu cấp cho bạn bao nhiêu tiền?....................triệu VNĐ
n19	Bạn năm nay bao nhiêu tuổi? …………tuổi

Xin chân thành cảm ơn ý kiến đóng góp của bạn!

Nếu bạn quan tâm đến kết quả của nghiên cứu này, xin vui lòng cung cấp cho chúng tôi những thông tin sau đây, chúng tôi sẽ gửi cho bạn kết quả nghiên cứu này.

Họ và tên:_____   Email :_____

附录6：教师、学生、同学访谈问题

尊敬的老师、同学：

您好！我们正在做一个有关"大学生学习汉语的行为"的课题，想就大学生的学习情况请教您一些问题，希望能够得到您的支持和帮助，课题组对您的帮助表示衷心的感谢！

厦门大学海外教育学院

1. 教师访谈问题

（1）您认为学生的学习行为有哪些？

（2）您认为学生在课堂、课外和考试过程中有哪些行为？

（3）您认为学生的学习行为是否对学习效果有影响？请您举例。

（4）您认为哪些因素会影响学生知识领会程度？

（5）您认为这些因素对学生知识领会程度的影响具体体现在哪些方面？

（6）您认为学生的专业、年级、自习时间、兼职时间、有无兄弟姐妹、年龄、睡眠时间、学习简体和繁体、总分、听力分数、口语分数、阅读分数、写作分数在学生的学习行为和知识领会程度方面是否有差异？请您说一下有哪些差异？

2. 学生自身的访谈问题

（1）请你提供个人相关信息，包括年龄、睡眠时间、家里有多少兄弟姐妹、自习时间、进入大学前是否学过汉语、会不会简体字和繁体字？

（2）你认为学习行为是什么？学习行为包括哪些方面？

（3）请你描述一下本人在课堂、课外和考试过程中的一些行为？

（4）你认为哪些因素会影响你的知识领会程度？

（5）你认为这些因素对你知识领会程度的影响具体表现在哪些方面？

3. 学生对同学的访谈问题

（1）请你提供个人相关信息，包括年龄、睡眠时间、家里有多少兄弟姐妹、自习时间、进入大学前是否学过汉语、会不会简体字和繁体字？

（2）你认为学生在课堂、课外和考试过程中的行为有哪些？

（3）请你描述一下你的同学在课堂、课外和考试过程中的行为？

（4）你如何评价你的同学的学习行为？

（5）你认为有哪些因素会影响你的同学的知识领会程度？

（6）你认为这些因素对你同学的知识领会程度的影响体现在哪些方面？

您辛苦了，感谢您的帮助！

附录 7：每天行为观察表

被观察者编号：_____　　　　观察日期：____ /____ /____

时间段	所观察到的行为
0h00-1h00	
1h01-2h00	
2h01-3h00	
3h01-4h00	
4h01-5h00	
5h01-6h00	
6h01-7h00	
7h01-8h00	
8h01-9h00	
9h01-10h00	
10h01-11h00	
11h01-12h00	
12h01-13h00	
13h01-14h00	
14h01-15h00	
15h01-16h00	
16h01-17h00	
17h01-18h00	
18h01-19h00	
19h01-20h00	
20h01-21h00	
21h01-22h00	
22h01-23h00	
23h01-24h00	

附录 8：学生行为综合观察表

被观察者编号：＿＿＿＿＿＿＿　　学习成绩：＿＿＿＿＿　　班级：＿＿＿＿＿＿

序号	周表现	一	二	三	四	五	六	日	一	二	三	四	五	六	日
1															
2															
3															
4															
5															
6															
7															
8															
9															
10															
11															
12															
13															
14															
15															
16															
17															
18															
19															
20															
21															
22															
23															
24															
25															
26															
27															
28															
29															
30															
31															
32															
33															
34															
35															
36															

致　谢

　　时间过得真快，一眨眼就四年了！我即将离开中国，离开美丽的厦门大学。身为一名来中国读博士的留学生，求学过程中我曾经遇到过很多困难，但是这些困难都被解决了。这一切都离不开学校、老师、家人、同事、同学、朋友等人的关心、支持和帮助。

　　感谢我的导师郑通涛教授对我的指导，每当我遇到困难时，他都能在百忙之中给予我指导和帮助。在此，我要感谢恩师对我的诸多教诲和宽容。此篇论文凝聚了恩师的智慧和心血，从选题、构思、数据处理到论文的修改，诸多环节都离不开他的指点。恩师也曾给我很多参加国内外学术活动的机会。恩师的关心、支持和帮助，让我无以言表，唯有把这份感激之情铭记于心。

　　感谢厦门大学海外教育学院的李如龙教授、陈荣岚教授、方环海教授、常大群教授、朱宇教授、曾小红教授……诸位老师的教诲使我受益匪浅，使我在知识、方法、思维、视野和做人等方面都得到了成长。感谢你们的无私指导和帮助。另外，还要感谢海外教育学院办公室的王碧华老师、蒋玉塔老师、陈艺新老师、关丽文老师，你们给了我很多指点和帮助，我都将铭记在心。

　　感谢复旦大学马秋武教授、同济大学孙宜学教授在答辩过程中提出的宝贵意见。

　　感谢中国政府、感谢汉办、感谢厦门大学给我来中国读书的机会。感谢汉办王昕生老师帮我处理学习和生活上的诸多事情，给我许多机会去参加汉办和孔子学院举办的学术活动和文化考察活动。感谢厦门大学孔子学院蔡老师，帮我处理学习和生活上的事情，给我许多机会去参加当地的文化考察活动。

　　感谢曾小燕、陈婷婷、李丽容、周雅琪、任吉特、罗红玲、柯雯静、王丽君、胡兴莉、魏智慧、徐虹、魏佩玲、王世圆、蔡武、余可华、蓝玉茜、郭旭、穆正礼、陶陶、夏江义、邓晨佑等同门师姐师弟师妹，给予我学习和生活上的帮助。

　　感谢我的工作单位河静大学，给予我支持与帮助，让我能够顺利完成学业。感谢我同事给予我的支持与帮助，让我能够安心读书。感谢我家人的关心与支持,让我在生活上没有后顾之忧。

　　未来,我会继续对汉语进行研究,回国后积极推广汉语,争取在学术领域创造出更多的研究成果。

　　　　　　　　　　　　　　　　　　　　　阮文清
　　　　　　　　　　　　　　　　　　　　　厦门,2018 年 7 月